范仲淹與慶曆新政

一場失敗的變革

一生憂國憂民的范仲淹，眼見國家江河日下，與一眾志同道合之士展開變革——「慶曆新政」。然而政治之路注定荊棘滿布，范仲淹受盡挫折困頓，連皇帝也支持的變法改革，最終卻走向了失敗的局面……

林嘉文 著

澄清吏治×富國強兵×厲行法治，
從皇帝支持到罷官貶謫，
政治改革的決心與悲歌

目 錄

目錄

序

　　半年前，我老伴張平生上網，跟我說：網路上在傳一個研究歷史的高中生，很熱門。我不以為然地說：哪有這種事，歷史是累積出來的。過了不久，七月二十二日，北師大研究生張閱等人來訪，一位年輕人跟隨其後，他自我介紹：林嘉文，高二學生，西安人。送我兩本書。我接過來，看了一眼，著實吃了一驚，那不是兒童讀物，而是有學術含量的著作。一本是已經出版的《當道家統治中國：道家思想的政治實踐與漢帝國的迅速崛起》，寫的是漢朝建國與道家的關係。和一本待出的書稿《救斯文之薄：北宋慶曆年間的新政、黨議和新儒學運動》，寫的是范仲淹領導的北宋第一次改革運動。兩本書均有三十多萬字。我很納悶，現在高中生應付作業和考試，都忙不過來，哪有時間看書寫作？還寫得那麼厚重。我在五六十年前上高中時，看一些課外書，讀《綱鑑易知錄》，知道一些課外的歷史，寫點心得筆記，就算不錯了，寫書的事根本不曾想過，更不必說付諸實踐了，真不可思議。臨別，小林拿出予在二〇〇九年出版的《宋史考論》，請我題詞，我寫了一句：「考據是治學的基本功。」十月十七日，嘉文來電，說他準備要重新出版，請我寫個序。我說：寫序可以，只是現在忙於準備下個月去武漢講學、赴杭州參加國際宋史學術討論會，十一月二十日後才有時間。十一月十一日自杭返西安，用了幾天時間對即將發表的論文做些修改寄出，這才有時間坐下來，讀一讀林的書。讓我印象最深的是，完全符合學術規範，言必有據，注文長達六萬多字（編者按：出於行文流暢的考慮，略有刪節），占全書五分之一以上。博覽群書，引證古籍一百二十七種，今人論著三百一十一種，其中外國著作四十餘種。充分吸收了中外有關范仲淹與慶曆新政的成果，對於有爭議的問題，做了認真的分析，提出取捨意見。其治學態度是嚴肅認真的。其水準放諸當今有關范仲淹慶曆新政較為優秀的論著之列，也是當之無愧的。

序

　　說實在的，我對當今史學界存在的粗製濫造成風、學術垃圾成堆的現象十分擔憂，頗有一代不如一代之感。當我看到年輕高中生林嘉文的新作，令我確信，不可小看年輕一代，他們其中是有好苗的，衷心希望好苗茁壯成長，成為學術界的新星。我一向不願為年輕人的書作序，我的學生們修改論文後出書，請我寫序，都拒絕了，而今自破其例，為了鼓勵這位年輕人，我欣然答應作序。此書的優點，讀者自會鑑別，我就不多說了。我只想說，現在僅是良好的開端，千萬不可以此為滿足，從研究角度講，還沒有真正上路，要更上一層樓，必須知道自己的缺陷，只有不斷克服缺陷，才能不斷前進，前進的過程就是克服缺陷的過程。

　　治史大致可分寫史和研史兩類。寫史是描述歷史，如人物傳、歷史事件等。歷史轉瞬即逝，又不斷翻新，它不可能重複出現，紛繁複雜的歷史過後，只留下一些殘片碎末，後人只能根據有限的資料去復原歷史，這就需要一定的想像去拼接，所以胡適認為這是文學家的任務。研史是研究歷史問題，資料有真有偽，需要辨別，許多疑難問題，需要解決，表象背後隱藏的奧祕，需要去探索。胡適認為，這一切才是歷史學家的任務。當然兩者之間，並沒有鴻溝，現在研究歷史的往往兩者兼顧。寫史可分三個層次，第一個層次，是蒐集相關資料，連綴成文，不看他人相關的研究成果，不做考證。這類論著比較淺薄，缺乏學術含量。第二個層次，是盡量吸收他人成果，這類論著能反映當前已達到的學術水準，但缺乏新的突破。第三個層次，則是在作者自己做過深入研究的基礎上寫成的，能表現最新最好的水準。本書屬第二個層次。這一層次的局限性在於，對有分歧的見解，可以有自己的分析和判斷，對尚無不同看法的見解往往會照單全收，如有人說宋代是「文不換武」，本書就說「文臣們鐵了心『文不換武』」（頁四十二）。事實上，宋代武換文、文換武兩種現象一直同時並存。王應麟（西元一二二三至

一二九六年）《玉海》卷一百二十七：「宋朝文武無輕重之偏，有武臣以文學授文資者，若興國三年王操，淳化二年和嶠，咸平三年錢惟演（西元九七七至一〇三四年）。有文臣以智略易右職當邊寄者，若雍熙四年柳開（西元九四七至一〇〇〇年），祥符九年高志寧，天聖元年劉平，四年劉牧，慶曆七年楊畋（西元一〇〇七至一〇六二年），皇祐四年蘇緘（西元？至一〇七六年），治平二年種診、諤（西元一〇二七至一〇八三年），三年種古及張亢（西元九九九至一〇六一年）、劉幾（西元一〇〇八至一〇八八年）、李丕諒之屬，熙寧五年三月戊戌立文武換官法。」除上舉各例外，文官主動要求換武者尚有景泰（《長編》卷一百二十八康定元年九月己未）、呂渭（《長編》卷一百六十七皇祐元年冬十月壬戌）、李時亮（《長編》卷兩百七十五熙寧九年五月己卯）、蘇子元（《長編》卷三百七十八元祐元年五月壬午）、趙叔盎（《長編》卷四百九十二紹聖四年冬十月壬辰）等，後者還是宋皇室成員。

擺在林嘉文面前的任務是如何提高至第三個層次，這絕不是做一些修改所能達到的，必須從寫史走進研史之路，向歷史學家邁進。即不能滿足於看他人的論著，而必須從閱讀原始資料著手，切記一定要有問題意識，帶著問題去讀，才能發現新問題，然後設法解決新問題，寫出有獨到見解的論文來。

對於一些熱門話題，要想走出自己的路，一定不要輕易相信已有的結論，要多問幾個為什麼？就范仲淹與慶曆新政而言，論著多得不勝枚舉，似乎已無文章可作，但是，如果深入思考一下，需要研究的問題還很多，如范仲淹憑藉什麼取得仁宗和大臣信任，支持他實行變法？為什麼後來仁宗又改變主意，不再支持？為什麼范仲淹靜觀變法終止，沒有採取任何挽救措施？為什麼新政的積極支持者，才過二十來年，到王安石變法時通通成為反對派？他們為什麼那麼一致地變成保守派？為什麼王安石從來沒有正面讚揚范仲淹的新政？……

序

　　下面，就多數人視為定論並被林書所接受的一些問題，如認為祖宗之法是保守的，范仲淹新政的矛頭指向祖宗之法等，談一下我的不同看法，供作者參考。

　　我認為，祖宗之法是先進的，而不是保守的。它的宗旨是「防弊」，防止一切可能危害政權的弊端，為此，創造了皇帝與士大夫共治天下的體制，完善了用以限制皇權和相權的臺諫制度。應該說，這是中國幾千年歷史中最好的體制和制度。它的實施，使唐末五代軍閥專政的混亂局面得以終止，歷史上曾經發生過的皇室內亂（如八王之亂）、太后篡權（如武則天建大周）、宰相篡權（如曹操）、外戚（如王莽）、宦官篡權亂政，不再重演。它使宋文化達到了中國數千年來文化的頂峰。

　　任何改革都需要尋找一個權威力量作為支撐，在古代，權威力量有兩種，一是祖宗之法，二是儒家經典。范仲淹依託的是前者，王安石依託的是後者。當社會出現種種問題，但尚未達到政權覆亡的程度，一些有遠見的政治家會站出來變法，對一些直接背離祖宗之法的，可以變回去，對新產生的問題，則用祖宗之法的精神去解決。在研究慶曆新政時，不可局限於范仲淹（西元九八九至一〇五二年）個人，這是一批菁英共同的行動，特別不應忽視新政的第二號人物富弼（西元一〇〇四至一〇八三年）的作用。

　　二〇一一年，我在第二屆嶺南宋史會上提交了〈「祖宗之法」是實施慶曆新政的武器 —— 富弼《三朝政要》研究〉的論文，並作為主題發言，指出新政是范仲淹與富弼共同策劃的，在范實施變法的同時，富弼邀請歐陽脩（西元一〇〇七至一〇七二年）等人編寫《三朝政要》二十卷，此書雖佚，但仍散見於宋代各書中，我輯得佚文近八十條。從佚文中可以看出，富弼等人把太祖、太宗、真宗三皇帝言行分門別類彙編成書，所選事例，全是為糾正時弊、實行慶曆新政提供史實依據，其內容多與范仲淹的變法主張相對應（除

了軍事之外）。富弼在《政要序》中明確地說出編寫此書目的，要用盛美的祖宗之法，去扭轉近來法制不立的現狀。書中所採用的史料，主要是反映祖宗之法的《聖政》和《寶訓》。

正因為扛著祖宗之法的大旗，才得到皇帝和大臣的支持，使變法得以實施。然而當變法觸及太多官員利益時，必然會遭到強烈的反對，在失去多數士大夫支持後，按照皇帝與士大夫共治天下的體制，仁宗只能下令終止新政，而范仲淹從維護共治天下體制的大局出發，也只能接受這一事實。新政雖然失敗，但並不妨礙仍然出現慶曆之治、嘉祐之治的繁榮局面。

王安石（西元一○二一至一○八六年）變法動作非常大，他扛著儒家經典的大旗，對經典做出有利於變法的新解釋，以此否定祖宗之法中的重要內容，這當然要遭到維護祖宗之法的慶曆新政派的強烈反對。王安石為了推動變法的進行，一再鼓動神宗加強君主獨斷，使臺諫官淪為宰相的附庸，破壞了皇帝與士大夫共治天下的體制。新法推行幾十年，其後遺症非常嚴重，北宋之亡，他是難辭其咎的。

李裕民

9

序

自序

北宋的慶曆之際是宋代一段極為重要的時期，這一時期的政治、文學、思想等領域都發生著變動，因而是一段迷人的歷史。

我寫慶曆新政，一開始還是考慮到選題和現實的關聯，但實際寫在書裡的現實關懷卻顯得氣力微薄。誠然，現今知識分子在公共話題上的參與度越來越高，這樣的形勢像極了北宋仁宗朝時士大夫自覺意識高漲的局面，輿論會推動改革。

但是站在單純的歷史學寫作的立場而言，我本想在行文中極力克制這種現實關懷的流露，我並不認同市面上一些近代史書籍中那種目的性過於明確的「影射史學」，因為我覺得那種過分的現實關懷讓史學少了幾分純粹。在我看來，一味致用的史學無疑喪失了史學本身的魅力，落入影射史學的窠臼，至少於我而言，是不能接受這樣不夠純粹的史學的。「以古鑑今」這一史學的社會性功能，儘管始終為那些慣用春秋筆法的史家所認可，但我有時候又覺得這可能是個偽命題，至少誰都不能否認，史學研究的社會功能基本可以被另外一些學科的社會功能所替代，史學研究者非要把自己的志業說得太過崇高，怎麼看都讓人覺得有功利的意味。至於那些希望透過歷史來預見未來的人，其功利性更是明顯。

余英時先生在其《論天人之際：中國古代思想起源試探》一書的代序中講到，他自己也曾幾經思量，最終還是放棄了「歷史規律」這一概念。因為他發現，任何的邏輯實證論派的學者都不能否認史學家從未找出普適性歷史規律的客觀事實，且「歷史演進一元論」與實證方法的史學研究，在研究對象和可操作領域上都存在著很大的局限性。余先生的發現給予我啟發，我以為，歷史並不像陳寅恪文章裡講的學術前景，學術可以「預流」，但歷史卻不

能。由於歷史所給予今人的一切所謂的「經驗」總是有著多樣的局限，因而人們並不能透過掌握「經驗」來獲得足以預未來現實之潮流的「規律」。歷史的發展與前進至多會是像歐立德教授（Mark C.Elliott）所比擬的那樣，這位美國「新清史」學派的代表學者曾在接受《晶報》訪談時說，歷史作為整體不會再重複，卻可以「押韻」，時空轉換並不意味著不會再出現相似甚至重複的問題，這時用歷史與現實做出的比較往往是有一定價值的。

然而歷史也僅僅只是可能有著相似的問題而已吧，它絕不會完全週而復始，所以它的資鑑性注定是有限的、相對的。現代社會遠遠比古代社會複雜，歷史的經驗真不見得能幫今人多少，至多是提供點自以為看透一切的心理安慰給人們 —— 這便是為什麼我這本小書的現實關懷會是「氣力微薄」的了。

慶曆之際在唐宋歷史上地位重要，論及這一段歷史，很難避開「唐宋變革」論這一史學典範。我自認對之算是批判地接受。從最根本的想法上講，我很質疑「唐宋變革」論。儘管我無意也無能力在本書專門討論這一理論說法，但常識告訴我，社會是複雜的，任何一個時代都不可能存在普適於每個方面的特性，所謂的唐宋變革、兩宋變革、宋元變革、宋元明變革、元明變革，其實可能有點牽強，畢竟沒有一種通論能夠解釋所有的歷史。另外，我之所以盡量少地直接用到「唐宋變革」這一表述，還因為在我看來，在今天的宋史學界，對「唐宋變革」的研究和表述已經被嚴重泛化。誠然「唐宋變革」論的目的論背景尚有待商榷，但將「唐宋『變革』」泛化成一般意義的變化，顯然並不合乎這一學說的本意。

「唐宋變革」論在今天的日本漢學界仍然是一種十分主流的學說，甚至還影響了日本通俗史學。我近來就看到一部從日本引進的通俗史學暢銷書，這本書主要就是拿宋代和日本的近現代史類比，來說明日本的發展需要借鑑中

國近世的部分歷史經驗，這本書完全套用並繼承了京都學派的宋代近世說，對宋代的歷史地位過度拔高，導致了作者把宋朝制度等同於政治集權、經濟自由化的制度。在該書作者看來，「中國化」即是廢除了身分制度、流動限制的普遍主義社會制度；而「日本化」是特殊主義的。因而近代日本並不是「西洋化」了，而是「中國化」了。這種說法或許是典型的，對宋朝所謂的「民主」萌芽過度詮釋，然後借題發揮，可能本身對日本現代化歷程的了解沒錯，但對宋代顯然有著過於偏激的認知。

現代學界裡那些堅定的「唐宋變革」論者，或多或少都有著一點通論癖，他們大約對歷史分期有著偏執的喜好，人們對歷史分期的志趣，已經從上世紀史學論戰的熱潮中保持至今。然而深究其理，這應當還是由於人們存在欲尋找歷史規律而不能的焦慮，可惜我以為歷史真的沒有、也不會有規律。「唐宋變革」論留下的中古貴族政治、宋代君主獨裁等話題近來都不斷被學人挑戰，美國學界又以兩宋變革和宋元明變革企圖替代日本漢學的解釋典範。相關的爭論有很多，我自己身為晚輩後學，絲毫不敢對這種問題下手，但內藤氏論說的種種缺陷早已不乏人指出。變革大多是不同時且限於某一或某幾個領域的，牽強地連接起每一個領域裡在時間上存在一定差距的變革，無疑帶著一種把歷史解釋簡單化的嫌疑。現在似乎每個斷代都有各式各樣的變革說，這隱約算得上是種壞苗頭。

在北宋仁宗朝初期，范仲淹及其領導的革新士人群對當時的政治和社會影響重大，他們引領起了一股高昂的士風，掀起了北宋士大夫政治的一個高潮。談到這段歷史的人，大多會對這一時期士人的生活狀態有所欽慕。翻檢史料，今人是很容易被一些對這一時期士風的溢美所感染的，我自己大約也難以做到時時都能克制那種情不自禁，但科學主義的精神告訴我，沉溺於對專制時代士人生態美化了的想像，是有違一個現代人的基本理智的。史學家

自序

田余慶先生身為研究東晉門閥政治的大家，曾強調門閥貴族政治仍是皇權政治的變種，這種認知是非常清醒的。我在寫作中也反覆溫習田先生這種清醒，希望自己不要把宋代士大夫政治抬得過高。我有時讀到一些論及北宋士大夫政治的文章，甚至會想，若干年後會不會有學人從學術史的角度，專門撰文討論現代學人對宋代士人生態的想像。

然而范仲淹與慶曆新政的確是一個很值得一說的話題，我很想嘗試把這個話題以及與之有關的諸方面做出清楚的整理和分析，並在這種過程中融入我對宋代政治史、思想史研究的一些理解、思路、看法，雖然我很懷疑自己能否最終做到自己想要做的那些。

最後，我要提前感謝那些將有可能耐著性子看完全書的讀者。因為就憑這本書中令我不滿之處的數量之多，如果沒有讀者的同情和支持，我的小書或許並不足以享受被人認真讀完的殊榮。還望各位方家讀過本書後對文中的愚見能多多指正，對我書裡的謬誤和冒失的斷語能多多包涵。

林嘉文

第一章

山雨欲來：范仲淹的早年經歷與北宋前期的政治局勢

第一章　山雨欲來：范仲淹的早年經歷與北宋前期的政治局勢

一、岳州故事

慶曆七年（西元一〇四七年）三月的一天，剛上任沒多久的蘇州知州、天章閣待制滕宗諒在蘇州州府的黃堂與世長辭了，時年五十七歲的他死於不久前染上的病疾[001]。滕宗諒活著的時候，他是一個倜儻自任、樂善好施的人。身為一名有著豐富仕宦經歷的官員，他有許多與他在政治立場上相同的朋友，也有許多與他在政治立場上不同的同僚。前者如范仲淹 —— 他和滕宗諒一同於大中祥符八年舉進士，還曾在滕宗諒被彈劾時挺身出面為他辯護，兩人可謂摯友；後者如王拱辰 —— 正是由於這位御史中丞的不斷彈劾，才使得滕宗諒在三年的時間內先後被朝廷改判為三州的地方長官，令他車馬勞頓，奔波於從虢州到岳州再到蘇州的路途上。

事實上，在滕宗諒生前從政於地方的時候，他一向崇尚氣節、重視教育，興修了許多學校，江淮一帶也遍布著他的弟子[002]。身為一位有著如此作為的官員是應當會在去世後受到一定褒獎的。後來發生的事也印證了這一點 —— 身為滕宗諒好友知己的范仲淹，在自己貶居的鄧州為這位已經逝去的故人寫下了一篇洋洋灑灑的祭文，同時還為他撰寫了墓誌銘。在〈滕待制宗諒墓誌銘〉和〈祭同年滕待制文〉中，仲淹追憶了他和滕宗諒「忠孝相勖，悔吝相懲」的深厚交誼，盛讚滕宗諒為人為文都堪稱楷模，嘆惋他有才有德卻沒能完全施展開抱負。

在祭文中，有八個字於後人而言顯得特別醒目，即「巴陵政修，百廢俱興」。這本是在講滕宗諒「知岳州軍州事」時政績斐然，然而這八個字很容易讓人聯想到范仲淹〈岳陽樓記〉中的那句「慶曆四年春，滕子京謫守巴陵郡。越明年，政通人和，百廢俱興」。再看墓誌，開篇即述「君諱宗諒，字

---

001 [宋] 范仲淹：〈天章閣待制滕君墓誌銘〉，《范仲淹全集》，360 頁。
002 [元] 脫脫等：《宋史》卷三百三，10038 頁。

16

子京」。於是，我們明白過來，曾任參知政事、在北宋政壇和士林都有著非同一般的影響力的范仲淹，何以會為這樣一個被貶謫的地方官員的去世，又寫祭文又寫墓誌。因為這逝者正是曾與他一同在西北戰場上對夏作戰、經他舉薦升遷、又在被誣陷時由他出面辯護的人物，他們之間的交情可謂由來已久。

然而，范仲淹真正成就了滕子京的作為，反倒是撰寫那篇〈岳陽樓記〉的事。這篇立意卓越、境界闊遠的千古名篇如今被刻石立在岳陽樓上，書石者蘇舜欽不僅僅是著名書法家，也是范仲淹的老朋友了 —— 在范仲淹還是參知政事的日子裡，蘇舜欽曾是他堅定的追隨者，蘇舜欽所經歷的不幸遭遇，也和范仲淹當時主持的政治改革有著不可磨滅的關係。至於石刻的篆額者，則是當時著名的書法家邵餗。這樓、記、書石、篆額四者加在一起，在後世並稱「四絕」。[003]

〈岳陽樓記〉是范仲淹於慶曆六年（西元一〇四六年）九月十五日完成於鄧州春風堂的。在一年零三個月前[004]，滕宗諒寄來了一篇〈與范經略求記書〉給范仲淹，另附〈洞庭秋晚圖〉一幅。在文章裡，滕宗諒竭力向范仲淹闡明岳陽樓原先之雄壯以及為之作記的必要。可是，縱覽全文，或許是出於不想讓自己被貶的遭遇再次攪擾起仲淹內心的愁緒，宗諒在書信中全然不提國事，也不知這是否令心懷天下的范仲淹有所悵然。

不過范仲淹終究是願意動筆的，正如滕子京所說，他請仲淹作記不單是因為他的文章「凜凜然為天下之時望」，更重要的是，仲淹本人也「雅意在山水之好」。然而，滕子京為政不重民生卻興修樓宇，按照常理這不是仁政，仲淹又怎可能為之作下「政通人和」的斷語呢？原來，滕宗諒重修岳陽樓時

---

003 ［宋］王辟之：《澠水燕談錄》卷六，72 頁。

004 出於對滕宗諒〈與范經略求記書〉中「又明年」的不同理解，李偉國認為宗諒之文寫於〈岳陽樓記〉完成的三個月前即慶曆六年的六月十五日。詳參李偉國〈范仲淹〈岳陽樓記〉事考〉，《范仲淹研究文集（五）》，321 － 335 頁。

的集資辦法，是昭告百姓，但凡捐獻便可銷抵在官府的舊債，他不久就集來了一萬緡。因而在岳陽樓建好後，岳州人裡沒有人非議這項舉措，反而人人稱讚滕宗諒的行政才能。[005]

文章開頭除了交代寫作背景，還講述了滕宗諒「刻唐賢今人詩賦」於岳陽樓上的業績。這件事看似平常，卻實打實的是推動岳州當地文治發展的舉措，特別是宗諒讓人編排文章時不依照作者的官爵貴賤排序，更是別有風範。為此，宗諒還在慶曆六年七月十五日寫下一篇〈岳陽樓詩集序〉，文采斐然，也不枉仲淹曾說他「文思高若翔」。[006]

在文正公的這篇駢散結合的作品正式開始描繪岳陽樓周遭自然景物伊始，作者懷揣天下事的胸襟所表露出的氣勢便蘊藏於文字之間。凝鍊簡潔的文字勾勒出的是洞庭湖水的浩蕩澎湃，「銜遠山，吞長江」、「濁浪排空，日星隱曜，山岳潛形」，這種激昂震撼的描寫，將作者的胸中丘壑、壯志宏圖間接展現出來。此時的仲淹遠離開封、謫居鄧州，然而從他的文章中卻感受不出絲毫的消極頹廢之意。

緊接著，仲淹先寫「去國懷鄉，憂讒畏譏」之憂愁，後又寫「心曠神怡，寵辱偕忘」之得意，於一憂一喜間豁然自處，足見仲淹「不以物喜，不以己悲」的崇高境界。同時這或也是仲淹在有意勸諫宗諒看淡宦海沉浮，要有不在乎得失榮辱的坦蕩胸懷[007]，畢竟眾所周知，宗諒是個自負才高的人，對自己被貶謫的遭遇一向心有積怨，以致後來岳陽樓落成之時友人前來祝賀，他卻仍鬱鬱不歡，只稱自己想大哭一場。[008]

文至最後，仲淹以老健的筆力將全文的立意推上新的高度，一句「先天

---

005 ［宋］司馬光：《涑水記聞》卷十，196 頁。

006 ［宋］范仲淹：〈書海陵滕從事文會堂〉，《范仲淹全集》，29 頁。

007 ［宋］范公偁：〈過庭錄〉，《全宋筆記》第六編第五冊，8 頁。

008 ［宋］周輝：《清波雜誌》卷四，《全宋筆記》第五編第九冊，42 頁。

下之憂而憂，後天下之樂而樂」將儒家的普世價值觀一語道破。仲淹雖處仕途的低谷，卻完美地將自己的政治理想、宏大抱負、高風亮節表達出來。僅僅只是這句唸起來並不複雜的話，卻足以概括積極入世的宋代新儒家士人的精神綱領。

對於〈岳陽樓記〉這樣一篇在中國文學史上有著難以撼動的地位的作品，再多的褒獎之詞都是多餘的。然而，從史學研究的角度考慮這樣一篇文章，我們更多的，是從文章的「從容不迫，層次清晰，遣詞精煉，靈活而富於形象」看出「作者的雍容氣度，襟期磊落」[009]。看出范仲淹所活躍的那個時代裡整個士大夫社群憂國憂民的情懷。

這也恰恰是范仲淹，在兩三年前他身處權力核心層之時主持的那場政治改革運動中，所倡導的士大夫的核心思想精神。事實上，圍繞著滕宗諒知岳州，當時文壇、士林幾個重量級的領袖人物都應宗諒之邀留下足資後世的美文，除卻〈岳陽樓記〉，同樣是在慶曆六年，歐陽脩還在收到宗諒寄來的洞庭山水畫後寫下了散文名篇〈偃虹堤記〉，尹洙寫下了〈岳州學記〉。他們三人在不久前的那場政治風雲中都曾是舉足輕重的人物，如今又都遭逢挫難，然而他們卻都將自己的志向情懷寄託於文字中，讓他們在岳州這不大的地方重新相聚，在文學的領域共同做出了新的建樹。

然而，質疑常常會不期而至。對范仲淹而言，問題就出在那幅常常被人忽略的〈洞庭秋晚圖〉上。古時的文人，幾乎從未對〈岳陽樓記〉的寫作背景產生過任何懷疑，然而到了近現代，學者卻開始普遍質疑范仲淹有沒有到過岳陽樓 —— 這無疑是對范仲淹人格的衝撞。有許多學者大膽猜測，仲淹不過是依照著滕子京寄給他的這幅畫中所畫的洞庭湖景，寫出了這篇文章，而並未真正親往領略過洞庭的水光山色。

---

009 陳榮照：《范仲淹研究》，245 頁。

事實上，這樣的說法並非沒有依據，因為今人向來查不到直接的證據證明仲淹在此前曾經有去過洞庭湖遊賞。然而，滕宗諒也未嘗表露過讓仲淹作記前，必先來岳州走一趟的意思，更何況宋時作記本也不必非要親歷其地[010]，故而因此指責仲淹為文不嚴謹則是毫無道理的。

然而仲淹到底有沒有可能去過洞庭？

這還要從仲淹少年時代的經歷說起。

二、幼年坎坷

在杭州西湖的邊上，有兩座美麗的寶塔，一曰雷峰，一曰保俶。這坐落於西湖南北的雙塔各具特色。氣勢宏壯雷峰塔鼎鼎有名，自不必細說，寶石山的保俶塔則如一美人般身形苗條婀娜，另有一番風韻。

然而這保俶塔的命名背後卻有著一個略顯悲戚的故事。

開寶九年（西元九七六年）十月十九日，開封城裡突然下起了紛紛揚揚的大雪，濃密的烏雲翻滾著在天上鋪展開來，天氣一下子變得很是寒冷。皇宮裡，北宋開國皇帝宋太祖趙匡胤正和他的弟弟晉王趙光義在大殿內推杯換盞，暢懷對飲。趙匡胤屏退了宦者和宮妾，悠然享受著和弟弟把酒敘情的好時光。在這靜默的夜晚裡，唯有燭光映照下影影綽綽的人影晃動在大殿的窗戶上，隱隱約約的，能看見趙光義時而起身避席，又作出一副驚慌的樣子。

喝完酒時已是鼓漏三更，殿外的雪厚厚的積起了數寸。趙匡胤突然摸出一把斧頭，拄著斧頭猛然戳向雪中，回頭大聲地對弟弟喊道：「好做，好做！」[011] 這呼聲在這靜謐的雪夜裡顯得分外清晰。接著，趙匡胤解下衣帶，旋即昏昏睡去，鼾聲如雷。

---

010 李偉國：〈范仲淹〈岳陽樓記〉事考〉，《范仲淹研究文集（五）》，321 － 335 頁。

011 [宋] 文瑩：《續湘山野錄》，74 頁。

十月二十日，宋帝國風雲突變。這日的四更天時，趙匡胤暴斃於萬歲殿，得知這一消息的宋皇后急傳宋太祖之子貴州防禦使趙德芳，然而負責傳令的內侍都知王繼恩卻直接奔赴開封府找來了趙光義，當宋皇后看見來人不是自己的兒子後，便知大勢已去，只得惶恐地說道：「我們母子的性命，都要託付給官家了。」趙光義趕忙安慰嫂子：「共保富貴，無憂矣」。[012]

在這著名的「燭影斧聲」的故事裡，所有的跡象都將矛頭指向了宋太宗趙光義，很難說不是趙光義篡弒了宋太祖。[013]

次日，趙光義即位，是為宋太宗。二十二日，趙光義宣布改元為太平興國元年。

宋太宗即位之後為了鞏固地位、樹立威信，因而一心急於完成對其他政權的統一。展望整個漢族人統治的疆域，在沒有懸掛著大宋旌旗的土地裡，除卻北方山西那個與遼結盟的北漢國，南方的割據政權裡，便只剩下福建的陳洪進政權和江浙一帶的吳越國了。

於是，一場預料中的凶多吉少的赴會發生在了吳越國王錢俶身上，那是在太平興國三年（西元九七八年）的三月，趙光義招他入朝覲見。

錢俶還記得，在太祖當政年間，他曾受到宋朝那樣隆重的厚待。在趙匡胤的特別准允下，他是大殿上唯一可以配著劍、穿著鞋、宣召時不被點出姓名的人，那時的趙光義，也與他以兄弟之禮相見。

不過他也能記起，那時這種一團和氣的氛圍背後，就已經不乏宋朝對吳越國輕蔑的意味了。當時他帶著大量的奇珍異寶獻給趙匡胤，然而趙匡胤卻

---

012 [宋] 司馬光：《涑水記聞》卷一，19 頁。

013 關於這一問題，詳參鄧廣銘〈宋太祖太宗皇位授受問題辨析〉，載《鄧廣銘全集》第七卷，251 頁。該文中對太祖之死和太宗的即位有過較為可信的解釋，且不論趙匡胤主觀上有無讓光義接班的意圖，「燭影斧聲」的故事在細節上是「小說家言」的可能性並不小，但趙匡胤是非正常死亡，趙光義的皇位是逆取而來這兩點是能夠確信的。

傲慢地說：「這就是我倉庫裡的寶物，哪用得著你獻！」[014]。好在錢俶最終是有驚無險，不僅後來順利回到吳越國，還在建隆元年（西元九六〇年）被封為了天下兵馬大元帥。

據傳，當初錢俶在去見趙匡胤的時候，他的舅舅吳延爽召集民眾為錢俶修築了一座寶塔，取名為「保俶」，意在期盼外甥能平安歸來、性命無憂。事實上，錢俶確實在宋太祖年間一時保住了性命，然最終依舊未能逃脫遇害的命運。

宋太宗年間的這次朝見實實在在的讓吳越亡了國。隨著太平興國三年四月陳洪進被迫納漳、泉二州十四縣歸降，錢俶也趕緊向宋太宗上表要卸去天下兵馬大元帥的職務，並打算回國，然而宋太宗卻沒答應。迫不得已，錢俶只得上表獻出吳越國十三州一軍八十六縣，並舉族歸於京師。

十年後，也就是北宋端拱元年（西元九八八年），此時的錢俶早已是患病多年，身體孱弱。這年春天，又到了錢俶的生辰，太宗皇帝派人賜予他「生辰器幣」，熱情的使者又和錢俶宴飲至暮。忽然間，有一顆大流星劃過天際，落在正寢的前面，流星的光芒照亮了整個廳堂。當晚，宴飲過後的錢俶暴卒，死時正好六十歲。很難說不是宋太宗暗害了錢俶，聯想到南唐後主李煜被趙光義派人毒死的悲劇，這種可能便更大了一些。

斯人已逝，不可挽回。吳越錢家徹底走向了衰落，唯有西子身旁巋然不動的保俶塔長久地靜默在吳越故都，使後世的人們依然能時不時想起這個五代時雄踞於江浙的王國，想起末代吳越王悲劇的人生。

在太平興國三年[015]和錢俶一同來到開封的還有吳越國的大臣們，這些大臣中很多人後來就進入了北宋的官僚系統，成了北宋「冗官」隊伍中的一員。

---

014 [宋]歐陽脩：《新五代史》卷六十七，844 頁。

015 范墉隨錢俶歸宋的時間，學界有分歧。筆者據《宋史》卷四百八十與范仲淹〈續家譜序〉之記載，取「范墉於太平興國三年歸宋」一說。

這其中就包括范墉。范墉文化修養很高，不僅學問淵博，更是寫得一手好文章[016]。才氣橫溢的他出生於蘇州范家[017]，他在家裡排行老三，范家這一代人堂兄堂弟總共六個：范堅、范坰、范墉、范塤、范埴、范昌言，他們原先都在吳越錢氏的手下做事，或多或少都有些本事。

說起來，范家也算是世宦家族了。儘管不少人所提到的范家的先祖，乃是唐時宰相范坰履冰的說法並不那麼可靠[018]，然而范墉的曾祖父范隋是北方人這點卻毋庸置疑。這位生活於唐末亂世的士人曾經當過幽州良鄉主簿[019]，在咸通十一年（西元八七○年）調任處州麗水縣丞。當時中原局勢紛亂，范隋遂舉家定居蘇州吳縣。

范墉的祖父夢齡是范隋的長子，他和弟弟夢均一同仕於吳越國，成為錢家的臣子。哥哥做了中吳軍節度判官，弟弟則是蘇州糧料判官。待到范墉的父親贊時出生時，夢齡在此前已經有了三個兒子了。贊時是范墉以前的三代人裡最出色的人物，他是少年神童，去世前官至吳越國的祕書監，死後還留下皇皇六十卷史學巨作《資談錄》。

然而范墉就沒有這樣的好運氣了。他自己雖然學問不差，可也只不過是輾轉於諸王幕府當個參謀而已，並沒有什麼顯赫的地位。范家六兄弟在歸宋後，雖然都當著官，可大抵日子都過得不太好，所獲得的官位恐怕也是些閒職，享受不到高官厚祿，六人長期輾轉於基層。比如范贊時之兄范光謨的兒

016 [宋] 富弼：〈范文正公仲淹墓誌銘〉，《范仲淹全集》，817 頁。

017 范仲淹常自署為高平人，但據方健考證，此「高平」當為春秋時吳國都城高平里之所在，非郡名，此乃文人署名喜歡高古所致（《范仲淹評傳》8－9 頁），與范仲淹籍貫屬蘇州一說並不矛盾。

018 儘管范仲淹在其〈續家譜序〉一文中自稱「吾祖唐相履冰之後」許多史料等也都沿用此說，但在〈與中舍書〉中范仲淹也說過「或是祖先元氏藍田人，不知記否」，足見仲淹本人其實不會太確切地了解他的家族在范隋往上的世系。

019 宋人曾鞏的《隆平集》中說：「其先邠州人。」《宋史·范仲淹傳》說沿用此說。據方健在氏著《范仲淹評傳》第八頁推測，邠州（今陝西彬縣）或為幽州之誤，蓋因邠州在唐開元十三年（西元七二五年）前一直叫豳州。但缺少直接有力的證據確實證明仲淹祖先為邠州而非幽州的說法不成立，故此說存疑。

子，「少好學，善屬文，最長於詩」的范埴，在吳越的時候曾是重臣杜叔廉的幕僚，後來被杜叔廉薦舉做了秀州司倉參軍，官職不大，但好在「上面有人」。在歸宋後，范埴歷任延州司法、廉州合浦主簿、虔州安遠尉、同州朝邑主簿，輾轉地方，依然是在基層工作，境遇沒怎麼改善，還缺少了重臣的賞識，仕途升遷更是無望[020]。族人的這種境況，到頭來就無可避免地使得家道中落，連家譜都失散了，晚輩族人各自流離。[021]

范墉始終過著碌碌無為的生活，在歸宋後的十二年裡，他輾轉各地，先後擔任了成德軍、武信軍、武寧軍三地的掌書記，因而也就曾輾轉定居於真定（今河北正定）、遂州（今四川遂寧）、徐州三地，然而不論職位如何變動，他不過是把庸庸碌碌的祕書工作做得越來越精熟罷了，兢兢業業地工作，換來的不過是一份微薄的俸祿。[022]

在唐末，掌書記是名副其實的要職，在各方藩鎮競相崛起爭雄的年月裡，掌書記不僅管理著藩府內大大小小的往來文書，還「掌朝覲、聘問、慰薦、祭祀、祈祝之文與號令升絀之事」[023]。然而自從宋太祖聽從趙普的意見，削奪了地方大員的實權、節制了節度使們的錢糧草穀、收編了地方節度的精兵，地方藩鎮的勢力便被中央政府牢牢地箝制起來。掌書記也隨著節度使權力的削減而變成了一個無關緊要的官職，平日除了打理些往來文書便也無所事事，昔日能夠操控軍政大權的風光已然不再。

一切都在昭示著，時代變了，北宋的統一和鞏固，標誌著唐末五代那個紛亂年代的一去不返，從此，書生的滿腹經綸只能貨於一家，武士的赤膽忠心只能報效於一姓，藩鎮四處割據、政權頻繁更迭的亂世終究是悄無行蹤了。

---

020 [宋] 劉師旦：〈宋故同州朝邑縣主簿范君墓誌銘〉。見趙振華〈洛陽新出土宋代墓誌研究三題〉，載《出土文獻研究（第七輯）》，367－380頁。
021 [宋] 范仲淹：〈續家譜序〉，《范仲淹全集》，731頁。
022 [宋] 范能濬：〈宋太師中書令兼尚書令魏國公文正公傳〉注，《范仲淹全集》，851頁。
023 [宋] 歐陽脩、宋祁：《新唐書》卷四十九下，1309頁。

　　歸宋後的范墉始終過著太平庸的日子，以至於他的生平、行蹤都不明晰。就連人們想知道他有沒有到開封做過官，都難上加難。只能依據他的兒子范仲溫生於京師這件事而產生些許懷疑，然而人們終究無法迴避范仲溫出生之時，范墉只是恰好有事停留在京師這個顯然更加合理的推測。

　　端拱二年（西元九八九年）於范墉而言是個特殊的年分，這一年他又新得一子，這是他歸宋後十一年來難得令他興奮的事情之一。八月二十九日（公曆十月一日）是這個新生命來到人間的第一天，此時的范墉尚在河北真定府任職，因而這個孩子應當是出生於成德軍節度掌書記官舍。

　　五十五年後，如今這個尚在襁褓之中的嬰孩、范墉最小的兒子[024]將出任北宋的參知政事，發起轟轟烈烈的「慶曆新政」。他日後將成為傑出的政治改革家、文學家，會在中國古代歷史的長河中留下一個閃亮亮的名字 ——「范仲淹」。

　　時間倉皇流逝，轉眼已是淳化元年（西元九九〇年），已經調任為武寧軍節度掌書記的范墉逝於任上，留下孤兒寡母。可以說，除卻讓范仲淹來到世上這一件事，范墉便再也沒能為兒子做些什麼。這種殘缺的家庭環境注定會影響到范仲淹的生活和他未來的發展，儘管當時他尚出世未久。所以日後，范仲淹在講到自己的出身時就說自己「起家孤平」[025]，沒了父親范墉的庇護，范仲淹真正成了寒素之身，儘管他的家族舊歷宦海，如今卻也提供不了任何幫助。

　　沒過多久，范墉歸葬於自己的家鄉 —— 吳中（蘇州）的天平山上。他的第一任夫人陳氏和他一同長眠於此。而范仲淹年輕的母親謝氏[026]或許開始也是

024　關於范仲淹諸兄弟的狀況，目前尚未有可靠公論，然而毋庸置疑的是，范墉的兒子中唯有仲溫和仲淹最終長大成人。范仲淹自己就曾在給哥哥范仲溫所撰墓誌銘中說：「先公五子，其三早亡。唯兄與我，為家棟梁。」

025　[宋] 范仲淹：〈潤州謝上表〉，《范仲淹全集》，390 頁。

026　關於謝氏的身分，一般人說她是范墉再娶的妻子，但李從昕〈范仲淹身世、祖籍與出生時間地點考〉

想守節的，然而抵不上一個叫朱文翰的人的追求，又苦於生活貧困的狀況，便嫁給了長山（今山東長山鎮）朱文翰[027]——這也是一個略有文化的人。

時年兩歲的范仲淹由此開始了新的生活。在跟隨繼父生活的日子裡，他曾經來過澧州安鄉縣（今湖南安鄉）——這是朱文翰做官的地方。這裡離洞庭湖並不遙遠，結合仲淹日後曾留下多篇描寫洞庭水色的文學佳作來看，在這裡讀書、生活過一段時間的仲淹必定是造訪過洞庭湖畔的，也必定登賞過岳陽樓[028]。當他看見那洞庭湖一帶的奇山異水，當他聽見夏秋兩季被西南風激起的波濤發出的如擂鼓的聲音[029]，當他登上岳陽樓感時傷懷之時，那顆「先天下之憂而憂，後天下之樂而樂」的精神種子已經悄然萌發著。

三、苦學生涯

安鄉縣是座三面被湖水包圍的小城，在它的西面，有座興國觀，這是一處清曠之地，尤利於有志於學問者在這裡頤養性情、讀書治學。年少的朱說也正是看中了這裡氣候清涼乾爽，春無蛙聲吵攪，夏無蚊蟲煩擾，因而才不論寒暑，日夜在這裡苦讀經書。

在興國觀裡，朱說還拜到了一位道士師傅，聯想到日後朱說有不少研究易學的文字流傳於後世，他這位姓司馬的道士師傅恐怕出了不少功勞。

（載景范教育基金會統籌《范仲淹研究文集（一）》，326 - 368 頁。）一文卻認為其為范塘之妾，諸葛憶兵認同此說（《范仲淹研究》19 頁），方健對此問題未有涉及。但李裕民先生〈范仲淹家世考〉、〈再談范仲淹生母謝氏的身分問題〉兩文對此說提出了有力辯駁，充分指出了李從昕文中的諸多漏洞和謬誤，筆者在閱讀完兩文後認為李裕民先生的說法更可靠。

027 此說是李裕民〈范仲淹家世考〉一文中依據〈族兄巨中嫂王氏姚氏合葬銘〉中所載北宋知識分子鄭巨中在亡妻後，追求本在丈夫死後欲守節的姚氏成功一事做出的推測。

028 筆者個人愚見，學界持仲淹到過洞庭說的學者，其轉述相對更為可靠且數量多，且一些對之持反對意見者，未嘗無可能是有逐求新奇的傳奇故事之意。再者如李偉國述，宋時作記不必親臨所寫之處。關於這一問題，學界在文獻發掘和解讀上幾乎已經窮盡，恐怕再討論下去意義也不大了。

029 ［宋］范致明：〈岳陽風土記〉，《全宋筆記》第二編第七冊，80 頁。

朱說平日裡所居的讀書堂是在興國觀東隅的。[030] 若干年後，那引得無數雅士名人吟詩作賦以稱讚的「安鄉八景」之一的「書臺夜雨」，說的便是此處。從這裡俯瞰下去，但見澧水波瀾的水色、藥山上芍藥盛開的美景 —— 這些都是位於澧陽縣南八十里、洞庭湖畔的風景名勝。舉目百里，視野開闊，在這樣的地方讀書，想必定能使人養出一副宏豁的胸襟。

日後朱說隨著做官的父親還一同去過池州（今安徽貴池），就在池州東面的青陽縣，再往東二十里，有一座長山，朱說繼續著他日夜苦讀的生活，以致後來人們把這裡改稱「讀山」。

然而朱說的讀書時光更多是在長白山度過的。在他的父親 —— 那個生活並不富裕的小知識分子朱文翰 —— 回到淄州（今山東淄博南）做長史的時候，此時尚不足二十歲[031] 的朱說便就讀於長白山醴泉寺。後來朱文翰又做了長山的縣令。

不知道出於什麼原因，或許是由於父親那做縣令官所得的微薄的俸祿，在養活起一大家人時仍顯不足的緣故，朱說在這裡的生活過得異常艱苦。那時他和朋友劉某一同在長白山的僧舍裡唸書，每天的飲食不過是取兩升粟米煮成粥放涼，劃成四塊，早晚各吃兩塊當作主食。然後切幾把菜加上鹽和醋煮熟來吃。[032]

功夫不負有心人，年輕的朱說在歷經了幾年的寒窗苦讀後終於從家族中脫穎而出。有一年長山本地走出來的名士姜遵回鄉，這是位向來以為人剛嚴著稱的士大夫。那日他在和眾多拜訪他的人告辭後獨獨留下了朱說，對著他

---

030 《安鄉縣誌》卷一一所收〈重修范文正公書臺記〉載讀書堂在興國觀東隅，而同卷〈重修儒學記〉則載其在北隅。方健對兩種說法並未作出辨析，筆者據〈重修范文正公書臺記〉寫於南宋寧宗慶元元年四月，而〈重修儒學記〉寫於慶元三年十一月，因而採用完成時間相對更早的文獻的記載。

031 方健認為，樓鑰〈范文正公年譜〉二十二歲條載仲淹此前在長白山讀書三年，二十六歲條卻說仲淹已在南都學舍讀書五年，而仲淹二十七歲登科，這之中存在時間矛盾。因而推測仲淹在長白山開始讀書的時間當比樓鑰所述要早。

032 [宋] 江少虞：《宋朝事實類苑》卷九，98 頁。

的母親謝氏說：「朱學究雖然還年輕，但卻是個奇士。我看他日後不僅要當大官，還會流名後世。」說完便盛情招待朱說，對待朱說時像對待自己的孩子般親熱，周圍人都摸不著頭腦。[033]

在長白山的日子裡，朱說至少還有過兩次出行，一次是與廣宣大師結伴出遊[034]，一次是二十歲那年漫遊關中，結識了一名很有名士風度的名叫王鎬的士大夫，王鎬愛喝酒更愛音樂，他的兒子王鎬和朱說成了好友，他們常常結伴相遊於鄠縣（今陝西戶縣），和道士周德寶、屈元應一同在外讀《易經》、鼓琴曲[035]——朱說是非常喜歡彈琴的，他曾經跟隨大音樂家崔遵度學習過彈琴[036]，他尤其喜歡彈奏〈履霜〉[037]，因而平日裡也是一副文士風雅的做派。與宗教人士的交往無疑對朱說個人思想的形成產生了影響，他並非一味地吸取儒家思想，對佛、道也有涉獵，日後他主持新政，講「窮則變，變則通，通則久」，就是來自於《易經》的思想。而當他在日後總結出「先憂後樂」的士大夫人格後，也有人就認為其中有他受佛教眾生平等觀點的影響。[038]

本身勤儉苦讀的日子就足夠累人了，然而朱說緊接著迎來了更大的打擊——這是關於他身世謊言被揭穿的事。

---

033 [宋]司馬光《涑水記聞》卷十，181頁。

034 [宋]范仲淹：〈贈廣宣大師〉，《范仲淹全集》，117頁。

035 [宋]范仲淹：〈鄠郊友人王君墓表〉，《范仲淹全集》，372頁。

036 [宋]范仲淹：〈與唐處士書〉，《范仲淹全集》，144頁。

037 [宋]陸游：《老學庵筆記》，117頁。

038 [美]李弘祺：〈西方歷史學家對范仲淹的描述〉，《范仲淹研究文集（五）》，315－320頁。該文提到1959年時漢學家瑞德（ArthurF.Wright，一般譯作「芮沃壽」）在其《Buddhism in Chinese History》一書中提出范仲淹「先天下之憂而憂，後天下之樂而樂」的思想受佛教影響的觀點。關於此說，王汎森在其〈記杜希德教授〉（載2013年12月1日《上海書評》）一文中說這是杜希德的觀點，但卻未具體說明杜希德是於何時在哪篇文章中提出的。對此，筆者也無從考證。關於芮沃壽的這種觀點，表面看起來似乎有以偏概全之嫌，畢竟宋代新儒家也有不少是排佛的，唐宋新儒學運動自韓愈而起，韓愈本身就是強調排佛的，歐陽脩也持排佛的立場，不過，儒、佛、道雜糅確實是當時思想界的一個整體的宏觀趨勢，所謂的唐宋之際的新儒家，並非在一切問題上都有著完全統一的立場，這種個例的分歧，或許不足以顛覆宏觀的認知。

　　要知道，勤儉的朱說和朱家其他弟子的性情向來是不同的，對他們平日裡浪費不節的行徑，朱說早就看不慣眼，屢次勸說，可眾兄弟卻依舊我行我素。那日他們囂張地對朱說講：「我們花的是我們朱家的錢，跟你有什麼關係？」朱說聽完這句話很是震駭，幾番打聽之下，有人告訴他：「您是姑蘇范家的孩子，當年謝夫人帶著您嫁到了朱家。」可以想像，這樣的真相，對於時年二十三歲的朱說來說，無異於晴天霹靂，沒錯，他就是二十一年前那個在徐州經歷了喪父悲劇的兩歲的嬰孩 —— 范仲淹！悲憤的仲淹在這突如其來的打擊之下決定走出家門自立門戶，佩劍帶琴，直接往應天府（今河南商丘）求學去了。謝氏聽到兒子憤然離去的消息也是急忙派人追趕，但仲淹心意已決，只為母親謝氏留下了一句十年後登科迎親的約定，便毅然決然踏上了往應天書院（也稱南都學舍、睢陽書舍）的路程。

　　應天府的府學應天書院本名宋州南都學舍，是宋州當地的學者楊愨於後晉天福六年（西元九四一年）建立的。楊愨死後，他的學生戚同文執掌學舍。後來，南都學舍發展成有著一百五十間學舍、數千卷藏書的、民建官辦的大書院，而且有著極好的學風。戚同文曾經在這裡樹立起了良好的風氣，他個人不僅向來以孝聞名，而且講信義、做善事，經常扶貧濟困。特別值得一提的是，戚同文還是一個好學到經年不解衣帶的人[039]。這一點深深影響了范仲淹，他在應天從學五年，也向來沒有解過衣帶[040]，學習十分刻苦。

　　不過仲淹來時，戚同文已經去世了[041]，此時是他的孫子戚舜賓擔任應天

---

039 [清] 黃宗羲原著、全祖望補修：《宋元學案》卷三〈高平學案〉，《黃宗羲全集》第三冊，179 頁。

040 [宋] 朱熹：《五朝名臣言行錄》卷第七之二，《朱子全書》第冊，208 頁。方健認為這一記載跟對范仲淹在長白山的飲食狀況的記載一樣，是後人誇大後的記載（《范仲淹評傳》34 頁）。然而考戚同文亦有此舉，即使並非真的從不解衣，但大體是有過這樣的「姿態」的，這種形式主義實則宣揚著一種意識形態，即應天府學對刻苦學風的提倡。

041 《宋元學案》卷三（179 頁）、《宋史》卷三一四（10267 頁）都說范仲淹直接師從於戚同文。而鄧廣銘〈論范仲淹的師承 —— 辨〈宋元學案〉所謂「高平所出」〉考戚同文生活於五代末至宋初，死於仲淹出生前。今取鄧說。

第一章 山雨欲來：范仲淹的早年經歷與北宋前期的政治局勢

書院的院長。南都學舍是在大中祥符二年（西元一〇〇九年）由宋真宗賜名「應天府書院」的，在此前的景德二年（西元一〇〇五年），宋州被改名為應天府。

仲淹在這裡透過學習有了很大的收穫，五年來他在這裡飲食樸素，平常讀書睏了就用冷水洗洗臉，繼續努力鑽研學問，終究玉汝於成，基本通曉了六經的要旨，使得儒家思想成為奠基他士大夫人格的重要基礎。

日後，仲淹與時任應天書院山長的戚舜賓書信來往密切 [042]，特別是他還推薦了一位名叫孫復的貧寒儒生入院讀書，此人日後成為泰山腳下以長於《春秋》研究而聞名的大儒 [043]，與胡瑗、石介並稱為「宋初三先生」，後來又與胡瑗、石介以及功利主義儒家的代表人物李覯一同在理論、思想上給予了慶曆新政很大的支持。在戚舜賓任山長期間，仲淹與他書信來往密切。

早年的范仲淹出身貧寒，讀書刻苦，結交廣泛，然而儒家講「君子謀道不謀食，君子憂道不憂貧」。他追慕知識、生活勤儉，卻並非為了榮華富

---

042 [宋] 范仲淹：《范文正公尺牘》卷下〈與睢陽戚寺丞書〉，《范仲淹全集》，694 頁。

043 [宋] 魏泰：《東軒筆錄》卷十四曾記載「有孫秀才者索遊上謁，文正贈錢一千。明年，孫生復道睢陽謁文正，又贈一千，因問：『何為汲汲於道路？』孫秀才戚然卻色曰：『老母無以養，若日得百錢則甘旨足矣。』文正曰：『吾觀子辭氣，非乞客也，二年僕僕，所得幾何，而廢學多矣。吾今補子為學職，月可得三千以供養，子能安於為學乎？』孫生再拜大喜。於是授《春秋》，而孫生篤學不捨晝夜，行復修謹。文正甚愛之。明年，文正去睢陽，孫亦辭歸。後十年，聞泰山下有孫明復先生以《春秋》教授學者，道德高邁，朝廷召至太學，乃昔日索遊孫秀才也」。見《全宋筆記》第二編第八冊，109 頁。這段記載說明，孫復和范仲淹有師承關係，且從仲淹「於是授《春秋》」來看，顯然這件事應該發生在仲淹在天聖年間執教應天書院時期。但方健據〈與睢陽戚寺丞書〉這份范仲淹向戚舜賓推薦孫復入學的信件，而指出魏泰所記孫復從學於仲淹一事有誤，當為小說家言，孫復並非在范仲淹掌應天書院時入學睢陽，而是在戚舜賓掌院時期。見方健《范仲淹評傳》34 頁。全祖望在〈泰山學案〉中也認為孫復的《春秋》未必直接受學於范仲淹。徐洪興雖然肯定魏泰的記載，但是指出范仲淹和孫復在對《春秋》內容的觀點上存在差異，孫復不像是師承仲淹的《春秋》學，至多是從仲淹那裡獲得了一些啟蒙。見徐洪興《思想的轉型：理學發生過程研究》，332 － 333 頁。綜上，筆者部分肯定方健指出的問題，將孫復入學睢陽的時間定為戚舜賓時期。但筆者同時認為，孫復與范仲淹密切的學術交遊也是可以確定的，儘管兩人在學術觀點上並不完全符合。

貴，也不像一些人所說的那樣是為了光耀門庭[044]。「直道豈求安富貴，純誠唯欲助清光」[045]，「來早又拋泉石去，茫茫榮利一吁嗟」[046]，仲淹心中所想，乃是「不為良相則為良醫」，「夫不能利澤生民，非大丈夫平生之志」[047]。他從小就樹立起了一種關心民生、熱心世事的士大夫品格，有著強烈的知識分子的責任意識，有著積極參與社會參與政治的想法。這樣的志向無疑將在日後成就他，也將讓他成就一個時代。

　　不過，值得注意的是，范仲淹早年「不為良相則為良醫」的想法實際就暗含了一種從立功到立言的思想轉向意識 —— 當現實政治、仕途發展不如意時、當「得君」不成以致在他看來難以「行道」的時候，他自然而然就有了一種不屈從現實轉而追求精神自由的意識。實際上，這種邏輯、這種人生選擇的預設，正反映了一種由「外」到「內」的可能，劉子健在《中國轉向內在》裡認為北宋士人積極政治是一種外向心態，而南宋理學強調「性命之學」，實際是「轉向內在」。所以劉子健認為兩宋間的文化和思想有了明顯的轉型和變革，以此修正內藤湖南的「唐宋變革」論，認為兩宋之變大於唐宋之變。可實際上從范仲淹的態度我們能看到，從北宋開始在士大夫的思想中就有了潛在的「轉向內在」的想法，范仲淹年少時廣泛交友佛、道人物，日後還與隱居高士林逋相知交，都展現出他的思想中潛在的「轉向內在」的意識，這種意識最終使得他在主持慶曆新政時期，以及其後的政治生涯中始終更注重對士風的改良，相對而言對現實政改的效果就缺乏足夠的關注。

　　只不過對於此時尚未在仕途上嘗試去做一番事業的范仲淹來說，「得

---

044 漆俠：〈范仲淹的歷史地位〉，《漆俠全集》第九卷，371 − 379 頁。漆俠認為范仲淹是地主階級，他幫助和交往的也都是地主階級，所以范仲淹並沒有博愛的胸懷，仲淹讀書也完全是為了一己之私、光耀門庭、謀求進身之階。

045 [宋]范仲淹：〈依韻答青州富資政見寄〉，《范仲淹全集》，131 頁。

046 [宋]范仲淹：〈依韻酬章推官見贈〉，《范仲淹全集》，103 頁。

047 [宋]吳曾：《能改齋漫錄》卷一三〈文正公願為良醫〉，《全宋筆記》第五編第四冊，105 − 106 頁。

第一章 山雨欲來：范仲淹的早年經歷與北宋前期的政治局勢

君行道」、「內聖外王」的理想──即余英時先生所說的「儒家的整體規畫」──於他而言更具吸引力，這種積極入世的心態，也是符合一個一般年輕人的心性的。[048]

事實上，范仲淹出生的那個時代，的確是值得他這樣的有志者施展一番抱負的。

放眼二十七歲的范仲淹於大中祥符八年（西元一〇一五年）中，進士及第之前宋朝的歷史，這一時期正是所謂的狹義的「中原王朝」從分裂剛剛走向統一後的時期，在整個中華的版圖之上，由於不同少數民族政權的存在，使得分裂依然是這個時代的主流。[049]

已經建立了二十八年的北宋帝國一統中原與江南，與崛起於草原之上的契丹族建立的幅員遼闊、國力強大的遼帝國相對峙。直到景德元年（西元一〇〇四年 1004），宋遼舉行澶淵之盟，漢人政權和契丹政權之間的關係方才緩和下來。然而，新的矛盾出現在西北，党項羌人和回鶻諸部蠢蠢欲動。特別是党項人，在首領李繼遷、李德明父子的先後帶領下勢力擴張迅速，崛起於遼、宋之間，他們於太平興國七年（西元九八二年）正式叛宋，儼然是要與遼、宋形成三足鼎立之勢。在北宋的西南方向，還有著與宋交好的大理國（西元九三八至一二五四年）和雄踞青藏的吐蕃諸部，可以說，北宋是建立在多個少數民族政權的包圍之下的。因而總的來說，這一時期中華版圖上局部的、小範圍的動盪少了，然而不同政權之間的矛盾則在漸漸凸顯，中原王朝與少數民族間的衝突不斷加劇著。

除卻外部的憂患，北宋內部的矛盾與問題也漸漸暴露。北宋建立之後實行「崇文抑武」的政策，這對宋代的士大夫和宋代的社會思潮也產生了深遠

---

048 關於北宋士人「得君行道」的政治理想，參見余英時〈從政治生態看宋明兩型理學異同〉。對范仲淹「不為良相則為良醫」的分析，參考了朱剛〈唐宋「古文運動」與士大夫文學〉213－214頁。

049 盧雲國：《細說宋朝》，3頁。

影響，文臣們鐵了心「文不換武」，以出任武職為恥。這種思潮日後也將強烈地影響到范仲淹，左右他的一些選擇。在整個帝國的行政體系從上到下對軍事和武士的排斥之下，北宋的邊疆危機被加深，文人對武人輕蔑的氣焰也被助漲。北宋政壇上文人黨議、黨爭越來越激烈這一狀況的產生，也與此有關。

此外，伴隨著「三冗」之弊的加劇，北宋政壇上的一部分官員也高聲呼出了期盼革新的訴求，這些呼聲代表了一個時代的願望，並左右過范仲淹的命運。體制的弊端引發革新的企盼，這為日後范仲淹主持的慶曆新政提供了良好的踐行基礎和輿論支持。

事實上，僅憑這些簡單的概述，是不足以從宏觀上準確地掌握范仲淹出生前後大的時代背景和潮流的，我們所需要的，是對五代十國分裂局面結束的經過、北宋建國以來與周邊民族政權之間的交往以及北宋初期的貧弱局勢，做更加細緻的敘述。

四、北宋的建立

唐代詩人白居易曾有詩云：「梁苑城西二十里，一渠春水柳千條。若為此路今重過，十五年前舊板橋。曾共玉顏橋上別，不知消息到今朝！」[050]，詩中寫到的這處景色秀麗、曾是詩人送別之所的「板橋」，即是後世所稱的開封城外著名的「陳橋」。

陳橋確實是個有著別緻美景的地方，王安石就有描述陳橋的詩句云：楊柳初回陌上塵，胭脂洗出杏花勻[051]。然而，這杏花嬌豔、楊柳依依的陳橋卻在西元九六○年上演了一場有陰謀的政變。那一年的正月初一，後周君臣上

---

050 [唐] 白居易：〈板橋路〉，《白居易集》卷第十九，423 頁。

051 [宋] 王安石：〈陳橋〉，《臨川先生文集》第五卷，120 頁。

第一章　山雨欲來：范仲淹的早年經歷與北宋前期的政治局勢

下還尚未從去年周世宗柴榮去世的陰影中完全走出，而七歲的幼主柴宗訓毫無主政的能力。偏偏在這時，關於契丹與北漢合軍入侵的消息卻傳散開來。慌忙之間，朝廷只得派遣鎮寧軍節度使慕容延釗領兵先去迎敵，讓時任殿前都點檢的趙匡胤出兵迎戰。

事實上，這一切都不過是趙匡胤為了發動政變而散布的假情報罷了。百姓們聽到消息後一個個慌慌張張，他們都已經聽說到出兵之日趙匡胤將被擁立做天子的傳言，因而爭相做起逃跑的打算[052]。一切陰謀都欲蓋彌彰，唯有後周的皇族晏然不知。

正月初四，趙匡胤已經領兵行至開封城外的陳橋驛，醉酒昏睡的他在那天早晨被軍士們擁立的呼聲吵醒。只見軍士們急忙忙地在他身上披上了黃袍，一切看起來都是別人的算計，趙匡胤擺出一副無辜的樣子，推推搡搡地最終接受了軍士們的要求。然而真相不言而喻，「陳橋驛上呼號擁戴的士兵和將領們，只不過供其（趙匡胤）驅使的一群傀儡，趙匡義、趙普、石守信，以及張永德、王溥等人，也只是平素預聞其事的參佐人物而已，其操縱指使之者，卻還是宋太祖本人」。[053]

事情的結果可想而知，在西元九六〇年那個溫暖和煦的春日裡，後周殿前都點檢趙匡胤廢周自立，建國號宋[054]。開封城裡，趙匡胤的軍隊紀律嚴明，這實在是一幅難得的新氣象，畢竟在軍隊拔城後「夯市」——即縱掠三日——在五代時本是司空見慣的事。

篡位成功的趙匡胤將孤兒寡母的柴宗訓和符氏遷往洛陽居住，他將他們安頓的倒是很好，仍讓他們享受皇家的禮遇。直到開寶六年（西元九七三年），柴宗訓去世之時，宋太祖還親自為他穿孝服弔喪。

---

052 [宋] 李燾：《續資治通鑑長編》卷一，1 頁。
053 鄧廣銘：〈陳橋兵變黃袍加身故事考釋〉，《鄧廣銘全集》第七卷，232 頁。
054 [元] 脫脫等：《遼史》卷六，76 頁。

北宋雖然建立起來了，但危機與風險依舊存在。趙匡胤在建國後迅速平定了反對他的兩支藩鎮勢力——在六月平定了後周昭義軍節度使李筠的叛軍，在十一月攻破了後周侍衛馬步軍都指揮使李重進駐守的揚州城。政權鞏固之後，由於宋太祖擔心重蹈五代時期短命的中原王朝的覆轍，因而統一十國便成了北宋立國穩固之後的當務之急。

首先併入北宋版圖的是荊南和湖南。由於湖南軍閥武平節度使周行逢於建隆三年（西元九六二年）病死後，其尚不過十一歲的兒子周保權繼位，結果就引發了衡州刺史張文表的不滿，最終導致張文表攻下潭州（今湖南長沙）自立。周保權急忙求助於北宋，宋太祖隨即於乾德元年（西元九六三年）派慕容延釗領兵南下，其間有意假道荊南。

當時荊南的南平王高繼沖自知勢弱，派叔父高保寅來犒軍，順帶打探虛實。延釗趁機派監軍李處耘率輕騎直搗其都江陵，最終迫使高繼沖獻上了南平國轄下三州十七縣。同年三月，宋軍攻破潭州，又一路勢如破竹，突破了周保權的防線，最終平定湖南的十四州一監六十六縣，活捉了周保權。

荊湖地區的平定使得長江下游的南唐與上游的後蜀在軍事上被分割開來，又使北宋獲得了進攻南漢的前沿堡壘。同時，荊湖地區有著豐富的物產，可以說平定湖南後北宋占據了一個大糧倉，為其日後統一戰爭的開展提供了物質基礎。

北宋接下來將集中精力平定雄踞兩川的後蜀政權。宋軍打算兵發荊湖之時，驕奢昏庸的蜀後主孟昶本有向宋遣使貢奉之意，卻最終聽抵不上臣下的勸說，派人結好北漢意欲與之南北夾擊北宋。乾德二年，他派大臣孫遇、楊蠲、趙彥韜三人為使前往北漢聯絡，然而行至開封，趙彥韜卻偷偷拿了孟昶寫給北漢國主劉鈞的蠟丸帛書上交給了北宋當局。聞知此事後的趙匡胤大喜，高興地說道：「吾用師有名矣。」[055]

---

055 [元] 脫脫等：《宋史》卷四百七十九，13875 頁。

第一章　山雨欲來：范仲淹的早年經歷與北宋前期的政治局勢

　　乾德三年（西元九六五年）正月，宋西川行營都部署王全斌率軍大敗後蜀王昭遠、趙崇韜軍，宋將劉廷讓（光義）、曹彬又率宋軍溯嘉陵江而上，攻克夔州（重慶奉節）。隨後劍門關失守，後蜀大勢已去，孟昶上表請降。宋軍僅用了六十六天就打下了兩川的四十五州一百八十九縣，猶如摧枯拉朽。

　　後蜀亡後，王全斌曾建議宋太祖繼續向南討滅雲南的大理國，然而趙匡胤卻拒絕了這一提議，他說：「德行教化所到的地方，蠻夷們自然就會順服，哪裡用得著用兵。」[056] 並下令以大渡河為界，不再向南行軍[057]，雲南最終免遭戰禍荼毒。事實上，這並不是宋太祖心裡最真實的想法，他是有鑑於唐朝時中原王朝和南詔國作戰接連不利的教訓，才不繼續南征的[058]，而且相較於山西北漢政權的威脅，大理國顯然不足為慮，趙匡胤應是將統一戰爭的重點轉移到了平滅北漢一事上了。

　　平滅後蜀之後，宋太祖在開寶元年八月，北漢國主劉鈞病死、北漢政局動盪之時，派李繼勳、党進、曹彬討伐北漢，宋軍在北漢都城太原遭遇了名將劉繼業（楊業）的死守。最終，由於李繼勳擔心即將到來的契丹援軍會對宋軍不利，因而撤軍。

　　撤軍之後，宋太祖又在次年二月親征北漢 ── 這是北宋統一戰爭中宋太祖唯一的一次親征，直到五月分太原久攻不下，宋軍瘟疫橫行，這才撤兵。

　　轉眼又過了五年，到了開寶三年（西元九七〇年）的九月，趙匡胤以潘美為主帥征討兩廣的南漢政權。十六歲即位的南漢國主劉鋹是名副其實的暴

---

056 [元] 李京：《雲南志略》，王叔武輯校，78 頁。

057 此事後來被演繹成「宋揮玉斧」一事，清人顧祖禹撰《讀史方輿紀要》中載：「宋初乾德三年，王全斌平蜀，以圖來上。議者欲因兵威服越嶲，藝祖以玉斧畫此河曰：『此外吾不有也』。昔時河道平廣，可通漕船。自玉斧劃後，河之中流忽陷下五六十丈，水至此澎湃如瀑，從空而落，舂撞號怒，波濤洶湧，舡筏不通，名為嘻口，殆天設險以限中外。」（《讀史方輿紀要》卷六十六，3120 頁）但據段玉明〈大理國的周邊關係〉、寧超〈「宋揮玉斧」辨〉兩文考，「宋揮玉斧」當為北宋中後期和南宋時期，被後人演繹出的傳奇故事，不足為信，不過太祖以大渡河為界不滅大理乃確有其事。

058 [宋] 李心傳：《建炎以來繫年要錄》卷一百五，1978 頁。

君，不僅生活奢靡淫亂，對百姓的刑罰也是嚴苛殘酷，徵收的賦稅繁多，百姓苦不堪言。最終導致國勢傾頹，以致潘美等人率領的軍隊一路勢如破竹。

宋軍出奇兵沿著被南漢賴為天險的大庾嶺、騎田嶺、都龐嶺、萌渚嶺、越城嶺等「五嶺」的西側迂迴包抄南漢國都廣州。聞訊大驚的南漢後主急地打算跑路，此時已是開寶四年（西元九七一年）的正月，劉鋹找來十餘艘大船，載上自己的金銀財寶美妃嬌嬪，打算逃遁到海上，結果船還沒出發，宦官樂范與和幾千名衛兵就盜了他的船逃跑了[059]。南漢後主最終出降，北宋的疆土又擴大了六十州二百四十縣。

戰後，北宋在廣州設立了用於管理海外貿易的市舶司，由征南漢的正、副帥潘美、尹崇珂出任市舶使。這是宋代經濟史上一個重要事件，因為「在北宋及南宋的很長一段時間內，廣州港一直執海外貿易之牛耳，歲入曾居全國市舶總收入的十分之八九。是廣南唯一可以辦理貿易公憑的港口」[060]。

開寶七年（西元九七四年）九月，由於南唐後主李煜託病不前往開封朝見趙匡胤，使得宋太祖以此為由任命曹彬為西南路行營都部署，潘美為監軍，領兵十萬征討南唐，並於開寶八年（西元九七五年）的二月抵達了秦淮河畔。情急之下，李煜派大臣徐鉉前往開封請求宋太祖罷兵，同時讓神衛軍都虞候朱令贇領兵來援。然而一切都為時已晚，南唐援軍在皖口被宋軍擊敗，朱令贇被俘。而說客徐鉉在開封也收到趙匡胤的答覆，「不須多言，江南亦有何罪，但天下一家，臥榻之側，豈容他人鼾睡乎！」[061]。十一月，李煜上表請降，南唐十九州三軍一百零八縣盡歸北宋。

開寶九年（西元九七六年）秋七月丁未，宋軍第三次征討北漢，這一次宋太祖本來是下了很大的決心要滅掉北漢的，他以侍衛馬軍都指揮使党進為

059 ［宋］李燾：《續資治通鑑長編》卷十二，259 頁。

060 黃純豔：《宋代海外貿易》，25 頁。

061 ［宋］李燾：《續資治通鑑長編》卷十六，350 頁。

第一章　山雨欲來：范仲淹的早年經歷與北宋前期的政治局勢

河東道行營馬步軍都部署、宣徽北院使潘美為都監、虎捷右廂都指揮使楊光義為都虞候，又於當月丙辰指揮宋軍兵出五路伐漢。[062] 可惜這次北伐時間不長，這場戰事到了十月二十日便因趙匡胤的去世而不了了之。

太平興國四年（西元九七九年）正月，宋太宗趙光義以潘美為主帥出兵討伐北漢，石嶺關都部署郭進承擔了阻擊契丹援軍任務。二月，趙光義御駕親征，戰爭持續到四月，在契丹援軍被擊潰、太原城被兵圍數月的情況下，北漢國主劉繼元投降，北漢十州一軍四十一縣盡歸北宋。

至此，五代十國的紛亂局面正式結束，新興的漢人政權 —— 北宋不得不面對要與強大遼國為鄰的現實。然而，對於整個北宋疆域內的百姓而言，這種漢人王朝統一的局面可以使他們獲得安定的生活，從而帶動文化事業的恢復與發展，社會生產得到恢復，這算是一個嶄新大時代到來的開端。

這種相對安定的社會環境給予了范仲淹幼年時平靜的生活，給予了他良好的教育條件，也為他日後出仕提供了機會 —— 畢竟生逢亂世可能還是武士發跡的機會更大一些。

然而，五代對北宋的影響也是顯而易見的，除卻藩鎮的頻繁叛亂使得宋太祖建國後嚴格限制了地方的權力，北宋統一過程中的殺戮、血腥也影響了那個時代。在滅湖南、後蜀、南漢、南唐、北漢的過程中，哪一次都少不了慘烈的廝殺。日後宋遼相戰二十餘年，每戰戰死萬人很是常見，北宋的統一過程中有著濃重的血腥味。所以，大抵像是反抗心理一樣，北宋社會的崇文風氣很是昌盛，誰都不能否認這其中有經歷了北宋統一戰爭後的百姓厭煩、畏懼戰爭的緣故。由此，北宋開啟了一個「崇文抑武」的時代，這種風氣對范仲淹更是影響深遠。

---

062 [宋] 李燾：《續資治通鑑長編》卷十七，375 頁。

五、邊患重重

其實仲淹二十七歲中舉的時候，恰恰是北宋的邊事較為安寧的一個時期。至少那個雄踞於宋朝北面的契丹遼朝早在十年前就與宋朝簽訂了合約，兩方從此再無大的戰事。

正如札奇斯欽所說，「游牧民族與定居農業民族間的競存，會是亞洲歷史的主流之一」[063]。在整個十到十一世紀，契丹族所建立的政權與中原的漢人政權便一直上演著相互競爭的戲目。契丹族是中古時期的一個游牧民族，屬於東胡。追根溯源，其先當是匈奴，契丹是從庫莫奚中分化出的一部，庫莫奚出自鮮卑宇文氏，而宇文氏出自匈奴，故史載「契丹者，古匈奴之種也」[064]和「契丹，本鮮卑之種也」[065]二說並不矛盾。

契丹經歷了數百年的發展，勢力不斷壯大。它們在唐初出現了部落聯盟[066]。到了唐朝的天祐四年（西元九〇七年），其迭剌部夷離堇耶律阿保機行柴冊儀，燔柴告天[067]，即位為可汗，這位雄才大略的草原領袖，領導契丹族解決了諸多的內憂外患，一再抵擋了中原漢人的侵略。直到契丹神冊元年（西元九一六年）春二月丙戌朔，在迭烈部夷離堇耶律曷魯等人的勸進下，阿保機稱帝，自號天皇王，國號契丹。史稱遼太祖。

此後，契丹帝國一直和中原的漢人王朝保持著時戰時和的關係，然而更多的時候還是以戰為主。到了西元九四七年，契丹改國號為遼，改國號的原因是此時的遼朝皇帝太宗耶律德光，在這一年滅掉了中原的後晉，並於同年

---

063 札奇斯欽：〈游牧民族軍事行動的動機〉，《宋史研究集（第九輯）》，485 頁。

064 [宋] 薛居正：《舊五代史》卷一百三十七，《舊五代史新輯會證》，4271 頁。

065 [宋] 王溥：《五代會要》卷二十九，455 頁。

066 林干：《東胡史》，153 頁。

067 關於契丹人燔柴的行為，王小甫認為這展現的是對火的崇拜，他又引用王民信觀點，認為並非所有燔柴行為都與上尊號或即皇帝位有關。由此看來，柴冊禮與燔柴在意義上是有所不同的。參見王小甫《中國中古的族群凝聚》，137 頁。

第一章　山雨欲來：范仲淹的早年經歷與北宋前期的政治局勢

的二月初一在開封按照中原皇帝的規格舉行了登基典禮。

弔詭的是，平日裡向來秉信著「帝力於我何有哉」、對於政權更迭幾無觸動的中原漢人，卻莫名其妙地先後揭竿而起反抗德光。遼太宗本有意在中原勵精圖治長久治理，但看到各地風起雲湧的起兵狀況，也只得感嘆一句「我不知中國之人難制如此」[068] 而於同年三月北返，並於四月去世。德光的遭遇或許是中原人長久受儒家華夷之辨思想的影響而導致的。

耶律德光之後，遼朝皇位在繼承上發生了矛盾，最終的結果是遼太宗的姪子永康王耶律阮登基稱帝，是為遼世宗。世宗登基後於遼天祿五年（西元九五一年）九月再次南征，目的是為了說明北漢抵抗後周的入侵，然而，遼軍走到了歸化州（河北宣化）祥古山時，軍中發生了內亂，泰寧王耶律察割趁世宗君臣醉酒之際弒君自立，叛亂旋即被右皮室詳穩耶律屋質和壽安王耶律璟平定。事後，耶律璟即位，改元應曆，是為遼穆宗。

穆宗任上做出的最大舉動是停止南征。耶律璟之所以有意在避免和後周發生戰事，是因為遼朝內部在其即位之後就一直內亂不斷，先是在遼應曆二年（西元九五二年）六月有了國舅政事令蕭眉古得和宣政殿學士李澣密謀南降後周一事，又在同年七月發生了政事令耶律婁國、林牙耶律敵烈、侍中耶律神都、郎君耶律海里等人謀反一事，接著在遼應曆三年（西元九五三年）十月，耶律宛、耶律罨撒葛、林牙華割等人曝出謀反。遼朝內部的動盪使得契丹統治者無暇南征，但是契丹仍沒有喪失對中原漢人統治區的影響力，穆宗年間，遼就曾與南唐、北漢等國交好，相約抵制後周。

等到北宋平滅北漢之時，遼朝已到了景宗耶律賢統治時期。此時北漢與契丹之間已經有了間隙，且遼景宗上臺後，一心想要改善宋遼兩國之間的關係，因而在宋太宗滅北漢的過程中遼軍對北漢的援助一直很消極。北漢的滅

---

068 [宋] 司馬光：《資治通鑑》卷二百八十六，9346 頁。

亡所表露出的宋遼關係，實質上是展現了遼朝對征服中原的保守想法[069]。

宋遼第一次開戰即是在北宋平定了北漢之後。遼軍早已經在北宋伐北漢時就做好了對宋軍兵發幽燕的防備。遼派往北漢的援軍在聽說北漢已經投降後旋即回守燕京。在乾亨元年（西元九七九年）的七月，宋遼大戰於高粱河，遼軍在耶律休哥、耶律斜軫等人的指揮下大敗宋軍。

同年九月，遼景宗以韓匡嗣為都統南征，對宋太宗貿然北侵契丹作反擊。結果此次遼軍大敗，然而，這場敗仗實質上是由於韓匡嗣指揮失誤導致的，而並不能說明契丹國力的衰弱。次年冬天，耶律休哥再次攻占瓦橋關，遼軍又一次取得了勝利。[070]

總覽北宋初年的宋遼關係，兩國之間是以戰為主，但在相互攻伐中力量漸漸趨於均衡，因而必然會萌生出「和」的趨勢。不過平心而論，遼在軍事實力上還是勝過宋一籌，只是遼朝統治者有意與宋和好，因而契丹並未發動大規模、具有持續性、指向性明確的征伐北宋的戰爭。

遼宋議和是在遼朝統治者有心與宋和好，且北宋在軍事實力上略遜於遼這兩方面情況導致的歷史必然。然而議和終究需要條件和機遇，這一切都到來於遼統和二十二年（西元一〇〇四年）。

遼朝在景宗以後便是聖宗耶律隆緒在統治。聖宗即位之初，其母承天太后蕭燕燕臨朝稱制。蕭燕燕形容當時的遼朝是「母寡子弱，族屬雄強，邊防未靖」。「母寡子弱」自不必說，「族屬雄強」則是由於遼朝長期受到北宋侵擾，以致一些契丹權貴打著防備北宋入侵的名號趁機發展勢力。

景宗死時，宋曾經趁亂於遼統和四年（西元九八六年）以三路大軍入侵遼國，此戰中遼將耶律休哥忠肝義膽保家衛國，以少勝多打退了北宋的侵略。此後，宋遼相互對峙，其間再無大的戰事，但仍有小的摩擦。北宋由於

---

069 [美] 巴菲爾德：《危險的邊疆：游牧帝國與中國》，221 頁。
070 以上參考李錫厚《遼史》。

41

第一章　山雨欲來：范仲淹的早年經歷與北宋前期的政治局勢

受到西北戰事的牽連，而慢慢開始有意與遼議和，而承天太后為了鞏固內政也希望能夠與宋議和。

由於宋遼之間長期以來，宋相對處於劣勢，因而議和的主動權最初是掌握在遼的手中。統和二十二年，蕭燕燕和耶律隆緒領兵南下，然而此戰據後世史家分析，當是承天太后有意以戰促和的表現。猝不及防的宋軍接連戰敗，直到宋真宗在時任宰相、後來被范仲淹評為「能左右天子，如山不動，卻戎狄，保宗社，天下謂之大忠」[071] 的寇準的提議下親征至澶州，戰局才有所扭轉。扭轉的標誌性事件是遼軍統帥蕭撻凜被宋軍弩箭射殺一事，同時宋軍在遼東地區也擊潰了部分遼軍。

遼軍顯然對宋軍勢力猜想不足且犯了孤軍深入敵國腹地的錯誤，這個很明顯的策略錯誤中，恐怕有蕭燕燕有意為之的成分，這就更可以表明她以戰促和的意圖。總之，在遼軍受挫的情況下，宋遼之間終於達到一種相對平衡的局面了。

於是在西元一〇〇五年一月份 [072]，遼宋互相簽訂誓書，相約共保邊境安寧，同時約定宋每年送給契丹二十萬匹絹、十一萬兩銀。史稱「澶淵之盟」。

至此，遼宋議和達成，此後兩國間雖然仍有小摩擦、有不信任，但直到遼朝末年北宋背盟，雙方再無大的戰事。澶淵之盟後，北宋和遼的邊界意識也不斷加強，這也在一定程度上維護了澶淵之盟帶來的遼宋和議的局面。

仔細考察遼宋議和經過，有兩點值得注意：

一是遼朝統治者追求民族平等的訴求。因為長期以來中原漢人總是對少數民族政權抱有負面情緒，在傳統的「天下」意識與邊疆認知下，中原人總習慣地認為少數民族都是蠻不講理、缺乏文明的「夷狄」，這很令契丹統治者

---

071 [宋] 范仲淹：〈楊文公寫真讚〉，《范仲淹全集》，168 頁。

072 宋真宗簽署盟約的時間是宋景德元年十二月七日，即西元一〇〇五年一月十三日，而遼聖宗簽署盟約的時間是遼統和二十二年十二月二日，即西元一〇〇五年一月十八日。

不滿，因而遼宋議和後遼朝堅持兩國互稱南、北朝，並以真宗為兄，聖宗為弟。這種君主間親屬關係的確立、「南、北朝」稱呼的出現[073]以及平等的外交禮儀和貿易關係的確立，都充分展現了澶淵之盟後宋遼間開始平等外交的事實[074]。

另外，對於宋給遼歲幣的行為，楊聯陞說這是一種「倒過來的朝貢」，對此我不能同意，表面上看確實如此，但「朝貢」本身是一種表達地位不平等的舉措，而遼宋之間不僅互為南北朝、君王互稱兄弟，且從長遠來看，宋朝損失財物，卻在文化上對契丹本民族的傳統進行了改造，這種文化上的征服使遼對宋在心理和政策上幾乎毫無優勢，或者說，遼的內亞文化傳統在涉宋事務中，幾乎不能再為契丹人帶來足夠的外交底氣和文化自信，又怎能說存在「朝貢」這種預示著地位不平等的行為呢？

總的來說，將遼宋議和置於大的歷史潮流來看，其實是中國歷史上的一次多數民族與少數民族之間的平等溝通，緩解了雙方的矛盾，維護了少數民族和漢族相互平等的地位。中國的封建專制政權，在儒家思想的影響下很少能正視其與周邊政權的關係，總認為中國天子乃是普天之下至高之君，「在相當長的一段時間內，在中國歷代封建統治者的思想深處始終不曾想到，更不想承認，會有什麼其他的民族或國家不在『真命天子』的陽光普照之下，不對中國天子『畏威而懷德』。按照傳統的儒家學說，中國君主與其他各國君主的關係，必然是，而且只能是天子與諸侯間的君臣關係，絕沒有可以與之分庭抗禮的君主或國家」[075]。這種偏執的心態不僅造成了中古和宋代時期中原政權同毗鄰的民族政權間，在外交關係上的緊張局面，也導致了西元

---

073 遼人與北宋簽訂「澶淵之盟」時主動提出「以南、北朝冠國號之上」，遼人試圖與北宋對等交往的精神就十分清楚了。關於此點，詳參趙永春：〈遼人自稱「北朝」考〉，載《史學集刊》2008 年 5 期。
074 陶晉生：〈宋遼間的平等外交關係：澶淵盟約的締訂及其影響〉，《宋遼關係史研究》，11 － 29 頁。
075 王開璽：《清代外交禮儀的交涉與論爭》，1 頁。

第一章　山雨欲來：范仲淹的早年經歷與北宋前期的政治局勢

一九四九年以前民族主義史學中，對中國現代化歷程悲觀主義的敘事 —— 蔣廷黻等人就將中國對西方衝擊反應遲緩的原因，認作是當時中國的統治菁英對世界秩序的看法中缺少平等的現代外交觀念 [076]。

二是北宋內憂外患的加劇。遼宋議和的一個重要背景是北宋在西北戰場上的焦頭爛額，同時，「以澶淵之盟為轉折點，『崇文抑武』被作為祖宗之法不僅得到繼承和貫徹，並且完全形成治國的思想與方略」[077]。北宋內部的政治鬥爭和崇文抑武的加劇，助長了北宋與遼議和的需求。總的來說，宋遼議和實質上是北宋在經歷了宋太祖、宋太宗頻繁的征伐後，國力轉向低靡的展現，儘管北宋經濟發展得並不壞，文化也頗為昌盛，但事在人為，北宋政壇上下密布著一種貪戀現狀的安穩情緒，宋太祖、宋太宗年間的銳意進取已難覓蹤跡。這種政壇士風的頹廢低靡延續到仁宗朝衍生出了青年官員喊出的革新訴求，最終成為導致范仲淹「慶曆新政」誕生的一個重要因素。

遼朝雖然日後仍與北宋小有摩擦，但大的戰事基本沒有。而於范仲淹而言，畢竟澶淵之盟發生的時候，他還只是十六歲的朱說，宋遼和戰的歷史，也只能是作為宋代處理外交關係時的鏡鑑，北宋在西北由党項族造成的邊患，與他及日後慶曆新政中諸人物的關係才更為密切。

党項發源於漢魏時的西羌。党項在唐時有八個部落，分別是：細封氏、費聽氏、往利氏、頗超氏、野辭（律或利）氏、房當氏、米擒氏、拓跋氏。每個部落下面又分為許多小部落，大一點的部落有萬騎，小一點的也有千騎。在這之中，以拓跋氏的實力為最強 [078]。然而，這樣一個強勢的部落卻並沒有顯赫的背景淵源。關於党項拓跋氏出身於鮮卑拓跋部的說法，也只是眾人難以證明的謠傳罷了。真相恐怕遠沒有人們想的那樣光輝，之所以有這樣

076 [美] 李懷印：《重構現代中國：中國歷史寫作中的想像與真實》，53 頁。

077 陳峰：〈試論宋朝「崇文抑武」治國思想與方略的形成〉，載《宋代軍政研究》，1 − 17 頁。

078 [五代] 劉昫等：《舊唐書》卷一百九十八，5290 頁。

的傳說，更多可能是因為在唐末被封為夏州節度使、賜姓李氏後，拓跋氏首領拓跋思恭及其後人恥言其祖先是西北的戎狄 —— 羌族，因而才攀附上了陰山貴種、鮮卑拓跋氏，並以之作為其政權合法性的重要來源之一 [079]。西夏的統治者出身於党項拓跋氏，跟鮮卑拓跋氏是沒有關係的 [080]。

党項人對於夏州地區的控制一直延續到了宋初，趙匡胤即位後，時任夏州節度使的李彝殷奉表來賀，並主動避宋太祖父親趙弘殷的諱，改名李彝興。彝興逝後，趙匡胤為之廢朝三日，足見宋夏交好。

其後彝興之子李光睿嗣位，仍奉行與宋交好的政策，在趙光義即位後就識趣地主動避諱，改名為李克睿。然而党項對漢人政權的主動交好，並未能避免其最終向北宋納土歸降的命運。光睿死後其子繼筠即位，然而繼筠沒多久便在太平興國五年（西元九八○年）去世，其弟李繼捧繼而掌權。李繼捧在太平興國七年（西元九八二年）五月迫於夏州政權內外交困的形勢，向宋朝獻出了党項人掌控的銀、夏、綏、宥、靜五州，舉族降宋 [081]。

這一切引發了定難軍管內都知蕃落使、李繼捧族弟李繼遷的不滿。生於銀州無定河側（今陝西米脂縣）的李繼遷少有大志，弓馬嫻熟，早就惱於党項被宋長期壓制的局面，於是在宋朝接管五州之後便率眾逃往地斤澤（今內蒙古鄂托克旗東北），公然反宋自立。北宋殘忍地派遣已經改名為趙保忠的李繼捧去討伐李繼遷，有意讓他們兄弟相殘。李繼遷自知實力尚弱難敵宋軍，便北結契丹以抗宋。遼以宗室女下嫁，封其為夏國王。

此後，宋夏之間有了十五年的拉鋸戰，北宋輸多勝少，只得於至道三年

---

079 周偉洲：《唐代党項》，15 頁。

080 李範文：〈試論西夏党項族的來源與變遷〉，載氏著《李範文西夏學論文集》，264 － 279 頁。李蔚《西夏史》將西夏皇族說作是鮮卑拓跋部，當為誤，見李蔚《西夏史》，14 頁。但史金波據俄藏黑水城文獻指出早期西夏確有與鮮卑人通婚。党項族其實是以廣義的羌人為基礎的、融合了多民族的共同體，党項的文化是多源頭的，党項的民族性是建構主義的。

081 [清] 吳廣成：《西夏書事》卷三，36 頁。

第一章 山雨欲來：范仲淹的早年經歷與北宋前期的政治局勢

（西元九九七年）封繼遷為定難軍節度使、銀夏綏宥等州觀察處置押蕃落使。然而此時的党項人已經明確地意識到了宋夏間在利益分配上存在根本性的矛盾，且北宋不可能放棄對党項人痛下殺手的心思。畢竟北宋人並不具備現代民族獨立的價值觀和歷史的眼光，後人之所以對李繼遷反宋評價不一，就是因為他的做法從歷史發展的眼光看，無疑有值得肯定之處，但這場戰爭從儒家傳統價值觀的角度來看本身又是非正義的[082]。

　　總之，李繼遷並未因獲封節度使而打算與宋交好[083]，反在其後接連攻下北宋的靈州（今寧夏靈武縣西南）和西涼府（今甘肅武威市）。後來吐蕃首領潘羅支詐降，用計擊敗党項軍。吐蕃人向來與党項為鄰，「在党項政權轄地和後來建立的夏國版圖內，南部與宋相鄰的涇、渭二水上游河谷地，河西走廊中心地帶的涼州，湟水流域、洮河流域的熙、河二州地區，以及岷江流域以西以南的廣大地區」[084]，都是吐蕃勢力的範圍，党項因此不得不與之和戰頻繁。李繼遷在這場戰役後因傷去世。

　　繼遷死後，其子李德明嗣位。德明一直對遼國利益較為維護，盡量不招惹契丹，特別是在遼夏邊界上一些党項部落的歸屬問題上，對遼國很是忍讓。然而，隨著後來宋遼關係的改善，以及党項在景德年間也開始與宋緩和關係，宋遼夏三方間的關係發生了微妙的變化。宋夏雙方在邊境開設榷場，北宋也經常提供銀絹茶等物資給党項，這種友好局勢「使得夏遼關係在某種意義上，失去了共同對付宋朝的基礎」[085]。然而這一切都是建立在党項人已

---

082 湯開建：〈略論李繼遷反宋戰爭的性質〉，《党項西夏史探微》，260－276頁。

083 《西夏書事》卷八，載李繼遷死前曾對兒子李德明說：「爾當傾心內屬，一表不聽，則再請，雖累百表不得，請勿止也。」今人常以此言繼遷、德明父子早有歸宋之心，並認為德明與宋交好是遵父囑，可這樣的說法顯然與李繼遷之前的作為和表態不相符，對此，其實李燾在《續資治通鑑長編》卷五十六中早有解釋：「德明未嘗先納款，其報張崇貴書云『未葬難發表章』，觀其意猶倔強不服，朝廷多方招諭，僅得其款附耳。繼遷此等語，疑德明假託，故三年後乃言之，非其實情，當此時固未言也」。

084 白濱：《元昊傳》，29頁。

085 杜建錄：《西夏與周邊民族關係史》，113頁。

經取得了民族獨立，並在其使北宋武力的威懾下能對其平等相待的基礎之上的，總的來講，這一時期党項的對外政策，還是利於党項政權自身發展的。

天禧四年（西元一〇二〇年），李德明將党項政權的都城從西平府改遷至興州（靈州懷遠鎮，今寧夏銀川市），理由是懷遠鎮溫泉山有「龍見之祥」，且懷遠地勢卓越，西北有賀蘭山之固，東南有黃河圍繞，西平還可作為它的障蔽，「形勢利便，洵萬世之業也」。[086]

党項勢力自此扎根於寧夏銀川一帶。

德明執政期間，党項政權逐步走向了國富民強，番漢關係也越來越和諧，這一切為日後其子元昊與宋長期對戰提供了雄厚的物質條件，德明對內保境安民、發展生產，使西夏的社會經濟得到了恢復和發展。多年後范仲淹在評價李德明執政時期時就盛讚道：「塞垣之下，逾三十年，有耕無戰，禾黍雲合。甲冑塵委，養生葬死，各終天年。」[087] 儘管在不久的將來，仲淹將於西北戰場上和党項人作戰，然而這並不影響他在心裡佩服李德明，因為德明的做法，正是他心中所欣賞的仁君的作為，身為一名心懷天下的士大夫，他佩服專制時代能為自己治下百姓帶來小康生活的人主。

范仲淹活躍於北宋政壇之時恰逢宋夏關係惡劣之際，范仲淹一生中有一段無法磨滅的經歷，便是在西北主持對夏作戰。然而話說回來，此時的北宋除卻邊患，還有比之更嚴峻的問題。寶元二年（西元一〇三九年），北宋大臣賈昌朝云：「西夏不足慮，而民困為可憂」[088]。這句話中固然有宋人對西北邊患的重視不足，也確實說明了北宋在內政上出了問題。

---

086 ［清］吳廣成：《西夏書事》卷一〇，373 頁。
087 ［宋］范仲淹：〈答趙元昊書〉，《范仲淹全集》，246 頁。
088 ［宋］呂中：《類編皇朝大事記講義》卷一一，222 頁。

六、貧弱之局

　　以往學人論及宋初內政之弊，常論及所謂「三冗」或「四冗」，然實質上，冗官、冗兵、冗僧尼皆涉及財政，即涉及冗費問題。宋人論內政，常有故作驚人之論，實屬一種先聲奪人的講演策略。士大夫常誇大內政之弊的程度，藉以抬高自己進言的價值。北宋的內政之弊自然是存在的，但以往的學說，多依宋人或明清士人的舊說，所謂「三冗」、「積貧積弱」，都在客觀上有實際問題與之相對應，但在表述上不會太恰當。所謂的「三冗」，對問題的大致掌握得並沒錯，但並不意味北宋當時的問題就確切地可分作這三點。

　　宋神宗年間，蘇軾的弟弟、那首著名的〈水調歌頭〉裡詩人所想念的「子由」——蘇轍，曾在神宗熙寧二年（西元一〇六九年）上書，他在〈上皇帝書〉裡就講到北宋的內政有三大問題，「一曰冗吏，二曰冗兵，三曰冗費」[089]。事實上，早在當年宋夏在陝西激戰正酣的時候，當時的天章閣待制宋祁——那位與歐陽脩一同修撰《新唐書》的士大夫，便提到過：「朝廷大有三冗，小有三費，以困天下之財。……何謂三冗？天下有定官無限員，一冗也；天下廂軍不任戰而耗衣食，二冗也；僧道日益多而無定數，三冗也。三冗不去，不可為國。」[090]這兩段話雖然有所出入——宋祁比蘇轍多提到了宗教事務耗費國家財政這一點——但其中都涉及了共同的話題，那就是北宋的吏治和財政出現了不利於政權發展的問題，這其中特別要強調，財政的入不敷出主要是由於軍費開支過大的緣故，正所謂「一歲所用，養兵之費常居六七，國用無幾矣」[091]。綜合來講，北宋此時的問題在表面上反映出來的就是財政失調、軍事不振和吏治問題叢生。

---

089 ［宋］蘇轍：〈上皇帝書〉，《欒城集》卷之二十一，464頁。
090 ［元］脫脫等：《宋史》卷二百八十四，9594頁。
091 ［宋］蔡襄：〈論兵十事〉，《蔡襄集》卷二十二，390頁。

所謂「積貧」，也就是財政用度不足。一方面，這是由於國家財政支出的成長速度越來越大於國家財政收入的成長速度的緣故。馬端臨就曾說：「所以疲敝者，曰養兵也，宗俸也，冗官也，郊賚也」[092]，軍費、俸祿和皇帝的賞賜是耗資最多的開支。總體來說，北宋前三朝「貫石匹兩」入不敷出的情況並不明顯，這一矛盾主要就是從仁宗朝開始顯露的。宋代各個地方的財政儘管入不敷出的程度不同，但匯總起來，北宋財政的總體狀況確實是比較嚴峻的，地方財政的長期入不敷出，滋長了大量官員營私舞弊的風氣，中央對地方財政有制約的制度卻不能真正落實，反而使得地方財政變得更加混亂無序[093]；另一方面，則是由於隨著西北邊患的日益加劇，軍隊人數暴漲導致軍費大增。宋太祖開寶年間，全國兵士不過三十七萬八千人，而到了宋仁宗慶曆年間，這一數字就暴漲到了一百二十五萬九千，其中光禁軍就有八十二萬六千人[094]。由此以致軍費開支驟增，財政壓力加劇。

另外，從史治方面來看，「冗官」也是導致財政問題的原因之一。這一點主要展現在官員數量增加太快，恩蔭制度的盛行[095]和行政工作劃分的過度細化造成了這一現象。按照仁宗朝包拯的說法，仁宗皇祐二年（西元一〇五〇年）光內外官屬就一共有一萬七千三百多人，總共的官員人數較四十年前翻了一倍[096]。而據後人推算，從宋太宗太平興國前到太平興國年間的中期，僅僅是地方的州府官員就增加了將近四倍[097]，元豐時期北宋僅地方官就達到四千一百一十八人[098]。可以想像，「冗官」所造就的龐大的食祿階層，為宋

092 [宋] 馬端臨：《文獻通考》卷二十四《國用考二》，704 頁。

093 包偉民：《宋代地方財政史研究》，230 頁。

094 [元] 脫脫等：《宋史》卷一八七，4576 頁。

095 需要特別說明，儘管宋代恩蔭盛行，範圍也比唐代大，但這並不能直接保證官員家族門第不墜，詳參何忠禮〈貧富無定勢：宋代科舉制度下的社會流動〉。

096 [宋] 包拯：〈論冗官財用等〉，楊國宜《包拯集校注》卷三，140 － 142 頁。

097 沈松勤：《北宋文人與黨爭》，7 頁。

098 汪聖鐸：《兩宋財政史》，780 頁。

第一章　山雨欲來：范仲淹的早年經歷與北宋前期的政治局勢

代財政帶來了不小的壓力。

　　一般對北宋「積貧」說持否定觀點的學者，不是由於只用粗淺數據而非精細的計量史學來考慮這一問題，以致出現罔顧史實的論述；就是過度強調宋代經濟文化的發達，錯誤地「把以討論國家政策和政治體制導致的積貧積弱問題，與衡量經濟文化發展簡單地等同起來」[099]。這兩者顯然都是有一定片面性的。

　　至於宋人軍事一般認為其問題是軍事實力不行，而元明清人則更懂關注的是宋代「崇文抑武」導致武備不足[100]。按照學界現有觀點中最公允地來講，「積弱」應該是北宋綜合國力很強，但實力運用的水準很差[101]。

　　對於「積弱」說的反駁有很多，然而這裡筆者只想選取兩個在坊間比較流行的說法作以分析。李裕民先生以蒙古滅南宋時消耗幾十年的時間，來說明宋代軍事力量的強大[102]，然而在筆者看來，這種說法以南宋後期這樣一個局部的時間段內宋的軍事狀況，來評價整個宋代這樣一個整體的時間範圍內宋的國情，似乎有值得商榷處。而且，南宋的軍事狀況異常複雜，南宋朝廷修正了北宋時期「強幹弱枝」的政策，「在面臨強大外患及內亂的威脅下，為了生存與發展，在原有的軍事體制之外，接納地方的武裝力量，創立新的制度」[103]。此外，蒙古滅西遼、西夏、花剌子模、金等等，皆是游牧民族政權吞併游牧民族政權的行為，歷史上凡是農耕民族想把統治範圍延伸到草原游牧地區，或是游牧民族想把統治範圍擴展到農耕地區，都不容易，因為這裡面涉及自然地理因素的影響。所以拿蒙古滅花剌子模等國用時之短，和滅南宋用時之長來對比，得出宋代不是「積弱」的說法顯然不成立。更何況其實

099 李華瑞：〈改革開放以來宋史研究若干熱點問題述評〉，《視野、社會與人物》，54 頁。

100 李華瑞：〈宋朝「積弱」說再認識〉，《文史哲》2013 年第 6 期。

101 王曾瑜：〈正確評價宋朝的歷史地位〉，《點滴編》，131 － 134 頁。

102 李裕民：〈宋代「積貧積弱」說商榷〉，《宋史考論》，5 頁。

103 黃寬重：《南宋地方武力：地方軍與民間自衛武力的探討》，3 頁。

南、北宋情況有別，想要徹底推翻宋代「積弱」之說並非易事。

　　還有學者用北宋生產總值數量的巨大，來說明北宋經濟發展得好，並非「積貧」。這種邏輯就更奇怪了，生產大，開銷和需求更大，怎麼能夠僅僅用總產值之多，來證明一個國家的百姓的富裕呢？另外，在筆者的認知裡，「貧」作為一種現象，不可簡單理解為貧窮，資源配置不均也會導致「貧」，而這並不是能從產值的方面加以解釋的，如宋代鐵產量不低，但士兵裝備中鐵甲所占的比例卻很小，這顯然與士兵的總體數量以及北宋的資源配置有關。

　　誠然紛議不少，但如今對宋代「積貧積弱」這一問題的爭論，已經在更大程度上轉化成了不同意識形態之爭，誠如鄧小南老師所論，海外學者推崇宋代，是由於他們更注重社會史、文化史的因素；而中國學者喜歡強調宋代貧弱，則是中國人對近代以來西方來華的反感情緒所致，認為宋代好似近代中國，不斷被其他政權侵辱[104]。然而不論怎樣，站在當時的范仲淹、當時的宋朝人的角度來看，財政危機的萌發和邊患問題的加劇，成為仁宗朝開始以來宋朝政府難以忽視的問題，同時，恩蔭制度和軍隊擴張，也使得宋代官員隊伍顯得尤為龐大，「冗吏」也成為宋代政壇的一大難題。

　　或許范仲淹等人的焦慮前瞻性太強，但就具體政治事件的促成因素而言，士大夫怎麼認為、怎麼表述，在促使政治活動的發生方面，遠比事實的嚴峻程度所能發揮的作用大。儘管在仁宗朝初期，北宋「積貧積弱」等現象也只是剛剛有所表露，但這就已經足以使得中下士人階層萌生出改革救弊、振時興治的思潮和訴求了，中下階層的士大夫們由於他們個人常常出身貧寒，因而對於國家危機所將會造成的不利影響有更強的預見性，他們也更害怕國家出問題。這一種思潮最終致使北宋朝廷內部出現了例如范仲淹慶曆新政這樣順應時代潮流的改革運動。

---

104 鄧小南：〈宋代歷史再認識〉，《朗潤學史叢稿》，493－494 頁。

第一章　山雨欲來：范仲淹的早年經歷與北宋前期的政治局勢

　　了解完時代背景，我們還是要回到對范仲淹的敘事中來。

　　宋真宗大中祥符八年（西元一〇一五年）的春天很不尋常，它對范仲淹而言是一段很值得興奮的時光，在那年北宋一百九十七個進士及第的名字中，「范仲淹」這個名字在乙科九十七名，很是顯眼。當年科舉的狀元叫蔡齊，因而這年的科舉榜單也叫「蔡齊榜」，該榜進士後來有近三十人與仲淹有詩文唱和 [105]，蔡齊更是在日後對仲淹有過推舉之恩。說起當年的考題，出得也是頗有意思，分別是：〈置天下如置器〉賦，〈君子以恐慎修省〉詩，〈順時慎微其用何先〉論。這三道題都和儒家王道思想相關，且不是講為政，就是講修身，與士大夫生活都息息相連。這也難怪，當年的主考官趙安仁就是一個取士公平、為人正直的士大夫，他還曾多次出使契丹，是個有德行有才能的官員 [106]。登科後的仲淹躊躇滿志，他不僅風風光光地接了自己母親謝氏來贍養，還賦詩一首：「長白一寒儒，名登二紀余。百花春滿路，二月雨隨車。鼓吹迎前道，煙霞指舊廬。鄉人莫相羨，教子讀詩書。」取得功名後的仲淹依舊不忘鼓勵後學刻苦讀書，這也很有封建士大夫的風範。

　　初入宦海的范仲淹心懷抱負，有意作為。如今的時代也令他可以有施展才華的餘地，他心中所期盼的，大抵正如二十四年後他為蔡齊作墓誌銘時所說的那樣 ——「在政府，浩然示至公於中外，以進賢為樂，以天下為憂，見佞色則嫉，聞善言必謝，孜孜論道，以致君堯舜為心」[107]。事實也確實如此，心懷雄心的范仲淹在步入仕途後，便積極投身仁宗朝的政治生活當中，旋即取得了不小的成就，范仲淹心中的士人形象是「咸以德為先」的，這種品格同樣存在於他的價值觀中，並將使他逐步成長為仁宗朝的士林領袖，他個人也在日後把儒家倫理道德規範和政治理想，普及到了許多如他一樣有志

105　方健：《北宋士人交遊錄》，292 頁。

106　[元] 脫脫等：《宋史》卷二百八十七，9658 頁。

107　[宋] 范仲淹：〈戶部侍郎贈兵部尚書蔡公墓誌銘〉，《范仲淹全集》，333 頁。

於獻身時代的士大夫群體中。出身寒門、科舉進階，這是文治的宋代給予范仲淹的一種恩賜，這種經歷對范仲淹的人格與思想影響深遠，也成為後來許多北宋士大夫人生前半段的縮影。

　　隨著宋真宗於七年後的乾興元年（西元一〇二二年）二月去世，宋仁宗即位，屬於范仲淹的時代終於來了，而北宋朝堂上改革的呼聲，也將隨著這個新時代的到來而水漲船高。同時，在宋王朝的西北邊疆上，党項人也早已蠢蠢不安摩拳擦掌，宋夏關係也將在這個新時代有著新變化。

　　北宋王朝在經歷了前三朝對政權的穩固之後，翻開了新的一頁。在這裡，革新將成為新的主題，消除祖宗之法那種保守政治的風氣也將成為這個時代裡士大夫們新的追求。

第一章 山雨欲來：范仲淹的早年經歷與北宋前期的政治局勢

第二章

萬千氣象：仁宗朝初年的士人結盟與朋黨政治

第二章　萬千氣象：仁宗朝初年的士人結盟與朋黨政治

一、范仲淹早年的仕宦與思想

范仲淹三十七年的仕宦生涯開始於他出任廣德軍（治今安徽廣德）司理參軍事，從那時候起他就開始有了不凡的表現，他在未來主持慶曆新政中的一些想法與做派有不少也展現在他早年的經歷中。

在廣德時，仲淹處理獄訟向來秉公執法，積極地依每一個有問題的案件與太守商議甚至爭執，盡心盡力，若干年後他要整飭全國吏治，而此時的他就已經表露出為官的不庸常。在廣德，他還找來三位名師教當地人讀書，日後范仲淹在新政中倡導興辦學校，與他這時的作為在想法上是一脈相承的 —— 他身為一個儒家士大夫，自然要將傳播儒學、提攜後學作為他的目標之一，這從他日後幫助孫復、胡瑗，教導張載讀《中庸》等事中也可看出。

天禧元年（西元一〇一七年），二十九歲的仲淹任文林郎、集慶軍（今亳州）節度推官。在亳州任官的這一時期，仲淹做的最重要的事便是恢復自己的「范」姓，為了能夠實現這點，他甚至向族人承諾復姓後的他不會向家族討要任何東西，還在上奏復姓的表中援引了歷史人物范雎、范蠡的事蹟 ——「志在投秦，入境遂稱於張祿；名非霸越，乘舟偶效於陶朱」[108]。

要知道范墉生前未曾幫過仲淹，是朱家改善了他的生活、幫助他受到了教育，仲淹未嘗不明白這點，不然他日後就不會為朱文翰上表求官了，《范文正公尺牘》中有仲淹入仕後的多封往來家書，亦可見仲淹對朱家並無厭惡之情。可當他知道自己身分後依舊決然而別，在自己發達後仍要改回原姓，這說明封建儒家的價值觀從范仲淹人格養成之初便根植於他的腦海。不過，細審之下，仲淹復姓還有一個條件的推動，便是他母親在這一件事上對他的要求[109]。

---

108 [宋] 陳鵠：《耆舊續聞》卷六，《全宋筆記》第六編第五冊，76頁。
109 [宋] 富弼：〈范文正公仲淹墓誌銘〉，《范仲淹全集》，818頁。

在任職亳州期間，范仲淹獲得了試祕書省校書郎的官銜[110]。另外，他還與亳州知州上官泌之子上官融交好，可惜後者早逝，皇祐三年（西元一〇五一年）時，仲淹為他做墓誌銘，慨嘆儒生多薄命，有才華卻無法在救治時弊的政治洪浪中一展身手[111]。其實，令范仲淹嘆惋的，本質上是一名士大夫的自我價值不能充分實現的悲哀。

誠然范仲淹是有理想有抱負的，可同時還有一套意識形態指導著他個人的發展，這套封建儒家的政治理想治國之道，始終左右著仲淹的仕途。

三十三歲那年，也就是宋真宗天禧五年（西元一〇二一年），仲淹調任泰州（今江蘇泰州），負責管理當地的西溪鹽倉。在這個並不起眼的地方，像是序幕一般，仲淹與他未來的政敵呂夷簡有了一次神交。在西溪，呂夷簡曾經種下片片牡丹[112]，並留下詩刻。仲淹來時，牡丹花開，賦〈西溪見牡丹〉詩一首：「陽和不擇地，海角亦逢春。憶得上林色，相看如故人。」[113]范、呂二人的牡丹詩引得後世許多人也來此題詠，此後牡丹越來越繁盛，被朱闌圍住，成為西溪一景。

緊接著到了次年二月，宋真宗便去世了。新的君王、新的政治領袖——宋仁宗上臺，這無疑令不少人對這個新君主可能做出的改革產生期待，也令不少人對自己的前途產生了想法，這些人中自然包括偏居海隅的范仲淹。他想找人傾訴自己胸懷抱負卻不能施展的苦悶，於是拿起筆墨，寫了一封信給一向以無私清廉著稱的樞密副使張知白。在信裡，他講到自己出身「四民」

---

110 樓鑰說天禧三年仲淹為祕書省校書郎，四年為藝省校書郎，其實這不是兩個官職，藝省是祕書省的別名。祕書省四庫多放有藝香以驅蟲，故得名藝臺、藝閣、藝省。參見龔延明《宋朝官制詞典》，238 頁。以往學界常誤以為仲淹在任職亳州後，曾短暫地赴京任校書郎，但范仲淹得到的其實是試祕書校書郎的官銜，並非真的去京城校書了。關於此點，可見朱瑞熙、程郁《宋史研究》，104 頁。

111 [宋] 范仲淹：〈太子中舍致仕上官君墓誌銘〉，《范仲淹全集》，367 頁。

112 [宋] 王辟之：《澠水燕談錄》卷七，86 頁。

113 [宋] 范仲淹：〈西溪見牡丹〉，《范仲淹全集》，71 頁。

第二章　萬千氣象：仁宗朝初年的士人結盟與朋黨政治

（士農工商）之中，「識書學文，為衣冠禮樂之士；研精覃思，粗聞聖人之道。知忠孝可以奉上，仁義可以施下，功名可存於不朽，文章可貽於無窮，莫不感激而興，慨然有益天下之心，垂千古之志」，他心憂天下，要秉持聖人之道陶甄（治理）四民，雖然此刻並未身居高職，卻不影響他胸懷理想[114]。文章中透露出的是士大夫勇於投身現實為民謀福的民本思想，仲淹此時沒有足夠廣闊的施展空間，卻抱負遠大，正如他在泰州結交到的老隱士林逋，在後來為他所寫的詩中說的那樣，「馬卿才大能為賦，梅福官卑數上書」[115]。令人讀後心中無限悵然。

　　說到林逋，不得不贅筆兩句。仲淹與之結識時，林逋已是暮年。林逋，字和靖，以隱逸聞名，宋史學者程應鏐曾說，林逋有一顆「舉世沉溺於榮利中的幽獨心靈」，實際上他也不能忘懷現實俗事，正因為他講奉孔孟卻不趨名利，所以才被許多士大夫讚賞[116]。我以為，林逋的「隱」，是在對現實失望後轉而追求自我的修行，是「轉向內在」，歐陽脩晚年也有這樣的想法，范仲淹也在一定程度上受其影響，至少，他們都很欣賞林逋的這種「隱」──它並不是完全放棄了對儒家理想的追求，而是在「行道」不成後依舊保持自我的高潔。

　　誠然，泰州時期不是仲淹仕途的高峰，可這一時期對仲淹的意義卻非同凡響，他在這裡結識了滕宗諒、歐靜、李宗易、富弼等摯交，特別是結交到了宗諒和富弼。宗諒當時任泰州軍事推官，和仲淹一同負責修海堰，一次工地上遇到大風，海浪湧上，眾人驚慌，唯有宗諒神色不動，緩談利弊，安撫眾人，這無疑讓仲淹在當時對宗諒有了敬佩之情；富弼比仲淹小十五歲，兩人的來往就像仲淹和林逋一樣算是忘年交，仲淹欣賞富弼的才華，對這位年

---

114 [宋] 范仲淹：〈上張右丞書〉，《范仲淹全集》，208－210 頁。
115 [宋] 林逋：〈送范希文寺丞〉，《林和靖集》，99 頁。
116 程應鏐：〈論林逋〉，《程應鏐史學文存》，494－497 頁。

輕的後學勉勵有加，說他是王佐之才，還將他的文章轉給王曾、晏殊來看，晏殊後來還把女兒嫁給了富弼。

仲淹在泰州時，汴京城裡的政治局勢也已經發生了變化，乾興元年（西元一〇二二年）二月登基的宋仁宗不過只有十二歲，朝廷的大權掌握在太后劉氏的手裡。

楊聯陞〈中國歷史上的女主〉轉引趙鳳喈《中國婦女在法律上的地位》一書中皇太后攝政的部分，指出中國歷史上的太后攝政，往往伴隨著三種情況中的任意一種的出現，這三種情況分別是皇帝年幼、帝疾不能視事、皇帝崩殂且或有遺詔。仁宗初期的局勢算第一種，恰逢主少國疑。因而也難怪今人說「劉后專政，在當時的歷史條件下，有必然性，也無可厚非」[117]。

同時，楊聯陞還總結道，中國古代歷史上的太后攝政作為一個被正式確立了的制度，它雖然偶爾被禁止、被批評，卻常常成為國家政局在緊急情況下的權宜之計[118]。這道理同樣適用於仁宗初年的政局。誠然這場宋朝歷史上的首次太后攝政事件中，伴隨有劉氏個人的專斷，和士大夫社群從封建儒家價值觀出發對女人政治的厭煩，然而，從整個兩宋的太后攝政來看，「所有這些女性並不是非常惡毒，也沒有人以魯莽或衝動行事。但她們顯示出君主無力時期，宮廷婦女的權利有可能出現惡性膨脹，而這在一定程度上，對處理行政事務的男性管理者構成了威脅 —— 在王朝處於危急存亡之際，並不是我們這些女性能夠改變這種局面」[119]。

女人和女人政治本沒有錯，它們的危害無非是對於男權政治的穩固而言的，至於社稷興亡，誠然封建時代的女性能勝任匡扶江山之任務的並不多見，但劉太后就是少見的優秀女政治家，在她攝政的時期，外戚干政幾乎是

---

117 張其凡：《宋代史》，85 頁。

118 楊聯陞：〈中國歷史上的女主〉，《國史探微》，63 − 75 頁。

119 [美] 戴仁柱：《十三世紀中國政治與文化危機》，61 頁。

第二章　萬千氣象：仁宗朝初年的士人結盟與朋黨政治

不存在的，只有錢俶之子、與劉太后有親戚關係的錢惟演曾想要謀取相位，真宗時他本是樞密副使，劉太后攝政後升樞密使，可未幾就被劉太后找機會趕出了朝廷。所以元豐年間曾鞏說：「宋興以來，戚里宦官，日將日相，未嘗得以擅事也。」[120] 並非空穴來風。

　　宋代歷史上，太后攝政並非只有這一次，然而有一點卻出人意料，即儘管常常有士人擔心武則天一類的事重演，可實際上宋朝的太后卻無一人想要成為獨裁女主。譬如劉太后，她對武則天那樣的做法就明確說過「吾不作此負祖宗事」。學者劉靜貞對這樣的現象就指出，宋代的攝政太后實際上因其「后」與「母」的雙重身分，而承擔著協助帝系傳承和代行皇權的雙重任務，太后攝政「既是母職的一環，也是皇帝制度的不得已」，即便攝政太后想要膨脹個人權力，匡扶宋室也是她們不變的目標[121]。從這個方面而言，劉后攝政時期的政治相對清明，是有合理性的。

　　不過，也有人批評劉太后「制命出於帷幄，威福假於宦寺，斜封墨敕，授之匪人，委用漸大」[122]，這倒也是確有其事。誠如今人述，劉太后好問外廷事，卻身為婦人，只好仰仗宦官為她傳達外界消息，使得宦官雷允恭、江德明、羅崇勛、皇甫繼明等有了勢力，不過劉氏後來找由頭收拾了雷允恭。誠然宦官勢力本身和士大夫勢力就是相對峙的，劉后時期也確實存在司馬池、蔡齊等因觸怒宦官而受罰等現象，澶淵之盟時的功臣曹利用甚至還被宦官害得送了性命，但總覽劉后攝政時期的宦官干政，身為母后臨朝必然出現的孿生現象，其危害還是很有限的[123]，而且「由於宦權在通常情況下依附並

---

120 [宋] 曾鞏：〈移滄州過闕上殿札子〉，《曾鞏集》卷三十，442 頁。

121 劉靜貞：〈社會文化理念的政治運作 —— 宋代母／后的政治權力與位置試探〉，《宋史研究論文集 (2012)》，10 － 18 頁。

122 [宋] 王明清：《玉照新志》卷一，《全宋筆記》第六編第二冊，140 頁。另，黃淮、楊士奇編《歷代名臣奏議》卷二九二〈近習〉寫作「制命出於帷幄，威福假於內官」，3786 頁。

123 關於此點，詳參盧雲國《細說宋朝》128 頁。

服務於皇權，因而皇帝的看法與士大夫不同，他們把信用宦官作為振興王綱的重要手段」[124]，所以身為婦人的劉后仰賴宦官也是情有可原的做法。加之宋代對宦官勢力的牽制，有較為細緻完善的手段，所以劉后時期宦官勢力的抬頭，並不足以顛覆對劉后時期政局的正面評價。

劉后攝政時期的政績被虞雲國總結為六點：創設諫院、澄清吏治、重視水利、發行交子、完善科舉、興辦州學[125]。另外，何忠禮據劉后停止了宮觀的修建而認為，劉后對真宗朝弊政和財政危機的認知是很深刻的，她知道依照當下的局面不得不有所變革[126]。不過劉后倒是也繼承了一部分真宗的政治遺產，比如在鼓勵官員和而不同、安排宰執「異論相攪」[127] 方面，他就完全承襲了宋真宗的做法。

圍繞本書所述的主題 —— 慶曆新政，劉后時期的政局實際上有兩點值得指出：

其一，儘管這一時期政局穩定，社會良性發展，甚至有了要扭轉真宗朝弊政的趨勢，但總的而言，宋代內政之弊加深的趨勢沒有根本上的改變。這也就是說，改革的需求沒有減退反而仍不斷高漲；

其二，女性政治對士大夫自貴和積極政治的意識的強調有推動作用。在封建時代，傳統的儒家價值觀不能允許女性把持政局，所以劉后去世前安排楊妃攝政的計劃，就被群臣強壓下去而沒能實現。特別是時任右司諫的范仲

---

124 張邦煒：《宋代皇親與政治》，271 頁。

125 虞雲國：《細說宋朝》，127 頁。

126 何忠禮：《宋代政治史》第五章，138 頁。

127 「異論相攪」和宋代黨爭、臺諫，在職能上側重監察百官等現象都有關。其作為一種帝王術，除了造成制約相權、士權發展的作用，實質上也是擴增帝王所獲得的資訊量的一種方式。「異論相攪」由於其背後摻雜著的人際矛盾的背景，因而常常成為黨爭的表相。而臺諫勢力對宰執和百官的制衡，更是君主推行「異論相攪」策略的產物。從某種意義上講，慶曆時期臺諫和宰執這兩個群體內部的分歧，正是宋仁宗施行「異論相攪」的結果，當時章得象對改革持保留意見，王拱辰領導的御史臺和歐陽脩等諫官不合，皆是其展現。

第二章　萬千氣象：仁宗朝初年的士人結盟與朋黨政治

淹，在聽說劉后遺詔裡讓楊妃為太后繼續稱制後，旋即上書仁宗，講如果再立太后，恐怕會讓天下人覺得皇帝每天都離不開有個太后來幫助，言語中不免略有嘲薄之意。

這種君主年幼、後宮掌權的局勢會加劇朝廷臣子的危機意識，對於一個缺少成年、強幹的男性統治者的管理的政權，士大夫們是不能放心的，這一切就使得他們對朝廷政局更加關心。對於一個新時代而言，這種局面是一個好的開端，因為它一下能刺激許多士大夫在政治機遇的浪潮中湧現，劉后時期政局複雜、牽涉人員多、發生事件多，這些特性正是士大夫積極參政的意識更強烈的情況所導致的。

而且，正因為劉后專政引起士大夫不滿，所以仁宗朝士人後來對外戚干政極為敏感。打開《宋朝諸臣奏議》卷三十四、卷三十五有關外戚的部分，我們可以發現，在整個北宋，仁宗朝士人進言皇帝防止外戚干政的奏議最多，足足有十九篇。仁宗的丈人公張堯佐說起來還是個「持身謹畏，頗通吏治，曉法律」且出身寒門的人，不能說本事大，但也絕非沒有才能。可就因為他的外戚身分，加上他自己後來也有點囂張，結果當時士林和民間都看不起他，余靖在慶曆四年給仁宗的奏書裡就指明了「外議皆言：堯佐識見淺近，依託後宮嬪嬙之勢，……臣深為陛下惜之」[128]。可見士人在經歷過劉后專政後，對外戚勢力提防之堅決。

劉后攝政長達十一年，這十一年間，宋朝在政制上雖然是太后攝政，但國家並沒有因此出現動亂與太多的反常。誠然女后稱制不合封建時代儒家士大夫的制度，但是毋庸置疑，這樣一位女政治家對宋仁宗及仁宗早年統治時期的政局，造成了維護和促進發展的作用，不論是丁謂還是呂夷簡，這些權臣都能被劉后所掌控，各方勢力能夠被劉后所平衡，很難說這沒有為日後仁

---

128 [宋] 余靖：〈上仁宗論張堯佐不當與府界提點〉，載趙汝愚編《宋朝諸臣奏議》卷三十四，330 頁。

宗親政時期良好的政治局面做出鋪墊。

因而，也難怪仁宗親政後，仲淹會勸說皇帝不要太過詆毀劉后了[129]。後來司馬光也曾高度讚譽劉后：「往者大行皇帝嗣位之初，章獻明肅皇太后保護聖躬，綱紀四方，進賢退奸，鎮撫中外，於趙氏實大有功。」至於劉后的問題，在司馬光筆下也不過是「自奉之理或崇重太過」[130]，總體還是多持肯定態度的。

二、「救斯文之薄」

仲淹的政改思想和士大夫人格精神，是能夠從他的幾篇重要文章中集中展現出來的，〈奏上時務書〉便是其中之一。這篇文章寫於天聖三年（西元一〇二五年）四月二十日，是他給劉太后和仁宗的建言，當時仲淹不過是小小文林郎、大理寺丞、監西溪鹽倉官[131]。

〈奏上時務書〉一開篇就很令人詫異，仲淹在文中論述的第一個重點不是國家大政也不是邊疆軍情，而是與文章寫作有關的。

在本書的前言中我們就已經提到過，宋代古文運動的發展，實際上與宋代政治思想的嬗變息息相關，古文復興和儒學復興相輔相成。對安史之亂以後到九世紀中葉中國思想的變革與古文運動的關係，陳弱水曾有一番論述，他說，「古文家多主張文章應以經典義理為依歸，有些人甚至直接宣揚儒道，乃至從儒家立場進行思想探索。毫無疑問，古文運動是中唐儒家復興潮流的骨幹，這不但是因為儒家復興的代表人物多為古文家，更重要的是，文人居於唐代文化的核心，地位絕高，文人思想變化所帶來的衝擊，不是其他群體

---

129 [宋] 李燾：《續資治通鑑長編》卷一百一十二，2617 頁。

130 [宋] 司馬光：〈上皇太后疏〉，《司馬光集》卷二十五，648 頁。

131 樓鑰在《范文正公年譜》說此時仲淹已經為興化令並掌管楚州糧料院，當為誤。參見方健《范仲淹評傳》，44 頁。

第二章　萬千氣象：仁宗朝初年的士人結盟與朋黨政治

所可相比的」[132]。我以為這句話不僅適用於描述中唐，用它來描述北宋的古文復興與儒學復興間的關係，也恰如其分。

范仲淹的革新思想同樣也與他的文學思想有著密切的關聯，至少范仲淹自己認為文章風貌是能夠反映社會流行的政治思想和道德價值觀的，他將之稱作「國之文章，應於風化；風化厚薄，見乎文章」。這種想法的產生與他是一名士大夫、一名儒生密不可分。

范仲淹認為，「文章之薄，則為君子之憂；風化其壞，則為來者之資」，所謂「薄」，其實是說文章寫作重表面用詞奇巧，而文章所承載的道德價值和教化意義變得很微薄。「文當前的狀態 —— 在真宗統治下流行的雕琢的文風 —— 是道德衰靡的標誌」[133]。范仲淹推崇韓愈和柳宗元的文章，講求為文「興復古道」，這種對「古文」的崇拜實際展現出「當時士大夫們認定，價值觀是透過文化傳統來了解，並透過文獲得了使人信服的形式」[134]。

考察范仲淹的文學觀，他本人並非完全否定駢儷之文，〈岳陽樓記〉描繪洞庭一帶風光美景之時便使用詞華麗。仲淹是講求文采與思想並重的，所以如果〈岳陽樓記〉少卻了「先天下之憂而憂，後天下之樂而樂」，恐怕仲淹個人也不會覺得這是好文章。他的文學思想最突出的特點是強調文章的致用和道德教化意義，有著很濃厚的儒家實踐主義的色彩，所謂「以六經典籍為文學之本源，以教化仁義為文學之內涵，以傳道佐政為文學之目的」，范仲淹的文學觀是在強調實用價值的同時也要兼顧文章規矩[135]。他固然抨擊「西崑體」那種綺麗的文風，然而更深層的，他批判的是這文風空洞無用，「專事辭藻」。不然他就不會對寫得一手好駢文的楊億稱讚有加了[136]，楊億是文

---

132 陳弱水：《唐代文士與中國思想的轉型》，4 頁。
133 ［美］包弼德：《斯文：唐宋思想的轉型》，175 頁。
134 ［美］包弼德：《斯文：唐宋思想的轉型》，156 頁。
135 何寄澎：〈范仲淹的文學觀及其時代意義〉，載氏著《唐宋古文新探》，69 頁。
136 ［宋］范仲淹：〈楊文公寫真讚〉，《范仲淹全集》，168 頁。

采與見識並重的文學家，而且今人朱剛曾指出，楊億未嘗沒有意識到文以載道、重視儒道斯文是文學史發展的大勢，他也曾想順應這種趨勢，只是他誤以為僅僅以駢儷之文串連經史成語就可以了，這種較為淺薄的認知導致他行為的客觀效果和主觀願望有了背離[137]。范仲淹或許也體察到了楊億本人的主觀願望，因而對其有同情之理解。

實際上，范仲淹的文學觀是融合了楊億和柳開的，至少他對於西崑派的態度，較其對於五代體文學的態度更為溫和。在這一點上，仲淹與歐陽脩日後的文學主張相近，與完全否定駢文的石介看法相左，他這種文學觀，與他追求致用的政改思想一脈相承，而致用本身，與文章的華采之間並非是一場零和遊戲，正所謂「文質相救」，用仲淹的話講，要「救斯文之薄」，便要「文弊則救之以質，質弊則救之以文」。「文」和「質」之間或許要有側重，但絕不能拋棄其中的任何一個。西崑體風格雍容大氣，反映太平氣象，或許在仲淹等人眼中它雖還是過重辭藻，但較五代體哀傷亂世，西崑體相對還能表現出一點現實關懷，或者說能反映社會背景[138]。

這實際上還是孔子的思想，孔子說過「質勝文則野，文勝質則史。文質彬彬，然後君子」。《論語集解》對之解釋為「野如野人，言鄙略也。史者，文多而質少。彬彬，文質相半之貌」[139]。也就是說，孔子以為，只重視內容，說一些大白話，則言語太過鄙略，而太過偏重辭藻，則會令文章成了華

---

137 朱剛：《唐宋四大家的道論與文學》，198－202頁。

138 葛曉音曾指出，需要區別西崑體和五代體的不同特徵。柳開、王禹偁的古文運動針對的是五代體，到石介、歐陽脩等人那裡，才主要是批判西崑體。五代體和西崑體雖然都是「華麗雕琢，以聲律對偶為工的晚唐五代文風」，但五代體反映「亂世的衰颯之氣」，西崑體卻「雍容華貴，典雅豐贍」，兩者風格有別，北宋士人對之的態度也有別。參見葛曉音〈北宋詩文革新的曲折歷程〉，載《中國社會科學》1989年02期。

139 程樹德：《論語集釋》，401頁。關於此句，李澤厚說孔子所謂之「質」是情感，「文」是理性，為誤。他又把「史」看作是死板文章的代表，這恰好與古來通行的解釋相反。見《論語今讀》，157頁。實際上，「史」是策祝，《儀禮》講「辭多則史」，可見策祝文辭多浮華。楊伯峻將「文勝質則史」譯作「文采多於樸實，又未免虛浮」，當更準確。見《論語譯注》，61頁。

第二章　萬千氣象：仁宗朝初年的士人結盟與朋黨政治

而不實的策祝。只有文章的思想內容與文學辭藻並重，才是君子之文。

晚唐五代以來，文風豔冶，宋初文壇繼承了這種文風，直到柳開才開始批判這種「五代體」文學的「華而不實，取其刻削為工，聲律為能」，提出「聖人之文章，詩書禮樂也」、「文惡辭之華於理，不惡理之華於辭」[140]，強調文章寫作時在內容上對儒道的側重。范仲淹提倡改革文風，也是一種變相的改革訴求，范仲淹的改革願望所涉及的範圍是很廣闊的，他是要變革整個時代的各方面——特別是其中與士大夫政治有關的部分。仲淹要改革文風的訴求只是這篇文章能夠供人們管窺到的一個小小的局部。所謂一葉知秋，〈奏上時務書〉已經表露出了仲淹不凡的政治抱負。

除卻變革文風的問題，范仲淹在〈奏上時務書〉中還談及了北宋文武發展不平衡的狀況，他談到天下休兵二十餘年，當年能打仗的人都老了，年輕人多不知兵事。「人不知戰，國不慮危，豈聖人之意哉！而況守在四夷，不可不慮。古來和好，鮮克始終」。「宜復唐之武舉，則英雄輩願在彀中。此聖人居安慮危之備，備而無用，國家之福也。唯聖意詳之」。

范仲淹之所以強調國家應該加強武備，這其中的背景是宋初武將群體素質有所下降。從宋太宗朝定下以文治天下的執政方略起，北宋的武將群體就產生了一種自卑心理，這一點在宋真宗朝得到了加強，武將群體的碌碌無為和能力下降，反映了在宋朝「重文輕武」國策下武士的心理陰影，而諸如范仲淹這樣的文臣士大夫，都因覺得國家武備薄弱以致要求朝廷激勵武人，更是從側面說明當時武將群體素質下降的現象[141]。

事實上，身為儒家士大夫的范仲淹建言朝廷重視武備、選拔武將，不僅反映了北宋當時重文輕武之嚴重，更重要的，它展現出范仲淹的一種眼光和

---

140 [宋] 柳開：〈上王學士第三書〉，《河東柳仲塗先生文集》卷五頁面六，載《宋集珍本叢刊》第一冊，463 頁。

141 陳峰：〈北宋武將群體素質的整體考察〉，《宋代軍政研究》，111 – 124 頁。

氣度，一種拋棄自身社群的利益而以「天下為己任」的胸懷，並不因為自己是文士而有意排斥武士，而是以國家大局為重。這種氣量胸懷引領了日後范仲淹主政時期宋代的士風。

不過，作為范仲淹在地方從政時期的作品，他的諫言在視野上還是有很多局限的，比如他說「備而無用，國家之福也」，可實際上數量龐大的常備軍為朝廷帶來的巨大財政負擔，正是造成宋代內政壓力不斷加劇的原因之一，此時的范仲淹未曾任職京城，可能對實際情況缺乏了解，其政治經驗還很不足。

另外，在官員任用和處理上，范仲淹主張「必以賢俊授任，不以爵祿為恩」，同時建議仁宗廣開言路，要讓諫官發揮作用多提建議。實際上，提倡以才能用人，是在變相強調朝廷應該堅持以公平的科舉錄士、不看門第、削減恩蔭，這一點在日後的慶曆新政中也是范仲淹的改革重點之一。

除了對國家朝政有所建議，仲淹還對仁宗提出了要求，希望他能以德服人，「與忠臣治天下」，不沉迷於「珠玉之玩」，用心朝政，「納遠大之謀」，「臨萬機之事而不敢獨斷，納群臣之言而不敢偏聽」。完全是按照一副儒家仁君的形象來要求仁宗的。值得注意的是，范仲淹強調的「忠臣」，並非愚忠之臣，而是做事公正的大臣，這種理解實際上更符合原始儒家的本義，與范仲淹推崇原始儒學的立場相一致 [142]。

今人諸葛憶兵在具體分析〈奏上時務書〉時，歸結出了核心思想不突出、具體討論不深入、文章思路不清晰這三個缺點，並以此說明「范仲淹此時的政治變革思想更多表現為籠統模糊、不成體系」[143]。他總結的三點看似很有道理，其實只在講文章的行文方法和思路，像是在對這篇文章做文學分

---

142 王瑞來：〈「將錯就錯」：宋代士大夫「原道」略說 —— 以范仲淹的君臣關係論為中心的考察〉，《學術月刊》2009 年 04 期。

143 諸葛憶兵：《范仲淹研究》，120 － 121 頁。

第二章　萬千氣象：仁宗朝初年的士人結盟與朋黨政治

析，而無關乎文章主旨。倒是他說仲淹的政改思想籠統模糊，儘管這只是依據文章邏輯層次不清楚而得出的猜測，在筆者看來卻是屬實。總覽〈奏上時務書〉，可以說，他是日後范仲淹進行政治改革的一個早期藍本，仲淹日後不少的革新思想，都能在當年的這份奏書中看到影子。然而，官職低微、久仕地方的仲淹，此時還不具備日後那般廣遠的政治眼界，身為一個處於成長階段的改革家，他依然有一些淺陋的見識。

早年的范仲淹任職地方時對進言朝廷是十分熱衷的，除了〈奏上時務書〉，在天聖五年（西元一〇二七年）丁母憂期間，他還曾寫下一篇〈上執政書〉。

天聖三年，仲淹為興化令。[144] 等到第二年，他的母親謝氏就去世了。仲淹於是回到河南商丘丁母憂。當年他就是在應天書院讀書的，如今重返舊地，恰逢原來的樞密副使晏殊在天聖五年正月出知應天府，仲淹因而被晏殊任命為負責掌管應天書院的一席教職。晏殊是著名的文學家，他為官地方時總是倡導興學，所以李燾說：「自五代以來，天下學廢，興自殊始」[145]。想來范仲淹日後主持政改也強調興修教育，除了由於他個人的長遠眼光，以及傳播儒學的士大夫責任意識外，晏殊對他的示範與提攜恐怕也不能忽視。

范仲淹和晏殊的合作使得應天書院更加繁榮，四方學者前來求教，「其後宋人以文學有聲名於場屋朝廷者，多其所教也」[146]。今人總結應天書院對宋代文化、宋學發展的貢獻，無非歸結為培養人才、開啟理學思潮、發展學術、復興儒學，有趣的是，但凡說到這些，幾乎全在說范仲淹主持應天書院

---

144 關於范仲淹為興化令的時間，樓鑰《年譜》說其在天聖元年（西元一〇二三年），但是作於天聖三年的〈奏上時務書〉仍署仲淹為「文林郎、守大理寺丞」，而按富弼〈范文正公墓誌銘〉，仲淹為興化令當在為大理寺丞之後，則仲淹為興化令至少在天聖三年。方健據范仲淹〈寄秦州幕明化基寺丞〉詩所述仲淹與明鎬辟官時間相近，認為仲淹也是在天聖三年闢為興化令的。見《范仲淹評傳》，44－45頁。

145 [宋]李燾：《續資治通鑑長編》卷一百五，2435頁。

146 [宋]司馬光：《涑水記聞》卷十，182頁。

時的作為，有人說范仲淹是「宋學初期把興學育才和振興宋朝、革新政治的現實需求相結合的首位政治家」[147]，就是指這一點。在應天書院，范仲淹進行了一場教學改革，他倡導「明體之學」，鼓勵學生自學，強調培養學生德才兼備，不看學生的門戶出身。實際上之所以後來能有「慶曆興學」的出現，一方面與范仲淹重視教育有關，另一方面正與他早年在應天書院執教時的實踐、感受密不可分。

除了教書育人，任職應天書院時期，范仲淹還抽出時間思考了許多現實問題。在這一年所寫的〈上執政書〉裡，范仲淹對現實問題的思考較兩年前變得更為深入和全面。他首先講到了當前國家政局所面臨的六個方面的問題：「朝廷無憂，則苦言難入；天下久平，則倚伏可畏；兵久弗用，則武備不堅；士曾末教，則賢材不充；中外奢侈，則國用無度；百姓困窮，則天下無恩。苦言難入，則國聽不聰矣；倚伏可畏，則奸雄或伺其時矣；武備不堅，則戎狄或乘其隙矣；賢材不充，則名器或假於人矣；國用無度，則民力已竭矣；天下無恩，則邦本不固矣。」[148] 概括起來，便是君王言路閉塞、朝政有奸雄覬覦、國家兵備薄弱、賢才任用不足、財政開銷過大、基層不夠穩定。

針對這六個問題，范仲淹提出了「固邦本，厚民力，重名器，備戎狄，杜奸雄，明國聽」六條解決方案。所謂「固邦本」，就是完善基層行政規畫和制度建設，重視對於地方官員的委任，嚴格監督地方官的言行，對地方官的業績進行考核，擇優獎勉提拔。

「厚民力」，則是要增加百姓收入、緩解國家財政壓力、降低穀帛等百姓日用品的價格，具體而言，仲淹認為應該減少僧道、裁撤老弱之兵、打壓市場上流行的崇尚珠玉等玩物，而非穀帛等實用物品的風氣。

---

147 郭文佳：〈應天書院與北宋文化的發展〉，《商丘師範學院學報》2009 年 02 期。
148 [宋] 范仲淹：〈上執政書〉，《范仲淹全集》，210－229 頁。

第二章　萬千氣象：仁宗朝初年的士人結盟與朋黨政治

「重名器」，其實講的是要嚴格官員委任機制，重視栽培後學、選拔人才。要完善科舉制度，先考策論後考詩賦，以策論所展現出的人的見識來決定應考者的去留；而用詩賦看一個人才華的全面程度，為應考者劃分等級。同時，公正的科舉制度能夠激勵底層寒士讀書、謀取功名，這在范仲淹看來是至為關鍵的。地方教育的發展也是范仲淹重視的問題，這關係到教育的普及。此外，仲淹還強調對於民間賢能之人的任用，應當不拘泥於讓所有人都靠應試來發達，政府應該主動對那些有特殊才華和一技之長的人禮賢下士，破格任用。

范仲淹對於人才選拔的態度，反映了士大夫的自貴心理，它不強調所有人都應該順應國家制度來換取個人地位的提升，而強調國家應該主動給予有才華的人機會，其實是強調了士人不需依附於政權的獨立人格，還強調士人自身的社會價值。

「備戎狄」，自然說的是對邊患的應對。范仲淹特別重視將帥的選拔，提倡設立武舉考試，培養軍事人才。范仲淹後來在西北主持軍務，對表現出色的狄青、种世衡重視有加，可以說正暗合他當年的想法。值得特別強調的是，關於北宋時期對外作戰時出現的不利局面，王曾瑜先生曾有一觀點，認為這種局面的出現與主政者的苟且心態有關，宋代始終執行一種議和苟安的傳統國策[149]。實際上，與這種苟安傳統相並列的，是將從中御。掌兵的大臣沒有實權，而文官，很多時候只能建言，也無法去實踐自己的想法。不過范仲淹是例外，此時的范仲淹還是紙上談兵，日後他卻將在宋夏戰爭中主持一方軍務，可謂是上天對他別有眷顧。

此外，「杜奸雄」、「明國聽」，講的都是皇帝個人的作為。仲淹以為，好的君王不能偏私，要防止皇帝的近臣專權，要杜絕大興土木以防止消耗國

---

149 王曾瑜：《宋朝軍制初探（增訂本）》，530－532頁。

家財力，要賞罰公允、明肅朝綱、抑制恩蔭。另外，國家要廣開言路，特別是要能夠聽取那些來自社會上有責任心的士大夫所提出的批評意見，不能夠「天下有善則歸諸己，天下有禍則歸諸天」。

從這六點中可以明顯看出的是，范仲淹的政改思想已經漸漸趨向於重視吏治改革了，不論是「固邦本」、「重名器」還是「杜奸雄」，都與官員的選拔、管理和任用有關。其實〈上執政書〉中還曾論及北宋的勸農使問題，認為地方勸農有名無實，這實際也是關注到了官員隊伍的行政效率，關注到了吏治。同時，作為北宋時期國家政權的另一大弊政，仲淹對財政問題的關注在「厚民力」一條中也有所展現。至於「備戎狄」，〈奏上時務書〉中也有提及對武備的整頓，這一點跟北宋飽受契丹和党項邊患威脅的實際情況相對應，日後慶曆新政中講「修武備」，自然與天聖年間仲淹的政改思想一脈相承。

需要說明的是，誠然〈上執政書〉中的言論和見識依然有不足之處，諸葛憶兵就指出「文章討論的最後兩個方面『杜奸雄』和『明國聽』，仍舊是相當簡略籠統，表現出地方下層官員對中央朝政的陌生」。然而，正是這篇文章，「十幾年後，便成為答手詔十事的張本。慶曆新政的改革，也不出這篇上書的範圍」[150]。范仲淹在這篇文章中明顯表現出了他日後政改思想的特點，即針對宋朝朝政時弊的重點，以整頓吏治為主，兼及其他方面來進行綜合改革。

范仲淹在這篇文章中用到了「共理天下」這個詞，這四個字是仲淹留給宋代政治最寶貴的遺產。范仲淹身為北宋士大夫中談論天子與士大夫「共治天下」最多者之一[151]，他日後的所作所為將改變這四個字的內涵，將君王與百官治天下改為君王與士大夫治天下，當然，這是後話。

---

150 程應鏐：《范仲淹新傳》，《程應鏐史學文存》，123 頁。

151 張希清：〈「以天下為己任」──范仲淹為政之道研究之一〉，《范仲淹研究文集（五）》，45 頁。

第二章 萬千氣象：仁宗朝初年的士人結盟與朋黨政治

　　其實從後人的評價來看，范仲淹這篇文章除了見識好，展現出他心憂天下、欲致太平的抱負以外，文章足夠長也成為它產生巨大影響力的原因之一，這恐怕令今人匪夷所思，但事實確實如此。蘇軾曾說：「公在天聖中，居太夫人憂，則已有憂天下致太平之意，為萬言書以遺丞相，天下傳誦。」[152] 東坡在這裡特別強調「萬言書」，便證明了這一點。日後王安石主持政改也寫下了萬言書，恐怕正是從范仲淹這裡得到的啟發。

　　范仲淹積極建言的行為背後其實是由其中價值觀作為支撐的，即「左右天子為大忠」。范仲淹曾經盛讚在澶淵之盟中，讓宋真宗上前線鼓舞士氣的寇準，說他「能左右天子，如山不動，卻戎狄，保宗社，天下謂之大忠」[153]，實際上范仲淹自己也是按照這個標準來做的，在他眼中，士大夫的價值就展現在能夠為天下謀福利，之所以要左右君王，則是因為君王專制天下，而仲淹又「以天下為己任」。所以後來仲淹就說，「有犯無隱，人臣之常，面折庭諍，國朝之盛。有闕即補，何用不臧！」[154] 人臣就應該直諫不諱，當面指出問題才利於國家建設，有問題就該解決。

　　天聖六年（西元一〇二八年），當時的宰相王曾看到了仲淹的〈上執政書〉。當時晏殊已經從應天府調回了汴京，他走後朝廷要他推薦一個館職，他推薦了一個人，結果王曾看到他的推薦後就對他說：「你不是認識范仲淹嗎？怎麼推薦別人不推薦他呢！我把你推薦的那個人壓下來了，我看你還是推薦范仲淹比較合適」[155]。

　　於是陰差陽錯，在那年十二月，仲淹被任命為祕閣校理，從他走入開封的這一刻起，北宋的政局將開始有一番大變換。

---

152 [宋] 蘇軾：《范文正公文集敘》，《蘇軾文集》卷十，312 頁。

153 [宋] 范仲淹：〈楊文公寫真讚〉，《范仲淹全集》，167 － 168 頁。

154 [宋] 范仲淹：〈睦州謝上表〉，《范仲淹全集》，387 頁。

155 [宋] 司馬光：《涑水記聞》卷十，182 頁。

三、「儒者報國，以言為先」

身為一名耿直的士大夫，范仲淹永遠都是那副全心為公、耿直進諫的樣子。他曾自述「儒者報國，以言為先」，志在做一名勇於直言的儒者，哪怕直言可能會為他帶來禍患。這位在思想上深受儒家價值觀薰陶的大臣，面對朝廷裡劉太后的擅政，他自然不能習慣和適應。所以儘管從表面來看仲淹與劉后的衝突發生得很突然，然而深究其理，這也是遲早的事。

在天聖七年（西元一〇二九年）十一月的冬至，仁宗要帶領群臣在會慶殿為劉后上壽，這本是有先例的事 [156]，然而由於此時身在朝堂中的大臣裡包括范仲淹，這項有違封建禮法的事恐怕很難一帆風順地完成。范仲淹對仁宗上奏講，天子可以侍奉自己的親人，但想來沒有去做臣子的道理，對太后，君王到大內中去行家人之禮就好了，如今拉著一幫大臣們一同行禮，實在是「虧君體，損主威」，不足以讓後世效仿 [157]，並且，這還可算作是「開後世弱人主以強母后之漸」 [158]，更不可取。可惜仁宗最後沒有聽他的 [159]。

身為仲淹當初的推薦人，晏殊在聽到仲淹的作為後很是生氣，覺得仲淹太過輕狂。結果仲淹回答說，他就是一直害怕辜負了晏殊薦舉他的美意，才盡心盡責秉直進諫，哪知竟得罪了晏殊。晏殊聽完，被駁得啞口無言。後來范仲淹又上奏要求劉后還政，一同上奏的還有劉越、劉隨、滕宗諒等人。其中尤以仲淹的老朋友滕宗諒進言最有趣，宗諒顯然是有過一番準備的，猜想

---

156 [宋] 李燾：《續資治通鑑長編》卷一百五天聖五年春正月壬寅朔條，「上率百官上皇太后壽於會慶殿」。1434 頁。

157 [宋] 李燾：《續資治通鑑長編》卷一百八，2526 － 2527 頁。

158 [宋] 文瑩：《續湘山野錄》，76 頁。

159 歐陽脩在為范仲淹作的神道碑銘中說，由於范仲淹的阻攔，仁宗最後沒有在會慶殿為劉后上壽。見《范仲淹全集》813 頁。後人多採用其說。但據陳鵠《耆舊續聞》卷三的記載，蘇洵曾在和歐陽脩一同編修《太常因革禮》時，發現朝廷案牘記載此事的結局和歐陽脩文章裡寫的不同，案牘載范仲淹的進言失敗了。蘇詢問歐陽脩，歐陽脩承認自己歪曲了事實，陳氏認為歐陽脩這麼做的目的，是為了不開後世弱人主、強母后之漸。見《全宋筆記》第六編第五冊，63 頁。

第二章　萬千氣象：仁宗朝初年的士人結盟與朋黨政治

是知道劉后固執，便以宋朝主火德為由勸劉后還政，結果劉后對他們的建議不予理睬。范仲淹大約自知無趣，便自請外放，去河中府（今山西永濟市西）做了通判。當然，這批人後來也都因禍得福，在劉后死後，凡是當年勸過劉后還政的大臣，仁宗都對他們有所提拔。

在以范仲淹為代表的封建儒家士大夫那裡，臣子維護正統的封建禮教乃是一種道德準則，這便是他們不遺餘力、前仆後繼地進言劉后促其還政的思想動力了。宋代的士大夫是很講究儒家道德的，孔子講：「德之不修，學之不講，聞義不能徙，不善不能改，是吾憂也。」身為「以天下為己任」的政治家，范仲淹他們更看重一個人德行的完善與否，所以哪怕有礙仕途，盡進忠言都是被作為一件儒家士大夫的道德責任而不能被改變的。這也就能解釋，在與晏殊意見不合的情況下，仲淹為何還能有禮有節地對待這位資政殿學士，畢竟晏殊對他有知遇之恩，仲淹對之也有所感激。另外，這種對道德價值觀的恪守也必然會為士大夫們迎來好名聲 —— 這自然也是范仲淹所希望的。仲淹本就是一個積極現實的人，換句話講，范仲淹的功名心很重，這從他在天聖二年所作的詩中就能看出：「有客淳且狂，少小愛功名。非謂鐘鼎重，非謂簞瓢輕。素聞前哲道，欲向聖朝行。風塵三十六，未作萬人英。乃聞頭角者，五神長戰爭。」[160] 不過，對仲淹的功名心要正確理解，「范仲淹提倡注重名節，可以說是在一種特定的歷史環境下的撥亂反正」，他砥礪名節，其實是對五代時期以馮道等人的作為為代表的澆薄士風的矯枉[161]。

外放河中府的范仲淹在日後又經歷了不少宦海沉浮，在他被派往西北主持宋夏戰事前，最重要的一段經歷便是與權相呂夷簡交惡。同時，歐陽脩、余靖等人也開始在北宋政治舞臺上嶄露頭角。此外，在這場政治鬥爭中，「朋

---

160 [宋] 范仲淹：〈贈張先生〉，《范仲淹全集》，26 頁。
161 王瑞來：〈宋代士大夫主流精神論 —— 以范仲淹為中心的考察〉，《宋史研究論叢（第 6 輯）》，第169 — 198 頁。

「黨」也被作為一項在皇帝面前詆毀政敵聲譽的輿論武器，首次出現在仁宗年間的政治舞臺上。

如果要給景祐時期的黨議、黨爭找一個起始點，仁宗郭皇后被廢所引發的政治風波恐怕當仁不讓。事情的經過要從呂夷簡把持朝政說起。

明道二年（西元一○三三年），仁宗終於親政了。事實證明，身為一個角色意識很強的帝王，仁宗有著老練的政治手腕。在他親政之初，便立刻展開了一番「清洗」，目的是擺脫劉后主政風格的陰影。

這個「清洗」是兩方面的。一方面是對劉后時期弊政的修正。一方面是對劉后時期宰執團隊的調整。

劉后時期，「內降」現象尤為嚴重。這裡所謂的「內降」，並非內廷旨意越過二府而直接被執行，而說的是直接由劉太后對大臣、宦官降下恩澤。劉后時期，由於攝政者的女性身分，因而內外廷訊息的傳達主要由宦官和劉后的近侍完成，結果就造成了所謂「近時貴戚、內臣以及士人，或因緣以求恩澤，從中而下，謂之『內降』」[162]。韓琦就曾經指出，「只自章獻明肅太后垂簾之日，遂有奔競之輩，賄賂公行，假託皇親，因緣女謁，或於內中下表，或只口為奏求」[163]，總是有心術不正的人走後門求劉后直接「內降」恩澤。「內降」氾濫對朝廷綱紀的破壞是十分嚴重的，許多才能平庸者透過這種方式獲得高位，對當時清明的政治危害很大。所以仁宗親政當年，也就是明道二年的四月，他就下詔說「內外毋得進獻以祈恩澤，及緣親戚通章表」，不讓人找關係直接向內廷上章表以求「內降」，並且仁宗還要求宰執官員們審核內降除官[164]。這些措施一下子控制了此前「內降」恩重氾濫的局勢，改變了劉后

---

162 ［宋］尹洙：〈論命令恩寵賜予三事疏〉，影印本《河南先生文集》卷十八頁面三，舒大剛主編《宋集珍本叢刊》第三冊，446 頁。

163 ［宋］李燾：《續資治通鑑長編》卷一百二十三，2904 頁。

164 ［宋］李燾：《續資治通鑑長編》卷一百一十二，2611 頁。

執政時期養成的不良政治風氣，從而修正了劉后時期的一大弊政。

在對宰執的調整方面，劉后時期的宰執夏竦、晏殊都名列「清洗」名單中。唯獨漏了呂夷簡。蓋因仁宗剛開始就是跟呂夷簡商討哪些人是劉后大臣一黨，呂夷簡自然不會為自己找麻煩。但這件事被仁宗的郭皇后知道後，郭皇后就覺得呂夷簡不過是比較懂得風行草偃罷了，於是夷簡也被罷相，去了澶州[165]。沒過半年，大約是因為仁宗覺得宰相張士遜執政缺少建樹，於是在明道二年冬十月，呂夷簡重新拜相[166]。

從此夷簡對郭后便懷恨在心，恰好有次郭皇后嫉妒尚美人被仁宗寵愛，她想打尚氏卻誤傷仁宗，仁宗一氣之下有了罷黜郭后的想法，呂夷簡趁機拿郭后九年來都沒有生育做文章，最終促成仁宗廢后一事，甚至有人懷疑，仁宗本來並沒有廢后之意，這都是呂夷簡一手促成的[167]。

當時四十五歲的范仲淹剛剛被召回汴京當上了右司諫，在聽說廢后之議後力陳其不可，與御史中丞孔道輔及多名臺諫官一同找仁宗進諫，哪知呂夷簡早就關了殿門，這令為首的孔道輔很激動，大呼「皇后被廢，奈何不聽臺諫入言？」[168]

孔道輔這一呼是很有威懾力的，一來，孔道輔這個人平常就以自己是孔子之後而為人高傲，性情剛烈耿直，有人勸他稍微學得變通點，他直接回了人家一句「我又不是姓張姓李」[169]。可見其人非常自傲；二來，更重要的是，在宋代，「臺諫」二字哪怕是皇帝都不能小覷。對於君主官僚階層而言，臺諫官們是與之並駕齊驅於中樞權力結構中的。儘管宋代臺諫系統運作的歷史軌跡不斷有著時振時衰的波動，然而從總體來看，身為中央檢察權的直接

---

165 ［宋］李燾：《續資治通鑑長編》卷一百一十二，2612－2613頁。

166 ［宋］李燾：《續資治通鑑長編》卷一百一十二，2641頁。

167 ［元］佚名：《宋史全文》卷七引《大事記》曰：「廢后者非仁祖之本心也，而夷簡實贊之」。312頁。

168 ［宋］李燾：《續資治通鑑長編》卷一百一十三，2648－2649頁。

169 ［宋］田況：《儒林公議》，《全宋筆記》第一編第五冊，113頁。

承擔者，臺諫與君主、宰執之間實際上形成了三方制衡的格局，並且由之使得宋代中央權力層出現三權制維的趨向[170]。誠然，政治制度由政治文化所決定，但直接造就時代政治特徵的是政治制度，就如東晉門閥政治與九品官人法有關一樣，臺諫制度其實在一定程度上是宋代黨爭政治產生的決定性因素之一，言官勢力作為對行政權力批判的一方，其對政治的影響力之強是不言而喻的。

就因為臺諫的特殊政治地位，仁宗不得不讓中書呂夷簡跟范仲淹等臺諫官們去說明情況，但是按照封建禮法，仁宗此舉確實輕率，縱是呂夷簡再能詭辯，本身道理是不在他這一邊的。當時的宰相李迪還出來為仁宗辯護過，跟孔道輔講廢后是古來就有之時，結果孔道輔說廢后都是古代昏君做的事，怎麼能效仿！把李迪駁得啞口無言[171]。呂夷簡對孔道輔等臺諫官也是虛與委蛇，答應明早由他們直接向皇帝進諫，哪知次日一來，眾人收到的卻是貶官地方的詔書，孔道輔知泰州，范仲淹知睦州，而且要求立刻啟程，不能延誤[172]。

范仲淹等臺諫官的這次進諫，實際上已經可以看作是一次集體性的政治行為了。當時和范仲淹一起去找仁宗的還有臺諫官郭勸、段少連、宋郊等人，在孔、范外放後，身為同黨，段少連、郭勸都對皇帝有過進言。此外時任將作監丞的富弼也對范仲淹被貶一事有過進言，同時也指責了仁宗貿然廢后有失禮教。可惜這些人的奏疏最後都石沉大海沒有回音[173]。然而，雖然以失敗告終，但這件事不僅僅反映著以范仲淹為代表的新進政治勢力對呂夷簡的排斥，同時，臺諫集團這次對相權和皇權的挑戰也是意義非凡。正如王曾瑜先生所說，其「說明了臺諫權發展到一個新的水準，敢於旗幟鮮明地和皇

---

170 盧雲國：《宋代臺諫制度研究（增訂本）》，123－127頁。

171 [宋]田況：《儒林公議》，《全宋筆記》第一編第五冊，94頁。

172 樓鑰：《范文正公年譜》，《范仲淹全集》，876－878頁。

173 [宋]李燾：《續資治通鑑長編》卷一百一十三，2649－2654頁。

權、相權做某種程度的對抗」，且在這件事情中，范仲淹「成了一面不計升沉禍福，只論是非曲直的一面大旗」[174]，在名節之士中漸成領袖。

　　轉眼便到了景祐二年（西元一○三五年），這一年，王曾重新擔任了樞密使[175]，原因是呂夷簡扳倒了先前的宰相李迪，自己做了首相，剛好天聖年間王曾為相時，呂夷簡是參知政事，對夷簡算是有恩，因而夷簡請他入中樞。同時，蘇州知州、左司諫、祕閣交理范仲淹也被任命為了禮部員外郎，天章閣待制[176]，重返京城。至於仲淹重回汴京的原因，向來眾說紛紜，其中，富弼先前的上書可能造成了不小的作用，王曾與仲淹的好交情或許也有一定的幫助，另外宋朝以文治國的政治氛圍，也是導致仲淹能夠重返中央的原因 ── 蘇軾曾說：「自建隆以來，未嘗罪一言者，縱有薄責，旋即超升，許以風聞。」[177] 宋代對言官很寬容，故而經常對士大夫施展稍稍責罰然後遷升的伎倆。

　　重入汴京的范仲淹秉性不改，而且抓住郭后一事，此時郭后已在景祐元年（西元一○三三年）暴斃，大家都懷疑是常在仁宗面前說郭后壞話的閻應文下的毒，此時范仲淹挺身而出，彈劾閻應文的罪狀，其決心之堅定以致賭上性命，對自己兒子講「吾不勝，必死之」。閻應文最後被逐嶺南，死於途中，然而，呂夷簡卻還為仲淹返京後的「言事日切」耿耿於懷，便偷偷讓人說：「待制是侍從官，不是有著口舌之任的言官。」意在諷刺范仲淹多管閒事，結果仲淹卻說：「直言進諫關心政事，正是侍從該做的。」呂夷簡揣摩出仲淹骨頭硬，便故意派他去做開封府的長官，開封府地處京畿，事務繁多，夷簡是想找機會趕走仲淹，然而仲淹卻把開封府治理得很好，「處之彌月，

174 王曾瑜：〈從臺諫制度的運作看宋代的人治〉，《絲毫編》，73 頁。
175 [宋] 李燾：《續資治通鑑長編》卷一百十六，2722 頁。
176 [宋] 李燾：《續資治通鑑長編》卷一百十六，2724 頁。
177 [宋] 蘇軾：〈上神宗皇帝書〉，《蘇軾文集》卷二十五，740 頁。

京師肅然稱治」[178]，夷簡始終抓不到仲淹的把柄。當時呂夷簡一黨有一人名叫胥偃，總是想要找仲淹的麻煩，說仲淹判案不當，結果引起了胥偃的女婿歐陽脩的反感。值得說明的是，胥偃本人在文學上是被柳開推崇的[179]，可見他的文學主張和柳開相同，這種務實的文學觀和范仲淹、歐陽脩等相近，由此可見，雖然「文以載道」，但這裡的「道」只強調文章要承載士大夫的價值觀，而這種價值觀的具體內涵是有分歧的，「文以載道」的士大夫並不一定都是政治上的革新派人士。

截止到這裡，范仲淹和呂夷簡他們所涉及的勢力，相對而言分化成了兩個派別，仲淹的支持者多是歐陽脩、富弼這樣的青年俊才，而作為政治上的保守勢力，呂夷簡一黨則更多老成的政治家。這場黨爭從一開始就力量懸殊，結果不言而喻，年輕人缺乏手腕，必然會被保守勢力打壓下去，但仲淹等人雖然失敗，卻贏得一個道德的制高點，特別是在年輕士子中，累積了很高的聲望，這將有助於他日後主持新政，作為掌握了輿論導向的一方，同時也是掌握了國家政局的未來人才的一方，仲淹一黨在日後取得長遠的勝利也是可以預料的。

其實對於呂夷簡，也應有一個客觀公允的評價。身為宰執，在行政成績上，夷簡是盡心盡責的，正所謂「自仁宗初立，太后臨朝十餘年，天下晏然，夷簡之力為多」[180]，即便是在仁宗親政後，夷簡也有過「上書陳八事」的舉措，他建議仁宗「正朝綱、塞邪徑、禁貨賄、辨佞壬、絕女謁、疏近習、罷力役、節冗費」[181]，這八點不論是針對仁宗個人還是針對國家政局，都可謂正中要害。

---

178 [宋] 李燾：《續資治通鑑長編》卷一百十七，2766 頁。
179 [元] 脫脫等：《宋史》卷二百九十四，9817 頁。
180 [元] 脫脫等：《宋史》卷三百一十一，10210 頁。
181 [元] 脫脫等：《宋史》卷三百一十一，10208 頁。

第二章　萬千氣象：仁宗朝初年的士人結盟與朋黨政治

　　呂夷簡的弄權和對范仲淹的阻攔，本質上講是出於在政治風貌的革新已經成為趨勢的時局下，盡力維護身為舊政治勢力的自身，及自身所處的政治集團的利益的行為。歐陽脩在慶曆三年（西元一〇四三年）的時候曾指責呂夷簡，說「以夷簡為陛下宰相，而致四夷外侵，百姓內困，賢愚失序，綱紀大隳，二十四年間壞了天下」[182]，這種評價實際上是有很大偏見的，它說明歐陽脩對於宋代政治文化的發展缺少精準的認知，這樣的斷語很有意氣用事的意味。

　　呂夷簡在歷史時空中的政治使命，就是與范仲淹、歐陽脩等新興士大夫社群完成政治文化上的交接，今人總結夷簡執政，說其經歷了「由直言敢為向因循保守的轉變過程」，又說夷簡為人「從政早期曾頗敢言直行、興利除弊，但其後卻轉為玩弄權術、排擠異己，以取寵固位，並以此而聞名於史」[183]。這其實很好解釋，在呂夷簡還沒有成為中樞宰執之前，他個人背後不存在鮮明的政治勢力的立場，然而當他成為宰相開始，他就要承接北宋前期政治文化的遺產——保守政治和消極士風，他玩弄權術、排除異己，更多時候是不自覺地去維持宋代初年承接的唐末、五代政治文化，這是呂夷簡身為一名保守士大夫的個人政治任務，或許他個人並沒有如此鮮明的意識，但時代把他擺在那個位置，他便不得不完成這樣的使命。

　　呂夷簡的保守執政不是沒有原因的，在北宋初期，整個國家的行政中樞都在恪守「祖宗之法」，趙匡胤當年對趙普就滿懷期待地說過：「朕與卿定禍亂以取天下，所創法度，子孫若能謹守，雖百世可也。」[184] 真宗朝，真宗自己就說：「先朝庶政，盡有成規，謹守奉行，不敢失墜。」[185] 到了仁宗朝初

---

182 [宋] 歐陽脩：〈論呂夷簡札子〉，《歐陽脩全集》卷一百，1542－1543 頁。

183 陳峰、張瑾：〈呂夷簡與北宋中葉的政風〉，載《西北大學學報（哲學社會科學版）》2001 年 01 期。

184 [宋] 李心傳：《建炎以來繫年要錄》卷六十一，1211 頁。

185 [宋] 李燾：《續資治通鑑長編》卷四十一，863 頁。

年，保守政治不斷發展，截止到仁宗親政前，也就是天聖、明道年間，宋朝完成了從恪守「祖宗故事」到遵行「祖宗之法」的遞進[186]，就在仁宗朝，「祖宗之法」受到尊崇並更加在現實政治生活中發揮作用[187]，也就是說，保守政治的風氣在慶曆新政前變得越來越濃郁[188]。呂夷簡必然深受這種政治氛圍的影響，也必然會成為維護這種氛圍的一員。在做到為臣子本分的基礎上，他自然而然考慮的是對舊的政治文化，和包括他個人在內的受益於這種文化的社群的利益。呂夷簡等人「為了維護這一階級的既得利益，在政治上有求有利於地主階級的政策一如既往，一成不變，因循所謂的前朝舊法，在政治上傾向於保守也就不足為怪了」[189]。

范仲淹日後對仁宗講：「臣所論蓋國事，於夷簡何憾？」[190] 可見他非常明白這其中的道理。政見和自身所在社群的利益決定立場，而立場則決定待人的態度，歐陽脩與胥偃的毅然對立也說明了這點。

因而即便呂夷簡是欣賞范仲淹的，這也並不代表他就該去提攜他，窮治新政治力量社群所建立的朋黨關係，將成為他在仁宗朝景祐年間的執政重

---

186 鄧小南：《祖宗之法：北宋前期政治述略》，340 頁。

187 鄧小南：《祖宗之法：北宋前期政治述略》，427 頁。

188 這裡有一個需要特別說明的問題，日後慶曆新政中，范仲淹等新黨也高舉恢復祖宗之法的旗幟，但這僅僅只是旗幟而已。鄧小南在《祖宗之法：北宋前期政治述略》中說道：「對於新政派而言，多層面的祖宗法具有多重的意義；不僅是新政派復振綱紀的楷模，也是他們主觀上保護自己的屏障。」（426 頁）范仲淹等人口中的「祖宗之法」不是保守政治的「祖宗之法」，保守政治的「祖宗之法」是今人對北宋前期政治特點的一個客觀總結，而他們借用「祖宗之法」的名號，只是作為增強輿論說服力的工具，他們的「祖宗之法」只是他們在當時從主觀上，想要按照符合他們政治主張的思想來詮釋的一個政治概念。以「事為之防，曲為之制」為核心的「祖宗之法」本身是排斥朋黨、警惕變革的，范仲淹的改革實際是「觸動了朝廷主導意識中已經趨於神聖化、僵滯化的祖宗之法」的。范仲淹的改革精神深深影響了王安石，王安石曾說「天變不足畏，祖宗不足法」，這也表露了北宋支持改革的士人的真實立場。

189 王志雙：〈呂夷簡與宋仁宗前期政治研究〉，河北大學中國古代史碩士學位論文，2000 年 4 月，導師漆俠、高聰明。

190 [宋] 徐自明：《宋宰輔編年錄》卷五，王瑞來校補，246 頁。

點，而范仲淹也將繼續展開對呂夷簡執政的批判。只是有一點能夠想到，身為都有著一定政治經驗的雙方，在執政方式和政治文化上的觀點分歧不會被直接言明，朋黨鬥爭最主要的形式，就是一種對人際關係網的互相指責與揭發——范仲淹上〈百官圖〉一事就很好地說明了這一點。

四、「四賢一不肖」

王夫之提出，景祐諸公朋黨，開宋代朋黨之先，此後宋代士大夫黨議、黨爭愈演愈烈，最終導致了北宋的滅亡[191]。且不論北宋之亡是否全該歸罪於文臣黨爭，景祐年間的黨議、黨爭，比之於慶曆之際，其規模仍稍顯不足。且景祐之際的士人朋黨，也沒有慶曆黨議中的士人朋黨那麼成熟。不過，王夫之的說法也提醒我們景祐時期的黨議、黨爭本身也有值得重視的價值，至於這場政治運動的意義在哪裡，還需要我們先對景祐時期的黨議、黨爭的來龍去脈做出整理。

在呂夷簡執政時期，夷簡委命和擢拔的官員多數都是自己的親信同黨。這自然是在朝堂上結黨建立權力關係網了。針對這件事，仲淹向仁宗上了一幅〈百官圖〉，指著那上面的圖畫對仁宗講：「這樣做就是按照次序升遷，這樣做就是不講順序。這樣做就很公正，這樣做就是謀私利。還有啊，周圍大臣，但凡涉及他們的進退，都不該完全讓宰相去處理。」呂夷簡聽完，很是不悅。

景祐三年（西元一〇三五年）五月的時候，范仲淹曾對仁宗進言，他提到遷都西洛的事，在仲淹看來，西洛衰落已久，有待營建，不宜立刻遷都。他日，把西洛改造得差不多了，在不太平的年月裡，才可以考慮去周圍有著險峻地勢的西洛，如今國家重在改善內政，急著改換都城，顯然是不分輕重。後來仁宗又向夷簡詢問遷都的事，夷簡只說了八個字：「仲淹迂闊，務

---

191 [清] 王夫之：《宋論》卷四，86 頁。

名無實。」[192] 范仲淹看重名聲是真的，他的伯樂王曾甚至曾因此把他和聲名狼藉的高若訥說成是一類人，王曾說「高若訥多是擇利，范希文亦未免近名」[193]，然而呂夷簡覺得范仲淹的做法完全是為了虛名，而毫無一點從實際出發為公著想的意思，顯然是誤解了他。為了回應夷簡，仲淹專門寫了四篇論述文，其中有一篇〈近名論〉特別講到自己的名節觀。結合天聖八年（西元一〇三〇年）仲淹寫給晏殊的〈上資政晏侍郎書〉，我們可以看到，范仲淹的重名節背後有著強烈的社會責任感在支撐，他不屑於缺乏責任感的道家思想，還從儒家典籍中找出不少士大夫重名、愛名的理論依據，將愛好名節視作對儒家主義的推廣[194]。

這裡筆者要多提兩句。范仲淹好名節以及後來在變法中對滕子京有包庇傾向等行為，向來被人們拿來用作指責其私德的把柄，范仲淹並非完人，其私德確實是有瑕疵的，但有不少也僅僅是瑕疵而已，譬如他在知饒州時喜歡一妓，這在當時來說實在是不值一提的小事，王衍當時對之就評論道「情之所鍾，正在我輩」，對范仲淹很是理解。後人喜歡拿這些小事攻擊范仲淹的私德，然後就想以此顛覆對范仲淹的正面評價，這顯然不合理。

除了為自己辯白，仲淹還不忘在仁宗面前指責夷簡，他援引漢成帝過分信賴張禹而導致王莽之亂的歷史典故，說：「恐今日朝廷亦有張禹壞陛下家法，以大為小，以易為難，以未成為已成，以急務為閒務者，不可不早辨也。」[195] 另外，他還舉薦大臣韓億有執政的才能，韓億與仲淹非親非故、沒有交情，仲淹此舉當是大公無私之措。

細看仲淹所語，「家法」二字尤為顯眼，「范仲淹所說『陛下家法』，

---

192 [宋] 李燾：《續資治通鑑長編》卷一百十八，2784 頁。
193 [宋] 佚名：《錦繡萬花谷》卷一一引《魏王別錄》，134 頁。
194 王瑞來：〈宋代士大夫主流精神論 —— 以范仲淹為中心的考察〉，載姜錫東、李華瑞主編《宋史研究論叢（第 6 輯）》。
195 [宋] 李燾：《續資治通鑑長編》卷一百十八，2784 頁。

第二章　萬千氣象：仁宗朝初年的士人結盟與朋黨政治

既包括維繫皇族『家事』、制約姻戚關係的法度，更直指處理『時政』的原則」[196]。不過，此處的「家法」並不涉及保守政治的一面，而更多強調祖宗之法的清正，以此來反襯呂夷簡弄權破壞朝綱。

　　呂夷簡對仲淹的上奏很是惱怒，去找仁宗辯解，同時范仲淹也上書說明情況，言辭急切。夷簡指責仲淹越職言事、與人結黨、離間君臣，最終令仲淹落職，外放饒州做官。至此，他走完了他在慶曆年前仕途上的「三起三落」。當時的侍御史韓瀆揣摩呂夷簡的意思，還上書要求在朝堂上張榜仲淹搞朋黨、越職言事的事。大家迫於夷簡的權勢，也害怕擔上與范仲淹朋黨的罪名，以致沒人敢去送別仲淹，只有天章閣待制李紘、集賢校理王質，特別是王質毫不畏懼——這個范仲淹未來的親家公，在別人問他為什麼不怕擔上和范仲淹朋黨的罪名時，慨然說道：「希文是賢者，我怎能忘了他？我要是能跟他朋黨，那真是賜給我的榮幸。」[197]另外，歐陽脩也在景祐三年五月戊子，於祥源之東園設宴，送別自己所敬重的仲淹[198]。

　　范仲淹被指「朋黨」本身是符合事實的，范仲淹之所以被貶，並不在於「朋黨」這個行為本身，而在於統治者對「朋黨」的態度。宋代的「祖宗之法」是保守的，這種保守本身是不能容忍激進派士大夫的朋黨行為的，因為這會打破國家政局平和的狀態。

　　另外，在呂夷簡整治范仲淹朋黨的過程中，宋仁宗始終沒有正面出場，看起來似乎是任由呂夷簡弄權，造成這種現象的原因，其實是關係到宋代相權的加強。

　　傳統觀點認為，宋代的相權是被削弱了的，呂思勉就曾說：「宋代的政

---

196 鄧小南：〈試論宋朝的「祖宗之法」：以北宋時期為中心〉，《朗潤學史叢稿》，12 頁。

197 [宋] 樓鑰：《范文正公年譜》，《范仲淹全集》，883 頁。

198 [宋] 歐陽脩：〈於役志〉，《宋代日記叢編（一）》，16 頁。

治，還有一種毛病，就是防弊太甚。……宰相的權柄太小。」[199] 除了有身為正宰相的同中書門下平章事，還有副宰相參知政事，掌兵權的樞密使，掌財權的三司使，行政、軍事、財政權力劃分開，各自的長官都直接歸皇帝領導。宋太祖透過這樣的辦法解決五代臣強君弱的問題。然而從制度的實際執行和效果上來看，宋代相權其實不僅沒有被削弱，而是被加強了。誠然趙匡胤想法很好，但客觀的政治事實卻與他的期待背道而馳，如果將「宰相」的定義看作同中書門下平章事、參知政事、樞密使等組成的一個政治團體、執政集團，那麼，「大量的宋代史料展現給我們的事實是：在不斷與皇權抗爭中，宋代的相權總的看，比以往任何一個朝代都要重。有宋三百年的政治舞臺，基本上是由這群掌握實權的宰輔導演的，而皇帝在多數情況下，不過是任人擺布的一個尊貴的偶像而已」[200]。呂夷簡的弄權就說明了這一點，他是當時宰執集團的核心人物，而宰執集團的政治影響力則在實際上決定著政局的走勢，日後范仲淹主政時期形成的政治集團也是如此，這種相權的加強是導致宋代士大夫政治產生的重要條件。

范仲淹被貶後，許多諫官都不敢對這件事發言，當時的祕書丞、集賢校理余靖卻是例外，他上書仁宗講道：「范仲淹以前談劉后、郭后等人的時候，他說的那些還算是陛下母子夫婦之間的事，您都因為他進言合典禮而褒獎了他。現如今他譏諷大臣，要是說得跟皇上您想的不同，可以不採納嘛，哪裡犯得著治他的罪。漢武帝的時候汲黯在廷，認為主父偃多詐；東吳的時候張昭論將，覺得魯肅粗疏。結果漢武帝、孫權對他們都很寬容，照樣不損德行。陛下您親政以來，連著三次貶逐進言的人，這恐怕不是太平仁政，還望陛下收回成命。」[201]

---

199 呂思勉：《白話本國史》，380 頁。

200 王瑞來：〈論宋代相權〉，《歷史研究》1985 年第 2 期。

201 [宋] 李燾：《續資治通鑑長編》卷一百十八，2785－2786 頁。

第二章　萬千氣象：仁宗朝初年的士人結盟與朋黨政治

　　然而仁宗最終沒有聽從余靖的勸諫。余靖是個猛漢，絕對有副熱心腸，為人正義，後人評價余靖對范仲淹的辯護，說他是「意氣所激，非為利也」[202]。這實在很符合他的性格。

　　余靖不僅說話直言不諱，而且還盛氣凌人，所以皇帝不怎麼喜歡他。他後來做諫官的時候，有一次勸皇帝不要修建開寶塔，在大殿上一個人說得滔滔不絕，當時正巧是夏天，皇帝聽完他的進言回到內廷，就感慨「被一汗臭漢熏殺，噴唾在吾面上」[203]。由此可窺余靖為人。

　　僅依這次余靖的發言來看，他無疑是將自己標榜成為范仲淹的同黨，因而被貶官也是自然而然的事 —— 他被貶為筠州酒稅。總覽余靖的進言，其價值在於他展現出一名儒家士大夫為天下事而奮不顧身的精神，他不畏權貴、剛正不阿的品格不僅令他揚名，也使仁宗在想要變法之時想到他，對他委以重任。

　　除了余靖，仲淹還有不少追隨者願意為他挺身而出，太子中允、館閣校勘尹洙上書仁宗，說自己和仲淹是平生風義兼師友，「在仲淹被貶後，好多人都說我是他推薦的，既然仲淹獲罪是因為朋黨，那我應該連坐。更何況余靖向來跟仲淹沒交情，都因為與他朋黨的罪名獲罪，那我更不能置身事外了。懇請陛下降罪，以明典憲」。呂夷簡聽完很生氣，便也把他貶官為崇信軍節度掌書記，監郢州酒稅[204]。

　　事實上，尹洙的政治生涯從始至終都與范仲淹的政改運動連繫在一起，景祐時期的黨議、黨爭只是一個開始，儘管尹洙一生仕途、家庭、壽考都不如意，但懷憂國事、洞察時弊的他總是知無不言，他不僅在政治上力主改

---

202 [宋] 韓琦：〈書余襄公集後〉，載影印本文淵閣《欽定四庫全書》集部《武溪集》卷二十，頁面三十五。

203 [宋] 孔平仲：《談苑》卷三，《全宋筆記》第二編第五冊，322 頁。

204 [宋] 李燾：《續資治通鑑長編》卷一百十八，2786 頁。

革，他對文學改革的主張也和仲淹、歐陽脩如出一轍[205]。

前參知政事蘇易簡之孫、光祿寺主簿蘇舜欽，此時還在丁父憂，仍上書言事，坦陳己見，「臣聞治平之君，使危亡禍亂之言不離於耳，則天下庶可久安也。……前見陛下以孔道輔、范仲淹剛直不撓，致位諫臺，後雖改他官，不忘獻納，此二臣者，非不知緘口數年，坐得卿輔，蓋不敢負陛下委任之意，虧臣子忠藎之節」[206]。蘇舜欽很年輕，在政治上十分激進，這與范仲淹不謀而合。在他一生的著述中，政論文章最多，這自然跟他以天下為己任、積極參政的士大夫責任感有關，「他的文學主張明顯地表現出對思想內容的重視，展現出一個有高度責任感的作家對道義的堅持、對現實社會和國計民生的關注」，而在文學上「舜欽拒絕華靡並非不要文采，只不過在主張文道結合之時，置道於文之先」[207]，這恰恰是慶曆文學的主旨。蘇舜欽推崇古文，在仁宗天聖年間以古文寫作與當時古文運動的領袖穆修相齊名，甚至在今人看來，他的文學造詣還在穆修之上[208]。其人寫文章時，抒發情感常常直接、強烈，是一個情感豐富而剛烈的士大夫[209]。

一向對現實政治的狀況有所不滿的梅堯臣也義憤填膺，仗義執言——此時身為建德知縣的他和范仲淹還未交惡。在〈猛虎行〉詩中，他諷刺呂夷簡「當途食人肉，所獲乃堂堂」，同時還寫下其他詩文表態支持仲淹的立場。梅堯臣是一個善良有正義感，同時十分現實主義的士大夫。從其文學主張來看，他在當時跟范仲淹、歐陽脩等人也是同道。梅堯臣是一個希望拯救時弊的士大夫，可惜他的意識中一直潛藏有一種對現實苟且妥協的傾向，這或許

205 洪本健：〈論尹洙〉，《井岡山師範學院學報（哲學社會科學）》2000 年第 3 期。

206 [宋] 蘇舜欽：〈乞納諫書〉，《蘇舜欽集》卷第十一，126 頁。

207 洪本健：〈慶曆士人的悲歌：論蘇舜欽的散文創作〉，程章燦編《中國古代文學文獻學國際學術研討會論文集》，282 頁。

208 祝尚書：《北宋古文運動發展史》，102 頁。

209 馬茂軍：〈慶曆黨議與蘇舜欽詩風的嬗變〉，《商丘師範學院學報》2006 年第 3 期。

第二章　萬千氣象：仁宗朝初年的士人結盟與朋黨政治

與他仕途不順有關。仲淹後來與他交惡，實際上只是由於梅堯臣個人對仲淹的誤會和心胸狹隘罷了。實際上造成范仲淹跟梅堯臣之間的矛盾，主要是因為兩人間誤會太多，這之中有范仲淹的過錯，范對梅堯臣的「黨性」有懷疑；而梅堯臣對范仲淹懷疑心太重，有些狹隘，終致兩人反目。「隨著歲月的推移，兩人社會地位的懸殊，梅堯臣對范仲淹期望值的破滅，產生了誤會、嫌隙，逐步升級為怨怒，發展到公開的人身攻擊和誣陷，無所不用其極，乃至仲淹謝世後仍耿耿於懷」[210]。

　　不過，范仲淹跟梅堯臣在一開始真的完全志同道合嗎？未必。仁宗景祐三年（西元一〇三九年），天章閣待制、權知開封府范仲淹因朋黨罪被貶饒州時，建德縣令梅堯臣致信范仲淹，並寫有〈靈烏賦〉一篇，在表達惋惜同情之意的同時，規勸仲淹明哲保身、少當刺頭，說靈烏「勿噪啼兮勿睥睨，往來城頭無爾累」[211]，讓仲淹不要說話太直，免得禍及自己[212]。仲淹亦回〈靈烏賦〉一篇，其中有云：「寧鳴而死，不默而生。」明確表達了自己不屈不撓、積極參政、致力理想的想法，此語堪稱北宋新儒家士大夫的人格絕唱。

　　仲淹在回賦中還說自己「不學太倉之鼠」[213]，范仲淹就要讓自己的一生成為不斷為實現「儒家的整體規畫」而努力奮鬥的一生。總之，絕不做太倉之鼠那種坐吃山空、只知享福的腐朽官僚，而要一輩子「找罪受」，「得君」不成還可以改良士風、還可以興學傳道，要一輩子堅持「鳴」下去。從這就能看出，仲淹有時反而是比梅堯臣更理想主義的人，梅、范二人殊途，或許很早就已經有所顯露。

　　歐陽脩對仲淹也有聲援，他寫信給當時的右司諫高若訥，怒斥他不為仲淹

210　方健：《北宋士人交遊錄》，285 − 292 頁。

211　［宋］梅堯臣：〈靈烏賦〉，《梅堯臣集編年校注》卷六，97 頁。

212　［宋］葉夢得：《石林燕語》卷九，《全宋筆記》第二編第十冊，133 頁。

213　［宋］范仲淹：〈靈烏賦〉，《范仲淹全集》，9 頁。

辯白，結果高若訥將這封〈與高司諫書〉轉呈仁宗，導致歐陽脩被貶為夷陵令。

范仲淹、余靖、尹洙、歐陽脩四人的因言被貶，極大地觸動了在朝士大夫，其中年輕的館閣校勘蔡襄對之尤為憤怒，他當時寫了一組〈四賢一不肖詩〉的創作，逐一寫下了四人被貶的事蹟並為之嗟嘆，同時還怒斥了高若訥。這組詩一經問世便洛陽紙貴，人們爭相傳抄，連契丹使者都買了一份回去[214]。其實，不論是梅堯臣寫詩還是蔡襄寫詩、蘇舜欽寫文章，他們都是用文學表達政治立場，以文學結盟的形式來表達政治結盟的意向，文學與政治的交融、互動是北宋歷史的一個重要特徵。

作為景祐之際黨議、黨爭的一個高潮式結局，〈四賢一不肖詩〉的創作透露出強烈的士大夫政治主體意識，整個景祐之際的黨議、黨爭透過這樣一個結尾，有力地將參與其中的、在政治上持激進態度的士大夫們團結在了一起，還讓范仲淹累積了不少士大夫的擁戴，儼然成為士林領袖。另外，這場政治運動在文學方面，集中爆發性地表現了這一時期士大夫文學作品中所滲透著的「以天下為己任」的思潮[215]。然而從另一個方面來講，結合范仲淹一派日後所作諸如〈論呂夷簡札子〉等部分詩文來看，作為政治鬥爭中失敗的一方，他們對於敵對派別的輿論攻擊，在一定程度上失去了理性和風度，所以呂思勉曾說：「宋朝的士大夫就多有『務為名高』、『好持苛論』的氣習。喜歡求名，就遇事都要起鬨，到後來就弄成一種群眾心理的樣子。好持苛論，便彼此不能兼容，就弄得互相嫉忌，不免要用不正當的『黨爭』、『報復』手段。所以喜歡結黨，喜歡排擠，喜歡標榜，喜歡攻擊，差不多是宋朝士大夫，人人同具的氣習。恭維自己的同黨，便說得比天還高；毀罵異黨的人，就說得連禽獸也不如。叫後世讀史的人疑惑，這時候，何以君子這樣

---

214 [宋] 王辟之：《澠水燕談錄》卷二，15 頁。
215 周劍之：〈「以天下為己任」詩風之開啟 —— 北宋景祐三年朋黨事件中的詩歌寫作及其詩歌史意義〉，《廣西社會科學》，2010 年第 11 期。

多，小人也這樣多，其實誰也算不得君子，誰也不定是小人，不過是風起已成，人人為群眾心理所左右。」[216]

　　黨議、黨爭運動固然表達著時代的不同聲音，然而每一個參與者自身的風貌德行，也會被印在其中。很多時候，臺諫官因為進言可以不承擔政治責任，而致使一些對現實問題的治理策略淪為政治鬥爭的附庸，比如北宋時期黃河的東北流之爭，治黃策略完全就成了與政治立場有關的事[217]，這也展現著士大夫政治的弊端。誠然范仲淹他們有一顆赤子之心，但當他們惱怒到只專注於打擊對手而忘卻自己的道義堅守時，他們和他們所批判的善於弄權、排除異己的呂夷簡是一樣的 —— 當然，作為有理想和價值觀追求的士大夫社群，范仲淹、歐陽脩等人的行為還遠未激烈到那種程度，但作為千秋鏡鑑，今天社會上的知識分子，卻很需要注意這一點。

五、西北軍政的壓力

　　其實景祐之際的黨議、黨爭還是有一點餘音的，在仲淹等人被貶後，宰相王曾因為看不慣呂夷簡的專橫，加之兩人政見有別，因而萌生嫌隙。在這場政治鬥爭中，中樞權力層裡，後來入侍經筵的宋綬支持呂夷簡，而仲淹的同年、參知政事蔡齊則敬重王曾。兩派人相持不下，最終在景祐四年（西元一○三七年）一齊被仁宗罷相[218]。王曾於次年，也就是寶元元年（西元一○三八年）十一月死於鄆州（今山東東平），死後諡號文正 —— 和日後范仲淹的諡號相同。

　　同樣是在這一年，范仲淹差點迎來一次仕途的轉機。事情的起因是在這年的十二月二日，開封發生了地震，古時以為「天人合一」，自然變化都映照

216 呂思勉：《白話本國史》，381 頁。
217 鄒逸麟：〈北宋黃河東北流之爭與朋黨政治〉，《徐規教授九十華誕紀念論文集》，480 − 498 頁。
218 [元] 脫脫等：《宋史》卷二百九十一，9735 頁。

著人世的問題，這說明人君治理不當。當時有個叫葉清臣的大臣就上書，講「范仲淹、余靖因言被貶，天下人有將近兩年不敢上書議論朝政了，希望陛下深究自責，好好延攬忠直敢言的士大夫，這一自然會有善應」。結果曾和仲淹交惡的大臣害怕他被重新起用，便向仁宗進讒言，仁宗一怒之下打算把仲淹派往嶺南，好在參知政事程琳出面維護仲淹，才令仲淹躲過一劫。

寶元元年的十月，仁宗又戒喻大臣不要嘮叨朋黨的事，這件事發生的背景，是朝廷中不少人在呂夷簡被罷時開始說仲淹的好話。當時的參知政事李若谷建言說：「這段時間風氣不好，有人喜歡拿朋黨的罪名汙蔑善良的人，但是君子小人各自有別，今天把所有人都當作朋黨來看，這會讓很多正直的大臣不知道該怎麼辦。」仁宗深以為然[219]。

當宋朝政府內的士大夫們正膠著於黨議、黨爭的泥潭而不亦樂乎的時候，十一世紀宋代的外交格局正在悄然發生變化，這種變化，來自於西北党項族的崛起。

天聖六年（西元一〇二八年），李德明讓兒子元昊帶兵西取甘州（今甘肅張掖），元昊一戰告捷，因功被封為太子，此後元昊又於明道元年（西元一〇三二年）九月帶兵攻下涼州（今甘肅武威），後來瓜州（今甘肅安西）、沙洲（今甘肅敦煌西南）也被併入党項政權的版圖，自此，党項人雄踞幾乎整個河西走廊，取代了吐蕃、回鶻之前對西北的統治地位。

明道元年十月，離登基稱帝只有一步之遙的李德明在五十一歲時去世，其子元昊即夏國王王位。元昊與其父不同，其志更像繼遷，一心想要帶領党項人脫離宋、遼的控制，建立獨立的王朝，因而他上臺後非常注重強化党項人自身的民族意識。

元昊首先廢除了唐、宋賜予党項拓跋氏的李姓、趙姓，改姓「嵬名」，這

---

219 〔宋〕李燾：《續資治通鑑長編》卷一百二十二，2881 － 2882 頁。

第二章　萬千氣象：仁宗朝初年的士人結盟與朋黨政治

算是表明了不臣服於漢人政權的態度。此後他又為自己起名為「曩霄」，並避父諱改「明道」為「顯道」，次年建元「開運」，沒多久又改為「廣運」。

除此以外，元昊還創制了党項的語言文字，即所謂「番語」，今天一般稱作「西夏文」，並讓大臣野利仁榮演繹[220]。番語是党項文化的重要部分，是番族（党項族）的民族語言，儘管西夏亡後党項人終衰退至被其他民族同化，但近代以來透過考古出土的大量文獻，我們依然可以了解到番語的具體情況。西夏番語體系健全，在書寫上，除了楷體，西夏有不少社會文書還是由草書寫成的[221]。如今能看到的相關文獻，有番語韻書《文海寶韻》、韻圖《五音切韻》、番漢語音義對照的《番漢合時掌中珠》、類書《聖立義海》以及字書《音同》等。上世紀末中國著名西夏學家、法國儒蓮獎（Prix Stanislas Julien）得主李範文先生曾撰有《夏漢字典》，可謂集西夏文研究之大成。

民族語言的建立進一步加深了党項人民族獨立的意識，成為元昊建國的基礎之一。在元昊即王位後的時間裡，他更禮樂，置朝儀，建官制，調和蕃、漢地（牧）主間的關係，以爭取他們所居住的漢地的漢人對他們的信任與支持——元昊需要掌握著先進生產技術和文化知識的漢人來幫助自己發展勢力[222]。與此同時，漢人們也在這片土地上需要依靠強有力的政府來保護自

---

220 關於西夏文的創制，共有四種說法。《宋史》卷四百八十五〈夏國傳上〉載：「元昊自制番書，命野利仁榮演繹之，成十二卷，字形體方正類八分，而畫頗重複」。《續資治通鑑長編》卷一百十九載「趙元昊自制番書十二卷」，曾鞏《隆平集》卷二十亦有類似記載。沈括《夢溪筆談》卷二十五〈雜誌二〉載：「元昊果叛。其徒遇乞先（野利仁榮）創造蕃書，獨居一樓上，累年方成，至是獻之。」《遼史》卷一百一十五〈西夏傳〉載：「德明……制番書十二卷，又制字若符篆。」據李範文先生考，《宋史》說法最為確切。西夏文《妙蓮法華經序》中記載西夏文創制於元昊時期，故《遼史》記載有誤，至於具體創制情況則當是元昊提出創制，由野利仁榮仿照漢字歷時三年（西元一〇三二至一〇三六年）完成。

221 2014 年 11 月 23 日，北京德寶國際拍賣公司拍出了一件西夏刻蝴蝶裝本西夏文文獻，其內容似涉及西夏文字頭、字旁之楷、草書對照及西夏語語音、西夏文構字法等方面的內容。筆者在該物未被拍出前已注意到這一珍貴文獻，後見史金波先生將其定名為《擇要常傳同名雜字》。該物保存狀況不好，現藏於童志新先生處，尚未影印公布，值得引起學界的注視。

222 吳天墀：《西夏史稿》，24 頁。

身的利益。於是，党項政權內出現了不少的漢人謀臣，尤以科舉落榜的華州（今陝西華縣）文人張元、吳昊為代表。元昊非常尊重漢人，不斷延攬漢人人才。在其政權機構中，漢人高官者很普遍，且漢人官員多於蕃人官員，漢人官員對西夏平息內亂、鞏固政權也造成了十分重要的作用，並且在党項政權的對外交往、教育和文化建設方面也有許多貢獻。

元昊歷經六年，終在西元一〇三八年（宋寶元元年）十月甲戌稱帝建國，國號大夏，年號天授禮法延祚，自號大夏始文英武興法建禮仁孝皇帝。

考察元昊稱帝建國一事，除卻客觀上西夏社會發展的推動以外，北宋方面內部的腐敗和邊防的衰頹也是導致其發生的重要客觀因素。北宋西北邊患的形成可以說是其自身強幹弱枝、崇文抑武加之朝政腐敗導致的結果，而且在元昊稱帝之後，北宋君臣還誤判形勢，嚴厲拒絕承認元昊的帝位，全然不顧元昊致仁宗信中的謙辭 ──「伏望皇帝陛下，睿哲成人，寬慈及物，許以西郊之地，冊為南面之君。敢竭愚庸，常敦歡好。魚來雁往，任傳鄰國之音，地久天長，永鎮邊方之患。至誠瀝懇，仰俟帝俞」[223]，以及宋夏在軍事實力上宋弱夏強的客觀現實。最終宋夏關係的惡化被加劇了。

在邊疆危機的情況下，宋朝開始在西北部署兵力。值得玩味的是，宋朝對夏作戰的前線負責人竟然都是文官，宋朝在澶淵之盟後已經有了幾十年和平時期，武將的素質普遍下降，而士大夫政治又使得平日裡習慣指點江山的文臣們信心爆棚，自認比武將高明，所以這樣局面的出現並非偶然[224]。

范仲淹也是被派往前線主持兵政的文官之一，他是經由陝西安撫使韓琦的舉薦而來到前線的。要知道，起用范仲淹是一件有很大政治風險的事，韓琦舉薦他，必然會承受不小的輿論壓力，因為大家都擔心仲淹搞朋黨。為

---

223 [元]脫脫等：《宋史》卷四百八十五，13996 頁。
224 陳峰：《武士的悲哀：北宋崇文抑武現象透析》，207 頁。

此，韓琦特地向仁宗保證，他的推薦完全是一心為公，如果涉及朋黨，願意被誅族[225]。

　　党項與宋對峙主要是在陝北一帶。慶曆議和前，宋朝一方在整個宋夏戰爭中一直沒能扭轉不利的戰局，總的來看，兩任主帥都業績庸常，這背後除了他們個人能力的問題外，政治文化與統屬制度是造成宋兵局勢不利的重要因素，一方面，過大的軍政權力令人不安，為了謀求自安，像第二任主帥夏竦那樣的保守派士大夫，是不願冒險去放手使用權力的；另一方面，宋軍在整個對夏作戰過程中，存在兵官統屬不明的現象，這很大程度上導致了宋軍在統屬上的混亂[226]。另外，在戰爭的實際操作中，宋朝還犯了兵力部署的錯誤，兵分四路分散兵力，「處處被動挨打，卻仍不願意集中兵力，統一指揮」[227]。實際上宋太宗端拱二年（西元九八九年）時右正言王禹偁就講過「兵勢患在不合，將臣患在無權」[228]，可惜宋朝統治者仍奉行將從中御，宋仁宗也還是在對夏作戰時劃分了四個戰區，這實際上是宋朝傳統的消極防禦策略導致的。且最終導致王安石於熙寧五年（西元一〇七二年）所說的「今陝西一路，即戶口可敵一夏國，以四夏之眾」，卻最終難以完全令西夏畏服的現象[229]的，也正是這種消極防禦策略。

　　關於宋夏戰爭的具體過程，由於其與慶曆新政和北宋的士大夫政治缺乏足夠重要的關聯，因而我們僅僅選取其中相對於本書的論題有價值的事件，以及整場戰爭對北宋政局走向的影響來概述。

　　在這場戰爭中，有一件事尤為值得注意。在慶曆二年（西元一〇四二年）的四月，當時已經是左司郎中、龍圖閣直學士並主持環慶路（治今甘肅

---

225 [宋] 朱熹：《三朝名臣言行錄》卷一之一，《朱子全書》第十二冊，341 頁。
226 趙冬梅：《文武之間：北宋武選官研究》，206 － 207 頁。
227 王曾瑜：《宋朝軍制初探（增訂本）》，530 頁。
228 徐規：《王禹偁事蹟著作編年》，82 頁。
229 [宋] 李燾：《續資治通鑑長編》卷二三二，5632 頁。

慶陽）軍務的范仲淹，和同時主持西北其他三個軍區 —— 秦鳳路、涇原路、鄜延路的負責人韓琦、王沿、龐籍被授予觀察使的職銜，從俸祿上講，等於是提高了他們的食俸，然而除了韓琦接受了秦州觀察使銜，其他三人卻都「力辭不受」。這或許就只是因為觀察使是一個武職，而他們原先本身是文官。朝廷這樣的做法，本身是想抬高武人的社會地位，畢竟國家現在面臨邊患，如果找不出肯賣力的武臣，政權的安全就得不到保障。讓前線四個主帥「以文換武」，能夠表現出朝廷對武士的重視。然而仲淹卻上書坦陳，自己做了觀察使後，自己手下的武將、節度留後王興、朱觀在官職上卻比自己高，這樣一來統屬關係沒辦法處理。王沿、龐籍也上書懇切，推辭仁宗授官，導致此事最終沒能達成。

從這件事我們可以看出，北宋的文臣們雖然並不見得鄙視武人 —— 不然後來朝廷諸臣就不會在宋夏戰爭中對英勇作戰的狄青鍾愛有加了 —— 然而，文臣們自身都以改換為武職為恥，北宋歷史上但凡稍有打破「文不換武」這條不成文規矩的士大夫，也常常沒有好結果。這一點充分展現了北宋士大夫政治中「重文輕武」的政策和風氣，這在很大程度上說明了宋代「尚武」精神的淪落[230]，也在一定程度上導致了北宋武人勢力的不興。

從現實層面出發，范仲淹等人不願意改換為觀察使銜，其中或許還有他們對於自身權利的考量，身為龍圖閣直學士，范仲淹可以議論朝政闕失，而觀察使則不能 —— 這將意味著范仲淹失去成為士林中輿論領袖的資格。值得玩味的是，學士的這一職能和諫官職能類似，其設立也在某種程度上削弱了諫官的作用，促成後來的臺、諫合流[231]。臺、諫合流後主要批判的對象就是宰執，而慶曆新政後來剛好是受到了御史們的猛烈抨擊。這也算是歷史跟范仲淹開的玩笑。

---

230 陳峰：〈從「文不換武」現象看北宋社會的崇文抑武風氣〉，《宋代軍政研究》，278－290 頁。

231 賈玉英：《宋代監察制度》，152 頁。

第二章 萬千氣象：仁宗朝初年的士人結盟與朋黨政治

　　不過，如果只斤斤計較現實層面的得失，范仲淹等人未免格局太小。深層去分析他們抗拒以文換武一事，這背後多少都有政治文化的影響。文臣拒絕出任武職，或許也有出於看到以文換武之弊端的緣故。歐陽脩就對仁宗擢拔文臣來補武職的做法提出過批評，認為這樣的「求將之法」培養不出真正有軍事謀略的將領，都是臨時抱佛腳，那些被選為武官的文臣，不過是「俗吏才幹之士」，其他選出的武人不過也只有「弓馬一夫之勇」，這樣培養、選拔不出真正能主持大戰、精通謀略的帥才 [232]。

　　文臣拒任武職，不僅可能因為覺得自己不夠專業、害怕耽誤國家，還應當是受到了整個士人階層自覺意識高漲的社會背景的影響，宋代的文官士大夫有強烈的文武有別的意識，黃宗羲後來曾概括道「唐宋以來，文武分為兩途」[233]。宋代文官的很多言行，在客觀上加深著意識領域文職和武職間的鴻溝，比如曾長期任職西北、主持邊務的尹洙，就曾慨嘆過「狀元登第，雖將兵數十萬，恢復幽薊，逐強虜於窮漠，凱歌勞還，獻捷太廟，其榮亦不可及也」[234]。

　　以往的解釋，就說北宋是一個輕視武官的時代，是這種鄙視導致了文、武的鴻溝。但是在筆者看來，這種「鄙視」的情感，或許有今人研究中想當然的成分在內。水洛城事件後朝廷裡的文官讓狄青身兼數職、獨當涇原，歐陽脩主張要選拔真正有用的帥才，這都說明他們本身並不排斥武人、排斥兵事。朝廷的求將若渴，甚至還造成了宋夏戰爭期間狄青因既為閤門使又為勾管，而開啟政治新風的現象 [235]。

　　士大夫潛意識裡的「崇文」，可能與他們本身自己是文臣、他們從小受

---

232 ［宋］歐陽脩：〈論軍中選將劄子〉，《歐陽脩全集》卷九十九，1520 頁。

233 ［明］黃宗羲：《明夷待訪錄》之〈兵制三〉，《黃宗羲全集》第一冊，34 頁。

234 ［宋］田況：《儒林公議》，《全宋筆記》第一編第五冊，88 頁。

235 趙雨樂：《唐宋變革期之軍政制度 —— 官僚機構與等級》，251 － 252 頁。

到的是儒家教育、士大夫主體意識的覺醒、官員有責任意識等方面有關，但這並不代表他們自然就對武將鄙視，相反蔡襄就指出過，祖、宗雖然推崇文治，但又都是「以兵威助治」[236]。故而這種因士人崇文則必在主觀上想抑武的想法不可取。另外，文、武間缺乏充分的互相了解，有時候文官對武官的批評，並非出自價值觀的問題，而是在對武官看到或者想到的部分認知片面。文彥博在熙寧年間跟王安石的辯論中就曾說「武臣與文臣不同，文臣不計官職，但知報國。武臣不免計較官職」[237]。誰都不能否認文彥博的話是出於對國事的考慮，但其中的偏見也顯而易見，這是見識的問題，不是觀念的問題。

我覺得，甚至可以大膽提出，宋代的「抑武」在一些時期和情境下，是一種國家意志和一部分士大夫的意志所導致的不自覺的行為，這種行為出現的頻率很高，但不能說很普遍，也不足以被用來當作宋代士人整體的觀念，畢竟在現實中，有不少個體士大夫有著對武人群體的同情和對「武」的重視。這樣的說法有待進一步論述，但如今一些學者斷然說宋朝是文武並重，似乎斷語下之過急，完全忽視、否定以往在論述宋代「抑武」時所舉出的例證是不可能的，所謂「崇文抑武」或者「佑文抑武」，它可能只是一個整體的、籠統的對宋代文武協調之不平衡現象的大致概括，在不同時期，它可能有著不同程度的表象。我以為宋史研究需要分階段、分角度，從思想史、政治史、制度史幾個方面來細緻考量宋代文、武關係。這就不是筆者當下三言兩語能說清的問題了。

在宋夏戰爭中，范仲淹和韓琦雖然是盟友，但在作戰態度上卻截然不同。毋庸置疑，兩人都是毫無軍事經驗的書生，然而他們各自的經歷和性格，卻決定了他們對戰局的不同認知——范仲淹經歷過宦海沉浮，性格老

236 [宋] 蔡襄：〈國論要目〉，《蔡襄集》卷二十二，375 頁。
237 [宋] 李燾：《續資治通鑑長編》卷二百十四，5194 頁。

第二章　萬千氣象：仁宗朝初年的士人結盟與朋黨政治

練沉穩；韓琦則是少年得志，心高氣傲不說，為人也比較激進。因而，具體到策略戰術方面，范仲淹主張以防禦為主的保守策略；而韓琦則一心希望能夠派兵出擊党項，建立戰功。直到好水川戰敗，劉平、葛懷敏、任福等大將被殺，石元孫被俘[238]，朝廷震驚，韓琦的主戰派才失去了在軍事決策上的話語權。

范仲淹據守延州（今陝西延安）時，西夏人對他的軍事才能敬重有加，說「小范老子」比「大范老子」（前任主帥范雍）更有本事。實際上總結范仲淹在宋夏戰爭中的表現，可以一窺他個人的政治人格。首先，他能夠積極投身於這場戰爭中、關心國家邊患，這自然而然展現著他的政治參與意識和責任感。同時，他保守的軍事方略雖然從效果上看沒有很突出的扭轉戰局的成績，然而從穩定局勢的角度看，這種策略是非常沉穩且頗具長遠眼光的。由此來看，范仲淹雖然是一個熱心政治的人，可他卻並不是一個一味好大喜功、想透過盲目莽撞的一些另類措施來為自己博取功名的人。

慶曆四年（西元一〇四四年），宋夏達成議和，這件事與夏遼關係的緊張有著密不可分的關係。實際上，儘管從西夏的對宋文書上，不能直接看出在宋夏戰爭之初遼朝有反對西夏做法的行為，但「這只不過是西夏虛張聲勢，挾遼制宋的策略而已，遼朝實際上並不見得會支持旨在向澶淵之盟所確立的南北朝體制發起挑戰的行為」[239]。局勢隨著慶曆二年（西元一〇四二年）宋朝在遼以索取關南之地並興兵伐宋為威脅的情況下，答應對遼增加歲貢而變得明朗，党項不再能挾遼制宋，而它自身的經濟狀況又不足以支持他進行曠日持久的戰爭，因而議和變成了自然而然的事。

王夫之點評這次宋夏議和，就曾說「歲輸五十萬於契丹，而頫首自名曰『納』；以友邦之禮禮元昊父子，而輸繒幣以乞苟安；仁宗弗念也。宰執大

---

238 [宋] 文瑩：《玉壺清話》，62 頁。

239 楊浣：《遼夏關係史》，101 頁。

臣、侍從臺諫、胥在廷在野，賓賓嘖嘖以爭辯一典之是非，置西北之狨焉若天建地設而不可犯；國既以是弱矣。抑幸無耶律德光、李繼遷鷙悍之力，而暫可以賂免」[240]。慶曆二年遼朝威脅宋朝的時候，宋朝人對對待遼人的態度有過反覆的爭論，最後還是呂夷簡舉薦了富弼陪同遼使，並摸清了遼朝的意圖[241]。王夫之覺得宋朝人主次不分，對西夏重視不夠，反而過度重視遼朝的施壓，幸虧當時不是遼太宗耶律德光的時期，不然中原又要被契丹攻占。由此也可以看出，在宋夏外交較量中，遼朝最終親宋的態度對後來的議和決定，造成了極大的影響。

　　不過，總覽宋史，澶淵之後，主和思想幾乎一直瀰漫在士大夫中，即便是主戰的士大夫，不少也抱著以戰促和想法。傳統說法，都認為這與文治政策和士大夫政治自身的特點有關。不過近年來也有人從儒家士人的思想觀念入手，指出「善待夷狄」是兩宋儒家學者長期持有的學術觀點，並影響了宋朝與周邊政權的關係[242]。

　　還需要提到的是，宋夏戰爭對仁宗時期的文學創作也有巨大影響，范仲淹在這一時期創作了〈漁家傲〉、〈蘇幕遮〉等有名的詞作，前者風格豪放、語言裡透露出戍邊之艱辛和心中之抱負，這種詞風對日後蘇軾等人的創作影響巨大；後者用語綺麗，抒發愁緒憂思。這種創作中貫穿著仲淹一貫的文學主張，那就是要言之有物，要能展現士大夫的見識、胸襟、思想、情懷，重在真情流露，而不是單純刻意雕琢用詞，所以繆鉞說：「范仲淹既能作壯詞，也能作綺語，既能豪放，也能婉約。他作詞時，都是抒寫真實的感受和情思，配合其內容，而產生相應的風格，純是自然流露，並未嘗有意要如何

---

240 [清]王夫之：《宋論》卷六，118 頁。

241 [元]脫脫等：《宋史》卷三百一十三，10250 頁。

242 辛更儒：〈略論北宋學者的夷狄觀〉，《開封與宋學——第二屆宋學國際學術研討會論文集》，417－426 頁。

第二章　萬千氣象：仁宗朝初年的士人結盟與朋黨政治

作。」[243] 誠哉斯言，仲淹這種真誠的態度，不僅表現在文學寫作上，更展現在他對世事和百姓，對他的個人理想與抱負的真誠上。國家邊患，激起的是士大夫以天下為己任的責任感，他們由之開始頻繁地議政論政，從了也掀起了宋代政論散文的興盛，這些文章流露著他們的憂患意識和拳拳熱情。正所謂文以載道，宋夏戰爭在某種程度上造成了匯聚文人目光的作用，文人以之為題材，潛移默化中形成了以反映現實為宗旨的文風，在文學作品中夾雜對邊事的見解和對革新的期望，從而扭轉了宋初文學之空洞虛浮，這種變化恰恰是古文運動所主張的。

宋夏關係趨於穩定之時，慶曆新政已經基本要結束了。從歷史發展的眼光來看，宋夏戰爭對慶曆新政的誕生造成了難以磨滅的推動作用。仁宗後來開天章閣向仲淹等革新派人士問策，首先就問了處理邊患的對策，足見這一問題對北宋政局產生的重大影響。西夏問題嚴重地激化了宋代固有的階級矛盾，有鑑於此，革新派的士大夫們普遍形成了「攘外必先安內」的意識[244]，這種來自於政權外部的因壓力而萌生的變革意識，成為加劇政權內部的革新需求的溫床，從而加速了一場政治改革的到來。在慶曆新政之前的宋夏戰爭中，范仲淹、韓琦、尹洙、滕宗諒都參與其間，整場戰爭客觀上也團結了這些本在思想和理想上就是同道的士大夫，為慶曆新政做了鋪墊。

以往的宋史研究中，把宋夏戰爭的影響常常落實在一些極為具體的問題上，缺少宏觀的認知。實際上，對於西夏而言，宋夏戰爭正是党項民族強化民族認同和民族凝聚的重大事件，党項族與廣義的「羌人」和「藏人」有極大淵源，實際上雜糅了許多其他民族，其民族的形成有很強的建構性，即格林菲爾德（Greenfield）、安德森（Anderson）等人建構主義的學說，更適用於後人對党項民族主義的研究。一般來說，民族的血緣認同建立，往往是透

---

243 繆鉞：〈論范仲淹詞〉，《繆鉞全集》第三卷，39 頁。
244 李華瑞：《宋夏關係史》，42 － 43 頁。

過內向途徑強化的，而文化認同建立往往是透過外向事件強化的，宋夏戰爭作為一個外向的事件，強化了党項民族共同體的本族意識。同理，對宋朝而言，宋夏戰爭對葛兆光先生所謂北宋時期「中國」意識的凸顯[245] 也有了推動的作用，強化了「中國」和西夏各自的文化中心主義。

另外，就慶曆新政而言，宋夏戰爭與之相關的便是宋夏戰爭的政治話語意義。李華瑞先生在其《宋夏關係史》中曾提到，宋人話語中表露出了他們對西夏對北宋邊境帶來的軍事壓力的深切感受，這種感受強化了北宋的以兵立國。這種解讀較為淺顯，李先生在其著作中，引用了數條宋人奏議中描述西北邊境軍事壓力的語句來證明其觀點，但實際上，如果結合這些奏議的前後文來看，會發現西夏帶來的軍事壓力，常常並非進言者論述的中心，而常是被作為進言者提出更宏觀的政治諫言時的素材。同理，在涉及慶曆新政的問題時，宋夏戰爭的如火如荼，正好為朝廷內主張改革的士大夫的政治建言提供了有力的說服素材。

因而，儘管慶曆新政的誕生有其深遠的政治文化背景，但將發生在仁宗朝寶元、康定、慶曆年間的宋夏戰爭，說成是壓倒北宋老舊政治文化及其政治格局的「最後一根稻草」，恐怕再貼切不過了。

一場關於宋朝內政的改革，已迫在眉睫。

---

245 葛兆光：《宅茲中國：重建有關「中國」的歷史論述》，41 － 65 頁。

第二章　萬千氣象：仁宗朝初年的士人結盟與朋黨政治

第三章

同道為朋：革新思潮下志同道合的人與慶曆新政

第三章　同道為朋：革新思潮下志同道合的人與慶曆新政

一、「患法之不變」

　　南宋思想家陳亮曾說：「方慶曆、嘉祐，世之名士常患法之不變也。及熙寧、元豐之際，則又以變法為患。」[246] 這句話描述的是北宋名士的一個思想轉向，指出仁宗的時候士人都主張變法，到了宋神宗時王安石變法，原來在慶曆時主張變法的韓琦、歐陽脩等人卻又站到了改革的對立面。這是令後世許多人困惑的現象，本書第四章第四節將對這一問題進行解釋，此處按下不表。

　　反過來先品味陳亮的前半句話所描述的現象。實際上，宋代士大夫中革新思潮的出現又何止從慶曆年間才開始，早在宋太宗太平興國七年（西元九八二年）的十二月，當時的相州知州田錫就對趙光義上書討論朝政得失，提出了變革的主張，他從國家財政的角度入手，對宋太宗講「久弊者，……備邊之費，禦寇之兵，二十餘年民不遑息。……筦榷貨財，網利太密。……然國家軍兵數廣，支用處多，課利不得不如此徵收，筦榷不得不如此比較。窮盡取財之路，莫甚於茲，疏通貨殖之源，未聞適變，似不知止，殊無定期」[247]，勸宋太宗「別布新條」，可惜最終沒有結果[248]。田錫是太宗、真宗朝一個勇於直諫的大臣，後來在真宗朝備受皇帝尊重，甚至被真宗用來跟漢武帝時的直臣汲黯相類比[249]。

　　真正強有力的呼籲變革的聲音，來自真宗時期的大臣、田錫的好友王禹偁。在至道三年（西元九九七年）五月十八日，他應詔向真宗上疏，談及國家弊政，鮮明指出了冗兵、冗吏和財政負擔的問題，歸納總結出祖宗之法所帶來的朝廷弊政。在〈應詔言事疏〉中，王禹偁講當時宋代的局面是「邊鄙未盡寧，人民未甚泰，求利不已，設官太多」。針對冗兵、冗吏、官員選

246　［宋］陳亮：〈銓選資格〉，《陳亮集》卷第十一，126 頁。
247　［宋］田錫：〈上太宗條奏事宜〉，《咸平集》第一卷，14 頁。
248　［宋］李燾：《續資治通鑑長編》卷二十三，530 頁。
249　［宋］佚名：《錦繡萬花谷》卷一一引《名臣傳》，135 頁。

拔過濫、僧尼增加財政負擔的問題，王禹偁給出了五條建議，分別是「謹邊防，通盟好，使輦運之民有所休息」、「減冗兵，並冗吏，使山澤之饒稍流於下」、「艱難選舉，使入官不濫」、「沙汰僧尼，使疲民無耗」、「親大臣，遠小人，使忠良耆鄂之士知進而不疑，奸儉傾巧之徒知退而有懼」，這五條建議，第一條是緩解邊患，好讓政府騰出手來與民休息；第二條看似在說冗兵冗吏，本質還是為了緩解財政壓力；第三條和第四條，一個要透過嚴格官員選拔制度來提升行政效率並緩解冗吏現象，一個要減少僧尼，兩項實際也都是為了解決這些現象為國家帶來的沉重的財政經濟負擔；第五條是針對統治者個人的，親賢臣遠小人，兼聽則明，追求儒家式的清明專制。最後，王禹偁督促真宗「治之唯新，救之在速」，問題不等人，國家需要改革，而且需要立刻改革[250]。

　　王禹偁的進言其建設性在於，四個問題、五條意見都可以被歸結在一個大的範疇中，即宋代的內政出現了問題，這種想法成為日後北宋士大夫主張改革時的一個基礎性認知。實際上，王禹偁在三十五歲的時候就向宋太宗提過政改建議，當時是端拱元年（西元九八八年），禹偁上〈三諫書序〉，透過向趙光義推薦劉寶〈崇讓論〉、韓愈〈論佛骨表〉、杜佑〈並省官吏疏〉來勸宋太宗改革，以治理社會的躁進之風、打壓宗教的過度繁榮、整頓吏治裁剪冗官。因而今人一般將〈三諫書序〉視作禹偁建言改革之始[251]。在改革問題上，王禹偁的態度較諸田錫更為堅決和明朗，這也使得他在宋代革新思想形成的歷史進程中，成為第一個令人矚目的角色。

　　然而，田錫、王禹偁進言之所以未對當時的政局產生重大影響，除了以防弊為核心的祖家之法本身是保守主義的以外，還有其意識本身的問題。王禹偁、田錫所描述的時局之弊的程度極為可疑。他們過於強烈的憂患意識和

250　徐規：《王禹偁事蹟著作編年》，162 － 168 頁。
251　徐規：《王禹偁事蹟著作編年》，80 頁。

第三章　同道為朋：革新思潮下志同道合的人與慶曆新政

改革願望，使他們在陳述己見時誇大了北宋初期的弊政。太祖、太宗皆是有
為之君，宋初國勢整體呈上升之態，或許在太宗看來，田、王的見解只是他
們沉浸在因過度焦慮而產生的自我幻想與杞人憂天之識罷了。「謹邊防」與
「減冗兵」本身在某種程度上的自相矛盾，也說明了王禹偁並無清晰的認知和
邏輯。士人極易為了鋪陳己見而誇大時弊，此乃宋代許多士大夫的通病。北
宋初期確在一定程度上有財政壓力，但具體到冗兵等問題，有時也只是士大
夫的一面之詞。

　　除此之外，宋代文治有一個重要特點，即政治文化與文學思想的發展有
著重要關聯，政治結盟往往都伴隨有文學結盟，政治立場的一致往往都隨有
文學立場的一致。田錫與范仲淹在文學觀上是志同道合的，田錫曾說「夫人
之有文，經緯大道，得其道則持政於教化，失其道則往返於靡漫。孟軻荀
卿，得大道者也，其文雅正，其理淵奧。……世稱韓退之、柳子厚萌一意、
措一詞，苟非美頌時政，則必激揚教義。故識者觀文於韓柳，則警心於邪
僻」[252]，他也是強調「文以載道」比文章的用詞華美更重要，推崇韓愈、柳
宗元的文章。考察王禹偁的文學主張，清代學者曾有過一番論述，浦起龍就
說：「宋初襲晚唐、五代之弊，仁宗天聖以來，晏殊、錢惟演、劉筠、楊億數
人亦思有以革之。第皆師乎義山，全乖古雅之風。迨王禹偁以邁世之豪，俯
就繩尺，以樂天為法。歐陽脩痛矯西崑，以退之為宗。」[253] 浦起龍在這裡講
到，宋代初年文學風尚沿襲晚唐、五代靡麗不實的風格，直到王禹偁這裡，
很明確地改變了片面的、只追求辭藻華麗的文風。王禹偁推崇白居易簡樸的
文學風格，特別是白居易的諷喻詩[254]。後來王禹偁還超越了白居易的平易詩

---

252 [宋] 田錫：〈貽陳季和書〉，《咸平集》卷二，32－33頁。

253 [清] 浦起龍：《釀蜜集》卷二，轉引自周義敢、周雷編《蘇舜欽資料彙編》，136頁。

254 陳植鍔〈試論王禹偁與宋初詩風〉一文中認為，王禹偁的詩歌寫作，跟西崑派是一樣的，都學白居
易，屬於「白體」。之所以風格不同，是因為西崑派學了白居易早期的唱和詩，詩風華美。而白居易
後來最主要的詩歌寫作，是詩風平實的諷喻詩。陳氏提出，王禹偁早年也有過唱和詩寫作的經歷，

風，轉而吸收杜甫詩歌的特色，集二人之長。他自己在一次偶合杜甫詩後就說，「本與樂天為後進，敢期子美是前身」[255]。兼學白、杜的王禹偁在文學創作上變得更深沉，所寫的詩歌也呈現散文化、議論化的特徵。

實際上王禹偁在文學上不僅反對只追求綺麗的文風，更強調文以載道、拯救「斯文」，他曾說「夫文，傳道而明心也。古聖人不自已而為之也。且人能一乎心至乎道，修身則無咎，事君則有立」[256]，指出文字、文學的價值在於令人明心修身，在於傳遞儒家的「道」，是一種追求致用的文學觀。

需要說明的是，王禹偁和北宋古文運動的先驅柳開一樣，主張文以載道，推崇韓愈。但是，身為北宋古文發展的拓荒者，柳開的「道統派」顯然是更為偏激的，「道統派」過分強調「道」，以至於甚至忽略了文章寫作本身的要求。而王禹偁的文學觀相對更為理性全面，沒有讓「文」徹底淪為「道」的服務工具，而主張「文道並重」。他還強調文章語句要曉暢通俗，用詞簡練，有著一定文學寫作上的追求。王禹偁在北宋古文運動中修正了柳開「文道合一」的激進文學觀，對宋初古文有著更深刻的影響[257]。特別是歐陽脩、范仲淹等人，都繼承了他這種「文道並重」的文學觀。

這種「句之易道，義之易曉，又輔之以學，助之以氣」[258]的文學主張影響了宋代的古文運動和文學寫作，正是從宋代開始，詩歌寫作出現了接受俗詞俚語、青睞俗世瑣事的轉向，開始「以俗為雅」[259]。後來王安石還曾說

但在仕途失意後，就轉而學習白居易的諷喻詩，並且進而學習杜甫的詩歌，這才形成了簡雅古淡的詩風，在文學改革中的詩歌改革領域，有了積極影響。參見〈試論王禹偁與宋初詩風〉，載《中國社會科學》1982 年 02 期。

255 [宋] 蔡寬夫：《蔡寬夫詩話》，載郭紹虞輯《宋詩話輯佚》，405 頁。

256 [宋] 王禹偁：〈答張扶書〉，《王黃州小畜集》卷十八頁面十一，載《宋集珍本叢刊》第一冊，652 頁。

257 祝尚書：《北宋古文運動發展史》，10 — 67 頁。

258 [宋] 王禹偁：〈答張扶書〉，《王黃州小畜集》卷十八頁面十二，載《宋集珍本叢刊》第一冊，652 頁。

259 莫礪鋒：〈宋詩三論〉，《廣西師範大學學報（哲學社會科學版）》，2005 年第 2 期。

第三章　同道為朋：革新思潮下志同道合的人與慶曆新政

「世間俗語言，已被樂天道盡」[260]，足見王禹偁的文學觀對宋代士大夫——特別是那些在政治立場上有著革新夙願的士大夫——產生了十分巨大的影響。

然而總的來說，不論是王禹偁還是田錫，由於他們主要活動的時代還是北宋初年，祖宗之法肇興，社會層面上一時還無法很好地意識到祖宗法制的弊端，因而即便疾呼如王禹偁者，他們的建言至多也只能引起統治者對國家政治進行一些微調——比如真宗就在咸平四年聽從過太常丞梅詢的建議而削減冗吏[261]，但大部分的建言最終也難逃石沉大海的命運。

但是，當北宋的歷史進程來到仁宗統治時期時，這種局面便有所改變。仁宗朝的時候，雖然國家弊政的嚴重程度依舊有著被主張革新的士人過分誇大的現象，但較之北宋前三朝，還是嚴重了不少，特別是在財政上，宋代一直實行輕徭重賦，政府的財政負擔一直是轉嫁給底層百姓來承受的，這就會造成一種底層的不安定，其實這種底層動亂的威脅在宋太宗時期就曾出現過一次。

當時宋代在平滅後蜀後對四川地區進行了強度極大的經濟壓榨，有頭子錢、皮牛錢等各種苛捐雜稅，甚至漢州知州趙尚還徵收有竹木稅，所以曾鞏說：「時收臣務利人之厚，常賦之外更為博買務，禁民私市布帛，而兼併者釋賤販貴，小民貧，失家田業。」[262] 不僅稅務繁重，政府還限制貿易，整個四川的經濟壓力極大，老百姓生活艱難。在這樣的背景下，淳化三年（西元九九二年）四川地區就爆發了王小波、李順起義，建立起了大蜀政權，雖然叛亂在五月分就被平定，但此後四川地區依然爆發過幾次叛亂。造成叛亂的直接原因，就是宋代內政弊患在傳遞到民間後轉變成百姓的生計壓力。

---

260 [宋]陳輔之：《陳輔之詩話》，載郭紹虞輯《宋詩話輯佚》，291頁。
261 [宋]李燾：《續資治通鑑長編》卷四十九，1063頁。
262 [宋]曾鞏：《隆平集》卷二十，628頁。

可惜的是，雖然事後趙光義下過罪己詔，但是從根本上講，宋朝並未因這次大叛亂而對執政方略有根本性的調整。仁宗朝時，宋代舊政治體制的弊端已經暴露了不少，革新的呼聲便也隨之變得更多、更有力。其中，包拯曾經有過一篇言辭非常激烈的文章，在〈論冗官財用等〉中，包拯講到宋朝官員四十年來在數量上增加了一倍之多，再加上每三年開科取士一次，每次錄取千人，此外還有數量龐大的恩蔭子弟，「是食祿者日增，力田者日耗，則國計民力安得不窘乏哉？」歸根結底，包拯關注的還是國家財政的問題，他最終提出「欲求去其弊，當治其源。治其源，在乎減冗雜而節用度」的主張，並給出了「艱難選舉」、「罷絕招募」、減少土木工程的營建、「節上下浮枉之費」的解決辦法[263]。實際上，王禹偁、包拯、范仲淹這些人找出的問題大同小異，解決辦法也異曲同工，過多的列舉並沒有意義，而且實際上包拯這篇文章寫於慶曆九年（西元一○四九年），這時范仲淹等人已經不再主持新政了，並不存在呼應新政的意圖。我們只需要知道，在仁宗朝這樣一個時期，通變救弊的思潮已經不同於北宋前期的狀態，而已經在士大夫社群中取得了較為廣泛的共識。只是，這種共識的堅定程度在不同士大夫那裡並不一致，畢竟當時宋代內政之弊尚未達峰值，因而有的士大夫支持新政，卻在日後受不了驟變、劇變。且歸根結底，這種「救斯文之薄」的想法終歸在當時只存在於憂患意識強、眼光長遠的士大夫那裡，祖宗之法的防弊精神，為更多的士大夫以及社會群眾塑造了一種易苟安的人格。救弊思潮不能說不存在，不能說其影響不大，但也不宜將其影響想像得太大，它仍舊大概只存在於菁英間。

范仲淹的革新也就是誕生在這樣一個背景之下，他的政改思想在天聖年間就已經開始形成，而具體到政改的實際操作層面，他也在景祐之際的黨議、黨爭中磨練出了團結同道、進行朋黨的經驗。這裡面要特別舉一個事

---

263 [宋] 包拯：〈論冗官財用等〉，楊國宜《包拯集校注》，140－142頁。

第三章　同道為朋：革新思潮下志同道合的人與慶曆新政

件來看范仲淹的革新思想和朋黨意識。在寶元元年（西元一○三八年）的時候，范仲淹出知潤州（今江蘇鎮江），唐朝時期著名的宰相李德裕曾經在這個地方當過官，並留下〈述夢詩〉四十韻，劉禹錫在歷陽的時候曾經對之有過和詩，范仲淹就從劉禹錫說起，寫下了一篇〈述夢詩序〉，重點闡述了他對唐代「二王八司馬」事件的看法。

「二王八司馬」說的是唐順宗時期以王伾、王叔文為首、韋執誼、韓泰、陳諫、柳宗元、劉禹錫、韓曄、凌准、程異為主要成員的一場政治變革，史稱永貞革新。這場改革的目的是為了打壓唐朝的宦官勢力，但是只持續了一百多天便夭折了。其實這場改革和慶曆新政有相似之處，王叔文、韋執誼與柳宗元、劉禹錫間各自政治地位的關係，跟范仲淹與歐陽脩、蘇舜欽各自政治地位的關係比較像，都是由有一定政治威望和較高政治地位的士大夫出來領導，而劉禹錫、柳宗元、蘇舜欽這些人在變革發生的時候都還很年輕、政治經驗不足，他們和革新的領導者是朋黨關係。范仲淹論永貞革新，全然對之持一副褒獎的態度，他說：「劉（禹錫）與柳宗元、呂溫數人坐王叔文黨，貶廢不用。覽數君子之述，而理意精密，涉道非淺。如叔文狂甚，義必不交。叔文以藝進東宮，人望素輕。然傳稱知書，好論理道，為太子所信。順宗即位，遂見用，引禹錫等決事禁中。及議罷中人兵權，牾俱文珍輩，又絕韋皋私請，欲斬劉辟，其意非忠乎？皋銜之。會順宗病篤，皋揣知太子意，請監國而誅叔文。憲宗納皋之謀而行內禪，故當朝左右謂之黨人者，豈復見雪！《唐書》蕪駁，因其成敗而書之，無所裁正。」[264] 范仲淹此時正因為朋黨而被貶官地方，他對王叔文一黨反主流的稱讚，實際上有他個人的主觀認知滲透其間，他褒獎永貞革新，其實是為自己的行為辯白和正名。由此也能看出，范仲淹個人是不避諱朋黨的，他是支持有益的君子之黨的。另

---

264 [宋] 范仲淹：〈述夢詩序〉，《范仲淹全集》182 頁。

外，因為「文以載道」的緣故，范仲淹在文章中表露的文學觀也需要關注，他說「至於柳、呂文章，皆非常之士，亦不幸之甚也」。由此可見，范仲淹也主張為文師法韓愈、柳宗元一脈。

誠然，從理論上講對永貞革新的翻案，為君子朋黨提供了有力支持，但實際上宋代真正最早系統闡述君子朋黨論的人，依然是王禹偁。宋代對朋黨的討論，實際本身要比朋黨之爭激烈得多，王禹偁就寫過〈朋黨論〉，專門論證「君子有黨」的合理性和歷史淵源。他說朋黨最早可以追溯到堯舜時期，「八元」、「八凱」就是君子之黨，而「四凶」就是小人之黨。堯那時候以德行治之，令兩黨皆存；舜的時候「彰善明惡，慮其亂教，故兩辯之」。他還說「君子直，小人諛。諛則順旨，直則逆耳。人君惡逆而好順，故小人道長，君子道肖也」，以此來勸諫人君站在君子之黨一邊。其實這篇〈朋黨論〉背後包含著王禹偁個人的一種憂患意識，這篇文章寫於他在仕途上春風得意之際，可為人秉直的他也有很多政敵，王禹偁之所以要慨嘆君子勢微，大抵也與他個人的境遇密不可分，這乃是他的春行秋令之嘆，他感受到了自己可能遇到的政治危機——而事實上在〈朋黨論〉寫後沒多久他就因為直言而被貶為商州團練副使[265]。

關於宋代朋黨的形成，除了從革新思想的發展這個角度入手外，我們還需要從一個較為宏觀的角度來討論宋代朋黨所造成的一種政治結構。朋黨的思想基礎，自然是對時局憂患的共識，具體到慶曆年間，則是「患法之不變」，每一個朋黨的參與者都有著同樣的政治認知、政治訴求、政治主張。這種思想上的共識，導致任何的朋黨都需要透過對政局的積極干預來實現本派閥的政治改革主張，這就需要他們服從於君主獨裁制[266]。而想要對君主獨

---

265 成長健、師君侯：〈從三篇〈朋黨論〉看北宋的黨爭〉，《中國文學研究》1993 年 02 期。

266 關於「君主獨裁制」還是「君主專制」，據王瑞來述，本質上講兩者並無區別，「只不過日本的君主獨裁制說主要限定在宋代和宋代以後，而中國的君主專制論則從帝政創立直到終結，縱觀兩千年」。

第三章　同道為朋：革新思潮下志同道合的人與慶曆新政

裁制下的政局產生影響，就不僅僅需要士大夫力量的團結，還需要一個強有力的政治人物來綜合調衡派閥成員的私人利益，並代表他們向皇帝表達忠誠和政見。這種局面在客觀上也鞏固了君主獨裁制，形成天子在上、宰執次之、皇權與相權相輔相成共同增強的政治結構。

另外，考察朋黨成員間的連繫，派閥系統對人際關係的強化也是至關重要的，「透過政治系統強化人際結合，從而實現了日常性網絡向朋黨性網絡世界展開」。北宋的士大夫朋黨，是透過個人為了實現科舉進階而「主動選擇了自己周圍的地緣、血緣、學緣、業緣等關係」的行為，來發展出一種政治人際相結合的可能性而最終形成的 [267]。

關於宋代朋黨，特別是君子之黨，有一點需要特別加以說明。范仲淹、王禹偁等是封建儒家士大夫，可孔子講「君子矜而不爭，群而不黨」，革新派士大夫鼓吹君子之黨，甚至為了朋黨而如王禹偁那樣以論帶史、對歷史加以過度解讀，可見在他們這裡的士大夫文化已不純粹拘泥於儒家禮教了，或者說，為了「儒家的整體規畫」，他們放棄了一些細枝末節的東西。君子之黨是以義而朋黨，義在利先，這是大部分儒家人物共同的主張。范仲淹、王禹偁提倡的君子之黨，本身是符合義在利先的原則的，這也是支持他們朋黨理論資源之一。不過更重要的，是他們的士大夫人格中有一種超越儒家價值觀的事物，即「以天下為己任」的責任心。在致力於「得君行道」、以入世經世為修養心性之先的情況下，有時對范仲淹等人而言，為達大義可不拘小節。儒家的終極理想是明確的，而具體的操作過程則是可以變通，可以透過對立的再詮釋而使之對自己的行為有利，有所支持。實際上，封建儒學史，本身

見王瑞來《宰相故事：士大夫政治下的權力場》，297 頁。實際上日本君主獨裁制的年代限定，我以為是與「宋代近世說」有關的，畢竟君主獨裁制說肇始於內藤湖南，這種獨裁制或可視作日本學界對近世之特點的一個基本性認知之一。

267 [日] 平田茂樹：〈宋代朋黨形成之契機〉，《宋代政治結構研究》，137 － 138 頁。

就是在大道既明的前提下，儒生們不斷地對儒道主義發揮、詮釋的歷史。因而，范仲淹等人支持君子之黨，並無傷大雅。原始的儒家不過是一個思想流派，革新派士大夫也只是專制政黨下的一個派閥[268]。

而范仲淹他們「先天下之憂而憂」，在意的是整個時代民生的走向，在意的是儒家終極追求的人間秩序。宋代的朋黨，本質都是出於參與政治的目的，都是為了改善民生、實現儒家或政治理想，是總體有益的、有利的。這成了宋代革新派朋黨的一個重要特點，也成為慶曆新政這場政治運動中，那些銳意進取、心懷百姓的士大夫們在人格上感人的一面。

二、天章閣對策

這已經是呂夷簡第三次出任宰相了。在景祐四年被罷相後，心機深重、貪戀權位的呂夷簡不斷推舉一些才能不如他的人入職中樞，其目的不言而喻。不論是王隨、陳堯佐的缺少謀議、難擔重任，還是張士遜的無能無為，目的無非都是想讓宋仁宗知道，朝廷裡沒了他呂夷簡，根本就運作不起來。

康定元年（西元一〇四〇年），北宋正困擾於西北的邊患，此時的仁宗自然想到起用夷簡。可惜第三次做宰相的他依然如故，為相三年來不僅毫無作為，而且，以避免被他人謗毀為智。在他執政的時期，別人的碌碌無為永遠是他用來反襯自身精明強幹的法寶。然而這到底不是長久之計，夷簡也是老政治家了，固然自己遵守明哲保身的為官之道，卻也不會不清楚國家危機之嚴重。

慶曆二年（西元一〇四二年）的十二月，六十四歲的呂夷簡終於支援不動了。他已經前後撐了這個國家很多年了，他固然很自私，卻也費了不少心血來穩固國家的局勢。如今他老了，上朝時病到根本扛不住。他已經沒有精

---

268 平田茂樹〈宋代朋黨形成之契機〉一文提出，宋代的朋黨，所謂君子之黨、小人之黨，是不足以被視作政黨的。與之相類似，王瑞來在論述宋代皇權與相權的關係時也曾說到「總的來說，皇帝與宰府大臣都屬於一個執政集團」。見《宰相故事：士大夫政治下的權力場》，74 頁。

力了，是個實實在在的老人。然而仁宗卻不得不用他 —— 至少仁宗自己以為是這樣。他拜夷簡為司空、平章軍國重事，雖然夷簡極力推辭，但仁宗還是執意要這麼做。

想當年，呂夷簡意氣風發的時候，但凡他上朝，出入進止、儀容規矩總是做得分毫不差。而到此時，已經被年齡挫磨得過於庸常的他，一天上朝竟然連禮儀也忘了，誤忘一拜而起。大家都指責他，說他失儀。當時有個從漢州來應舉的士子張紘，在聽說呂夷簡的事情就說：「呂公做宰相很久了，不是不詳審的人，如今在大朝會上失儀，是天奪之魄，殆將亡矣！」[269]

轉眼到了慶曆三年（西元一〇四三年）的一月，在這段時間裡，夷簡已經數次上書告病，請乞骸骨，打算卸任了。可惜仁宗似乎並不願意放手，他依然對呂夷簡信任不已，甚至還對他說：「我只恨不能把你的病轉移到我自己的身上來。」這種行為讓天下不少熱心國家命運和政治走向的士大夫寒心不已。

有鑑於此，當時的陝西轉運使孫沔就上書仁宗指明這些情況，並稱：「夷簡在中書二十年，三冠輔相，所言無不聽，所請無不行，有宋得君，一人而已，為之何以為陛下報？……是張禹不獨生於漢，李林甫復見於今也。在陛下察之而已。」此時的呂夷簡已經不是當年權柄在手、捨我其誰的呂夷簡了，聽到孫沔的上述，他竟然破天荒地講這是「藥石之言」，還覺得「但恨聞此遲十年爾」[270]。而且孫沔也沒有被罰，還在次年四月當了天章閣待制，並升任本路都轉運使，可見夷簡真的是無心朝政了。

同年三月戊子，呂夷簡罷相，並在兩年後去世。這個曾經不可一世，令不少士大夫們因之而對朝政噤若寒蟬的宰相，終於迎來了他政治生涯的終結。罷相後的他雖然仍為司徒、監修國史，享有軍國大事與中書、樞密院同

---

269 [宋] 李燾：《續資治通鑑長編》卷一百三十八，3329 頁。

270 [宋] 李燾：《續資治通鑑長編》卷一百三十九，3347 頁。

議的權力，但實際上他對北宋政治的影響已經很弱了，儘管罷相後的他因為還有參與軍國大事的權力，還享受過一段門庭若市的時光，但是四月分呂夷簡「請罷預軍國大事」被仁宗批准後，他便也就真的虎落平陽了。據說，在他卸任後，他推薦了富弼等人接替他的職位，但是也有史學家認為，這種行為恐怕並非呂夷簡的氣量能做出的[271]。

我倒覺得，黨政不過是政見之爭，政治才能卻是可以有目共睹的事，呂夷簡也是在士大夫政治這樣一個大環境下成長起來的老練政客，國家大事，他可能還是心中有數，至少他知道自己不行，說不定願意推薦有才華者，哪怕政見不同，總比無能人主政強。當然，這算是心理史學，僅可作推測之語。

蔡襄曾經對呂夷簡有過一番評述，在慶曆三年的四月，他上書仁宗，指責稱病辭相卻仍對中書、樞密兩府有干預權的呂夷簡「謀身忘公，養成天下今日之患。……出入中書，且二十年，不為陛下興利除害，苟且姑息，萬事隳壞如此。今以疾歸，尚貪權勢，不能力辭。或聞乞只令政府一兩人至家商議大事，足驗夷簡退而不止之心也」[272]。這番有失偏頗、用語刻薄的措辭完全出自蔡襄本人和呂夷簡立場不合的緣故，且蔡襄在奏疏中多指責夷簡打壓范仲淹等改革派人士，其為同黨憤然不平之意顯而易見。平心而論，對呂夷簡應持功大於過的評價，呂夷簡執政期間對於穩固政局、緩解邊患還是造成了不小的功效的，至於他打壓異見的專斷行為，一方面從政治文化的角度來看，實際上與北宋時期相權的加強有關；而另一方面，用歷史的眼光來審視，他的那些為人所批評的做法不過是封建文人的通病，且並未真的對朝政帶來顛覆性的不利局面。所以《宋史》評價他「其於天下事，屈伸舒捲，動有操術。……為世名相」，對於這位「北宋前期任相時間最長而又頗受最高統治者

271 ［宋］李燾：《續資治通鑑長編》卷一百四十，3358 － 3359 頁。

272 ［宋］李燾：《續資治通鑑長編》卷一百四十，3367 － 3368 頁。

第三章　同道為朋：革新思潮下志同道合的人與慶曆新政

寵遇的宰相」[273] 而言，這樣的評語並不為過。

從呂夷簡身上我們可以感受到一股濃烈的「仁宗朝的氣息」，這種氣息的表現，正如《宋史・仁宗本紀》贊所說：「在位四十二年之間，吏治若偷惰，而任事蔑殘刻之人；刑法似縱弛，而決獄多平允之士。國未嘗無弊幸，而不足以累治世之體；朝未嘗無小人，而不足以勝善類之氣。君臣上下惻怛之心，忠厚之政，有以培壅宋三百餘年之基。」事實上，人們常說仁宗朝是北宋的一個盛世，可但凡專制時代的盛世，多數都是有著一個個人能力很強的君主，而仁宗看起來則相對庸常一些，至少他不會運用鐵腕手段也不太懂帝皇權謀，事實上，正是這種皇權的庸常，讓仁宗朝的士大夫享受著一種寬容的政治環境。這實在是一種福分，正是這種環境，包容了不同個性、不同主張的士大夫，也為他們提供了「你方唱罷我登場」的政治平台和施展空間。所以日後在政治鬥爭中失敗的慶曆黨人都未領教過政敵的殘忍報復，至多不過是貶官而已。這樣一個皇權大體庸常、士風大體寬厚、政治大體寬容的時代，不僅成就了很多人，也培養了很多人 —— 比如司馬光和王安石。

呂夷簡的宰執經歷也是被這種寬容政治所庇護的一段生涯。對於他，最恰當的評價莫過於改革派的異見者、一個保守主義的士大夫。他雖然有利己的一面，可依然也有為公的胸懷，依然是士大夫政治中的君子 —— 這正是北宋士大夫形象的代表，他們會因私利而朋黨，可他們同時有著超越朋黨的更大的價值觀背景，這種群體意識使他們擁有共同的國家立場和政治理想。范仲淹和呂夷簡，在本質上，都是在為了儒家理想和宋朝國運而努力。只不過，這種群體意識在范仲淹提振士風後，才在宋代士大夫社群中表露得更為突出 ——「君子黨爭」背後，能看到的是士大夫們為實現「儒家的整體規畫」而做出的努力，「新舊黨爭」只是具體方法、具體判斷之爭，在政治理想

---

273 王志雙：〈呂夷簡與宋仁宗前期政治研究〉，河北大學中國古代史碩士學文論文，2000 年 4 月，導師漆俠、高聰明。

上並無根本的不同，在後來神宗朝的新政推行之初，所謂的新、舊黨人其實是共同認可了革新方案的，後來反對新法的程顥、蘇軾，一開始對新法都有認同，所謂「新法之行，諸公實共謀之」[274]，他們都想實現「儒家的整體規畫」，因而才支持以實現這一目標為形而上的宗旨的新法。這種士人共同實現理想的「大同」的意識，一直潛藏於唐中期以來的士人文化中，呂夷簡身上也潛伏著這種意識，只不過，這種意識真正的發揚是在范仲淹之後。

當呂夷簡走下來時，范仲淹就該走上去了。保守走了下去，革新便要走上來。當這位絕對皇權的守夜人失去對政治的影響力後，北宋銳意進取的新進士大夫們才真正獲得了他們一展宏圖的機遇。畢竟，接下來范仲淹的起復和任宰執，無疑可視作士權對皇權取得的相對勝利。

實際上，對於權力核心層的人事調動，從呂夷簡一罷相便轟轟烈烈地展開。當然，這之中有小波折。在慶曆三年的三月，「戶部侍郎、平章事、兼樞密使章得象加工部尚書、樞密使。刑部尚書、同平章事晏殊依前官平章事，兼樞密使。宣徽南院使、忠武節度使、判蔡州夏竦為戶部尚書，充樞密使。右諫議大夫、權御史中丞賈昌朝為參知政事。右正言、知制誥、史館修撰富弼為右諫議大夫、樞密副使」[275]。另外，同樣在三月，仁宗詔諭在西北前線作戰的范仲淹、韓琦、龐籍等人，告訴他們只要邊患稍有減輕，他們這些人就會在中央得到重用，仁宗已經詔書中書省對這件事做了備案。而且仁宗在詔諭中特別強調，擢拔他們是出自仁宗個人的想法，而不是因為大臣們的薦舉。這一強調的話語，一來表達了仁宗對范仲淹等人的信任，二來也表明了他個人不計前嫌、支持范仲淹政見的態度。至於這種態度和意志轉變的緣由，有可能不僅是因為國家邊患導致君主意識到鞏固內政的重要性，或許還與仁宗個人認知的改變有關，這種意識改變的發生，一方面是由於呂夷簡

---

274 [宋] 黎德靖編：《朱子語類》卷一百三十，3097 頁。
275 [宋] 李燾：《續資治通鑑長編》卷一百四十，3359 頁。

第三章　同道為朋：革新思潮下志同道合的人與慶曆新政

執政時期客觀存在的問題被充分暴露，另一方面，幾年來大臣們對仁宗的進言可能也造成不小作用。但總的來說，造成仁宗態度轉變的因素裡，現實層面的緣由可能更大些，而思想層面可能只涉及了舊有認知的動搖，要說徹底認同了革新派的政治思想，恐怕並不能夠。因為這不僅僅不符合先前他對呂夷簡敬重、信任的態度，也不符合後來很快廢棄新政的做法以及當夏竦等人後來重提朋黨之患時他對范仲淹等人的君子之黨所表露出的那種過度的疑慮與反感。

說到夏竦，此人原先也是北宋派往西北主持對夏作戰的主帥，但他在前線總是做事消極、得過且過、沒有成效，他的做派朝廷大臣們有目共睹，所以當他從蔡州被召到朝廷出任樞密使後，就有臺諫官依據風聞上書言事，其言：「夏竦在陝西的時候，怯懦苟且，不肯盡力。有次出去巡邊，置侍婢於中軍帳下，幾乎要導致兵變。元昊曾經在邊境張榜，要拿三千錢換夏竦的首級，連敵人都對他如此輕蔑。後來他果然主持軍務不利。當初呂夷簡都畏懼他的為人，不肯引為同列。如今陛下孜孜政事，首用懷詐不盡忠之臣，何以求治？」當時的侍御史沈邈還十分懇切地進言，說夏竦陰交內侍、外專機務，一旦讓他得手，就是「奸黨得計」，仁宗的權力恐怕就會不保。

當時朝廷裡面言官們反覆進言，而夏竦也著急趕往汴京。兩夥人相互競賽，言官們聽說夏竦已經快到了，進言措辭更是急切，想阻攔仁宗，不讓夏竦入朝。此時余靖已經重返中央，出任諫官，他就說：「之前夏竦累表引疾，現在一聽說皇帝召用他，立刻就兼驛而馳，奔往汴京。若不早決，夏竦一定會堅決要求進見，在仁宗面前敘恩感泣，又有左右為之解釋，則聖聽惑矣。」關鍵時刻，御史臺的長官御史中丞王拱辰也對仁宗上書極言，算下來前前後後言官們一共上疏十八次，仁宗才罷夏竦相位，讓身為忠武軍節度使的他回歸本鎮，以樞密副使、禮部侍郎杜衍為樞密使 [276]。夏竦的罷相為日後

---

276 [宋] 李燾：《續資治通鑑長編》卷一百四十，3364－3365 頁。

他對新政的攻擊埋下了伏筆。

為什麼朝堂勢力對夏竦的牴觸這麼強烈？一來，夏竦之前主軍政確實不利，至少因此讓不少士人覺得能力不行。慶曆年間西北戰事未定，內政弊端凸顯，非能者不足以平定局勢、通變救弊，夏竦顯然不能滿足士林的期待。二來，夏竦一向以保守派士大夫的形象示人，是一個在政治上比較消極苟且的士大夫，這種氣質和整個慶曆時代那種銳意革新的風貌不相稱。

除了夏竦的樞密使職被杜衍取而代之，慶曆三年的四月甲辰，仁宗也終於下令對韓琦和范仲淹這兩個在西北對夏作戰中立下不少功勞的大臣，讓他們同時赴京出任樞密副使。這固然是一種立場、態度的表達，但從實際效果來看，仁宗的做法也不能說考慮很周全。當時富弼就進言，認為西北邊患未平，同時召在西夏那邊頗有震懾力的韓、范二人回京，不利於控制西北戰局，畢竟當時西北都流傳著「軍中有一韓，西賊聞之心骨寒；軍中有一范，西賊聞之驚破膽」[277] 的歌謠，范、韓二人對宋朝穩定軍心、把控戰局發揮著至關重要的作用。所以富弼認為，應該在同授二人樞密副使職後只招一人入京，留另一人守邊[278]。後來的情況也確實如此，范仲淹、韓琦在回京後都仍十分關注西北戰局，范仲淹還幾次要求派他重返西北前線。

在士林領袖范仲淹和能臣韓琦入朝後，年輕的諫官蔡襄也升任祕書丞、知諫院。另外，景祐黨議中被貶的士大夫都重返朝廷，歐陽脩、余靖出任了諫官。韓琦在之前雖然沒太參與景祐之際的黨議、黨爭，但和革新士人一直有著緊密的關係，是革新派的同道。

比如韓琦就有過向仁宗極力推薦歐陽脩的事蹟。仁宗一開始不喜歡歐陽脩，韓琦就對仁宗講，歐陽脩就是北宋的韓愈，當年韓愈為士林所重，聲望極高，世人都期盼他任相，結果唐朝統治者沒用他。雖說韓愈任相不見得就

277 [宋] 朱熹：《五朝名臣言行錄》卷七之二，《朱子全書》第十二冊，213頁。
278 [宋] 李燾：《續資治通鑑長編》卷一百四十，3361頁。

第三章　同道為朋：革新思潮下志同道合的人與慶曆新政

有補於唐，但就因為統治者沒順應士林的呼聲，「談者至今以為謗」。歐陽脩跟韓愈一樣，陛下要是不用他，「恐後人如唐，謗必及國」，勸仁宗「何惜不一試之以曉天下後世也」，就給歐陽脩一個機會來驗證他的才能嘛！仁宗後來果然起用了歐陽脩[279]。

同年七月，在諫官余靖、蔡襄等人的薦舉下，適逢前參政王舉正被罷，范仲淹出任參知政事[280]。

至此，北宋慶曆三年中樞決策層的人事調整基本完成，這裡面以改革派官員為主，全然一副革新朝政的氣象。仔細分析這幾個人的政治背景和立場以及相互之間的人際關係，會從中發現范仲淹身為副宰相，最終卻成為慶曆新政的實際領袖的原因。

宰相晏殊確實是個愛賢之人，他自己當年就是被寇準讚許的神童[281]，他主政時很喜歡擢拔能士，當時天下有不少出色的士大夫諸如范仲淹、孔道輔，都出自他的門下，他還是富弼的岳丈。但晏殊同時也是個比較保守持重的人，雖然和范仲淹年紀相仿且往來甚密，但政見上並非完全相合。樞密使杜衍是館閣才子蘇舜欽的岳丈，這種親屬關係決定了他不會站在改革派的對立面，但身為一名老政治家，他並不欣賞歐陽脩等年輕諫官的輕薄、激進，杜衍對改革派多有維護，但算不上朋黨，而且參知政事賈昌朝還對他有不滿，因而杜衍也不能成為革新集團的中流砥柱。至於宰相章得象，他雖然不公開反對新政，但個人對新政很消極，正如《宋史》本傳所說，「仁宗銳意天下事，進用韓琦、范仲淹、富弼，使同得象經畫當世急務，得象無所建明，……居位自若」，更重要的是，章得象本人是在天禧五年（西元一〇二一

---

279 [宋] 陳師道：《後山叢談》卷五，66 頁。

280 [宋] 樓鑰：《范文正公年譜》，《范仲淹全集》，896 頁。

281 [宋] 文瑩：《續湘山野錄》，70 頁。

年）被呂夷簡舉薦才晉升為直史館的[282]，所以即便他對新政和改革本身沒有敵意，他也不會明確支持革新派，甚至在政治態度上可能與呂夷簡相近，他以後對慶曆新政的點評也將證明這一點。

因而，雖說在范仲淹之上還有幾位德高望重的士大夫，但范仲淹卻成為仁宗朝政改的實際主持者。由於宰相章得象和晏殊的為官圓滑和不作為，反而使得在仁宗時期，參知政事在一定程度上替代了宰相，造成了管理中書事務的職能。儘管「在人治社會裡，制度規定有時是相對的，它在一個大致的範圍內，約束著權力行使人的行為」。但在一些時期，「為政作風和性格的不同、才能的強弱、與皇帝關係的親疏及其受信任的程度，這些因素都影響著參知政事實際權力的行使和發揮」[283]。這種特定時期裡，參知政事職權的改變是晏殊等人在客觀上造就的，也是范仲淹的個人能力所爭取來的。仲淹雖然掛念西北軍務，但對主政，他也有捨我其誰的魄力。

需要補充的是，范仲淹在改革中所仰仗的輿論支持，主要還是來自館閣和臺諫群體中有新思想的青年官員。

他在主政後薦舉虞部員外郎杜杞、太常丞章岷、祕書丞尹源、祕書省張枋、殿中丞王益柔、殿中丞呂士昌、大理寺丞蘇舜欽、大理寺丞楚建中、環州軍事判官姚嗣宗、國子監直講孫復入館閣。在范仲淹看來，這些或「文詞雅遠」或「經術精通」，都是能夠幫助皇帝治理國家、提供理論意見的人。唐朝時有文館專門供養這些文人賢者，今天倘若設立祕閣，在皇帝聽朝臣意見以外，有時也來聽聽他們的意見，一下網羅這麼多士林賢者，「雖危必安」，他勸說仁宗，「正宜廣搜時彥，大修王度，以固其本之時也」。此時的范仲淹是五十四歲，正逢中年，而追隨他的官員多數不過四十歲，整個慶曆新政集團是由中青年官員組成的。這樣的組合有利有弊，年輕的面孔充滿朝氣和

---

282 [宋] 李燾：《續資治通鑑長編》卷九十七，2239 － 2240 頁。

283 田志光：《北宋宰輔政務決策與運作研究》，170 頁。

第三章　同道為朋：革新思潮下志同道合的人與慶曆新政

熱情，這與改革的氣質是天作之合；年輕的官員過於熱情而缺少穩重、言論對保守派的刺激性太強，顯露著他們缺少足夠的政治經驗，特別是歐陽脩、蘇舜欽等人。這為以後新政的失敗也埋下了伏筆。

在范仲淹推薦的人中，章岷、杜杞、張棁、楚建中、姚嗣宗是能吏；王益柔是出色的歷史學家，日後因被認作是《資治通鑑》問世後唯一通覽過的人而被司馬光讚譽；尹源、呂士昌也有所長。然而在推薦名單中最顯眼的，莫過於蘇舜欽和孫復二人，前者是思想激進的青年才俊，後者是仲淹當年扶助過、如今已是一代大儒、泰山學派開山的學問家。

關於蘇舜欽，雖然在此前他也有過幾次出場，然而那時他的表態僅僅是對在野的范仲淹提供了輿論支持，而當范仲淹主政後，這個人物的價值便得以彰顯，這些價值來自於他的家族。蘇舜欽是宋代前期名相蘇易簡的後人，蘇家和真宗朝賢相王旦的家族以及景祐年間參知政事韓億的家族聯姻，蘇舜欽還是杜衍的女婿，這種家族關係背後牽動著一系列政治力量，而王旦幼子王素是當時的諫官，韓億也曾經是范仲淹推舉過的人。由此我們看到，儘管人際關係並不能對人的政治立場造成決定性作用，但在某種程度上，蘇舜欽加入革新集團，將很可能為整個革新集團政治力量的壯大，造成非比尋常的推動作用，所以蘇舜欽才敢在新政時期對范仲淹上書批評仲淹主政時作為較少，說范仲淹「誠之少衰，不銳於當年」、「施設之事，未合群望」、「有高世之名，未見為高世之事」[284]。而到後來慶曆新政失敗，也與蘇舜欽的受難有關，遭人指責，便牽連到很多勢力，特別是關係到杜衍。所以蘇舜欽可謂范仲淹集團的蕭何，成也及他，敗也及他。

另外值得一提的是，蘇舜欽和尹洙一樣，也從學於北宋古文運動的先賢穆修，後來在天聖年間與穆修齊名，甚至青出於藍。蘇舜欽推崇古文，他比

---

284 [宋] 蘇舜欽：〈上范公參政書〉，《蘇舜欽集》卷第十，118 頁。

尹洙年小，但在從事古文寫作上甚至還先於尹洙[285]。但看其生活時代的文學生態，蘇舜欽並非生逢其時，他曾自謂「十年苦學文，出語背時向」[286]，可他仍在逆境中堅持古文寫作。後來歐陽脩就說，要不是蘇舜欽早逝，其人必將在古文運動中大有作為[287]。

關於慶曆新政，就像古今中外歷朝歷代的許多政治運動那樣，它也是有一份綱領性文章的。這篇文章的出現，來自慶曆三年九月仁宗開天章閣問策，這大約是慶曆三年五月時，歐陽脩讓仁宗召仲淹、韓琦「互述所見」的進言[288]發揮了作用，總之此時的仁宗已經堅定地認為，國家之弊在於「習俗固而不化」[289]，只有變革才能救弊。然而此時韓琦還在陝西前線，於是朝內改革派以范仲淹、富弼為首，他們被仁宗在天章閣詔對賜坐，范仲淹上奏了一篇由他執筆，代表他、韓琦、富弼三人一致意見的〈答手詔條陳十事〉[290]，這頓時令仁宗眼前一亮的——畢竟在此前仁宗多次求進言，但大臣們卻總是「遞互相推，並不建明一事以救天下之弊」[291]，這已讓仁宗苦惱多時。

三、慶曆新政的十條綱領

天章閣是用來收藏仁宗的父親宋真宗生前文書墨寶的地方，建成於真宗天禧五年（西元一〇二一年）三月。在此前，宋真宗幫宋太宗也建過一個龍圖閣，專門收藏趙光義生前所用的文書。實際上，這兩個閣在其政治上的象徵意義，遠大於他們收集文書資料的實際功能。宋真宗在天禧五年二月就專

---

285 [宋] 蘇舜欽：〈哭師魯〉，《蘇舜欽集》卷三，39 頁。

286 [宋] 蘇舜欽：〈及第與同年宴李丞相宅〉，《蘇舜欽集》卷一，3 頁。

287 [宋] 歐陽脩：〈蘇氏文集序〉，《歐陽脩全集》卷四十三，613 頁。

288 [宋] 李燾：《續資治通鑑長編》卷一百四十一，3382 頁。

289 [清] 徐松輯：《宋會要輯稿·帝系》九之三一，208 頁。

290 [宋] 李燾：《續資治通鑑長編》卷一百四十三，3431 頁。

291 [宋] 歐陽脩：〈論內出手詔六條札子〉，《歐陽脩全集》卷一百四，1584 頁。

第三章　同道為朋：革新思潮下志同道合的人與慶曆新政

門召輔臣「觀書龍圖閣」[292]，又在天章閣建成後以之為由擢拔宰執，足見其政治上的特殊意義。由此來看，仁宗開天章閣來問策於范仲淹等，所要表達的乃是一種莫大的決心與期待，他決意改革，也期待范仲淹他們能整治時弊。

實際上，封建專制時代統治階級政治改革，不論前臺的政治家表現得如何出彩，幕後的專制君主總少不了要發揮作用。朝廷要改革，往往少不了摻雜皇帝個人意志。宋仁宗在歷史上廣受稱讚，他之所以能夠成為專制君主中飽受後世讚譽的皇帝，關鍵在於他得士大夫之心。這種受士大夫擁護的狀態，與當時他個人的政治理念諧合於士林的革新訴求有關。即位以來，他也是經常納諫，更重要的是，在有些學者看來，宋仁宗有一種強烈的角色意識，帝王的身分令他加強了自我的道德約束，同時也讓他承擔了更多的責任心。他主觀上有著把自己打造成一個「仁君」、一個廣受士大夫擁戴的君王、一個和諧的士大夫政治的締造者的價值取向[293]。這種強烈的帝王角色意識，使他更願意勵精圖治、聽取士林的呼聲，可同時也使他更在意治世的穩定和統治的牢固——前者令他成就了慶曆新政，後者令他擔憂仲淹等人的朋黨。

由於有著仁宗的支持、士林改革的訴求以及仲淹個人的充分思考，〈答手詔條陳十事〉便應運而生。想要理解好這篇文章，便還需要對於范仲淹個人的政改思想和政治抱負，做一個簡單的回溯。

范仲淹當年求學南都之時，曾經寫下過一首詩給晏殊，描述自己安貧樂道、追求儒家式政治理想的抱負，他說：「白雲無賴帝鄉遙，漢苑誰人奏洞簫？多難未應歌風鳥，薄才猶可賦鷦鷯。飄思顏子心還樂，琴遇鍾期恨即銷。但使斯文天未喪，澗松何必怨山苗。」[294]

---

292 [宋] 李燾：《續資治通鑑長編》卷九十七，2241 頁。

293 李強：〈政治文化視野中的宋仁宗〉，《中華文史論壇》2008 年第 1 期。

294 [宋] 范仲淹：〈睢陽學舍書懷〉，《范仲淹全集》，6666 頁。

從這首詩中我們要讀出兩點：

第一，范仲淹並非一心貪戀世俗仕途，他也有一定的超然物外追求精神的想法。或者說，他就像他自比的顏回一樣，更願意堅守自己的氣節，「不戚戚於貧賤，不汲汲於富貴」。如果現實黑暗、仕途不順、不能「得君行道」，那麼他轉而就會追求自我人生價值的提升，潛藏著一種「轉向內在」的想法。甚至，哪怕是仕途光明，也不能放棄儒者清高的氣節，要「內聖外王」，這正是范仲淹振勵士風的表現。

范仲淹推崇顏子（回），其實也是受到了唐宋間經學更新運動的影響。朱維錚有一種說法，認為唐朝以後，由於此前西漢末年的王莽以「周公之道」的名義行篡權之事，因而「周孔之道」被唐太宗取消了在意識形態領域的支配地位，而在唐宋時期以「孔顏之道」代之，王安石變法時又在孟子升格運動的背景下，以「孔孟之道」代之[295]。結合宋代道學常提到所謂「孔顏之樂」，范仲淹個人「崇顏」的思想，很可能是不自覺地是受到了經學革新運動所帶來的一系列思潮變化的影響[296]。而他個人對顏子的推崇，不僅塑造和表現了他個人清高、重氣節的人格，對當時普遍低靡的士風、許多與他交往的後學，以及日後道學的發展也都產生了影響。

第二，我們要看到，最為范仲淹所牽掛的，是「斯文」之喪。此處的「斯文」二字，頗耐人尋味。當年范仲淹在寫於天聖三年的〈奏上時務書〉中自己就說過要「救斯文之薄」，並提出「文質相救」的辦法。范仲淹為何在談到自己的政治理想時頻繁提到「斯文」，這實際上與儒家思想有關。

---

295 朱維錚：〈帝制中國初期的儒術（三）〉，載 2014 年 11 月 2 日《東方早報》。

296 據程顥記述，周敦頤曾對他反覆教導要尋所謂的「孔顏樂處」，因而以往談及宋明理學，多認為理學家對「顏回之樂」的推崇是始於周敦頤。詳參陳來《宋明理學》，48－53 頁。然而，從范仲淹「飄思顏子心還樂」的詩句可以看出，「孔顏之樂」那種超脫富貴的人生境界在周敦頤之前就已經被范仲淹所提煉、認可、宣揚，並且影響了范仲淹的人生哲學和道德觀，這種不溺名利的觀念間接影響了後來的士風以及道學的內在精神。

第三章　同道為朋：革新思潮下志同道合的人與慶曆新政

　　《論語‧子罕》中記載孔子被困匡地（今河南長垣西南）時的一個故事：
「子畏於匡，曰：『文王既沒，文不在茲乎？天之將喪斯文也，後死者不得
與於斯文也；天之未喪斯文也，匡人其如予何？』」

　　在孔子看來，「斯文」是不隨著周文王的去世而消失的，「斯文」的含
義，則如金履祥《論語集注考證》所引何北山所說：「所謂文者，正指典章文
物之顯然可見者。蓋當周之末，文王、周公之禮樂悉已崩壞，紀綱文章亦皆
蕩然無有，夫子收入散亡，序《詩》、《書》，正禮樂，集群聖之大成，以昭
來世，又作《春秋》，立一王之法，是所謂得與斯文者也。」[297] 也就是說，
「斯文」說的是儒家思想中所強調的禮樂名教，是文王時代理想的儒家式政
治秩序。這種「斯文」是唐宋時期積極政治士大夫在國家出現問題時，希望
恢復的一種狀態。關於這一話題，包弼德《斯文：唐宋思想的轉型》有著相
當充分的論述，美國學者在「唐宋變革」這一問題上的關注點，主要就是在
士大夫文化這一方面[298]，而包氏可謂其中翹楚。他在描述唐宋士大夫對「斯
文」的認知和應用時說：「唐宋學者也看到，在政治陷入危機的時候，斯文會
喪失。為了挽救斯文，挽救時代，學者們總是能回到上古和自然秩序，以此
作為共同認可的規範的基礎。」

　　實際上，「斯文」和古文運動也是相輔相成，在論述宋代士大夫政治運
動的過程中，今人時常強調「文以載道」——這本就是出自北宋新儒學運動
中，士林的代表人物周敦頤「文，所以載道也」[299]一句——也就是在表述透
過古文運動來復興「斯文」的這種狀態，「兩宋的學者『與於斯文』，他們掌
握這些傳統，在實踐中加以運用，以自身的學術成就和文學寫作對之闡發入

---

297 程樹德：《論語集解》，579 頁。
298 可以參見羅禕楠〈模式及其變遷——史學史視野中的唐宋變革問題〉一文，載《中國文化研究》
　　2003 年 02 期。
299 [宋] 周敦頤：《通書‧文辭第二十八》，《周子通書》，39 頁。

微」[300]。「斯文」本身在一些時候也就有指代古文之意，古文和宋代新儒學共同的本質，都是對傳統儒道之理的重視。很多時候，作為儒道之理的「斯文」，就是以古文為媒介，而成為新儒家士人所推崇的價值觀。

如南宋人曾記載，歐陽脩在初次讀過韓愈的古文後，就感嘆說「苟得祿矣，當盡力與斯文，以償予素志」，此後歐陽脩「以文章獨步當世」，在一些方面「得韓子之體」[301]。他學習的是韓愈的古文，領悟、發揚的則是韓愈的儒學思想。

宋代士大夫對「斯文」的關注可謂是從始至終的，不僅僅是在北宋，南宋也有不少士人強調。宋初衡州錄事參軍朱昂在讀陶淵明〈閒情賦〉的時候，因心嚮往之而賦辭一首，其中有句便是「苟因時之明揚，乃斯文之不墜」[302]，強調只有任用賢能才能「不墜斯文」，足見其對「斯文」的重視；北宋道學家程頤在誇獎自己的哥哥程顥時就說「先生生於千四百年之後，得不傳之學於遺經，以興起斯文為己任」[303]，可見當時士林以匡扶「斯文」為榮；至於南宋時，史載大儒真德秀「獨慨然以斯文自任，講習而服行之。黨禁既開，而正學遂明於天下後世，多其力也」[304]，真德秀臨死都不忘勸諫南宋理宗息民講武，維護社會的和諧秩序；南宋理宗端平元年（西元一二三四年），大臣吳潛上書提了九條建議，第四條「正學術」其目的就是「還斯文之氣脈」[305]。凡此種種，不勝枚舉。

范仲淹關注「斯文」的意識反映了革新派士大夫的政治運動中，包含有

---

300 [美] 包弼德：《斯文：唐宋思想的轉型》，2頁。

301 [宋] 孫奕：《履齋示兒編》卷七，103頁。

302 [元] 脫脫等：《宋史》卷四百三十九，13006頁。

303 [元] 脫脫等：《宋史》卷四百二十七，12717頁。《二程集》所載程頤〈明道先生墓表〉與《宋史》所記有出入，但大意相同。《二程集》將「以興起斯文為己任」作「志將以斯道覺斯民」，640頁。

304 [元] 脫脫等：《宋史》卷四百三十七，12964頁。

305 [元] 脫脫等：《宋史》卷四百一十八，12517頁。

第三章　同道為朋：革新思潮下志同道合的人與慶曆新政

一種建立儒家式復古秩序的抱負，雖然革新派的政治實踐中，有個別超出了傳統封建儒家價值觀的行為，但從宏觀上考察他們「以天下為己任」的情懷，其立足點依然是儒家積極入世的思想。在西北主政時期，范仲淹曾經勉勵過一位年輕的後學，這位後學就是日後的道學大家、關學開山 —— 張載。當時張載想與人結伴去加入到西北收復失地的戰爭中去，結果范仲淹就對他說「儒者自有名教可樂，何事於兵」[306]。教導他士大夫要以恢復名教為理想，讓張載去讀《中庸》，不要太執迷、糾結於現實的軍事鬥爭，而要有思想、價值觀層面的追求。另外這個事例還能令我們看到一點，就是在范仲淹眼中恢復「斯文」要比穩定西北戰局更重要。這就是一種士大夫人格，他們積極政治的背後，真正想要做的是傳承和發揚一種儒家式的政治思想和理念價值，而非單純地維護一個專制政權。在范仲淹那裡，維護社稷是為了匡扶斯文，前者有時是後者的行為載體，所以從深層上講正是有了對斯文的追求，才令有社會責任感的士大夫們積極投身政治。

　　還有一個例子可以說明范仲淹匡扶「斯文」的志向。在〈上呂相公書〉中，范仲淹就曾自述，「仲淹草萊經生，服習古訓，所學者唯修身治民而已。一日登朝，輒不知忌諱，效賈生慟哭太息之說，為報國安危之計。而朝廷方屬太平，不喜生事，仲淹於搢紳中獨如妖言，情既齟齬，詞乃暌戾，至有忤天子大臣之威。賴至仁之朝，不下獄以死，而天下指之為狂士」。在范仲淹這裡，他「報國安危之計」的思想都來自他學習的「修身治民」之術，對之作廣泛的理解，也就是匡扶「斯文」之術。由此可見，在范仲淹的政治改革背後，深層的思想背景是為了建立儒家式政治秩序，至於這種秩序的建立，其過程的制定則需要依據北宋內政存在的實際問題。

　　讀〈答手詔條陳十事〉，裡面涉及的內容是詳盡細緻的，提出的問題和解

---

306 [元] 脫脫等：《宋史》卷四百二十七，12723 頁。

決方案也是此前數年間大夫們普遍關注的、指出的，這一方面說明這份綱領性的文件集中了整個士大夫社群的思想智慧，而從另一方面這也有可能說明著范仲淹個人在主政上可能存在著不得不迎合整個士大夫社群的問題，這種問題潛在地構成了范仲淹與士大夫們可能存在的一種矛盾，即范仲淹的個人主張與士林期盼間的矛盾。

按照蘇舜欽的說法，范仲淹能上臺，全拜天下士大夫所賜，「某伏觀自唐至於本朝，賢者在下位，天下想望傾屬，期至公相，聲名烜赫，未有如閣下者。自閣下作諫官，天下之人引領數日，望閣下入兩府，使天下被其賜。及閣下受譴，天下之人識與不識，皆嘆息怒罵，以謂宰相蔽君怙權，不容賢者在朝，將目衰弊，無復太平之期。當是時，無此言者，眾指以為愚，唯是險姦凶殘之人，嫉閣下聲名出人，甚於讎寇」[307]。范仲淹能夠出任宰執，自然有其個人能力、見識的緣故，但作為士大夫社群，以蘇舜欽為代表的一部分人的看法也不是范仲淹能左右的。因而當范仲淹和士大夫社群中的一些人發生衝突後，革新派內部也就會產生間隙了。范仲淹和與他交情匪淺的士大夫確實有意見相左的情況，比如范仲淹和晏殊在當時就都主張盡快與西夏議和，免得勞民傷財，「邊事不息，困耗生民」，長期的戰爭會「耗兆民」、「危天下」[308]，但當時韓琦和歐陽脩就極力主戰，特別是歐陽脩站出來跟范仲淹唱反調，實在少見，他可謂慶曆之際革新派士人中對范仲淹最為敬仰和推崇的人。

由此也就能看到，革新派內部存在出現間隙的可能性，後來蘇舜欽指責范仲淹，其實也就是這種間隙的一次展現。不過，這種間隙乃是君子和而不同，范仲淹、韓琦等都致力於拯救斯文、時弊，他們共享實現「儒家的整體規畫」的理想，這種分歧不是根本立場的分歧，只是在具體問題上意見的差

---

307 [宋] 蘇舜欽：〈上范公參政書〉，《蘇舜欽集》卷第十，117 頁。
308 [宋] 范仲淹：〈奏元昊求和所爭疆界乞更不問〉，《范仲淹全集》，597 − 598 頁。

第三章　同道為朋：革新思潮下志同道合的人與慶曆新政

異，這種差異其產生的出發點是一致的 —— 都是為了科舉士大夫社群更好地參與「共治天下」、更好地實現儒家式人間秩序。

不過新政之初的范仲淹，他所承受的士林期待足以激勵他個人去大展宏圖的，在〈答手詔條陳十事〉裡，他詳盡提出了針對北宋政治的十條改革措施 —— 明黜陟、抑僥倖、精貢舉、擇官長、均公田、厚農桑、修武備、覃恩信、重命令、減徭役。然而在范仲淹看來，這些做法都只不過是恢復祖宗之法罷了，所謂「欲清其流，必澄其源。臣敢約前代帝王之道，求今朝祖宗之烈，采其可行者條奏」。

但很顯然，范仲淹的改革並不是真的恢復祖宗之法，比方說他主張恢復府兵制，這根本就不是祖宗之法的內容。看到范仲淹打出的這面幌子，我們可以藉此清晰地了解到，「祖宗之法」的含義在宋代是並不明確的，是經常被隨意附會和曲解的。我們今人回望歷史，從客觀的角度歸結出「祖宗之法」是一種保守政治，而當時的宋朝人並沒有這種客觀歸納總結的意識，完全是主觀上的自我發揮。

「祖宗之法」在革新派士大夫那裡，不過是護身符和輿論武器，好比歐洲的文藝復興打著恢復希臘、羅馬文化的旗號來反對神學。范仲淹打著祖宗家法的旗號，實際是反對保守政治。其實不僅范仲淹如此，富弼也如此。富弼剛當上樞密副使的時候，就跟仁宗上書說「宋有天下九十餘年，太祖始革五代之弊，創立法度。太宗克紹前烈，紀綱益明，真宗承兩朝太平之基，謹守成憲。近年紀綱甚紊，隨事變更，兩府執守，便為成例。施於天下，咸以為非，而朝廷安然奉行，不思劃革。至使民力殫竭，國用之匱，吏員冗而率未得入，政道缺而將及於亂」[309]。他在這之中就強調祖宗之法是好的，近年來很多好的祖宗成法被改變，導致國家出現種種問題，需要重新變革。本質上

---

309 [宋] 李燾：《續資治通鑑長編》卷一百四十三，3455 – 3456 頁。

這些問題都是從祖、宗時期埋下的，真宗的時候搞天書事件、保守政治，更是造成了許多政治危機，但是富弼嘴上絕不歸罪於祖、宗，也不批評真宗，他以「祖宗之法」的聲威作為其說服皇帝、震懾大臣的有力武器，可見所謂「祖宗之法」，實際是一個很開放的概念。後來保守派士大夫攻擊新政也提到了祖宗成法云云，覺得新政變革祖宗之法太多，也是打著祖宗之法的旗號。這就是政治，嘴上說一套，實際想的和做的是另一套。

回到對慶曆新政綱領文集的解讀上來。總結范仲淹提出的十點，其實涉及了五個方面的內容：第一，官員的管理制度，這涉及「明黜陟」和「均公田」；第二，「抑僥倖」、「精貢舉」、「擇官長」涉及的是官員的選任制度；第三，經濟發展上，涉及「厚農桑」、「減徭役」；第四，在軍事上則是「修武備」；第五，在樹立政府形象、提高行政效率方面，范仲淹認為要「覃恩信」、「重命令」。

我們暫且放下一、二兩個部分留待下一節再述。先來看後三個部分。

范仲淹在經濟發展上提出要「厚農桑」、「減徭役」，農業是立國之本，徭役關係民生。這兩點於宋代的經濟發展都有著重要連繫。范仲淹所提倡的，是以農業繁榮來安定百姓和社會，其實是在鞏固一種小農經濟，用土地束縛百姓來換取穩定。范仲淹認為，要興農就要讓政府參與到農業生產中去，他建議每年秋天官員們到農村去聽取農民關於農桑發展的建言，在次年二月實行改良計畫，「或合開河渠，或築堤堰陂塘」。慶曆四年正月二十八，宋朝政府還下達詔敕，其中講到了當時「食者甚眾，而輸者已殫，勸之不勤，而取之仰足。使民盡耕猶不給，而半為遊惰之手；使歲常熟猶恐乏食，而多罹水旱之凶」的狀況，要求官員「興水利、闢田荒、課農桑、增戶口」[310]，這算是對范仲淹建言的有力實踐，不過實際上宋代自宋真宗景德

---

310 〈勸農詔〉，載《宋大詔令集》卷第一百八十二，661 頁。

第三章　同道為朋：革新思潮下志同道合的人與慶曆新政

三年（西元一〇〇六年）二月設立勸農使，便一直有勸農制度，也出現了不少勸農文，要說仁宗勸農，就一定是范仲淹的主張造成了影響，恐怕缺少最直接的證據。至於「減徭役」，宋朝本來就奉行輕徭重賦，而且還沒有兵役，減少徭役才利於農民集中精力投身生產，生產進步才能發展經濟、增加國家財政收入，這其實是相輔相成的。

需要特別提到的是，在軍事方面，范仲淹強調「修武備」，這一觀點的提出與北宋當時邊患重重的局面密不可分，富弼在〈上仁宗河北守禦十三策〉中曾經總結過澶淵之盟以後宋代的軍備狀況，所謂「當國大臣議和之後，武備皆廢，以邊臣用心者謂之引惹生事，……謂虜不敢背約，謂邊不必預防，謂世常安，謂兵永息，恬然自處，都不為憂」，朝廷上下都不重視軍備，不把潛在邊患當回事，消極苟安。范仲淹親自在西北戰場主持過作戰，對宋軍的實力和國家文恬武嬉的狀況應該有著充分的了解，他是能看到這些問題的。

關於宋代的軍事制度，范仲淹以為，現在這樣的募兵制並不好。實際上由於前文已經指出宋代輕徭重賦、沒有兵役在客觀上導致募兵制的發展，因而范仲淹提出改革軍事制度，其實是考慮到了募兵制造成太大財政負擔的問題，畢竟慶曆年間軍隊總數是一百二十五萬，達到了宋朝建國以來兵員總數的峰值[311]，而范仲淹在〈答手詔條陳十事〉中確實也說到了如今軍隊開支過大造成了巨大的經濟壓力。范仲淹認為，宋代應該放棄荒年募兵的做法，恢復唐朝的府兵制，他說從唐太宗貞觀年間到唐玄宗開元年間一百三十餘年，「戎臣兵伍，無一逆亂。至開元末，聽匪人之言，遂罷府兵。唐衰，兵伍皆市井之徒，無禮義之教，無忠信之心，驕蹇凶逆，至於喪亡」。又說宋朝開國，宋太祖將天下精銳之兵收攏到京師周圍，設置了禁軍、廂軍制度，行使募兵制，對士兵「衣糧賞賜豐足」已經八十多年了。如今西北邊患重重，「京

---

311 [元] 脫脫等：《宋史》卷一百八十七，4574 頁。

師衛兵多遠戍」，這些被派往邊疆的戍京衛隊如果被抽回，又會使得「外禦不嚴，戎狄進奔，便可直趨關輔」。如果在京師新招兵士，能招來的那些人不過是「聚幣井之輩」，很容易喧騰騷動，而且只要財政一緊張，這些人拿不到足夠的薪資，就會成為群盜。如今國家經濟蕭條，要是遇到連年饑荒，拿什麼來供養軍隊呢？「請約唐人法，先於畿內並近輔州府召募強壯之人，充京畿衛士。得五萬人以助正兵，足為強盛。使三時務農，大省給贍之費，一時教戰」。

「修武備」是〈答手詔條陳十事〉中唯一最終沒被付諸實施的建議，這不是沒有原因的。范仲淹認為宋朝應該加強軍備這本沒有錯，但是他推崇府兵制，實際上是大謬。慶曆四年韓琦和范仲淹面對西北邊境緊張的局勢，聯名上書要修京城、推行府兵制。結果余靖就激烈地上書反對。余靖指出，「無故而修京城，乃是捨天下之大，而為嬰城自守之計。四方聞之，豈不動搖？」事情還沒到那麼嚴重的地步，西夏還沒打進內地，就先忙著修京城，豈不是輸了士氣。至於行府兵制，余靖更是覺得不可行，他以河北諸路行府兵制造成「百萬農夫皆失其業」為例，提出如果推行府兵制，好處還沒撈著，而「先致其害也」。可謂從現實可操作性的角度論證了府兵制之不可推行。

至於更為深層的社會原因，則要考察唐時府兵制被廢的原因。實際上唐朝從貞觀到開元，並不是沒有發生過軍隊叛亂，更重要的是，開元時廢府兵也不是因為有「匪人之言」，而是由當時的歷史條件所決定的。

直到今天，我們還有學者認為中唐以來的募兵制導致了士兵社會地位下降，從而影響了官兵的戰鬥力。這種說法沒有考慮府兵制推行的經濟基礎。唐朝時期的府兵制承襲自北朝時期，但是在唐朝，府兵制出現了一種轉型，隨著大一統國家的出現和均田制的發展，自耕農廣泛存在，這使得府兵出現

第三章　同道為朋：革新思潮下志同道合的人與慶曆新政

了「由家兵部曲和軍將自籌給養，轉變到軍隊皇朝直轄和兵士自備資糧」的現象[312]。

然而到了武則天時期，租庸調制和均田制被破壞、江南商品經濟開始活躍、土地買賣普遍，封建經濟的發展最終衝擊了對底層民眾造成了極大經濟負擔的府兵制。府兵雖然得免部分賦役，但據岑仲勉考，府兵的實際獲利不足償失，這使府兵在實際上淪為賤役[313]。國家希望以小利換取民眾的大量勞動，而府兵在得不償失的現實境遇面前卻趨向自私，這種矛盾狀況所帶來的不可調和的社會矛盾，最終使得農民普遍反抗兵役。「府兵為封建國家統治農民的重要工具，農民反抗兵役，便促成府兵制的崩潰，導致募兵制的代興」[314]。

置言之，募兵制取代府兵制乃是一種歷史社會發展所導致的結果，是和整個時代的政治經濟狀況相適應的。范仲淹對軍事制度的認知存在片面性，由此也可以看出慶曆新政並非是一場足夠完美的改革，它也存在問題。

其實，古來文人常常病急亂投醫，但逢國難當頭，總想著讓全民皆兵。歷史上不止范仲淹有過這樣的主張，抗日戰爭的時候，史學家雷海宗寫過一本《中國的文化中國的兵》，雷氏在裡面講，秦代以後，不是全民都是兵役，從此無兵役者就會「對國家不負責任」，最後導致中國出現「無兵的文化」[315]。他覺得這樣不好，會導致中國被外強凌辱。這種思路，跟范仲淹如出一轍。這其實是文人瞎指揮，救國心切，以致忽略了全民皆兵的軍國主義色彩，那哪裡像健康的社會。

范仲淹針對仁宗個人，提出了「覃恩信」、「重命令」的建議，具體做法則是嚴格處置違背皇帝旨意和政府條文的官民，其目的可以看作是為了打造

---

312 谷霽光：《府兵制度考釋》，213 頁。
313 岑仲勉：《府兵制度研究》，71 頁。
314 谷霽光：《府兵制度考釋》，215－216 頁。
315 雷海宗：《中國的文化中國的兵》，102 頁。

一種強人政治、提高行政效率。這種強人政治是建立在皇帝專制獨裁制度的確立這一背景之上的，范仲淹出這種主意是由於其身為古代中國的儒家士大夫，身上不可避免地帶有一種封建士大夫的人格，擁護專制與皇權，給皇帝出所謂「御下之術」。因而並不足以資後世。

四、吏治改革與其他

在新政綱領的五個方面中，一、二兩個方面所涉及的五點內容都與吏治和財政有關，所以范仲淹改革的重心在整頓吏治、救治財政。當然，整頓吏治也是為了改良政治，結合其他五點，分別在軍事、文化上有所革新，慶曆新政的綜合性是顯而易見的。

所謂「抑僥倖」、「精貢舉」、「擇官長」、「明黜陟」、「均公田」，也就是官員選任和管理上的改革。

先說選官。

所謂「抑僥倖」，其實就是控制恩蔭任官。所謂恩蔭制度，也叫任子制度，或者奏補、門蔭。具體針對的對象，除了大臣皇親的子孫親屬，還包括他們的近侍、僕人等。等於是給權貴階層的一個特權，讓他們的親屬得以方便地步入仕途。需要說明的是，宋代對蔭補的官員設置有銓選法以量才任官，正因為有了這樣的考核，在實際中蔭補官能獲得較高等級的官職的並不多。不過，作為一條入仕捷徑，宋代依然有很多蔭補官，過度的恩蔭成為造成宋代冗官的重要因素。北宋真宗朝以來，奉行對外議和，對內營造太平盛世的景象，恩蔭大肆氾濫。

苗書梅對北宋恩蔭氾濫的現象歸納總結了三點：

一是恩蔭名目增多。當時有所謂聖節蔭補、郊祀蔭補、致仕蔭補、遺表蔭補、登極蔭補、冊後蔭補、宗室蔭補、歿於王事蔭補等諸多恩蔭名目，總

第三章　同道為朋：革新思潮下志同道合的人與慶曆新政

之但凡國家大事，比如有祭祀、新君登基、冊立皇后等等，就都要行恩蔭封官；

二是恩蔭範圍廣，有恩蔭資格的官員太多；

三是恩蔭數量多，甚至年平均人數遠超由科舉錄取的年平均人數。[316]

范仲淹對恩蔭氾濫這一現象的關注由來已久，在〈奏上時務書〉中就有過類似感慨。到了慶曆新政時期，范仲淹對過度恩蔭拿出了具體的革新辦法，主要是增加對收恩蔭對象的限制，並減少恩蔭的名目。具體而言，慶曆新政時期宋廷頒詔規定限制恩蔭官任職館閣，范仲淹當初提出的具體主張就是任子「不得陳乞館閣職事」[317]。另外，張方平於慶曆三年十一月起草了《任子詔》，其中規定了諸如「應奏蔭選人，年二十五以上」[318]、任子任官也要經吏部考核等具體要求。

「抑僥倖」中的一些具體措施在慶曆新政夭折後曾被廢除，但抑制恩蔭在後來始終是北宋士大夫關注的內容。其實深究其理，北宋的士大夫政治以科舉士大夫為主體，而恩蔭的氾濫恰恰對科舉士大夫在官員群體中的思想、輿論主導地位有了挑戰，他們的出仕比考科舉容易太多，它的不公平性對宋代較為穩定的選官秩序是一種衝擊。再者恩蔭氾濫造成冗官，這是任何一個北宋士大夫都會察覺的問題，冗官造成的財政負擔和行政運轉的低效實在太嚴重了，始終拖累著北宋。因而，「抑僥倖」在慶曆新政後依然是不可逆轉的政治革新趨勢，這是由客觀的政治需求所決定的。

不過，范仲淹「抑僥倖」對既得利益的官僚群體危害太大，因為恩蔭制度本身是科舉制政治文化取代門閥政治文化時，在政治利益分配上出現的妥協產物，為了清除門閥文化，同時保留士大夫對參政的積極性，因而才有了

---

316 上述內容參見苗書梅《宋代官員選任和管理制度》，54 － 66 頁。

317 [宋] 范仲淹：〈再進前所陳十事〉，《范仲淹全集》，239 頁。

318 [宋] 張方平：《任子詔》，載《宋大詔令集》卷一百六十一，612 頁。

恩蔭制度，其目的是為了有限度地讓科舉士人在發達後能使其家族有所恩蔭，提高士人參與科舉的積極性。因而「抑僥倖」會削弱士林對他的輿論支持，對菁英社群的得罪也為新政的夭折埋下伏筆。

關於「精貢舉」，具體可以分為興學和改良考試內容兩個部分。

慶曆興學，主要是范仲淹主持開展了大規模地方州縣立學的活動，他認為當時的教育水準不行，選拔的人才只會詩賦、墨義這種「小道」，應該讓地方上選出「通經有道之士」專職教授，重視策論，提高地方教育品質。同時，慶曆興學中，宋廷在中央修建太學，聘請鴻儒講學，推進了新儒家的發展。而科舉考試內容的改良，則主要是說：首先，科舉從過去的以考詩賦為主改為考策論；第二，由讓考生貼經墨義改為重點，考察考生能否「通經旨」。

以往提及慶曆新政中對科舉內容的改革，一般對會把它和新政的推行這一政治背景結合起來，認為朝廷推行新政需要有經世之才的實踐家，所以改考詩賦為考策論，想選拔一些對社會問題有深刻認知的士人；改墨義為考經旨，在重視理論的同時強調考生通經致用的能力。

這樣的說法自然是沒有問題的。就這種具體考試內容的改變而言，其本身確實針對的是在以往科舉選士得人不善的問題。這一背景在歐陽脩於慶曆四年給仁宗的札子中有所說明，歐陽脩對范仲淹的主張有附和，他也主張先考策論再考詩賦、「隨場去留」。不過，他在勸說仁宗的時候，先闡述了科舉內容需要改革的原因，即「先詩賦而後策論，使學者不根經術，不本道理，但能誦詩賦，節抄《六帖》、《初學記》之類者，便可剽盜偶儷，以應試格」[319]。考詩賦考墨義都太機械了，應考者不需要弄清經典的道理，只要會默寫經書、能誦詩賦就有機會通過。這種考試制度讓考生的學習太過應試

---

319 [宋] 歐陽脩：〈論更改貢舉事件札子〉，《歐陽脩全集》卷一百四，1590 頁。

第三章　同道為朋：革新思潮下志同道合的人與慶曆新政

化，朝廷不考察學生實際經世的能力，學生自己學的時候也就不培養，只會背書，沒用。另外，考生人數太多，詩賦、策論通同雜考，改卷考官應付不過來，勞心勞神，想不在判卷的時候出錯都難。所以不如隨場來決定去留。只有考策論和經旨、隨場去留，這樣一來才會使「學者不能濫選、考者不致疲勞」。

但是「精貢舉」僅僅針對的就是現實層面的問題嗎？就只是由於改革缺少人才，所以要選拔實踐型官員嗎？顯然不是。這裡面實際牽扯到慶曆之前宋代士風的問題。北宋前期政壇上流行「祖宗之法」，形成保守穩重的風氣。但是文壇繼承的是晚唐五代豔冶輕薄之風，導致士風浮躁。仁宗在明道二年時就曾慨嘆「近歲進士所試詩賦多浮華，而學古者或不可以自進」[320]。士風澆薄在初期會導致文人政治的表面繁盛，士人言論自由、各抒己見，但這種浮躁情緒也是潛在破壞士大夫政治的因素，因為長此以往文人意氣之爭會變得太多，最後所謂的因國事相爭，就變成了不同黨派間的人身攻擊，對實際問題半天拿不出主意，只會造成士大夫間太多不必要的內耗。這種士人的輕浮好言是范仲淹等實踐家不能容忍的，所以仲淹就不甚喜歡石介。當然，這更是專制皇權不能容忍的。

用今天的價值觀來看，批評這種文人的輕浮議政，似乎有站在專制者立場上的嫌疑，但實際上，一則這是在闡釋當時范仲淹、歐陽脩等人的看法，范仲淹身為封建儒家士大夫，為君王出謀劃策是刻在他骨子裡的意識；二則宋代畢竟還是專制時代，專制制度不變，士大夫有限的上進空間就會扭曲士人政治的發展趨勢，文人只能議政、參政，士權仍受到皇權的制約，在這種情況下，空談誤國幾成必然，這其實本非文人之錯，而是專制制度所導致的。

---

320 [宋] 李燾：《續資治通鑑長編》卷一百一十三，2639 頁。

仁宗在慶曆四年的三月批准了由王拱辰、宋祁、歐陽脩、王洙、張方平、曾公亮、劉湜等人關於詳定貢舉條制的上奏，具體內容有三：確立「立學合保薦送之法」，即地方興學；規定科舉考試「為先策論過落、簡詩賦考式、問諸科大義之法」，即重策論、輕詩賦、問經旨；罷除「州郡封彌、謄錄，進士、諸科帖經」，即地方選士不再需要蓋住試卷上的名字、謄抄考生試卷，並廢除諸科帖經[321]。需要特別解釋的是第三點，這樣的政策主要是害怕煩瑣，且新政規定了應舉士子互相結保，一定程度上也比避免了作弊。不考諸科帖經，其實是減去了不必要的考試科目，宋代諸科名目太多，有九經、五經、三禮、三史、三傳、學究、開元禮、明法等科，主要都是考帖經墨義，很機械式[322]。廢除這些考試內容，而讓試官、監官與長吏通考文藝，這樣考試內容更靈活，側重對考生能力的考察。

這裡面還有一點值得注意，在制定精貢舉具體內容的過程中，參與者裡即包含歐陽脩、王洙等一貫被視作改革派的士大夫，也包括御史臺的監察御史劉湜、御史中丞王拱辰等通常被視作保守派的人物，翰林學士宋祁後來在進奏院獄中參與彈劾蘇舜欽、王益柔等，一般也不被視作新政的支持者。從中可以看到兩點：其一，所謂的革新派和所謂的保守派也有志同道合的時候，因而保守派並不見得對新政就有所抵制，至少排斥情緒不那麼絕對，甚至可以說，保守派作為一個開放的群體，其本質只是一些士大夫在一些時期，由於展露出了承自宋初的保守政治文化而暫時形成的士人群。由於「祖宗之法」的因子散落在北宋政治的每個角落、每個人身上，所以，幾乎每個士大夫都有可能在一些時候成為所謂的保守派，也可能在一些時候又由保守轉為主張改革，絕對的革新派和絕對的保守派都是不存在的。其二，慶曆新政並非少數人主持的改革，由於其發源於士林通變救弊的共同意志，因而，即便

321 ［宋］李燾：《續資治通鑑長編》卷一百四十七，3563 頁。
322 張希清等：《宋朝典制》，187 頁。

第三章　同道為朋：革新思潮下志同道合的人與慶曆新政

是在一些問題的政見上和范仲淹不合者，也不妨礙他們參與新政政策的具體制定，慶曆新政不該被圈定作狹隘的少數士人的改革，它是一個時代性的政治活動，但也正是由於這種和而不同的包容性，為日後士大夫社群的內部分化埋下伏筆，旋即才有了慶曆黨議、黨爭。

據張希清考，「精貢舉」的措施在慶曆新政夭折後不久基本都接連廢除，但到王安石變法時又得到了恢復和發展。他由此得出，慶曆新政中的科舉改革代表了整個科舉制的發展方向，慶曆新政把學校和科舉結合，奠定了後來宋代學校選士和科舉選士的基礎[323]。作為一場有著長遠規畫和前瞻眼光的政治改革，慶曆新政的很多措施對歷史的影響都是深遠的，張先生所述誠有其理。不過，我以為其實還有一點可以補充，即考策論考經旨在一定程度上強化了宋代新儒家經學直抒己見的特點，利於士人間形成打破漢唐注疏舊說的意識。同時，慶曆新政中的科舉改革其局限性也是可見的，學校選士強化了思想控制，士人只有接受學校教育、被官方教育機制認可，才可能入仕，這對於君主專制下改革的推行而言，乃是一種恰當的約束，但從整個知識分子社群發展的角度來說，其造成的束縛也不容忽視。

至於「擇官長」，其提出的背景是范仲淹對當時官員隊伍品格的一個認知，仲淹身為恪守儒家規範的士大夫，對儒生官員要求很嚴格，所以他在當時就覺得全天下沒幾個合格的官員，「天下官吏，明賢者絕少，愚闇者至多，民訟不能辨，吏奸不能防」[324]。這是范仲淹對選官制度進行改革的原因。

「擇官長」的具體內容有兩點。第一是施行官員薦士舉官之法。舉官之法裡，不同等級的官員可以舉不同級別的職官，其中多提及舉朝官。比如御史中丞、正卿「歲得舉正郎以下朝官，不得過三人」，起居郎、少卿、舍人等則

---

323 張希清：〈范仲淹與慶曆科舉改革〉，載張其凡、李裕民主編《徐規教授九十華誕紀念論文集》，559 － 574 頁。

324 [宋] 范仲淹：〈奏災異後合行四事〉，《范仲淹全集》，582 頁。

「歲得舉員外郎以下朝官，不得過二人」[325]。所謂朝官，即常參朝班之官，唐代時的常參官叫京官，兩者差不多。

這實在是一項極其危險的政策。舉官之法難免被人指責為是想讓朋黨合法化，實際上新政夭折後就有大臣指出，舉官法「長奔競之路」，不足以培養社會的「敦厚風教」，並非很好的「旌別材良之術」[326]。儘管這樣的說法後來被歐陽脩駁斥下去，保舉法在後來宋代漫長的歷史中也得到了同情，後人很理解范仲淹只是為了招攬賢能，並非出於拉幫結派的目的。但無疑，這樣的主張讓新政的反對者有了攻擊的把柄，士人的互相引薦本身無可厚非，但對皇權政治而言，這是一種威脅。

第二是重按察，對州縣官員嚴格考察，但凡是年紀太大、身體不好、貪汙無能者，一概罷免。這裡面顯示出了一些儒法家的特色。史書有記載，范仲淹、富弼在中央進行吏治改革是「銳意天下事」，當時他們要調整各路監司，范仲淹在班簿上看見自己覺得無能的官員的名字就用大筆勾劃掉，富弼在旁邊很忐忑，勸諫仲淹「十二丈則是一筆，焉知一家哭矣！」結果仲淹回覆說「一家哭何如一路哭耶！」繼續照劃不誤，罷免了許多官員[327]。實際上，范仲淹在嚴行按察的過程中，或許還「誤傷」了一些出色的官員，這對當時政局影響很大，所以對「擇官長」的意義是不宜高估的。

今日有學者站在支持新政的立場上，對范仲淹的雷厲風行很是欣賞，認為新政推行就該大刀闊斧，觸動他人利益也是必然，不能避免[328]。這實在是一種典型的受專制思想薰陶出的思想，強調專斷、強調執行力。實際上正是范仲淹的專斷，讓新政失去了不少本不必失去的支持。范仲淹固然是士林代

325 [宋] 李燾：《續資治通鑑長編》卷一百四十八，3592 頁。

326 [宋] 李燾：《續資治通鑑長編》卷一百五十四，3750 頁。

327 [宋] 朱熹：《五朝名臣言行錄》卷第七之二，《朱子全書》第十二冊，216 頁。

328 陳植鍔：〈從黨爭這一側面看范仲淹改革的失敗〉，載《北京大學學報（哲學社會科學版）》，1986 年 04 期。

第三章　同道為朋：革新思潮下志同道合的人與慶曆新政

表，但並不能代表所有士人的利益，他的宰相地位本身也就意味著與皇權的合作姿態。李裕民先生就曾指出，在某種程度上，范仲淹激進甚至略有點專斷色彩的改革，破壞了皇帝與士大夫共治天下的平衡局面，因為宰相專斷客觀上就意味著相權的不合理膨脹[329]。

　　慶曆新政雖然立足長遠，但是在有些地方的操作上也很有浮躁之風，這種浮躁之風不僅表現在後來奏邸（進奏院）名士的誇誇其談，也表現在新政推行的急躁，對一些問題驟然變更，沒有溫和的改良。這或許正是當時變革思想的特點，身為為新政提供理論支持的新儒家思想家孫復，其代表作《春秋尊王發微》就曾被指「猶商鞅之法」，因為他對道統的維護太堅決，以至於對不合儒道者批判太過，「棄灰於道者有刑，步過六尺者有誅」[330]，這跟仲淹罷免他人官職的做派如出一轍。由此深思，范仲淹、歐陽脩等人晚年趨於保守，或許並非單純因為在政治清洗運動中銳意盡失，而是對先前改革中過於激進的態度做出了反思，轉向溫和改良。

　　近現代史學家錢穆雖然過分推崇傳統，其對專制歷史的溫情與敬意也並不合適，但或許是受到了傳統儒家中正溫和之氣質的影響，他對強人政治之危害卻有著極為深刻的認知，他曾說，「政治家過於自信，欲以一自己之意見，強天下以必從，而不知其流弊之深，為禍之烈也」[331]。范仲淹在慶曆新政中，尤其是在「擇官長」的過程中就犯了這樣的錯誤，在某種程度上為新政夭折埋了伏筆。不過，我們應該更多地看到，儒家人格所賦予范仲淹的溫和氣質與寬大胸懷是貫穿了仲淹一生的，一時的失誤並不足以顛覆對一個人立場的判定。范仲淹不是絕對意義上的儒法家，他比王安石更溫和，但同時，這並不意味范仲淹在任何時候都不會犯儒法家式的錯誤。

---

329 李裕民：〈范仲淹變法新論〉，《宋史考論》，16 頁。
330 [宋] 晁公武：《郡齋讀書志》卷第三，112 頁。
331 錢穆：《秦漢史》，《錢賓四先生全集》第 26 冊，21 頁。

　　不過，歷史上的范仲淹對是否要執法嚴厲是搖擺不定的，他重按察，看似嚴厲，易失士望。但針對發生在慶曆三年十一月的高郵知軍晁仲約，因不能禦寇而寬待群盜以求安寧一事，范仲淹卻力主寬恕，反倒是富弼想要嚴懲，當時富弼對仲淹講「方今患法不舉，而多方沮之，何以整眾？」，仲淹卻說「祖宗以來，未嘗輕殺臣下，此盛德之事，奈何欲輕壞之？且吾與公在此，同僚之間，同心者有幾？雖上意亦未知所定也。而輕導人主以誅戮臣下，他日手滑，雖吾輩，亦未敢自保也！」[332] 仲淹說的顯然更有道理，臣子不宜引尋人君行酷法。但他自己行政卻也有嚴苛之處，可見仲淹的思想本身有矛盾處，這未嘗沒有好處，若是一味欲行酷政，未免如王安石行新法般急躁，范仲淹後來曾反思自己在新政中的激進作風，或得益於這樣一種思想的矛盾，為他存留了反思的可能。

　　「抑僥倖」改革恩蔭選官制度，「精貢舉」改革科舉選官制度、創立學校選士，「擇官長」鼓勵推舉官員、嚴格任官標準。這三點，全是關乎官員的選任，是革新吏治的根基，不僅利於提升官僚階層的整體素質，實際上也是在調整士風。重策論讓士人務實、行按察讓士人注重個人品行、削恩蔭則維護社會的相對公平。

　　在官員管理上，「明黜陟」和「均職田」則一個涉及對官員的考核，一個涉及對官員的津貼。

　　講到「明黜陟」，不得不講到宋代京朝官的磨勘制度。磨勘就是對中下層京朝官審核資歷、稽考功過，即所謂以考績為依據來評價官員是否合格。宋代磨勘與考課常常混淆，然而在鄧小南看來，正是由於考課的程序化、公文化發展，才導致了磨勘制度的產生。也就是說，磨勘正是考課的變型，而磨勘法則是「考績與年資的結合、歲月對功效的凌駕」[333]。

---

332 [宋] 楊仲良：《皇宋通鑑長編紀事本末》卷第三十八，684 頁。
333 鄧小南：《宋代文官選任制度諸層面》，169 － 170 頁。

第三章　同道為朋：革新思潮下志同道合的人與慶曆新政

　　磨勘最早始於唐代，宋初無磨勘之名卻有磨勘之實。宋真宗時北宋正式有了磨勘法，磨勘與轉官掛鉤，並規定了文官三年一遷，武職五年一遷。這種磨勘法看似很規律，便於管理，但是造成了官員不論賢愚，只要累積年資，就能升遷的現象。這種制度適用於有著以黃老之術治國的北宋初年政治，宋太祖、宋太宗在追求吏治業績的同時，更追求官僚隊伍內部遷降秩序的安穩，這其實在客觀上是一種對官員隊伍中平庸者的優容，在宋朝成立之初，「穩定壓倒一切」，到了真宗時更是要以穩定安詳的氛圍來粉飾出太平景象，所以恪守祖宗之法，這才讓這種相對穩妥的黜陟之法長期留存。本來磨勘制度中還有引對這一環節，即三年期滿後要伏闕面聖，由皇帝親自決定官員接下來的升降。祖、宗時期皇帝引對還是比較認真的，但到了真宗時期，不僅引對已經成了走形式，官員引對基本有升無降。而且，自大中祥符九年（西園一○一六年）起，對於在外地的京朝官，朝廷允許不用引對，官員僅「伏驛上狀」即可在外直接轉官。這實際上正是磨勘法衰敗的展現，皇帝過於照顧官僚隊伍的情緒，而喪失了公正立場，磨勘法對官員進行考核的初衷形同虛設。

　　仁宗初期對磨勘制度有過維護，具體而言就是反覆強調官員要到闕引對，不再允許京朝官直接在外轉官。另外，仁宗時將磨勘法設計得更為周密，並著重強調一些具體概念，譬如對轉官是否及三年的判定，以前並不明確，導致有的官員在路上磨時間，任職時間都過了三年才來闕乞磨勘。天聖八年（西元一○三○年）之後，官員轉官是否及三年，不再用到闕時間計，而由任職期滿的時間計。

　　總覽慶曆新政之前的磨勘制度，雖然已經在一定程度上恢復了黜陟嚴明的狀態，但是根本問題沒有解決，即沒有改變以資歷為主要考核依據、輕視官員實際政績的考核辦法，僅僅只是抓住了在一些程序細節上存在的問題。實際上治標不治本。

慶曆新政時期的「明黜陟」是整個北宋唯一一次對磨勘制度有了正面的革新，由於磨勘制度在客觀上包庇了太多庸官，「不限內外，不問勞逸，賢不肖並進」，因而這其實對整個士林的參政積極性是一種挫傷，北宋前三朝多數士大夫身上因循守舊的氣質，不能說與此無關。范仲淹等人提出的主張，是在對官員考核的過程中以政績考核為主，不以資歷為重。將京朝官的磨勘年限和任職期限相關聯，只有「三年無私罪」，且由五名有清望的官員保舉才能磨勘，且在磨勘中要以考績為主要依據，循名責實。

需要注意的是，范仲淹並沒有徹底推翻真宗朝磨勘制度中以年資為考核依據的規定，他只是強調了考察政績的重要性，即便是這一點點突破，對宋代士風的發展也是極為重要的。因為一旦以政績考核為重，實際上就為許多有能力、有想法的士大夫提供上升空間，有銳氣的官員大多是中青年官員，以前他們受到磨勘制度的壓制，由於論資歷比不過守舊持重的老臣們，所以並不積極仕途。但一旦以政績考核為重，士大夫參政議政、經營地方的積極性便全被調動起來，這對士風提振和政風改良影響非凡。

關於范仲淹為有才能的士大夫開拓上升空間的舉措，不僅展現在磨勘中以政績考核為重這一項，在當時，范仲淹還設置了對權貴子弟的嚴格考核，目的是透過嚴格考核，讓才能平庸卻占據高位的權貴子弟讓位給真正的才能之士，所謂「權勢子弟肯就外任，各知艱難；亦有俊明之人，因此樹立，可以進用」[334]。另外，高級京朝官的升秩，也由原來的四年一遷改為聽候皇帝任命，所謂「祖宗之權，復振於陛下之手也」[335]，這加強了皇帝在官員考核過程中的參與度，客觀上控制了磨勘制度自身那種因循包庇的特性對吏治的負面的影響。但皇帝個人的專斷也會帶來諸多負面影響，臣子易因之而皆成為迎合皇帝意志之徒。

---

334 ［宋］李燾：《續資治通鑑長編》卷一百四十三，3432 頁。
335 ［宋］李燾：《續資治通鑑長編》卷一百四十三，3433 頁。

第三章　同道為朋：革新思潮下志同道合的人與慶曆新政

　　其實，磨勘中是重資歷還是重政績，涉及祖宗之法在設置之初所存在的一個內在矛盾。鄧小南曾指出，祖宗之法的本質是一種防微杜漸精神的應用，為了實現「事為之防，曲為之制」，宋朝制訂了「召和氣」和「立綱紀」的方略[336]，但是這兩者本身是有一定矛盾的，兩者間存在一種張力 —— 當綱紀觸及的既得利益者太多，自然就不能不「召和氣」；而過於重「和氣」，對於「立綱紀」則又不方便。與之相近，李強指出宋代士人政治中存在「情」與「法」的衝突，認為宋代政治是情法張力下的文人政治[337]。

　　實際上，宋初磨勘重資歷，就是以「情」為主，以「召和氣」為目標。「召和氣」本身是導致宋代優待士人的重要因素，但是由之宋初對之的過度重視，導致了官員升遷的秩序中出現了不夠公平、不夠和諧的局面，這就促成了一種扭轉這種不和諧局面的需求。而慶曆新政中由於要掀起新的士風、改良政治，因而正好為這種需求的實現提供了條件。范仲淹等人扭轉了磨勘法中對「和氣」的過度側重，新政中的磨勘制度強調「立綱紀」，更重視「法」。不過，需要說明的是，後人並不能因此視范仲淹背棄了儒家寬容政治的傳統，慶曆新政對制度規範的強調，更多的是對前代制度不完善的補充，而非墮入了推崇嚴刑峻法的窠臼。

　　只可惜新政以失敗告終，范仲淹等人所制定的磨勘法因為較之以往的磨勘之利，相對較嚴苛，令許多士人感到不便，後來也被廢除。「召和氣」最終還是成為宋代磨勘制度的主旋律，慶曆新政對磨勘法的挑戰，也成為北宋歷史上的絕唱。因而，慶曆新政時期磨勘法的改革本身兼具衝擊皇權和整治士風的雙重目的，前者是強調革新與超越，背後是士權與皇權相爭的政治文化背景；後者則是在現實層面導致「明黜陟」在推行中受到阻力以致被廢的原因。

---

336 鄧小南：《祖宗之法 —— 北宋前期政治述略》，524 – 528 頁。

337 李強：《北宋慶曆士風與文學研究》，33 – 38 頁。

較諸「明黜陟」，「均職田」涉及的內容相對簡單，其實就是厚祿養廉。之所以要這麼做，是因為當時宋朝的士大夫普遍不守名節、收受賄賂。在范仲淹看來，這不僅是道德層面的問題，同時還有現實因素的作用，就是宋代中下層官員的收入確實不高。

關於宋代官員的經濟收入水準，今人常受清人說法的影響，而認為宋代官員收入很高。但實際上，收入高的只是京朝官，范仲淹口中的「外官」，收入普遍不高，這點范仲淹自己有體會，他當年進士及第，先出任的是廣德軍司理參軍，任滿三年磨勘調任，結果臨走時卻連盤纏也湊不齊，清貧到私人財產只有一馬，於是仲淹賣了馬徒步回鄉[338]。但是他後來做了京朝官，立刻變得收入豐厚，年薪資等同於兩千畝土地的年收入[339]。即便到了南宋，地方的主簿、縣尉薪資漲了七八倍，當時人還覺得不夠生活開支[340]。

當然，這一方面有不同人對生活品質要求不同的緣故，可同時，從北宋到南宋，大量關於官員抱怨薪資的記載都說明，當時官員的俸祿問題確實動搖了政治秩序的穩定、敗壞了士風。范仲淹提出重新分配外官的職田「有不均者均之，有未給者給之」，目的就是為了緩解地方官員對朝廷的積怨，只有讓這些官員「衣食得足，婚嫁喪葬之禮不廢」，才能為政廉潔、為民謀福。

另外，范仲淹的高明之處還在於，他看到了只有官員們在物質上不愁，才能夠吸引更多才士積極仕途。這其實也和他自己早年的苦學生涯有關，范仲淹早年的經歷成為他人生中極為寶貴的經驗，增強了他對下層士人艱苦生活狀態的體悟。同時，「均職田」所造成的提振士風的影響也不可估量，范仲淹以身做法，倡導對儒家價值觀的踐行固然對士風會有影響，但僅靠奔走呼號而缺少物質支持，士大夫們想要做到一心為公、「先天下之憂而憂」恐

---

338 [宋] 汪藻：〈廣德軍范文正公祠堂記〉，《范仲淹全集》，1106 頁。

339 [宋] 范仲淹：〈上資政晏侍郎書〉，《范仲淹全集》，233 頁。

340 [宋] 洪邁：《容齋四筆》卷七，719 頁。

第三章　同道為朋：革新思潮下志同道合的人與慶曆新政

怕也並非易事。正所謂「倉廩實而知禮節」，職田制度作為從宋真宗時起設立的一種對官員俸祿的補助手段，在經歷了范仲淹的完善後，發揮了更大的社會作用。

當然，均職田並沒能真正改善宋代一些官員對俸祿不滿的問題。王安石後來在變法時就抱怨說「計一月所得，乃實不能四五千，少者乃實不能及三四千而已。雖廩養之給，亦窘於此矣，而其養生喪死婚姻葬送之事，皆當於此」[341]。我以為，造成這樣的現象，除了官員個人需求不同外，主要還是職田對官員的補助能力本身存在一定限度。畢竟土地的產量是有限的，職田也是有限的，而財政問題卻是不斷發展的。沒有建立職田制度外新的、更具活力的俸祿補助制度，是導致宋代官員俸祿不足的問題得不到解決的重要原因之一。

實際上，慶曆新政的具體內容並非只有〈答手詔條陳十事〉中的這十件事。除此以外，還有四點：

第一，更新禮制。

仁宗景祐四年（西元一〇三七年），仁宗聽從大臣吳育的建議，開始讓人編修禮典。整個活動了持續了八年，到慶曆四年（西元一〇四四年），太常禮院上給仁宗編修成果——《太常新禮》和《慶曆祀儀》[342]。關於仁宗朝這次禮典編修活動，學者張文昌曾指出，儘管其編修時間經歷了慶曆新政的時期，而且其中的參與人員也包括余靖、王洙這樣後來被視作革新士人的大臣，然而，由於慶曆新政發生時禮典編纂已經接近尾聲，且禮典編纂項目的主持者參知政事賈昌朝並非新政的直接參與者，參編者張方平並非慶曆新政的支持者，因而《太常新禮》和《慶曆祀儀》的編纂與慶曆新政無關[343]。

---

341 [宋] 王安石：〈上仁宗皇帝言事書〉，《臨川先生文集》卷三十九，416 頁。

342 [宋] 陳振孫：《直齋書錄解題》卷六，184 頁。

343 張文昌：《制禮以教天下——唐宋禮書與國家社會》，174－175 頁。

可是，如張文昌在其著作中所述，《太常新禮》和《慶曆祀儀》的編修之所以沒見首倡者吳育參與其中，正是因為吳育和賈昌朝、范仲淹都有矛盾 [344]，所以要迴避。既然存在迴避，則說明范仲淹對這次禮典編修活動至少有間接影響，不然吳育沒必要迴避。

至於賈昌朝，〈答手詔條陳十事〉的「興貢舉」條中，關於興學的內容正是據賈昌朝的提議，賈確實跟仲淹等人有所疏離，但在對一些具體事務的見解上與新政的主張是有合拍之處的。《宋史》記載他是後來陷害蘇舜欽的幕後主謀 [345]，但似乎除此以外賈昌朝並沒有跟范仲淹等人發生過什麼直接衝突。雖然從其一貫做派看，賈昌朝固然在政治立場上絕非新政的支持者，而且是通常意義上的保守派，但這並不足以說明其主持的活動，就必然是與慶曆新政毫無關聯的，況且革新派名士王洙也是禮典的參編者，更顯示出禮典修纂事件並沒有受到當時士人黨議、黨爭的影響。

而張方平，雖然在後來的進奏院事件中和王拱辰、宋祁等人一同舉報了蘇舜欽、王益柔，對革新派造成了極大的打擊，因而今人習慣認為由呂夷簡提拔上來的張方平跟王拱辰一樣是保守派。但其實張方平在當時跟兩派都交好，所以從嚴格的黨派劃分的角度看，他在慶曆時期的行為有不少矛盾之處，這種矛盾發展到最後，其人在王安石變法時成了新法的反對者 [346]。其實，慶曆年間的張方平還是持較為鮮明的支持變革的立場的。而且出身應天書院的張方平本身也為范仲淹所器重，張方平通判天雄軍時，范仲淹就薦舉

---

344 吳育與賈昌朝因是否要廢制科選士而結怨，見王稱《東都事略》卷六十五，531 頁。吳育為開封尹時因事與范仲淹相忤，事見《宋史》卷二百九十一，9732 頁。

345 [宋] 脫脫等：《宋史》卷二八六，9634 頁。

346 關於張方平的政治人際及其政治立場的變化，參見王曉薇〈論張方平的政治改革主張與實踐 —— 以慶曆新政前後為例的分析〉，載《貴州文史叢刊》2006 年 01 期。當然，筆者對於慶曆之際革新派士大夫，在王安石變法時的所表現出的立場轉變另有新解，可參見後文。故筆者不認同王曉薇文中對張方平反對王安石變法一事的評價。

第三章　同道為朋：革新思潮下志同道合的人與慶曆新政

過他[347]。慶曆新政時，張方平是范仲淹主要倚重的對象，范仲淹但凡議事都要等張方平到場。史載「范文正公參知政事時，政有所厘革，必伺公入直，始出事目，降勅辭，嘗謂朝士：『張舍人於教化深，非但妙於文辭』。自是兩禁辭命有訓誥之美由公倡之。……范文正公每以公議持之，上亦自知之深也」。[348] 此外，張方平還參與了新政中有關「精貢舉」具體內容的制定，還在慶曆三年十一月起草了「均職田」的綱領性文件《定職田詔》，因而其人斷非慶曆新政的反對者，這點方健對之論述頗詳[349]。至於他參與對蘇舜欽、王益柔等人的薦舉，則與他反對朋黨的立場有關，張方平是對事不對人。

所以，張文昌的說法其實是值得商榷的。禮典編修作為封建王朝重中之重的大事，與所處時代的政治變革很難說沒有關係。儘管主持者賈昌朝並非革新士人，但這似乎並未使得編修人員在任命上收到政治立場不同而造成的影響。參與禮典具體編修的人員中，革新士人有很多。在儒家士人眼中，禮與社稷關聯密切，且是用來「別同異，明是非」[350] 的。所以行新政用新禮，簡直是順乎其然的事。雖然史書沒有直接講新禮與新政的關係，但這或許在古人的思想中是不言自明的。

第二，發展醫學教育。

范仲淹任參知政事時，曾進言仁宗從翰林院選醫師三五人進行醫學教學，並結合地方上已有的醫學教育，在慶曆興學中設立「醫學」[351]，促進了醫學教育的發展。需要說明的是，今人常言慶曆新政中宋廷在范仲淹建言

---

347 [宋]范仲淹：〈舉張方平充經略掌書記狀〉，《范仲淹全集》，433 頁。

348 [宋]王鞏：〈張方平行狀〉，影印本文淵閣《欽定四庫全書》集部《樂全集》卷四十〈附錄〉，頁面九一十。

349 詳參方健《范仲淹評傳》，216 － 222 頁。

350 [漢]鄭玄注、[唐]孔穎達疏：《禮記正義》卷第一〈曲禮上〉，13 頁。

351 [宋]范仲淹：〈上仁宗乞選醫師教授生徒〉，趙汝愚編《宋朝諸臣奏議》上冊，914 頁。

後，最終詔置太醫局，並將之劃歸隸屬太常寺[352]。然而太醫局的設立時間是存在爭議的，當時掛靠在太常寺的，到底是太醫局這個機構，還是僅僅在太常寺設置了醫學教育，也待再考。總的來說，慶曆之際是宋代醫學教育發展的一個重要時間點，其在此後走上正規化、規模化的道路，但太醫教育的開始，似不宜定自慶曆新政時期。[353]

第三，改善民生。

方健先生在其《范仲淹評傳》中列舉了〈答手詔條陳十事〉所涉政策外的其他五點新政，其中除了「教訓醫工」，還有行贖刑法、弛茶鹽之禁、改進常平倉法、宰臣分領政事等四點，其考據頗詳[354]。其中除宰臣分領政事，其他三點基本都有一共同主題，即改善民生。三點都是「策」，而改善民生是「政」，就好比允許舉官和嚴行按察是「策」，而「擇官長」是「政」一樣。范仲淹主張在陝西、河東等沿邊行贖刑法[355]，實際上是緩解邊境軍民的生存壓力；弛茶鹽之禁，是為了「息運置之勞」、「取長久之利」[356]；改進常平倉法，是為了落實社會賑濟、穩定民心，畢竟當時宋朝民變現象依然屢見不鮮，慶曆三年到慶曆四年間，接連發生了王倫起義，張海、李鐵槍等人的起義，而且如歐陽脩所說，這些起義是「一年多如一年，一火強如一火」，「……相繼而起，入州入縣，如入無人之境」[357]，後來在慶曆七年還有王則起義，整

---

352 [宋] 李燾：《續資治通鑑長編》卷一百四十七，3570 頁。

353 華春勇列舉出了關於太醫局創設時間的三種說法 —— 宋太宗淳化三年（西元九九二年）說、宋仁宗慶曆年間說、宋神宗熙寧九年（西元一〇七六年）說，且三說皆有所本。據華氏考，太醫教育制度之完善當在慶曆年間無疑，仁宗在當時完善了太醫教育的招考制度，而神宗熙寧年間則是太醫局脫離太常寺，開始獨立發展的時間。參見氏著〈宋代太醫局醫學教育諸問題初探〉。胡玉提出，仁宗慶曆四年當是醫學教育在太醫局中正式建立起來的時間，從此宋代醫學教育趨於完備。參見氏著〈宋代醫政研究〉。

354 方健：《范仲淹評傳》，263 － 266 頁。

355 [宋] 范仲淹：〈奏乞於陝西河東沿邊行贖法〉，《范仲淹全集》，577 － 580 頁。

356 [宋] 范仲淹：〈奏災異後合行四事〉，《范仲淹全集》卷一百，583 頁。

357 [宋] 歐陽脩：〈再論置兵御賊札子〉，《歐陽脩全集》，1538 頁。

第三章　同道為朋：革新思潮下志同道合的人與慶曆新政

個慶曆之際宋朝內亂不斷，不少兵、農因為被剝削而爭起反抗，此時對於宋廷來說，安撫困苦人民乃是火燒眉毛的要事[358]。上述三點，本質都是改善民生，歸為一「政」即可。

其中特別要提到的是對常平倉法的改進，較諸「厚農桑」、「減徭役」，作為一項經濟領域的政策，對常平倉的考核具備整治國有商業資本的特殊性，影響百姓，但卻沒有直接以百姓生產作為改良對象。實際上，對常平倉考核法的改革，最早是由杜衍在景祐元年七月提出的，杜衍主張健全常平倉制度，對管理常平倉的官員「嚴以賞懲」[359]。而范仲淹在慶曆四年提出的對常平倉法的改良辦法，則繼承了這種思想，要求對糧食買賣資本的經營者嚴加管理，並以常平倉考績作為相關官員吏能考核的依據，規定外官上殿先講本路常平倉的情況，此後才能言及他事[360]。

第四，提高行政效率。新政中還有「宰臣分領政事」一條，宰臣分領政事則是為了督促政策執行，讓每個宰執所關注的部分都更有針對性，確保新政的落實，因為集體責任制下的行政往往是中庸的，群體追求穩妥，不利於個人能力的施展，而宰相分領政事以後，個人可以充分發揮自己的政治主張，利於政風的改良、創新。

總覽慶曆新政的內容，可謂是包羅萬象。看似有很多舉措是針對現實問題，並且有針對性地呼應宋代在吏治和財政方面的內政之弊。但通盤看下來，其以制度改革為主，整治吏治並緩解財政壓力，目的是從根本上改變社

---

358 關於仁宗慶曆時期的起義與暴動，參見陳振、周寶珠主編《宋史》，118 － 124 頁。筆者不同意一些舊說將宋代的諸多起義都定性為「農民起義」，不能因為起義者出身底層且其起義有反抗封建壓迫勢力的性質，便稱其為「農民起義」，這實際上的一種慣性的語言表達，是一種受特殊歷史觀影響而造成的不夠審慎的表述。王倫出身兵卒，不能說他就是農民。實際上，慶曆之際兵士暴動所造成的影響更大。即便是起義，也並非都是農民領導的。

359 [宋] 李燾：《續資治通鑑長編》卷一百一十五，2691 頁。

360 [宋] 范仲淹：〈奏災異後合行四事〉，《范仲淹全集》，583 頁。

會風貌並改善民生。而其他涉及軍事、禮制、文教、民生等方面的改革措施，也可以促進社會發展。所以總體而言，正如歐陽脩總結的那樣，「仲淹老練世事，必知凡事難遽更張，故其所陳，志在遠大而多若迂緩，但欲漸而行之以久，冀皆有效。弼性雖銳，然亦不敢自出意見，但舉祖宗故事，請陛下擇而行之」[361]。慶曆新政就是以現實問題為引，以祖宗故事、祖宗之法為幌子，本質上立足長遠，志在進行深層、全面改革的一場政治運動。

這種一開始就定下的目標，決定了它不會是一場立竿見影的改革。然而，政局的瞬息萬變，使得這種需要長時間來檢驗的改革缺乏持續推進的可靠保障，為一年後士林對新政成效的微詞埋下了伏筆，由於短時間內沒有顯著的成果，一旦革新士人失去仁宗的信任，並被士林質疑、被反對者攻擊，那麼新政的夭折幾乎是注定的事。

再考慮參與人員的因素，新政是以所謂的改革派士人為主導，實際則牽扯到整個士大夫社群，朝廷裡各式各樣的士大夫都參與其間，這不僅能令新政的推行獲得一股有力的支持，士人間固有的分歧以及士人對政改的緊迫性，在認知程度上的差異也將會成為新政內部的破壞因素。此外，范仲淹在個別情況下有推行強人政治、個人專斷的傾向，改革觸動的既得利益者太多，而新政政策本身並非盡善。這些就損害了范仲淹的威信，容易削弱新政的輿論支持。

所以從一定程度上而言，慶曆新政是一個剛開始就注定夭折的改革。因為它鋪的局實在太大，牽扯的人太多，且其產生只是源於士人間在具體層面，存在認知差異的籠統的憂患意識。宋代是一個言論相對自由的文治時代，這種寬鬆的輿論環境利於士大夫借助輿論上臺執政，然而，宰相、參知政事等執政在這種臺諫文化濃厚的政治環境中，也注定成為被士人習慣性批

361 [宋] 歐陽脩：〈論杜衍范仲淹等罷政事狀〉，《歐陽脩全集》卷一百零七，1627 頁。

判的對象。這是宋代革新運動的宿命，士林似乎總是缺少對改革主持者的足夠耐心，這就讓對新政不滿者很容易製造事端來削減革新派的聲望。

而慶曆新政時的革新士人，正好就做出了一些激化矛盾的事。正如蘇軾在日後為富弼寫的神道碑中寫下的話，他說：「（富弼）又自上河北安邊十三策，大略以進賢、退不肖、止僥倖、去宿弊為本，欲漸易諸路監司之不才者，使澄汰所部吏。於是小人始不悅矣。」[362] 在這裡，蘇軾除了提到慶曆新政的內容和富弼的政治主張，還講到了新政中大刀闊斧的吏治改革激起了「小人」對新政的不滿。想要解釋這句話，就要涉及慶曆黨議中的「君子」、「小人」之辯了，而要談這一點，便不得不先談談歐陽脩在慶曆之際對時代的影響。

五、歐陽脩的文史之學及其思想史背景

在慶曆新政中，歐陽脩的重要性僅次於范仲淹，他不僅在政見和文學主張上和范仲淹相合，在北宋的政治史和文學史中也是舉足輕重的人物，歐陽脩的政治主張與文學主張，包括他的政績，對宋代歷史都是影響深遠的，特別是歐陽脩後來成為繼范仲淹以後又一位士林領袖，其個人的形象和作為在士論中的象徵性意義極大。正如田浩所說「在范仲淹（西元九八九年至一〇五二年）的慶曆新政時期，以及他（歐陽脩）在西元一〇六〇年代中期主持全國科舉考試期間。雖然他的實踐與理念未能持續到下一次科舉，但其象徵性影響以及對後來改革的示範，影響仍然非常巨大」。[363]

關於歐陽脩的性格和做派，王稱在《東都事略》中稱他「性剛直，平生與人盡言，無所隱」，這實在是一句很恰當的評語。舉例來講，說他「性剛直」，當年胥偃對他有知遇之恩，且又成為他的岳父。但就因為胥偃反對范

---

362 ［宋］蘇軾：〈富鄭公神道碑〉，《蘇軾文集》卷十八，531 頁。
363 ［美］田浩：〈從宋代思想論到近代經濟發展〉，載劉東主編《中國學術（第十輯）》，173 頁。

仲淹，他就與他的岳丈到死不相往來了。後來他還專門在寫給謝景初的信中，說自己當初不是忘記了胥偃的恩情，而因為政治立場不同[364]。可見歐陽脩一向是一個大公無私、事業在先的人。而至於歐陽脩在言論上的坦誠直接、毫不避諱，那更是顯而易見。他曾給富弼說，「胸臆有欲道者，誠當無所避，皎然寫之，洩忠義之憤，不亦快哉！」[365] 不論是他的政論文章還是史評、史論文章，其中都大有措辭犀利、斷語狠辣者，特別是歐陽脩評價歷史人物的道德問題，更是顯得很激進。

在因為上〈與高司諫書〉而被貶為夷陵令前，歐陽脩的仕途是一帆風順的，而且他還曾從學於尹洙、與梅堯臣交友，在文學理論上深深贊同著革新派裡那些古文運動的支持者。文學上支持古文運動、政治上支持改革的思想背景，使得青年歐陽脩在慶曆新政中自然而然被看作是可以倚重的人才，在慶曆三年任知諫院後，宋仁宗經常向他垂詢改革意見，不過，當時的歐陽脩似乎更為重視北宋的西北邊患，這實際也是當時士林普遍關心的問題。為此，他連上數札，都是勸仁宗加強邊防、不要與西夏議和，這雖然與范仲淹主和的態度不符，但同為科舉出身的士大夫、同為致力於通變救弊的北宋大臣，范仲淹與歐陽脩並沒有分道揚鑣，相反卻共同致力於慶曆新政的推行。

景祐四年（西元一○三七年）的時候，歐陽脩就已經提出了革新的思想，他在當時寫了一篇〈明用〉，透過詮釋《易經》的「乾」、「坤」卦來闡發通變救弊的必要性。他說「凡物極而不變則弊，變則通」，認為「物無不變，變無不通，此天理之自然也」[366]。值得注意的是，歐陽脩引《易》為其革新思想的本源，范仲淹也同樣多次在文章中提到《易》中的革新思想，不論是〈上執政書〉還是〈答手詔條陳十事〉，他都引用了「窮則變，變則通，通

---

364 [宋] 歐陽脩：〈與刁景純學士書〉，《歐陽脩全集》卷六十九，1006－1007頁。

365 [宋] 邵博：《邵氏聞見後錄》卷二十一，《全宋筆記》第四編第六冊，147頁。

366 [宋] 歐陽脩：〈明用〉，《歐陽脩全集》卷十八，304頁。

第三章　同道為朋：革新思潮下志同道合的人與慶曆新政

則久」這句話。革新派士大夫共享一套思想資源，范、歐二人獨獨都在《易經》中注意到了其中涉及革新的語句，對這些語句做出了超越漢唐舊儒的新解，這不僅僅是思想史視野下宋代經學疑古運動的展現，也足見他們兩人在現實政治上的志同道合。實際上在整個慶曆之際，由於士人主張和而不同，即便是傳統意義上所劃分出的「革新派」，在具體問題上出現分歧的情況大有存在。歐陽脩對范仲淹幾乎從來沒有批判和異議，兩人除在對西北軍政系少數話題有過不同意見，在大多時候，歐陽脩都是范仲淹堅定的支持者。於他們而言，這份深厚的交誼與「英雄所見略同」的好狀態，也是殊為難得。

　　說到歐陽脩與北宋革新運動，不得不提到三個方面，一是他對古文運動造成的推動作用，二是他在史學上的「正統論」思想，三是他對儒學去神學化的貢獻。

　　先談文學。

　　考察歐陽脩在文學界的人際關係，除了與蘇舜欽、梅堯臣交好，論師承，尹洙當是他的第一任老師。在歐陽脩還在吳越王室的後代錢惟演幕下時，他便與尹洙交好，從學於後者[367]。歐陽脩對尹洙的學習和推崇[368]，使他日後成為古文派中的一員，正因有了穆修 ── 尹洙 ── 歐陽脩這師生三代的作為，北宋古文方才能興盛起來。

　　蘇軾曾經說，歐陽脩寫文章「必與道俱」[369]，實際上就是「文以載道」、

---

367 [宋] 歐陽脩：〈記舊本韓文後〉，《歐陽脩全集》卷七十三，1056 頁。

368 曾有說法認為歐陽脩對尹洙文章有過貶斥的看法，主要是依據歐陽脩後來為尹洙作墓誌，僅說其為文「簡而有法」。但何寄澎認為，這是一種對讚揚態度的含蓄表達，後人多有誤會。不過歐陽脩日後在文壇地位越來越高，確實有自我膨脹的心態，似有意不願多談師從尹洙的經歷。參見氏著《北宋的古文運動》，143 － 144 頁。另外，尹洙「簡而有法」的文風和歐陽脩「深婉謹約」的文風，其實都受到宋代新《春秋》學的影響。從某種程度而言，較之尹洙，歐陽脩在文學上的進步，更是說明著宋代文學家對《春秋》義理領悟的越來越深切、運用越來越精熟。詳參李建軍《宋代春秋學與宋型文化》，328 － 352 頁。

369 [宋] 蘇軾：〈祭歐陽文忠公夫人文〉，《蘇軾文集》卷六十三，1965 頁。

「文以明道」。歐陽脩身為北宋古文運動的領袖式人物，可謂是此前北宋古文運動的集大成者。對歐陽脩思想影響最大的思想家無疑是韓愈，歐陽脩一生都對韓愈推崇有加。一般認為，儘管中唐以來的古文運動明確地把「文」、「道」連繫起來，而且強調「道」就是儒家之道，但身為中唐古文運動先驅的韓愈，卻未曾明確寫過論述「文」、「道」關係的文字，可這並不影響後人總結、認識韓愈的文學觀[370]。一來柳宗元身為幾乎完全繼承了韓愈文學思想的文士，曾明確說自己「及長，知文者以明道」[371]；二來韓愈的女婿李漢在《韓昌黎文集》的序言中，就立場鮮明地指出韓愈是打通魏晉以來「文」、「道」界隔的人。歐陽脩崇韓，自然應在文學觀上繼承韓愈的觀念，而現實也確實如此。

另外，歐陽脩還對王禹偁的文學思想很推崇，何寄澎評論歐陽脩的文風，便說「歐文簡潔之風承自尹洙，平易之調則可追溯自王禹偁」[372]。在繼承王禹偁的文學思想的同時，歐陽脩其實也繼承、認同、發揚了王禹偁主張革新的思想。

王禹偁不僅強調文章要有具體內容，實際上他在稱讚別人的文章時還說「詞麗而不冶，氣直而不訐，意遠而不泥，有諷喻，有感傷，有閒適，落落焉，鏘鏘焉」[373]。由此看來，王禹偁並不完全排斥「詞麗」的駢儷之文，也是講「文質相救」，既要看內容，也要看文辭。

歐陽脩的文學觀也是如此，他曾經盛讚王禹偁「想公風采常如在，顧我文章不足論」[374]，可見其對王禹偁的推崇。這種從王禹偁那裡繼承來的溫

370 陳弱水：《唐代文士與中國思想的轉型》，50 頁。

371 [唐] 柳宗元：〈答韋中立論師道書〉，《柳宗元集》卷第三十四，873 頁。歐陽脩曾說柳宗元是「韓門之罪人」，這其實與韓、柳對佛教的不同態度有關，與文學無關。

372 何寄澎：《北宋的古文運動》，151 頁。

373 [宋] 王禹偁：〈馮氏家集前序〉，《王黃州小畜集》卷二十頁面五，載《宋集珍本叢刊》第一冊，666 頁。

374 [宋] 歐陽脩：〈書元之畫像側〉，《歐陽脩全集》卷十一，181 － 182 頁。

第三章　同道為朋：革新思潮下志同道合的人與慶曆新政

和的文學觀又與范仲淹的文學觀相似。他們都主張文章要有實質內容、要致用，可在達到這一要求的情況下，他們也並不排斥文章追求文學辭藻的華麗。歐陽脩一方面說「道勝者文不難而自至」，指出文章要重「道」先於重「文」，「其充於中者足，而後發乎外者大以光」[375]。然而他承認，「偶儷之文苟合於理，未必為非」[376]，也就是並不否認駢文的價值，只是要「道」在「文」先。日本學者東英壽注意到了這一點[377]，而在他看來，這正是以往對歐陽脩駢文觀研究中所忽略的，他強調歐陽脩也認同「文」、「質」並重的文學觀，即推崇有思想的駢文，這正好能解釋以往人們所驚怪的歐陽脩創作了大量的駢文作品的現象了。

當然，歐陽脩的這種同情是有限度的，所以並不影響歐陽脩在北宋文學史上引導文風轉向的功績，明朝人講北宋文學史時，最喜強調永叔矯西崑所造成的承前啟後之效，王褘在回顧北宋古文運動時就講「宋初乃晚唐之習。天聖以來，晏同叔、錢希望、楊大年、劉子儀，皆將移其習而莫之革。及歐陽永叔，乃痛矯西崑之弊，而蘇子美、梅聖俞、王禹玉、石延年、王介甫，競以古學相尚」[378]。

綜述歐陽脩的文學觀，它是以崇古文為主基調，同時又有極大的包容性。這種包容性是他的個人思想作用的結果，也使得歐陽脩後來能在北宋文壇占據一代宗師的地位，使得歐陽脩的文章能夠被廣泛地認可。他強調「道」，這迎合了時代的主流文學觀，可他同樣重視辭藻，也就是說也照顧了舊的文學派別的心情。這樣一來大家都能接受他，因而歐陽脩一生同道好友是很多的。歐陽脩之所以能夠成為北宋第一位真正的文學大家，就是因為他

---

375 [宋]歐陽脩：〈與樂秀才第一書〉，《歐陽脩全集》卷七十，1024 頁。

376 [宋]歐陽脩：〈論尹師魯墓誌〉，《歐陽脩全集》卷七十二，1046 頁。

377 [日]東英壽：〈歐陽脩文章中「文」的含義與他的駢文觀〉，載氏著《復古與創新：歐陽脩散文與古文復興》，156－158 頁。

378 [明]王褘：〈練伯上詩序〉，轉引自周義敢、周雷編《梅堯臣研究資料彙編》，169 頁。

的儒學思想和文學觀念較諸前代都有更新。前代文人，不是沒有更新，就是不在每個方面都更新，在歐陽脩身上，「道學、文論和古文創作的呈現出同步性」，這是奠定他文學史上重要地位的關鍵[379]。

慶曆之後，文風靡麗的西崑體在嘉祐年間已經隱退，古文興盛。此時歐陽脩轉而集中抨擊以石介的文章為代表的「太學體」文風，儘管石介當時已經去世，但歐陽脩在嘉祐二年（西元一〇五七年）主持貢舉時，士子間流行的正是這種「太學體」。「太學體」其實也是古文，但是其文風詭異，所謂「奇僻」，不夠「渾淳」[380]，而且多剽竊，這與崇尚為文平易、不因循前人綺麗文章的歐陽脩並不相合。

歐陽脩對石介的批判是慶曆新政以後的事，但卻也是北宋古文運動的一件大事。歐陽脩知貢舉時，當年因寫太學體文章而落榜的學子聚眾鬧事，「伺修出，聚噪於馬首，街邏不能制」[381]，歐陽脩頂住了壓力，毅然地把「太學體」打壓了下去，古文運動才沒有誤入歧途[382]，最終走向繁榮。

有說法認為，歐陽脩早年曾在錢惟演幕下任職，錢惟演是西崑派代表，所以歐陽脩反對石介，很可能有著認同西崑派的思想背景在內，至少他對西崑派有所同情[383]。

---

379 朱剛：《唐宋四大家的道論與文學》，198 頁。

380 [宋] 李燾：《續資治通鑑長編》卷一百八十五，4467 頁。

381 [元] 脫脫等：《宋史》卷三百一十九，10378 頁。

382 關於「太學體」的衰落，有人認為主要是蘇軾的貢獻，且認為石介的「太學體」就是反對歐陽脩文風的，如小島毅在氏著《中國思想與宗教的奔流：宋朝》一書的 279 頁就這樣認為。這種說法，一來，是顛倒了順序。歐陽脩對「太學體」的批判，主要是在「太學體」興起之後，而非「太學體」就是為了修改歐陽脩平易的文風才形成。石介的文學理論，主要還是在批判楊億等人的「西崑體」，「太學體」是對「西崑體」矯枉過正的產物；二來有針對性地對「太學體」的打壓，主要就是歐陽脩完成的，特別是在嘉祐二年歐陽脩知貢舉時，他推崇詞語無所藻飾的蘇軾、蘇轍，讓精於「太學體」的劉幾落榜，一下扭轉了北宋文壇風氣，給「太學體」致命一擊。詳參曾棗莊〈文星璀璨的嘉祐二年貢舉〉，載《北京大學學報（哲學社會科學版）》2010 年 01 期。

383 何寄澎：《北宋的古文運動》，160－161 頁。

第三章 同道為朋：革新思潮下志同道合的人與慶曆新政

加之歐陽脩一生文學才情的培養、學思主張的積澱、人際圈的形成，都是在任職錢惟演幕下的洛陽時代大致完成的，所以歐陽脩一生都極為懷念他早年在洛陽生活的日子，以致很可能連帶的對在洛陽時每日耳濡目染的西崑體文學，有一些特殊情感，至少不能下定決心排斥[384]。再連繫他主張古文但並不排斥駢文的做派，我覺得這樣的推測很有道理。另外，連繫到楊億等人的西崑體運動本身也有扭轉五代文風的初衷，只是後來事與願違，因而這也可能成為歐陽脩同情西崑體的因素。歐陽脩只反對任何一種偏激的文體，他的古文觀念是包容的，而「太學體」正是過於偏激的文體，是偏執文學觀的產物。

和范仲淹一樣，歐陽脩通矯西崑，也只是在批判楊億追隨者對西崑體的過度吹捧，而並非完全否認駢文和文采、批判楊億。相反，范仲淹曾在其〈楊文公寫真讚〉一文中盛讚楊億，而歐陽脩也在《歸田錄》裡慨嘆楊億「成數千言，真一代之文豪也」[385]，這又一次說明了宋代古文運動對西崑派的態度，比對五代體的態度更為溫和。

談及君子之學，歐陽脩在熙寧年間感嘆過，「君子之學，或施之事業，或見於文章，而常患於難兼也。蓋遭時之士，功烈顯於朝廷，名譽光於竹

---

384 關於歐陽脩對其洛陽生活的情感，可詳參陳湘琳《歐陽脩的文學與情感世界》，90 － 110 頁。葛兆光曾經注意到十一世紀的七八十年代，汴梁和洛陽兩個城市被賦予了不同內涵的現象，兩者間「在位官僚與賦閒官僚的趨向不同，現實策略與文化理想的思路矛盾，甚至政治地位與學術聲望異乎尋常的傾斜，使中國思想世界真的出現了前所未有的『政統』與『道統』、『師』與『吏』、政治重心與文化重心的分離」。見葛兆光《中國思想史》第二卷《七世紀至十九世紀中國的知識、思想與信仰》，315 頁。此前，程民生已有類似表述，程氏認為宋代的洛陽，在某種程度上造成於東京對峙的影響，其中的保守主義者如司馬光，身為士林領袖，雖然遠離政治中心，但其行為與主張卻可以補充東京朝廷的政治、文化。見程民生〈宋代洛陽的特點與魅力〉，載《河南大學學報（社會科學版）》1994 年05 期。葛兆光和程民生的觀察都有其合理性，由此更加明確了歐陽脩在洛陽生活、交遊的經歷，與他日後所持的同情西崑派的態度間的關聯，是洛陽的文化氛圍影響著歐陽脩。不過，葛兆光、程民生闡明洛陽文化重心、汴梁是政治重心，初衷是為了解釋富弼、文彥博等在慶曆時力主改革的士大夫，以及司馬光一類缺少權力的文化保守主義者在熙寧時反對變法的思想史現象。這種解釋不是沒有合理性，但在筆者看來，更重要的是要從這些士大夫思想世界的內部，來尋找他們態度轉變的原因。具體參見本書第四章第三節。

385 [宋] 歐陽脩：《歸田錄》卷一，16 頁。

帛，故其常視文章為末事，而又有不暇與不能者焉。至於失志之人，窮居隱約，苦心危慮而極於精思，與其有所感激發憤唯無所施於世者，皆一寓於文辭」[386]。在他看來，生逢其時，便要有一番作為功業，至於文學，都是極為次要的。而失志的時候，則要有所退隱，寓情於文，把自己的想法寫進文章。

由此我們能看到，歐陽脩一生中既有積極政治的時候也有專情文學的時候，實際上正是他在「得君」和「覺民」間搖擺。「行道」的志向未曾改變，只是仕途得意的歐陽脩會更傾向於選擇說服君主，而被貶失意的歐陽脩，則更想用文章來提振士風。這樣的矛盾同樣存在於范仲淹身上，存在於許許多多北宋科舉士大夫心中。

正如宋人李綱所說：「歐陽文忠公有言：『非詩能窮人，殆窮而後工。』信哉！士達則寓意於功名，窮則潛心於文瀚。」[387]

今人研究宋代文學史，一定要留心到文風革新，只是整體的社會風氣的變革的一部分，政治改革家不少都是文學改革家，古文運動中的革新人物，往往都是在政治仕途上遭遇挫敗後，轉而傾力投身文學改革。歐陽脩能引領北宋古文運動走向勝利，與他晚年棄仕從文也有不小的關係。

慶曆新政時期的歐陽脩是剛直的，是對君王直言不諱的，他以為「剛強非不仁，而柔弱者仁之賊也」[388]，只有剛強地批判現實，才能建立理想中的「儒家的整體規畫」。然而，幾經宦海沉浮，晚年的歐陽脩六十多歲就提前致仕[389]，自稱「吾家藏書一萬卷，集錄三代以來金石遺文一千卷，有琴一張，有棋一局，而常置酒一壺」，並且「以吾一翁，老於此五物之間」[390]，做起

---

386 [宋] 歐陽脩：〈薛簡肅公文集序〉，《歐陽脩全集》卷四十三，618 頁。
387 [宋] 李綱：〈五峰居士文集序〉，《李綱全集》卷一百三十八，1319 頁。
388 [宋] 歐陽脩、宋祁：《新唐書》卷五六，1418 頁。〈刑法志〉是由歐陽脩主修的，故可代表其思想。
389 慶曆四年二月，崇正殿說書趙師民曾在上書勸仁宗「不遺年」時提到「古者七十致仕」，當知宋代官員正常致仕年齡是七十歲。見《續資治通鑑長編》卷一百四十六，3548 頁。
390 [宋] 歐陽脩：〈六一居士傳〉，《歐陽脩全集》卷四十四，634－635 頁。

第三章　同道為朋：革新思潮下志同道合的人與慶曆新政

了悠然的「六一」居士。

　　這實際上就是北宋士人的「轉向內在」，一種進退怡然的境界，這同時也折射著宋朝士人的宿命──他們積極進取的風貌，總是以「內在」的心理基礎為補充，現實作為失意後，他們便轉而「內聖」[391]。歐陽脩的一生就是進退自如的一生。

　　再看史學。

　　歐陽脩主張革新、復興古文、推崇韓愈，根本目的是建設儒家式人間秩序，而直接目的則是要先承接中唐以來興起的「文」的思想史傳統。其實，宋代的士人運動，整體而言就是對唐代詩人崇「文」運動的繼承和發展，這不僅表現在文學領域，歐陽脩參與到北宋士風的變革中還有重要一點舉措，就是建立「周秦漢唐」的正統論。

　　所謂「政治所資，唯在一心，而史特其鑑也」[392]，在一些士大夫家手中，史學有時候就是表現其立場的工具，特別是對於並未被用來表達國家意志的私人著史而言。著史以鑑今，特別是資君王之治，這種做法就類似於文人寫詩諷諫、「詩言志」。仁宗初期，大臣張方平曾建議仁宗每天記錄兩條有利民生的德政以供日後參考，樞密使杜衍在評價張方平的建議時就說「此所謂陳古以刺今，詩人諷諫之旨矣」[393]，說的正是史學和文學在表達社會觀點時共通的作用。

　　今天的一些史學研究受到新社會史和蘭克（Ranke）對科學主義史學的影響，經常進行「史料批判」，這實際就是著眼於歷史書寫在發生過程中的主觀性色彩，主張用審慎的科學精神考辨古人的歷史書寫。柯林武德（Collingwood）說「一切歷史都是思想史」，這其實也合乎蘭克對歷史書寫

391　朱剛：《唐宋「古文運動」與士大夫文學》，214 頁。

392　[清] 王夫之《讀通鑑論》卷末，1114 頁。

393　[宋] 王鞏：〈張方平行狀〉，文淵閣《欽定四庫全書》集部《樂全集》卷四十〈附錄〉，頁面七。

的認知。有時，蘭克和柯林武德的觀點往往被看作絕對的對立，竊以為，他們的分歧主要在對史料的處理能否最終求得歷史的真實這一點上，而不在於歷史書寫是否存在主觀性。當年有人問清代乾嘉學派考據大家章學誠「事功氣節，果可與著述相提並論乎？」章學誠就回答，「史學所以經世，固非空言著述也」[394]。史學和文學一樣，都有著「載道」的功能。歐陽脩的作品也印證著這一點，他大量的史評、史論著作以及其正統論歷史觀的確立，為儒家道德倫理和價值觀，在士人間的滲透和流行造成了極大的積極影響。

內藤湖南曾說，「正統論之盛，始於歐陽脩」[395]。士風改良和「覺民行道」的實踐都需要一種意識形態的灌輸和宣傳，宣傳的途徑不僅可以是直接寫文章，也可以是將意識形態灌輸進士人所要閱讀的史著中。歐陽脩寫《五代史記》的目的便在於此。前文提到，《五代史記》（也稱《新五代史》）裡批評馮道，就是在弘揚一種儒家禮教觀念。歐陽脩的史著是夾雜有大量的、對歷史人物的道德評判的，這就表現了他著史為教化的目的。而且《五代史記》語言樸素曉暢，絕無駢儷之辭，完全是古文作派，有敘有議，實際上也說明歐陽脩在文章寫作上反對純駢文的態度。

不論是《五代史記》還是《正統論》，它們所要建立起的歷史書寫的框架，必然都是服務於書寫者的個人目的。史學從來不是純粹的記實，它總是一種由書寫者進行的被動或主動的史料剪裁、一種選擇性記憶，其實所謂「一手資料」，不論是正史、野史、口述史，其實都是「二手」的。這並不是說史學不去求真、不能求真，而是要強調，史學對社會的影響，更多就展現在它對個體思想或主觀認知的表達功能，這之中，歷史學家的存在尤為重要，是因為有了歷史學家，才有了我們通常理解的實為「歷史事實」的「歷史」。史學理論大家杜維運在講何為「歷史」時，就凝鍊地總結過：「一般性

---

394 ［清］章學誠：《文史通義》卷五，《文史通義校注》，葉瑛校注，524 頁。

395 ［日］內藤湖南：《中國史學史》，173 頁。

的事實變為歷史事實，完全繫於史學家。史學家在浩瀚的事實中，選擇自認為有意義的事實，使其變為歷史事實。歷史事實在量的方面，占一般事實的絕小部分，歷史則系歷史學家根據歷史事實寫成」[396]。

歐陽脩開始寫作《五代史記》的時間，不晚於宋仁宗景祐三年（西元一○三六年）[397]，他寫《正統論》是在康定元年（西元一○四○年），兩件事都在慶曆新政發生之前。他最主要寫作《五代史記》的時段，是景祐黨議失利後被貶夷陵，和慶曆黨議失利後被貶滁州這兩個時期。因而可以確定，在參與慶曆新政之前，歐陽脩已經形成了他的史學思想，且這種思想和他匡扶儒家的主張是一致的，同時也與他的政治仕途、革新思想息息相關。特別要提到，有說法認為歐陽脩約尹洙一同撰寫了《五代史記》，此說當為不實，歐陽脩有這樣的想法，但最終並未實現。另外他還就書稿徵詢過梅堯臣的意見。這可以說明，歐陽脩的史學評論及其史著中表達的思想，不僅是他個人的思想，可能不少都是尹洙、梅堯臣等其他與歐陽脩同道的士大夫的共識[398]。我們研究歐陽脩的史學，實際上就能見微知著，一窺改革派的思想。

在《五代史記》中，歐陽脩肯定了五代時期篡奪唐朝政權的後梁，與五代時期其他政權的平等性。本身後梁政權在儒家看來就是手段不正，算是僭越得位的王朝，因而五代後期和北宋初期都把後梁視作偽朝，《舊五代史》和《冊府元龜》都採用了這種立場。可是歐陽脩卻將後梁與五代的其他四個朝代並列，當時有人就問他為什麼不稱後梁為偽朝，認為歐陽脩的做法是「獎篡」，歐陽脩自詡《五代史記》是春秋筆法，可別人卻指出他抬舉後梁，不是「《春秋》之志」。結果歐陽脩說，他這麼做正是遵循了「《春秋》之

---

396 杜維運：《史學方法論》，24 頁。

397 中華書局編輯部：《新五代史》出版說明。也有說法稱《新五代史》大致的編撰時間是從景祐四年（西元一○三七年）開始，總之肯定是在慶曆新政之前。

398 [美] 劉子健：《歐陽脩的治學與從政》，50 － 51 頁。

志」,《春秋》裡對魯桓公、魯宣公、鄭厲公、衛公孫剽四個得位不正的君主
都如實記錄,承認他們,因而不把後梁視作非正式的政權,反而是《春秋》
之法也。歐陽脩也是認為後梁太祖朱溫算是僭越得位的,那他還要這樣寫,
自然不會是為了「獎篡」,他是為了「著其罪於後世」,免得日後史實出現偏
差,是為了「勸戒切」,達到「善惡明」[399]。

　　從這段可以看到,歐陽脩的史評是服務於現實教化的,正如後人所說歐
陽脩「拒塞邪說,尊崇元聖（周公）」[400],歐陽脩的文章最終都是指向復興
三代的儒家禮教的。

　　同時,歐陽脩反覆提到「《春秋》之志」,向他人說明「《春秋》之志」的
正確含義,並表明要直筆寫黑白,抒發自己對歷史的慨嘆,可見其對現實的
強烈關懷。其實,歐陽脩這種史學本身也是受到宋代新《春秋》學的影響,
他這種「義法史學」其實是一種經史結合的學術[401]。他想以史來宣揚倫理、
整飭道德,所以《五代史記》服務現實的意義是大於其本身的史學價值的,
其在後來也因此被錢大昕等乾嘉考據派批評。

　　日本學者竺沙雅章認為,歐陽脩寫《五代史記》的動機,有客觀現實和
主觀願望兩方面因素,客觀上北宋內憂外困,主觀上歐陽脩在國家困難現狀
面前有一種感時傷懷的情緒,這種情緒化作了他對參與政治的強烈渴望。他
還特別指出,《五代史記》的論贊一律以「嗚呼！」為開端,堪稱一部「嗚呼
史」[402]。其實,除了「嗚呼」,據東英壽統計,「矣」、「耳」、「乎」等虛詞
在歐陽脩的散文和史著中,也有很高的出現頻率[403],這是歐陽脩用來抒發主

---

399 [宋]歐陽脩:《新五代史》卷二,21頁。

400 [宋]范鎮:〈祭文〉,《歐陽脩全集》附錄卷三,2687頁。

401 李建軍:《宋代春秋學與宋型文化》,425－452頁。

402 [日]竺沙雅章:《宋朝的太祖和太宗──變革時期的帝王》,5－6頁。

403 [日]東英壽:〈從虛詞使用看歐陽脩古文特色〉,王振宇譯,載氏著《復古與創新:歐陽脩散文與古
文復興》,85－106頁。

第三章　同道為朋：革新思潮下志同道合的人與慶曆新政

觀情感的手段。實際上，已有學者提出，後人讀《五代史記》，除了品讀其中《春秋》之遺韻，更重要的，就是學習歐陽脩寫議論文的文法[404]。《五代史記》行文語氣鏗鏘，感染力極強，確實是議論文的好範本。難怪明朝人也曾言：「能存史遷之神者，獨一歐公。歐公之文，每提耳而命之。」[405]

歐陽脩重《春秋》一事，對之深入思考，會發現這其實是在伸張儒學，它的背景是「《春秋》學」的復興。實際上按照陳學霖先生的觀點，這也正是《正統論》的創作背景[406]。

我們一般讀歐陽脩《正統論》，所得印象大多是其著重討論了宋朝如何處理五代諸朝統緒，並選擇自身統緒繼承的問題，即便是稱《正統論》為「古今一大文字」的選堂先生，也只是重複了這樣的說法[407]。

但實際上，《正統論》想要談的並不局限於其被寫作時的當下，而是要討論一個長遠的有關標準的問題。歐陽脩提出，在三代之後，由於僭偽興而盜竊作，所以出現了兩種政權，一種是「居其正而不能合天下於一者」，即疆域

---

404 [美] 劉子健：《歐陽脩的治學與從政》，51 頁。

405 [明] 艾南英：〈再與周介生論文書〉，轉引自《歐陽脩資料彙編》，622 頁。

406 葛兆光對陳學霖的說法有過質疑，在其讀書日記中，他對陳學霖所謂「《春秋》學復興之影響」評價道「這一點恐怕因果倒置，因為宋初三先生都較晚才開始講《春秋》大義，而此前仍以禮與法之建設為重」。參見葛兆光《且借紙遁：讀書日記選 1994 — 2001》，266 頁。但我以為，此處的「《春秋》學復興」，或可當作八、九世紀唐人趙匡、陸淳等人的新春秋學運動，該運動對秦漢今文經學有了一定的質疑，其特點是「學者的經傳解釋往往摻入了與時事有關的政治理念」，詳參《唐代文士與中國思想的轉型》，3 頁。另外尹洙是公認的《春秋》學大家，歐陽脩任職錢惟演幕下時師從尹洙，其思想資源的《春秋》學背景是毋庸置疑的。更何況石介在慶曆五年（西元一〇四五年）就去世了，此時歐陽脩不過三十二歲，說宋初三先生講授《春秋》大義較晚，也不妥當。

407 饒宗頤：《中國史學上之正統論》，39 頁。不過，選堂先生在對宋代正統論的認知上也是有創見的，其認為正統論之確定以史事繫年為先，而《春秋》開以事繫年的先河，故而正統論興於宋的舊說乃「似是而實非」。見氏著 1 頁。同時，饒宗頤先生還指出了中國古代正統論的兩種依據，一是鄒衍的五德運轉說，一是《公羊傳》的大一統學說。饒氏將歐陽脩的正統論歸於以大一統學說為依據的一類，同時又指出其不同，即歐陽脩區分了「居正」和「一統」這兩個概念。從歐陽脩往後，「統」由一個時間概念轉化為空間概念，日後政權即便位居正，不能完成空間的統一，依然不足以稱「統」，這是對《公羊》本旨的變異。見氏著 75 頁。

沒有統一卻屬於正統王朝，比如東周；另一種是「合天下於一而不得居其正者」，即疆域統一卻不被奉為正統的政權，比如秦[408]。正是在這種情況下，歐陽脩認為有必要重新討論「正統論」的問題。歐陽脩劃定的正統王朝，是夏商周秦漢、西晉、隋唐，這些時代中間的「東晉後魏之際」和「五代之際」因為天下大亂，所以在這些時期無所謂正統。而宋，則被他稱作「與堯、舜、三代無異」，是正統王朝。

這種說法很有意思。劉子健曾經盛讚歐陽脩的正統論，認為其不像歐陽脩評判人物那樣夾帶有太多的道德判斷，而是尊重了許多客觀事實，此論一出，此前的正統論盡數被廢[409]。然而現在看來，這種誇獎可能並不合適。有學者從史料批判學的角度出發，提出歐陽脩在不同的文章中對五代是否為正統的問題，有著矛盾的表述。也就是說，他的文章中存在著正統標準的二元論 —— 即史學標準的正統與政治標準的正統[410]。在史學標準的正統中，五代是正統的，不然他何須為後梁正名。然而，在政治標準的正統論下，五代不能是正統，他向皇帝呈上《正統論》，用的就是政治標準的正統論，否認五代，讓宋直接承襲唐。我以為，實際上這背後想要表達的，是宋代需要繼承唐代以來隨著科舉制發展，漸漸形成的以「文」為核心的政治文化，要擺脫五代武人政治的影響和中古世族政治的影響，發揮唐代清流文化被動或主動包容的由寒士主導的新政治文化。

在整個宋初，士林一直致力於選擇合適的典範。不僅僅在政治上，士大夫們在表達對現實的看法、復興儒學的時候會提到唐代的相關內容。在文學上，「尊韓」風的流行，也是一種以中晚唐以來的新文化為典範的選擇，從柳開、王禹偁一直到仁宗朝，儒學復興、古文發展，甚至詩歌領域「宋調」的

408 [宋] 歐陽脩：《正統論》上，《歐陽脩全集》卷十六，267 頁。

409 [美] 劉子健：《歐陽脩的治學與從政》，53 頁。

410 劉連開：〈再論歐陽脩的正統論〉，載《史學史研究》2001 年第 4 期。

第三章　同道為朋：革新思潮下志同道合的人與慶曆新政

出現，都離不開士人尊韓的影響[411]，而「尊韓」背後，又是在尊中唐以來漸漸明晰的「文」的傳統。史學亦然。歐陽脩在這三方面都有所建樹，可謂實打實的北宋新儒學運動的核心人物。難怪蘇軾後來說「宋興七十餘年，……而斯文終有愧於古。士亦因陋守舊，論卑氣弱。自歐陽子出，天下爭自濯磨，以通經學古為高，以救時行道為賢，以犯顏納諫為忠」[412]，范仲淹在慶曆年間提振士風、改革內政，但他的年齡擺在那裡。歐陽脩在范仲淹之後接過了士林領袖的旗幟，他對宋代士風的影響，絕不遜於范文正。其實，蘇軾的評語，概括的正是范仲淹、歐陽脩兩人的貢獻，他們提振了宋代的士氣、士風──「救時行道」就是投身現實，為自己創造想要的生活；「犯顏納諫」就是維護開明專制。

最後還要提到歐陽脩反對儒學神祕主義的態度。

章太炎曾說漢晉之間學術有「五變」，其中第一變就是董仲舒把儒學附加了神祕主義的色彩。章太炎說「董仲舒以陰陽定法令，垂則博士，教皇也」，「中國儒術經董仲舒而成教，至今陽尊陰卑等說，猶為中國通行之俗」。他把董仲舒向儒學中注入封建神祕主義的做法，看作是把儒學改造為宗教性學說的運動，甚至他還拿董仲舒和希臘先賢類比，說「若中國之孔、老，希臘之瑣格拉底、柏拉圖輩，皆以哲學而為宗教之代起者。瑣氏、柏氏之學，緣生基督，孔子、老子之學，遷為漢儒，則哲學復成宗教」[413]。宗教性的特徵，往往表現為人成為「天」（上帝）的下屬，董仲舒說「人之人本於天，天亦人

---

411 李貴：〈韓愈與「宋調運動」〉，載氏著《中唐至北宋的典範選擇與詩歌因革》，138 − 199 頁。關於宋初文學典範的選擇，特別是詩歌方面，李貴該書可謂集相關研究之大成。北宋詩歌領域的宋調運動，在某種程度上其實可以看作是古文運動帶起的，撇去其中所涉及的純粹的詩歌理論，其主張的文學觀以及反映的士人思想，跟古文運動是一樣的。不過北宋中後期「以文為詩」思想的主流地位被動搖後，北宋詩歌寫作背後所涉及的士人思想和文學觀念就有變化了。

412 ［宋］蘇軾：〈六一居士集序〉，《蘇軾文集》卷十，316 頁。

413 ［清］章炳麟：《訄書》第八〈學變〉，徐復詳注，88 頁。

168

之曾祖父也」[414]，即是儒學宗教化的展現。

　　這種神學化的儒學，本是在原始儒學不贊成天人學說，且「秦漢法儒共同尊崇的宗師荀況更明言天人相分」的情況下，為了「迎合君主一體化的取向，與權力運作相配合」，而「乞靈於秦始皇提倡的陰陽五行學說」所形成的一門「通經致用」的學說[415]。然而經過中古時期佛、道興起的衝擊，它已經不再能很好地服務於現實政治。特別是中古後期發展起來的新儒家，由於其重視儒家士人在立場上的立足現實，因而對神祕主義越來越反感，神學化的儒學已經不能夠像漢代那樣致用於現實了。

　　歐陽脩身為宋代新儒家的代表，他反對儒家的神學化主要展現在如下四個方面——

　　第一點，他在史學上重新定調正統論。

　　需要注意的是，歐陽脩在評判「正統」的時候，他的判斷標準不是常見的「五德（行）始終說」，歐陽脩作《正統論》，其實在一定程度上就是專門為了反對「五德始終論」（也叫「五德轉移」學說）。這或許與歐陽脩推崇超越漢代經學的宋代新經學有關，因為不論是今文經學還是古文經學，在西漢時「五德始終說」與「皇帝王霸」的歷史觀，都是當時經學家所共同遵循的思想模式和重視的課題[416]。而歐陽脩則超越了這兩個話題，他看重的，一個是疆域統一與否，他認為分裂的時代不存在正統；另一個則是得位是否合理、有沒有僭越，五代是分裂時代，後梁是僭越得位，所以都不是正統。放棄漢代以來儒家雜取陰陽家思想而形成的「五德始終說」，這就是在為儒家去除神祕主義的色彩，以是否統一和是否僭越來判斷「正統」，這就是在引領士人關注現實、重視儒家倫理，回歸到極現實主義的儒學。

---

414 [漢] 董仲舒：《春秋繁露》第四十一〈為人者天〉，蘇輿《春秋繁露義證》卷第十一，318 頁。

415 朱維錚：〈帝制中國初期的儒術（一）〉，載 2014 年 10 月 19 日《東方早報》。

416 王葆玹：《西漢經學源流》，386 頁。

第三章　同道為朋：革新思潮下志同道合的人與慶曆新政

宋儒以歐陽脩為首，在斷定正統時不以德運為準，而注重以儒家道德審視正統。宋代以後，歷代正統論，在談及歷代興亡時，基本都順著歐陽脩建構的史學觀，摻雜對社會現象的分析和人物道德的評述，看重社會發展的功用，也注重時代的道德倫理對歷史的影響。其說之進步性不言自明。不過，五德始終說在宋代只是受到了巨大的打擊，真正退出歷史舞臺，大約還要到清代，劉浦江先生對之論述頗詳[417]。

第二點，歐陽脩推崇孟子。

歐陽脩推崇孟子，跟韓愈可謂如出一轍。韓愈說過，孔子死後，聖人之道不明，於是楊朱、墨家的學說興起，天下不少人都已從楊、墨的學說，儒學不彰，直到孟子「辭而辟之」，這才澄清了儒學的樣貌[418]。

實際上，學界常講，在唐宋時期，中國出現了所謂的「孟子升格運動」。這個說法，是周予同於西元一九三三年最早提出的[419]。這場運動產生的背景，一方面是佛、道對儒學主流地位的衝擊，鄧廣銘甚至認為，唐代時期佛、道在聲勢上遠遠凌駕於儒家之上[420]；另一方面則是天人感應的神祕主義儒學，不能夠再很好地服務於現實的社會需求。唐宋時期將孟子升列經部，與《論語》並列，韓愈還定下了孔子傳孟軻的道統。

宋代則是儒學升格運動真正的興盛期，孟子始從祀孔廟，足見其間孟子備受推崇的情景。

今人徐洪興曾撰有〈唐宋間的孟子升格運動〉一文，[421] 是第一篇較為系

---

417 劉浦江：〈「五德終始」說之終結 —— 兼論宋代以降傳統政治文化的嬗變〉，載《中國社會科學》2006 年 02 期。

418 [唐] 韓愈：《進士策問》其四，《韓昌黎文集校注》卷第二，103 頁。

419 周予同：《群經概論》「孟子的『升格運動』」條，載朱維錚編《周予同經學史論著選集（增訂版）》，289 頁。

420 鄧廣銘：〈北宋儒學家們的覺醒（未完成稿）〉，《鄧廣銘全集》第七卷，425 頁。

421 徐洪興：〈唐宋間的孟子升格運動〉，《中國社會科學》1993 年 05 期。後收入其《思想的轉型：理學發生過程研究》一書，見該書 93 – 123 頁。

統性、詳盡地闡述這一運動的論文，他將整個宋代孟子的升格運動劃分成四個階段，「中唐至唐末為濫觴期，北宋慶曆前後為初興期，北宋熙、豐前後為勃興期，南宋中葉即稍後為完成期」。可以看到，慶曆前後正是孟子在北宋升格肇始之時，宋代新儒家的興起和歐陽脩、范仲淹等人不無關係，以「宋初三先生」、歐陽脩等為代表的宋初學人，對孟子升格運動造成了極大的推動作用。需要說明的是，在後來宋代新儒學的疑經運動中，李覯對《孟子》一書提出了質疑，但這種質疑存在特殊性，即李覯身為功利主義儒家的代表，他只是不能認同孟子的過度重義輕利，並不存在對孟子的全盤否定。宋儒希冀在漢儒舊說之外對《孟子》做出新釋，以期更好地為新儒學運動服務，他們能選擇《孟子》舊注作為質疑對象，本身就說明了宋儒對《孟子》的重視，而這種重視，主要來自於宋儒從《孟子》中，找到了能與其自身所提倡的入世救弊精神共鳴的思想，且《孟子》中對人性討論甚多，而「性理之學」恰是宋代新儒學關注的重點。這種新儒學對「性理之學」的關注，與科舉士大夫和貴族之間對立的身分立場有關 [422]。

　　在中國古代歷史上，經典的解釋權往往象徵著政治上的統治力，「儒家官僚有時固然可以引經義斷獄或解決政治爭端，但是更多的時候則是學術深受政治力量的干擾與滲透，而改變了創世的宗師的原始含義」[423]。實際上整個宋代孟子的升格運動都不單純是學術運動，背後一直有政治因素的參與。思想與政治交融，思想上推崇原始儒學，政治上也就推崇儒家秩序。

　　孟子的儒學最大的特點就是現實主義，它是一種沒有漢代儒學神祕主義色彩的原始儒學。推崇孟子，宣揚他的現實主義，是利於振勵士風的。很多人都知道，歐陽脩說過一句和孟子「生於憂患，死於安樂」相近的話，是

---

422 朱剛：《唐宋「古文運動」與士大夫文學》，58 － 59 頁。
423 黃俊傑：《孟子》，262 頁。

第三章　同道為朋：革新思潮下志同道合的人與慶曆新政

「憂勞可以興國，逸豫可以亡身」[424]，一句話寫出了儒家士大夫獻身理想的情懷，也展現了歐陽脩對孟子思想的推崇。

另外，受到孟子「以意逆志」思想的影響，以及「自得」方法的啟發，宋儒還重視詮釋經典，強調個人的主觀理解，而不拘泥於訓詁考據[425]。我以為這在客觀上推動了宋朝新儒學發展和革新運動推行以來的思想理論的豐富，因為士人對經典提出不同理解、大膽詮釋的限度放寬了。歐陽脩經常或明或暗地引用、認同孟子的學說，為他的革新理論提供了巨大的思想源泉。而且，孟子重性善、良知，宋代士大夫「轉向內在」的逐步明晰，實際上是與孟子學的興起同步同向發展的。

第三點，歐陽脩批判讖緯之學，疑古疑傳。

讖緯之學的興盛主要是開始於西漢後期，當時在實質上，已是方士的儒生們開始大肆宣揚讖緯是孔子對六經的解釋。兩漢之際，不論是新朝的王莽，還是打著漢室旗號的劉秀，都有過透過編造讖緯來營造利己輿論的行為。王莽時期，透過鼓吹讖緯學來「減省五經章句」，以達到「一異說」的目的，變革西漢的齊、魯經學。東漢之後，讖緯之學更為繁盛，經學屈從於讖緯學之下，原先的古文經學漸漸和讖緯之學趨與同流[426]。在劉秀的即位詔書中，就引用了「劉秀發兵捕不道，卯金修德為天子」[427] 的讖言來論證劉秀登基的合法性，劉秀對讖緯的推崇甚至到了以讖為國憲的地步，使得東漢政治始終受到這種神祕主義的讖緯之學的影響。在東漢初年，儒學的大勢是儒學一分為三，經今文、經古文、讖緯之學。三家之爭集中展現在漢章帝建初四年（西元七九年），白虎會議之後集結的《白虎通義》一書，白虎會是以追求

---

424 [宋]歐陽脩：《新五代史》卷三十七，397 頁。

425 周淑萍：〈宋代孟子升格運動與宋代儒學轉型〉，《史學月刊》2007 年 08 期。

426 王葆玹：《西漢經學源流》，447 － 456 頁。王葆玹提出古文經學並不反對讖緯，這與學界通行說法不合，然其說自有其理，值得關注。

427 [南朝宋]范曄：《後漢書》卷一上，22 頁。

政治思想的統一為目標的，這由當時統治者的實際需求所決定，可現實卻是儒學的分化趨勢並未緩和。不過，今人研究《白虎通義》，普遍認為其中反映了名教與神學相結合的思想。這種思想是極其龐雜的，但想到那個時代思想狀況的紛繁，其產生與存在也都是有合理性的。

作為一種國家意識形態，《白虎通義》中的神祕主義學說，是一種極具包容性同時也具有妥協性的思想。「這種試圖包容一切的體系充滿了想像，但也包含了相當多的儒者的現實考慮。在建構這一意識形態的過程中，儒者堅持了自身的立場，也無可避免地進行了妥協。妥協一方面表現在宇宙論上對黃老學說、陰陽五行學說、數術方技知識的兼容，一方面表現在社會治理上對法制主義以及行政系統的讓步」[428]。這兩種讓步，後者奠定了專制文化儒法結合的特色；前者則使儒學和經學神祕化，特別是推動了緯學的發展，以致在漢代五經家中出現了「不僅今文學家與緯讖有密切的關係，就是古文學家及混淆今古文學者，其對於緯讖，也每有相當的信仰」[429]。

直到中唐新「《春秋》學」運動的興起，韓愈、趙匡、陸淳等人主張在學術上走出固守漢代經注的境遇，對漢儒所作經傳進行質疑，另提新說。然而這點聲音在漢唐以傳注疏義之學占上風的時代裡並沒有凸顯太多，漢唐經學在學統上大體一脈相承，唐代學人大多是絲毫不敢對漢儒經解有所質疑的。直到宋代，隨著新儒學運動的展開，革新思想的發展需要在儒學理論上革故鼎新。

於是可以看到，身為新儒學運動領袖之一的歐陽脩，先是論證了後人是不可能完全復原孔子學說的本意的——「世無孔子久矣，六經之旨失其傳，其有不可得而正者，自非孔子鼓復出，無以得其真也」[430]，這就摧毀了漢唐

428 葛兆光：《中國思想史》第一卷《七世紀前中國的知識、思想與信仰世界》，276 頁。
429 周予同：〈緯書與經今古文學〉第五節「漢代今古文學家對於緯讖的關係」，朱維錚編《周予同經學史論著選集（增訂版）》，56 頁。
430 ［宋］歐陽脩：〈答宋咸書〉，《歐陽脩全集》卷四十七，666 頁。

第三章　同道為朋：革新思潮下志同道合的人與慶曆新政

經學至尊的權威。然後他明確地喊出了「偽說起秦漢」，又講「篇章異句讀，解詁及箋傳。是非自相攻，去取在勇斷」[431]，表達了對秦漢經學的不滿，認為漢代以來大行其道的緯書都是漢儒偽造的經典，是對原始儒學的極端曲解，應當「勇斷」偽說。這種對神祕主義儒學的反感情緒發展到一定程度，「平日不信符命」的歐陽脩就有了諸如「著書以《周易》、《河圖》、《洛書》為妖妄」[432]的異端行為，甚至還有將這種對傳統漢唐經學的反動思想付諸行動的打算。據南宋王應麟講，當時歐陽脩就打算重新編排儒家經典的疏注，刪掉其中一切與讖緯有關的內容，目的是實現「使學者不為怪異之言惑亂，然後經義純一」[433]。

　　實際上，宋代的慶曆之際不僅有著政治的轉折、文學的轉折，當時經學所發生的轉折，在思想史上也留有著濃墨重彩的一筆。清代經學史大家皮錫瑞總結說，「經學自唐以至宋初，已陵夷衰微矣。然篤守古義，無取新奇，各承師傳，不憑胸臆，猶漢、唐注疏之遺也。……據王應麟說，是經學自漢至宋初未嘗大變，至慶曆始一大變也。……宋儒撥棄傳注，遂不難於議經。排〈繫辭〉謂歐陽脩，毀《周禮》謂修與蘇軾、蘇轍，疑《孟子》謂李覯、司馬光，譏《書》謂蘇軾，黜《詩序》謂晁說之。此皆慶曆及慶曆稍後人，可見其時風氣實然」[434]。皮氏之言雖也有瑕疵，譬如歐陽脩除了大膽提出「〈繫辭〉、〈文言〉、〈說卦〉而下皆非孔子所作」[435]外，他對《詩序》也有質疑，對毛、鄭《詩》學中不合理的內容做出了批判。然而上述議論，總體還是指出了慶曆前後，新儒家們的疑經運動所營造的學術景象之繁盛這一時代現象的，慶曆之際的儒學家如歐陽脩、石介、孫復、胡瑗，他們直抒己意、不為

---

431 [宋]歐陽脩：〈讀書〉，《歐陽脩全集》卷九，139 頁。

432 [宋]晁公武：《郡齋讀書志》卷二，66 頁。

433 [宋]王應麟：《困學紀聞》卷八，[清]翁元圻等注，1089 頁。

434 [清]皮錫瑞：《經學歷史》，220 頁。

435 [宋]陳振武：《直齋書錄解題》卷一，11 頁。

章句、駁正注疏，皆是對漢唐以來以漢儒注疏為基的舊經學的反動。

慶曆之際經學轉向是整個慶曆時期思想、社會變革的一個面向，它質疑漢儒、反對神祕主義的儒學，這其中，歐陽脩功勞不小。與他同時代的泰山大儒孫復，也是疑經派人物，其人在國子監講授《春秋》新義，曾向范仲淹建言「廣招天下鴻儒碩老」來「參之古今，……重為注解」，他的《春秋尊王發微》「不取傳、注」[436]，在漢唐經學舊說外另作新解，深得胡瑗等新儒家同道的認同。可惜孫復的學說為當時一些經學上的守舊勢力所不滿，終罷[437]。歐陽脩在為他寫墓誌銘時專門講到這件事，表達了極大的惋惜之情，也留下那個時代賢者們惺惺相惜的佳話。

另外，在我看來，不妨大膽地將歐陽脩對讖緯的批判，看作其反對保守一味專注「內在」的表現，因為在宋以前，讖緯之學就被認作是「內學」[438]。誠然，慶曆之際諸多的士人其精神世界中都有著一點轉向「內在」的種子，然而，時代的革新激流始終裹挾著他們那顆志在當世的心，北宋文人政治張揚的氣象不是絕對的，但卻是籠統的。歐陽脩一生大多時間都與政治中央緊密關聯，特別是慶曆年間的歐陽脩，尚還是有理想、有抱負的青年官員，勇於進言積極參政，其在思想史上留下的通經致用的主張，能夠被看作其政治立場的投射，用義理之學取代漢代章句之學，使得思想界發生了新變化，這種變化把士風導向積極政治、修身行道，同時也成為革新運動中改革派的思想武器。

第四點，歐陽脩排佛。

歐陽脩排佛，主要是在「三教合一」的趨勢日漸明朗的大背景下，反對佛教對儒學的影響，特別是佛教倫理對儒家秩序的衝擊，尤其讓儒家士大夫

---

436 [宋] 晁公武：《郡齋讀書志》卷三，112 頁。
437 [宋] 歐陽脩：〈孫明復先生墓誌銘〉，《歐陽脩全集》卷三十，457 頁。
438 錢穆：《朱子新學案》第一冊，18 頁。

第三章　同道為朋：革新思潮下志同道合的人與慶曆新政

們警惕。歐陽脩的主張和韓愈觀點相同，都出於他們自身推崇原始儒家教義的立場。不過也有人認為歐陽脩很可能從慶曆六年（西元一〇四六年）以後排佛之志漸消 [439]，但這種說法所依據的記載都只見於佛教典籍，這些記載或許為佛教徒編造。

佛教的發展也是北宋士大夫在討論內政弊端時普遍提及的話題，不少儒家士大夫對之有警惕的態度，即認為佛、道昌盛造成了「冗費」，加劇政權財力的消耗和勞力的減少。對佛道的排斥，源自傳統儒學對鬼神之說的批判，當時反對佛老的新儒家大儒孫復，就經常在自己的文章裡批判鬼神之說，因而，宋儒中的部分人排斥佛老，實則是為了捍衛儒家禮義，且其行為具備傳統儒家之思想淵源。

歐陽脩承認佛教對士人造成影響的既成事實，對之有一種理性的態度，但同時更認為應當漸進地讓儒家禮義深入人心，取代佛教在一些人心中的地位。其實，歐陽脩「辟異端」、排佛老的方法，也是受到了孟子思想的啟示，這依然是「孟子升格運動」在發揮影響。歐陽脩在講到如何應對佛教衝擊時，提到了借鑑孟子抵抗楊朱、墨翟之學時「專言仁義」的方法，所謂「修其本以勝之」，從人的思想塑造入手。

不過，需要說明的是，歐陽脩漸進抵消佛教影響的思想，其目的是為了推動宋代新儒學運動的發展，並在實際中影響了張載、朱熹等人的思想。然而，有學者從客觀效果的角度來考察，提出歐陽脩由於自身對佛教禮儀知之甚少，又呆板恪守韓愈的道統思想，所以他的佛教觀是本位主義和經驗主義的，缺少理論深度，在發展新儒學的同時，並沒能真正抑制佛教的發展 [440]。

上述內容，都只是側面反映歐陽脩復興儒學、拯救斯文的思想。真正的

439　曹家齊：〈歐陽脩與佛教關係一辨〉，《宋史研究叢稿》，301 － 306 頁。

440　李承貴：〈歐陽脩與佛教——兼論歐陽脩佛教觀特質及其對北宋儒學的影響〉，載《現代哲學》2007 年第 1 期。

表現，還要看他在現實政治活動中的作為。這就不得不提到他參與的對「朋黨」的爭論以及「君子」、「小人」之辨，然而，在了解這些之前，我們先要弄清慶曆新政的進展情況。

六、虛虛實實的「朋黨」

宋仁宗景祐三年（西元一○三六年）時的北宋政壇氛圍凝重。這一年，范仲淹和歐陽脩先後被貶出朝，保守派士大夫取得了短暫的勝利。然而，就在這一年的農曆十二月十九日（西元一○三七年一月八日），在四川眉山的一家紗縠行裡，一個嬰孩誕生了。這個人日後將是范仲淹、歐陽脩之後北宋士大夫社群、北宋文壇的又一領袖，他就是蘇軾。

轉眼到了慶曆三年（西元一○四三年），這一年，八歲的蘇軾已經師從道士張易簡為師[441]，後來入了鄉校。有一天，從開封來了人，帶來一篇名為〈慶曆聖德頌〉的作品，傳是魯人石守道所作。那人把〈慶曆聖德頌〉拿給鄉校的先生看，小蘇軾就在旁邊偷窺，基本上讀懂了詩歌的內容，於是就向老師詢問詩中寫到的十一人都是誰。哪知道鄉校的先生很不屑地回答道：「你一個小孩子，哪裡需要知道這麼多？」結果蘇軾反答：「這些人要是神仙天人，我自然不敢問人家是誰；若是只不過與我一樣都是凡人，又有什麼不能讓我知道的呢？」先生聽完蘇軾的話，覺得這孩子出語不凡，於是跟他講：「詩裡面寫的韓琦、范仲淹、富弼、歐陽脩，這四個人，那都是人傑啊！」這一句話點醒了蘇軾，令小小的他在內心裡已經萌生了對這四人的敬仰之情，以為神交[442]。

實際上，〈慶曆聖德頌〉可能是當年宋朝最流行的文學作品了。所謂「魯

---

441 ［宋］蘇軾：〈陳太初尸解〉，《蘇軾文集》卷七十二，2322 頁。
442 ［宋］蘇軾：〈范文正公文集序〉，《蘇軾文集》卷十，311 頁。

第三章　同道為朋：革新思潮下志同道合的人與慶曆新政

人石守道」，說的就是「宋初三先生」之一、人稱「徂徠先生」[443]、當時已經被杜衍推薦為國子監直講的石介。這篇文字能流行，一來是因為石介為文激昂慷慨，情緒充沛，感染力強；二來，這篇文章把方興未艾的慶曆新政捧得極高，順應了當時人們對新政普遍期待的心理。

然而，這篇文章也可以說是為新政的夭折埋下了伏筆。

〈慶曆聖德頌〉創作的背景是士林普遍因范仲淹、韓琦、富弼被重用，余靖、歐陽脩、蔡襄等充諫官而感到國家有了希望，以致朝野「酌酒相慶」，這時太學博士石介寫了這篇頌，當時范仲淹跟韓琦正在從陝西往開封去的路上，夏竦的一個密姻抄錄了一份〈慶曆聖德頌〉轉呈二人，范仲淹看完，當即就拍著大腿跟韓琦講，「為此鬼怪輩壞事也」，表達了對其中誇張文辭的反感情緒，韓琦也說「天下事不可如此，必壞」，言語中滿是怪怨和擔心[444]。與石介亦師亦友的孫復，在看到〈慶曆聖德頌〉之後，也對石介講：「你的禍患從此就要開始了」[445]。後來的情況證實了眾人的預料，石介是在慶曆新政失敗後被保守派收拾得最慘的人，他跟蘇舜欽一樣，都是四十一歲就去世了，他比蘇舜欽走得早，在慶曆五年撒手人寰。他死後夏竦甚至想對他開棺驗屍，以確保他死了[446]，足見其人被記恨之深。

石介的立場與性格，你從他的字 —— 「守道」 —— 中就能看出。「道」自然是儒道，也就是說，石介在捍衛儒家秩序上立場是十分堅定的，他是一個儒家的守道者。實際上，石介儘管一生從未進入過權力的中樞決策層，但他確實是當時在捍衛古文和儒道上最堅定的儒者。歐陽脩評價他「貌厚而氣完，學篤而志大，雖在畎畝，不忘天下之憂……賢愚善惡，是是非非，無所

---

443 石介是兗州奉符人，即今山東泰安人。曾在其家鄉的徂徠山上講學，築有徂徠書院，因而世稱「徂徠先生」。徂徠山臨近泰山。

444 [宋]百歲老人袁褧：《楓窗小牘》卷上，《全宋筆記》第四編第五冊，219 頁。

445 [元]脫脫等：《宋史》卷四百三十二，12836 頁。

446 [宋]魏泰：《東軒筆錄》卷九，《全宋筆記》第二編第八冊，69－70 頁。

忌諱」[447]，足見其心懷家國的責任感和衛道士的使命感。

另外，石介是「宋初三先生」中唯一有進士出身的人，他的言論，其自身的影響力，可能遠大於孫復、胡瑗，後兩者學說的傳播，多靠貴人相助，而石介卻常常引薦別人。

除此以外，石介的文章總是有著強烈的批判現實的色彩，比如他有一篇名為〈責素餐〉的小短文，批評別人就很嚴厲，大有孟子罵人「禽獸」的風範──

「狗當吾戶，貓捕吾鼠，雞知天時，有功於人，食人之食可矣。犀、象、麋鹿、鸚鵡、鷹鷲，無功於人而食人之食，孟子所謂『率獸而食人』也。噫！無功而食，禽獸猶不可，彼素餐食祿，將貓、狗、雞之不若乎？」[448]

這段話很明顯，就是在批評那些拿俸祿卻不辦事的冗官。只是把人比作禽獸不如，可見石介有多「憤青」。這種激進的性格和文風，必然會激怒他在作品中所批評的人物。

那麼石介到底在〈慶曆聖德頌〉中寫了什麼呢？他批判的對象都是哪些人呢？

石介在這首詩裡就批評了一個人──夏竦，說他是禍國奸臣，他被罷樞密，乃是國之福分。然後就是對范仲淹、富弼、韓琦、蔡襄、歐陽脩、孔道輔等正直的士大夫大唱讚歌，甚至還稱讚了宰相晏殊、章得象的持重老成，整個就是誇了一遍慶曆新政時期朝廷的領導團隊，順帶回顧了范仲淹、富弼等人以前的「先進事蹟」，另外還稱讚仁宗罷免夏竦而用范仲淹是無比聖明之舉，儼然要把慶曆之際誇作一個舉足輕重的盛世。

石介不僅僅激進，而且性情急躁，別人稍微做得有點合他意，他就抓住別人猛誇，從不考慮這種不夠深刻的判斷會不會日後造成「自己打自己臉」

---

447 ［宋］歐陽脩：〈徂徠石先生基誌銘〉，《歐陽脩全集》卷三十四，506 頁。

448 ［宋］石介：〈責素餐〉，《徂徠石先生文集》卷八，89－90 頁。

第三章　同道為朋：革新思潮下志同道合的人與慶曆新政

的窘境。比如他誇王拱辰，因為王拱辰的文章有點古文的風格，他就說人家「如荀、孟，如韓、柳」[449]，然而事實上王拱辰後來是對慶曆新政造成破壞的人物。當然，石介對一些人和事所做出的那些誇張的評述，比如說《怪說》裡批判佛道、貶斥楊億的文字，或許是有其思想背景和用意的。

另一方面，石介是激進的衛道士，他太想弘揚儒道和古文了，所以但凡別人有那麼一點合乎儒道、支持古文運動的做法，他都要大力鼓吹，不僅僅是激勵當事人，恐怕也是想為新儒學運動和古文運動造勢；另一方面，石介特別喜歡把自己欣賞的人比作韓愈，石介是極其推崇韓愈的，這符合當時新儒家普遍的思想，同時，給予許多人相近的讚譽，很難說沒有把他們互相引為同道的想法，從某種程度上講，石介的做法，客觀上是想擴大整個革新派、古文派社群的範圍，讓更多有識之士能團結起來，因此石介不惜濫用「如韓柳」之類的讚譽來積極溝通、籠絡有可能與他成為同道的士人。

關於〈慶曆聖德頌〉中對夏竦的批判，歷來議論很多。然而，真正去讀通行本〈慶曆聖德頌〉的原文，就會發現文中對夏竦的批判似乎沒有後人想像的那麼嚴重。不就是說夏竦是「大奸」嘛，不就說了句「妖怪藏滅」嘛，整篇看下來，除了序言裡面在敘事時講了夏竦先被任命為樞密使後又被罷免的過程，後面全詩正文連夏竦名字都沒提，感覺沒有宋人說的那樣「褒貶甚峻，而於夏竦，尤極詆斥」[450]。這是為什麼呢？

一方面，這其實是一種表態。〈慶曆聖德頌〉其實是把儒家價值觀念和現實政治相結合，文中的議論其實也可看作一種對儒家道德踐行的示範，典範的確立在本質上還是為了促成儒家價值觀的社會想像的實現。在「君子小人之辯」中，石介主要想做的是正面的宣傳，宣傳君子們的直言、宣傳君子們的心懷家國，這也是提振士風的一種做法，畢竟「褒忠」比「貶奸」更具

---

449 [宋] 石介：〈與君貺學士書〉，《徂徠石先生文集》卷十五，180－181 頁。
450 [宋] 魏泰：《東軒筆錄》卷九，《全宋筆記》第二編第八冊，69 頁。

有示範意義；另一方面，今人依據宋人對〈慶曆聖德頌〉的描述發現，我們今天看到的出自《徂徠石先生文集》的〈慶曆聖德頌〉很可能是刪節本，而這種刪節很可能是出自石介本人之手[451]。置言之，正如李強所說，慶曆年間的〈慶曆聖德頌〉有兩套傳播系統，一套是「社會自動傳播系統」，一套是「《徂徠集》主動傳播系統」[452]。從宋人對〈慶曆聖德頌〉的描述來看，第一種系統的所傳播的未刪節版〈慶曆聖德頌〉可能流傳更廣，在未刪節版的全詩正文中，就有「唯竦若訥，一妖一孽」這樣犀利的語句，而這大約正是刺激到夏竦等保守派的版本。

　　毫無疑問，石介激烈的言辭絕對算得上是意氣用事，缺少政治頭腦。本來歐陽脩、蔡襄、余靖、王素等慶曆初年，因勇於直言而被譽為「四諫官」的士大夫也很擔心石介鋒芒畢露的性格，但猜想是出於想壯大改革派勢力和輿論聲望的考慮，還想讓范仲淹把石介擢拔為諫官，結果范仲淹直接否決掉了這個意見。

　　范仲淹老成持重，他雖然誇讚過石介「剛正天下所聞」，但他卻一直不在仕途上幫助石介，覺得石介「性亦好異」，不讓石介做諫官，認為石介做了諫官後以他的性格恐怕「必以難行之事，責人君以必行」，以自己的激烈言行綁架皇帝就範，而仁宗在范仲淹眼中是「富春秋，無失德」的君王，不僅不需要石介這樣激進的諫官，反而還會被石介干擾。所以范仲淹只讓石介在國子監教書，儘管天聖年間范仲淹執教於應天書院時，石介還曾從學於他，按說兩人有師生之誼。

　　實際上，仲淹之目光卓著還在於，石介凡出言必走極端，而這種極端言論太過意氣用事，缺少客觀的立場，會使得革新派喪失輿論支持。他批評夏

---

451 陳植鍔在《徂徠石先生文集》的點校前言中指出，《徂徠集》收錄詩文中創作時間最晚的即寫於慶曆三年四月的〈慶曆聖德頌〉，因而懷疑《徂徠集》正是石介在慶曆三年編就的。

452 李強，《北宋慶曆士風與文學研究》，80 － 81 頁。

第三章　同道為朋：革新思潮下志同道合的人與慶曆新政

竦就不太客觀。實際上夏竦雖被習慣說作是「保守派」，但這個「保守」，也只是相對的「保守」而已，夏竦也是實踐家，雖然為人有點峻厲，譬如他做南京留守的時候就喜歡對人施重刑，而且不明著告訴罪犯加了杖刑的數量，悄悄多打人家幾棍子，因此被士人不齒[453]。不過總的來說，夏竦也是有志向有能力的士大夫，而且以文采出名，學問淵博，後來在慶曆四年還編著了《古文四聲韻》一書，這本書如今是研究古代語言學的重要文獻。

慶曆之際所謂革新派士人，大多可謂激進革新派。夏竦主張保守主義的政治，這種觀點建立在其以政局穩固為國家安泰之先決條件的認知之上，而絕非有意阻礙國家發展。不過，說夏竦被歐陽脩、石介等人刺激以致其後來對石介有報復行為，也當是不爭的事實。但從積極影響的角度看，沒有〈慶曆聖德頌〉那些震懾性極強的言語，可能新政推行的社會基礎和士人高漲的士風在當時不會達到那樣的程度，所以對石介的為人和為文還是要多一些肯定。

慶曆新政中的年輕人，這種書生意氣的文章寫過不少。歐陽脩大抵是一個比較平和的人，對於石介，他雖然很是欣賞，也曾在石介被批評時為他辯護，可歐陽脩也很清楚身為衛道士的石介身上所有的性格缺陷。在慶曆新政之前，歐陽脩就寫過一封信給石介，在信裡面他說石介為文「自許太高、詆時太過，其論若未深究其源者」[454]，可他自己的〈論呂夷簡札子〉也把呂夷簡批判的有點「過火」，好在呂夷簡已經威風不再了。蔡襄的〈四賢一不肖詩〉就更不必提，開明叫響地罵人。這些文章，固然態度堅決、立場鮮明，然而卻不見得對士風完全有正面的作用。激烈的言辭為士風從「和而不同」走向結黨分裂埋下了種子，「詩文干政」破壞了文人風氣，促使黨爭惡化。張興武也指出，〈慶曆聖德頌〉所反映的，是朋黨政治「從權利之爭到意氣之

---

453 [宋] 司馬光：《涑水記聞》卷第九，176 頁。
454 [宋] 歐陽脩：〈與石推官第一書〉，《歐陽脩全集》卷六十八，991 頁。

爭的轉型」，石介的作品「首次將文學與黨爭扭結在一起，北宋後期愈演愈烈的文化自毀現象實肇端於此」[455]。

總的來說，那些言辭，反映的是改革派等人理想主義的一面，也是他們不成熟的一面。石介可能是在這方面表現最突出的，所以實際上在慶曆新政的具體實施過程中，范仲淹等人一直比較排斥石介，就怕他闖禍。

當然，也因為石介的激進與天真，所以雖然他的同道常常會批評他的不足，然而真到了石介被人指責時，大家又都會站出來為他說話。這或許也是一種「同道為朋」的士大夫們在志向一致的前提下，為國事而不避分歧的無畏精神的展現。

這之中比較有代表性的是蔡襄，當時石介在太學想聘請隱士黃晞來太學，黃晞是奇士，遊學京城十餘年不還家，自己貧困潦倒、衣不蔽體，但「得錢輒買書」[456]。黃晞在看到石介來後「匿走鄰家不出」[457]，大臣趙概就說這是因為黃晞覺得石介「詐善不直，為事非是」，為了為石介辯誣，蔡襄專門致信趙概，力陳「襄以謂斥介而引晞，意所未喻。介好論議當時人物，故眾毀叢至。原其所以為心，欲君側無奸邪，人人為忠孝，百姓無疾苦，……一旦介去朝，奸人巧偽百端，構造謗毀，必欲赤其族而後快意」，並表態「賣死友以合權，此襄所不為」[458]。另外歐陽脩、孫復也曾在石介被輿論攻擊時，極力為石介辯護。

石介在這期間除寫了篇〈慶曆聖德頌〉外，就是在國子監和太學跟孫復一起教書，並宣傳「太學體」文風，雖然也經常點評朝廷大小權貴和國家之事，但畢竟沒有親自去處理的機會，其言論的聽眾也只是些太學生。宋代歷

---

455 張興武：《宋初百年文學復興的歷程》，107 頁。

456 [宋] 司馬光：《涑水記聞》卷十，183 頁。

457 [元] 脫脫等：《宋史》卷四百五十八，13441 頁。

458 [宋] 蔡襄：〈答趙內翰書〉，《蔡襄集》卷二十七，473 頁。

第三章　同道為朋：革新思潮下志同道合的人與慶曆新政

史上自從慶曆之後，太學生一直是在政治舞臺上十分活躍的群體，還發起過數場愛國運動，經常向皇帝進言、影響政治決策，這種表現或許暴露出了太學生群體自身的一些特點，諸如易被煽動、熱心政治等等。孫復、石介執教時期的太學只是擴增了太學生的人數，至於其他，我想即便沒有石介那些犀利的發言，太學生中的「憤青」都不會在少數。

然而，自從〈慶曆聖德頌〉一出，導致新政夭折的禍患便已埋下。宋人田況曾說，范仲淹、富弼後來之迅速被罷、慶曆新政之快速夭折，「介詩頗為累焉」[459]。朱熹也曾說「黨論之始倡，蔡襄〈賢不肖〉之詩激之也。黨論之再作，石介一夔一契之詩激之也」。但是朱熹緊接著還說了一句，「其後諸賢相繼斥逐，又歐陽脩邪正之論激之也」[460]。也就是說，〈慶曆聖德頌〉之後，引來的是北宋黨爭，而在這「君子小人之辨」的過程中，扮演著重要角色的，是歐陽脩。

歐陽脩活躍於慶曆黨議中，主要就是他寫了〈朋黨論〉，劃分了「君子之黨」、「小人之黨」，挑起了范仲淹集團和夏竦集團激烈的爭端。

〈朋黨論〉寫作的背景，是范仲淹等人推行新政之後，一些被打擊的士人對他們頗有微詞，所謂的「保守派」，他們想到的輿論武器，就是指責仲淹、富弼等人朋黨，一方面，朋黨是人君的忌諱；另一方面，這種指責，其實也反映了一種由景祐之際的黨議、黨爭延續下來的一種慣性思維。

從景祐到慶曆，社會上關於朋黨的議論就沒有斷絕過，實際上要不是這種議論沒有斷絕，范仲淹的平反與起復至少要晚、要難許多。范仲淹集團能上臺，是因為士林都跟仁宗保舉他們是一心為國的，他們不會朋黨，從而否定之前呂夷簡對仲淹等人朋黨的攻擊。然而，這種條件有很大的缺陷，埋下了很大的禍患，即士林沒有從根本上改變仁宗對朋黨的認知，歐陽脩的〈朋

---

459 [宋]田況：《儒林公議》，《全宋筆記》第一編第五冊，88頁。
460《徂徠石先生文集》附錄四，326頁。

黨論〉實際上就是為了向仁宗闡明君子朋黨是合理的，可這樣的論調一出，先前仲淹集團執政的輿論基礎就被歐陽脩推翻了，等於是承認了先前對仁宗的欺騙，同時還把士林中不少真的以為仲淹集團沒有朋黨、反對朋黨的士人劃到了新政的對立面，一下降低了士林對新政的支持程度。

反思宋代的黨議、黨爭，對於在野黨而言，黨議、黨爭往往能帶給在野士人以機遇，但對於執政黨而言，分歧就意味著鬥爭和削弱，特別是在實行新政期間，需要的是對士林的廣泛團結，然而〈朋黨論〉一出，一時間「敵我分明」，革新派與保守派就再無調和的可能了。

慶曆四年的四月分，仁宗和執政大臣們說起朋黨的問題，這時仲淹就對此進言，他先引用了《周易·繫辭上》中「方以類聚，物以群分」的句子，充分展現了其變法思想中的易學色彩，而後他講「自古以來，邪正在朝，沒有不各為一黨的，這事關鍵不在去禁止他，而在於皇帝要提高鑑別正邪的能力。要真是君子們朋黨，只要是為國家做事，又有什麼害處呢？」[461]

沒過多久，順著范仲淹的說辭，歐陽脩就上了〈朋黨論〉，大談君子可以朋黨。歐陽脩指出，君子是同道為朋，利於國家；小人朋黨同利為朋，禍害社會。這樣的說法，早先蔡襄在夏竦被罷樞密使後也曾講過，當時蔡襄引用《易》中所說「內君子而外小人，君子道長，小人道消」，「內小人而外君子，小人道長，君子道消」等語句，稱讚仁宗重用范仲淹、韓琦[462]。實際上蔡襄才是開慶曆黨議中「君子小人之辨」先河的人，只不過蔡襄用的還是以經諷時的招數，沒有歐陽脩那麼直白。

歐陽脩在其文中列舉了古時舜輔佐堯除去了小人之朋的「四凶」，而用君子之朋的「八元」、「八愷」。他還舉了東漢的黨錮問題，以及唐末清流遇害的不幸遭遇，認為東漢和李唐之亡都在於過度防範朋黨、沒有保護君子之

461 [宋] 司馬光：《涑水記聞》卷第十，185 頁。
462 [宋] 蔡襄：〈乞用韓琦范仲淹〉，《蔡襄集》卷十八，334 頁。

第三章　同道為朋：革新思潮下志同道合的人與慶曆新政

朋。他勸仁宗「興亡治亂之跡，為人君者可以鑒」，讓仁宗「退小人之偽朋，用君子之真朋」。

就像《宋史》所說，「修論事切直，人視之如仇」[463]。早年的歐陽脩在慶曆之際所作的文章大多言辭切峻，以致樹敵太多。在我看來，人在政治鬥爭的氛圍中都會自覺或不自覺地產生一種區分敵我的意識，太過鮮明的敵我意識，使得國事討論失去了理性精神和以改革勝利為先的立場，變成黨同伐異、意氣之爭，而不是為理想和事業而爭。我們從歐陽脩、石介的激進言論就可以隱約看到以後北宋黨爭惡化的趨勢，當黨爭只是一種純粹的站隊行為，它就不再是士大夫參政的優選手段了，儘管禁止黨爭也是不可能的，畢竟任何一種集中意識形態、縮緊言論渠道的做法都有著不可取的獨裁傾向。

石介、歐陽脩等人的言行，是一種看似發自於過度高昂的理想主義激進情緒，實則是一種同理想背道而馳的做法。年輕的諫官歐陽脩，他的不成熟，還使得許多中間派站到了改革的對立面。譬如御史中丞王拱辰，最初是和革新派一同進言阻攔夏竦任樞密使的，但是後來卻在排擠革新派諫官的活動中發揮了重要影響，甚至在蘇舜欽被貶後還有過歡呼。這或許正是歐陽脩在慶曆三年十一月批評御史臺造成的，歐陽脩當時上書說，「臣伏見御史臺闕官，近制令兩制並中丞輪次舉人，遂致所舉多非其才，不能稱職。……乞重定舉官之法，有不稱職者，連作舉主，重為約束，以防偽濫。庶幾稱職，可振綱紀」[464]。不僅指責御史多不稱職，而且還要連坐御史的上司御史中丞，他得罪王拱辰也是可以料想的了。

關於〈朋黨論〉，還有一個重要的地方值得一提，就是歐陽脩舉的那幾個例子。史學家陳植鍔曾經指出，歐陽脩在〈朋黨論〉中所舉東漢黨錮和白馬驛之禍，在史實解釋上都有與事實不符的地方，「強詞奪理而不符合歷史

---

463 [元] 脫脫等：《宋史》卷三百一十九，10376 頁。

464 [宋] 李燾：《續資治通鑑長編》卷一百四十五，3494 – 3495 頁。

事實」[465]。特別是在解讀白馬驛事件時，陳植鍔提到，朱溫把裴樞等人投諸黃河一事，是與裴樞黨爭的宰相柳璨促成的，白馬驛事件後的第二年，朱溫殺了柳璨，柳璨當時極為悔恨。由此，陳植鍔認為，唐非亡於抑制朋黨，唐恰是亡於黨爭。然而在我看來，裴樞等人身為「清流」，其死或可視為「君子之朋」黨爭失敗的悲劇，至於柳璨的慨嘆，或許恰恰表露的是其對自己抑制「君子之朋」的悔恨之意，朋黨被束縛所造成的負面影響比朋黨本身帶來的危害更明顯，因為朋黨間的力量均衡會被打破，晚唐清流的不幸遭遇實在可憐，即歐陽脩所謂「盡殺朝之名士，或投之黃河，……而唐遂亡矣」。不論怎樣，歐陽脩表彰東漢黨錮名士，嘆惋唐末清流士人，彰顯的其實是自身政治文化背景的源流。宋代士風提振的基礎，是從中晚唐時因文詞而進官的新派士人中興起的清流文化，這與科舉士人大量登上歷史舞臺、中古貴族制的瓦解以及晚唐五代中國的菁英轉型有關。

清流文化並非宋代新儒的文化，甚至大部分不是宋代新儒的文化。但是唐代清流文化對寒士的包容，成了孕育宋代新政治文化的前提，而新政治文化的主導力量，是以寒士為主體的新型士大夫。歐陽脩身為尊奉以文為核心的新政治文化的士人，自覺或不自覺地在文章中表彰清流，顯示了其對自身社群之政治主張的認同感和歸屬感，也顯示了北宋改革士人的士風、參政精神、革新思想的一個源流。歐陽脩對朋黨的認知在後來被司馬光繼承，司馬光說得更明白──「興亡不在朋黨，而在昏、明矣」[466]。盡千年前的司馬光都看明白這點，我們後人在總結慶曆新政夭折原因時卻把黨爭歸為主因，實在不合適。當然，對司馬光講的後半句，「人主之昏、明」是否造成了決定性作用，這是要依據具體情況來討論的，至少對慶曆新政而言，其產生的

---

465 陳植鍔：〈從黨爭這一側面看范仲淹改革的失敗〉，載《北京大學學報（哲學社會科學版）》，1986年 04 期。

466 ［宋］司馬光：〈朋黨論〉，《司馬光集》卷七十一，1446 頁。

第三章　同道為朋：革新思潮下志同道合的人與慶曆新政

主因是士林的要求，而夭折在很大程度上與士望的下降以及改革派自身的矛盾有關，仁宗的態度雖然重要，但並非至要。

不論怎樣，歐陽脩在慶曆之際開創了「君子有黨」論的先河，而且這種說法至此形成了基本完整的體系，它認可了在君子、小人之黨存在的客觀事實，指出了「義利之辨」這一君子、小人劃分的標準，提出了對小人要明確辨別並剔除的解決辦法。一般認為，造成這種觀點的因素有三：北宋官僚集團內部存在鬥爭，對宋以前統治階級內部矛盾的歸納總結，「君子」、「小人」內涵的變化[467]。然而，在我看來，還應當把「君子有黨」論的形成看作一個重要的思想史事件，它與新儒學運動的開展密不可分，是「原道」思想強化的產物，是否合乎儒「道」，是辨別君子、小人的關鍵。

「君子小人之辨」作為慶曆黨議的重要話題，一方面確實展現了革新派銳意進取的熱情和決心；但另一方面，這一話題的爭論加深了雙方的成見，改革派太過於重視君子、小人的名分，激起了不必要的麻煩，為新政夭折埋下禍根，而且這種「君子有黨」論和皇權利益也有著極大的衝突。

總之，在〈朋黨論〉之前，大抵沒有絕對意義上的朋黨，〈朋黨論〉之後，所謂的「革新派」士大夫依然有和而不同的紛爭。所以〈朋黨論〉是一篇立意失敗的文章，看似激昂，除了樹敵，對以國事為先的士大夫本身也沒有團結，范仲淹集團內部在遇到具體問題時該有分歧還是會有。

一切正如南宋呂中所說，「慶曆君子之誠盛，固石介一詩發之也；慶曆小人之禍，亦石介一詩激之也。何者？君子、小人之實，不可以不辨，而君子、小人之名，不可以太分。有用君子之名則為小人者，豈甘小人之名哉？正人既指邪人為邪，則邪人亦指正人為邪，石介以大奸指夏竦，所以激為朋黨之赤幟也。觀仲淹之始去也，夷簡以朋黨目之，而諸賢以逐。仲淹之再去

---

467 羅家祥：〈北宋朋黨觀略論〉，載《朋黨之爭與北宋政治》，9 − 20 頁。

也，夏竦以朋黨目之，而諸賢亦為之再逐。然仲淹始為夷簡之所斥，諸賢尚有左袒，及為夏竦之斥，諸賢盡為倒戈。蓋夏竦用心慘於夷簡，實激於〈慶曆聖德〉之詩也」[468]。

從實際境況出發，改革派在當時最應該做的是低調。實際上，新政本來推行得還算有條不紊，而且范仲淹等人經常在論述新政的合理性時，抬出「祖宗之法」為新政做擋箭牌 —— 這當然不是說范仲淹真的墨守「祖宗之法」，鄧小南曾指出，宋人對「祖宗之法」的闡釋是多變的，它就是一種輿論工具而已 —— 然而革新派中的年輕人們卻不斷出言造勢，使得革新派陷入了太多不必要的言論爭執。君子、小人之說一出，黨議、黨爭之風迅速鋪開，而這恰恰是最不利於改革派的。改革派被士林的輿論保舉上臺，可一旦士林中也發出指責他們朋黨的聲音，加上新政不能在朝夕之間見效，仁宗那顆本就疑心重重的心就會動搖。

而且，所謂的「保守派」士大夫，並非絲毫得不到士林的輿論支持。因為「君子」、「小人」的劃分本就是革新派士人在激烈的黨議中，以一種極端的情緒而做出的斷語，並不見得完全符合客觀的事實。因而，君子小人之辨只會激化矛盾，這種矛盾的加深將激發保守士人的反擊，而這種反擊也將會是有效的。

而對范仲淹等人來說呢，仁宗對他們的支持也並不見得很牢固。已經有學者指出，范仲淹和仁宗的合作關係是極為脆弱的，甚至可以講，仁宗和新進士大夫社群間存在認知水準上的極大不對等，因而慶曆初年的皇權本質上並不支持新政[469]。這樣的說法有一定合理性，但未免絕對，仁宗對新政有所期待，只不過這不是決定新政發生的主導因素罷了。很多人說慶曆新政是仁宗主導下的改革，然而在筆者看來，范仲淹他們之所以能有改革的機會，是

---

468 [宋] 呂中：《類編皇朝大事記講義》卷十，205 頁。
469 鄭志強：〈范仲淹和宋仁宗政治關係新論〉，《社會科學研究》2010 年第 6 期。

第三章　同道為朋：革新思潮下志同道合的人與慶曆新政

士林趁國家外患而以輿論「軟挾持」仁宗而造成的 —— 這一點可以從新政的輿論支持消減後，仁宗對仲淹集團的不滿立刻顯現這一現象看出。更何況史書早已說得很明白 —— 「天子以仲淹士望所屬，……召還倚以為治」[470]。

所以《宋史》說，「仲淹以天下為己任，裁削幸濫，考核官吏，日夜謀慮興致太平。然更張無漸，規模闊大，論者以為不可行。及按察使出，多所舉劾，人心不悅。自任子之恩薄，磨勘之法密，僥倖者不便，於是謗毀稍行，而朋黨之論浸聞上矣」[471]。改革觸動的既得利益者太多，身為後臺的統治者對新政的支持又不穩固，朋黨令統治者有了強烈的危機感，於是，新政的前途便很容易被一些看似並未占到多數的反對意見所葬送。

千年前的經驗告訴我們，文人政治儘管更容易促成民主，但民主的參與者如果缺乏民主的素養，那麼自由言論權不一定會帶來良性的討論。歐陽脩等人的意氣用事，顯然就是缺乏民主的素質。這並不是說要箝制言論，而是強調，士大夫黨議、黨爭雖然發自他們高度的政治主體意識，這種意識可以導向民主，但由文人黨同伐異的心性促成的種種負面現象，也實在會令人抱憾和失落，儘管並不是文人政治和言論自由必然導致這種現象。

當然，在革新派士人日後被以朋黨治罪的悲劇中，其實皇帝的責任更大。這就是人治社會、封建專制社會的特殊之處，士林可以左右皇帝，卻不能決定皇帝。歐陽脩的君子、小人之辨哪怕再精彩，皇帝是以個人主觀感受來判斷的，尹洙對朋黨就看得很明白，他說「或謂之公論，或謂之朋黨。是則公論之與朋黨常繫於上意，不繫於忠邪」[472]。是朋黨還是公論，完全由皇帝自己感覺，哪怕你說的是公論，皇帝覺得你朋黨，你這帽子想摘都摘不掉。

---

470 [宋] 李燾：《續資治通鑑長編》卷一百五十，3637 頁。

471 [元] 脫脫等：《宋史》卷三百一十四，10275 頁。

472 [宋] 尹洙：〈論朋黨疏〉，影印本《河南先生文集》卷十八，《宋集珍本叢刊》第三冊，448 頁。

七、慶曆興學與「宋初三先生」

關於慶曆新政，前文所述皆是朝堂之上的事，是上層政治的事。那麼在社會活動中，新政又有著怎樣的表現呢？

這就要說到慶曆新政極為特殊的一個面相 —— 慶曆興學。

宋代一共有過三次興學，除了慶曆興學以外，其後還有熙寧興學、崇寧興學。所謂「興學」，主要是發展教育事業，至於學術方面，雖經常與之同向發展，卻並不有著必然的連繫。然而，在談及慶曆興學時，「宋初三先生」及其傳道活動卻仍是不得不提的。「宋初三先生」致力於傳播新儒學思想、發展宋學和繁榮書院，實際上也都算是北宋新儒學運動的面相。

今人一般說的「慶曆興學」，主要是指范仲淹執政時期興辦教育的作為，這和他〈答手詔條陳十事〉中的精貢舉一條是配套的。之所以強調全國性興學運動是范仲淹主持的，其實是要強調范仲淹個人行為的重要性，不論實際的影響如何，至少在後世的歷史書寫中，「范仲淹」幾乎就是慶曆之際的代名詞。置言之，在慶曆之際，幾乎所有的政治和文化活動，都離不開范仲淹的參與甚至主導。身為慶曆之際傳道興學的骨幹，當時宋朝的大儒幾乎無一不與范仲淹有著關聯，朱熹曾描述說「文正公門下多延賢士，如胡瑗、孫復、石介、李覯之徒，與公從游，晝夜肄業」。其言絕不誇張。

除此以外，范仲淹還是當時新春秋學運動和疑經疑古運動的重要參與者，他早年執教應天時累積下的教育思想，還影響著慶曆之際學術傳播事業的發展。正是有了范仲淹在朝廷中給予興學勢力以政治支持，胡瑗等人才能興辦學校、發展教育。所以錢穆在談到宋學源頭時，就以高平范仲淹和安定胡瑗為宋學源頭，「蓋自朝廷之有高平，學校之有安定，而宋學規模遂建。後人以濂溪為宋學開山，或乃上推之於陳摶，皆非宋儒淵源之真也」。[473]

---

473 錢穆：《中國近三百年學術史（一）》，《錢賓四先生全集》第十六冊，4 頁。

第三章　同道為朋：革新思潮下志同道合的人與慶曆新政

除了為宋學溯源，錢穆的話其實還明確地幫慶曆興學劃分出了兩個部分的內容，一個是地方興學，一個是中央興學。

關於地方興學，在宋朝開國之初，地方州縣一般是沒有學校的，當時天下總共只有五所書院 —— 嵩陽書院、石鼓書院、嶽麓書院、應天府書院和白鹿書院。後來慢慢地，在一些有識地方官的努力下，一些地方才有了學校。

慶曆之前就已經有了不少州學，但是，始終缺少中央朝廷的明確支持。乾興元年（西元一〇二二年）年宋帝詔令兗州建學，開中央行政意志支持地方辦學之先。其後，景祐、慶曆年間，有不少地方上報中央請立州學，正是隨著個別州縣以地方行政意志為支持，率先興學，興學之風遂漸漸形成。仁宗慶曆二年，雖然這一年並非范仲淹出任參知政事的時期，但仁宗就已經有了興學的意識，並在這年二月下詔，讓天下的州縣都設立地方學校[474]。除了慶曆二年令州縣興學的詔書，慶曆四年三月，朝廷「詔諸路、府、軍、監，除舊有學外，余並各令立學」[475]，這才真正使天下州縣興學之風大起。

在慶曆四年的興學詔書中，政府對學校機構在場地設置和教員選定上提出了明確的規定。如果一個學校師生超過兩百人，可以更置縣學，要是人數再多，可以進一步在地方孔廟（文宣王廟）甚至官家府衙中講學，首先要保證的是有充足場地，供教學活動的正常開展。對於教員，要求一定是「有德行藝業者」，而且三年一任，完了有考核，任務完成的好的，給予嘉獎。對於學校的規章制度，則要求一定要遵照中央國子監的規定。對於學生來源，不僅要求學生有兩名舉人作保，學生也最好是本地人，如果是常年寄居

474　[宋]呂中：《類編皇朝大事記講義》卷十，212頁。

475　[清]徐松輯：《宋會要輯稿‧崇儒》，82頁。陳植鍔以「舊有學」的記載來反駁北宋興學始於慶曆說。然而，且不論這些學校不少是原先在地方孔廟裡，由地方請大儒辦的講學班，甚至是藩鎮立學，根本算不上正規宋廷官辦州學。即便「舊有學」之「學」是州學，按照陳氏以州學出現的最早時間為興學之始的邏輯，北宋興學也該是始於真宗景德年間，而非陳氏強調的景祐年間。更何況，以州學出現的最早時間為興學風氣之始的邏輯本身就值得商榷。關於宋代興學歷程，張希清等《宋朝典制》有簡要整理，見該書181－184頁。

他鄉，那麼這個人必須要品行端正、沒受過刑罰，方才能入學。接著，五月分時，范仲淹執政的中央政府又要求士子考取功名前要先入學，學而優方能仕，又在十月分提出要設立專職教授[476]。這些做法，從根本上普及了基層教育。從此「海隅徼塞四方萬里之外，莫不皆有學」[477]。

其實，景祐元年范仲淹以右司諫知睦州時就曾「建置學社，樹立講堂」[478]，後來知蘇州、知潤州，以及慶曆新政後知邠州，都有興學。

除此以外，仲淹好友滕子京在地方興學上也建樹頗多，地方興學在慶曆之際成為一個時代性的活動，為儒道傳播和宋代文治的鞏固做出了積極的貢獻，也為日後明儒以地方學校和書院在鄉里傳道、促進儒學在基層的深入發展奠定了基礎，日後王陽明講學，全靠地方書院和學校，明末思想家想鼓勵學子議政，其所選擇的議政地點也是地方書院，可見慶曆興學於地方教育的發展影響之深遠。

至於中央興學——也就是興太學——則要先講到范仲淹的學術交遊，以及石介、孫復、胡瑗等宋代新儒家代表在慶曆之際的活動。

南宋朱熹後來在被學生問道宋代道學史時講，宋代道學的興盛乃是漸進的過程，「自范文正以來已有好議論，如山東有孫明復，徂徠有石守道，湖州有胡安定，到後來遂有周子、程子、張子出」[479]。實際上，朱熹看到的，是線性的、縱向的發展脈絡，至於他提到的道學先賢，各自在其時代，還有著面性的、橫向的關係網[480]。

---

476 [清] 徐松輯：《宋會要輯稿・崇儒》，82－83 頁。

477 [宋] 歐陽脩：〈吉州學記〉，《歐陽脩全集》卷三十九，572 頁。

478 [宋] 張方平：〈睦州奏請州學名額及公田〉，載《樂全集》卷二十一，頁面二十七。

479 [宋] 黎靖德編：《朱子語類》卷一百二十九，3089－3090 頁。

480 程曉文〈文章、學術與政治：北宋慶曆學者之文化網絡與學術觀念〉中提出，「緊密相關的政治、學術與文化活動」使慶曆之際的士人學者形成了一個「文化網絡 (culturalnexus)」。程文整體新意不足，可資參考之新論不多，但這一概念的提出仍有其價值，它指代了廣泛意義上的慶曆之際革新士人群所形成的政治、學術人際。「文化網絡」與漆俠先生的「政治集團」說相近，但側重強調群體行

第三章　同道為朋：革新思潮下志同道合的人與慶曆新政

慶曆之際的學術關係網和政治關係網密不可分。

上世紀時宋史大家漆俠先生以「集團」來稱呼范仲淹領導下的革新派閥，以及與之有交遊且志趣相近的士人群，認為「范仲淹集團」的成員都是「中下層地主階級士大夫」，他們在政治改革上有共同認知、以「政治集團」的面貌活躍在慶曆之際的政治活動中 [481]。

這實在是一個卓見。雖然「集團」的稱謂，過於絕對地劃分出了不同的士人派別，會造成人們對於慶曆之際的士大夫個體的主張傾向，產生一個過於絕對的認知，造成在閱讀到與他們的「標籤」並不一致的記載時產生困惑。然而，漆俠的看法卻也明確指出了一些有著一定開放性的士人群體，其形成的內在人際關聯。實際上，這種「政治集團」的形成，是與其中人員相互的政治交遊、學術交遊、文學交遊密不可分的。但是，交遊往往也只是關鍵的影響因素，決定性的因素還當是儒家理想主義 [482]，這也即是新政士人「和而不同」士風產生的緣由。

置言之，慶曆之際文學、政治與學術的發展，在一定程度上都可看作是范仲淹的個人人際網在發揮作用，范仲淹與其他改革派士人大多都是「平生風義兼師友」的關係。中古史研究裡，魏晉隋唐要看血緣家族和門第，但到了宋代，政治結構中的人際關係更多是由師生、學派的關係來維繫的。士大夫很多時候正是由「學」而「黨」。雖然宋代也有積極政治的菁英家族，但很多時候菁英家族的政治同時具備著學派政治的背景。隨著科舉的發展和門蔭

為的學術性而非政治性。其對「文化網絡」這一概念的論述不僅指出了這種學術人際網的影響。「他們透過群體的力量來宣揚和實踐自己的政治、學術理念，以『君子／小人』來區分我群與他者、強化彼此之間的聯結。他們對彼此的評價，很大程度地影響了後人對他們的了解，以及對當時政治與學術的認知。即使彼此之間必然存在著差異，但他們基本上擁有相同的對於『文』與『道』的認知，使我們可以據此分析其學術建構的基本概念與方法」。

481 漆俠：〈范仲淹集團與慶曆新政 —— 讀歐陽脩〈朋黨論〉書後〉，載《漆俠全集》第九卷，215 － 235 頁。

482 [美] 劉子健：〈宋初改革家：范仲淹〉，載費正清編《中國的思想與制度》，113 頁。

的被打壓，士人的學術出身和學術交遊，成為影響宋代政治與文人黨爭的重要因素。但需要說明的是，這種人際關係對士人立場的影響儘管在客觀上存在，但人際關係並不必然對應某種立場，以往學人將人際關係對士人立場的影響想像得太高，這顯然也不合理。

范仲淹在天聖五年（西元一〇二七年）任教南都，結識了一大批有志青年，廣樹桃李，可謂極大擴張了他的關係網。身為儒家士人，教書傳道是足以感召范仲淹為之鞠躬盡瘁的事業。在應天書院教書期間，范仲淹為學子們營造學術氛圍是相當開放的，他自己有一套教育理論，說「士有鍛鍊誠明，範圍仁義。俟明君之大用，感良金而自試。居聖人天地之爐，亦庶幾於國器。」[483] 所謂「自試」，其實就是強調學生在學術造詣上的自我完善，范仲淹鼓勵學生自學、鼓勵學術爭鳴。也正因為這種學術上開放的氣象，范仲淹才能在應天聚攏下大量的人才，孫復、石介、張方平等日後在學術或政界都有建樹的士人，當時都在應天從學於仲淹。

劉衛東先生曾對北宋時應天書院培養的人才做過統計和簡表，並歸納總結了與范仲淹有交遊關係的人物，由此可以窺見范仲淹因學術交往而建立起的龐大的人際網絡。誠如劉衛東先生所說：「北宋三大唯物主義思想家李覯、張載、王安石；三大教育家孫復、胡瑗、石介；三大軍事家和戰將龐籍、文彥博、韓琦；三大現實主義詩人石延年、梅堯臣、蘇舜欽；三大詩文改革家穆修、尹洙、歐陽脩；四大進步政治家富弼、余靖、蔡襄、葉清臣等，他們都是范仲淹的學生，長期受到其師的獎賞、獎掖與教誨，並較好地繼承了老師的追求新知、熱衷創新進取的思想。他們活躍於當時的政治、軍事、經濟、文化教育、學術思想等各個領域，成為中國歷史上的顯赫人物，有的甚至影響了中國歷史和中國文化史的發展進程。這是范仲淹教育思想的功績，

---

483 〔宋〕范仲淹：〈金在熔賦〉，《范仲淹全集》，17 頁。

第三章　同道為朋：革新思潮下志同道合的人與慶曆新政

也是應天府書院引以自豪、令人欽佩的輝煌歷史。」[484]

　　當時在南都學習最刻苦的就是舉子石介，其學習勤奮程度「世無比者」。他曾拒絕王瀆給予他的「盤餐」，並解釋道自己擔心「朝享膏粱，暮厭粗糲」，足見其人求學之艱苦[485]。

　　功夫不負有心人，天聖八年（西元一〇三〇年），二十六歲的石介在獲得進士出身後步入仕途，在當年中進士的還有歐陽脩，宋代的科舉同年對士大夫間的交遊也有影響，歐陽脩和石介的友誼由此開始。

　　四年後，也就是在景祐元年（西元一〇三四年），這年四月十二日，石介回到應天擔任幕職官，從此正式開啟了「宋初三先生」間的交遊——因為正是在此時，屢次考取功名不中的落魄秀才孫復，經石介好友士建中的介紹來應天拜訪石介。兩人一見如故，志同道合，並決定同往泰山傳道講學[486]。於是在景祐二年（西元一〇三五年），由石介張羅，眾人在泰山為時年四十四歲的孫復築室，築成學舍即岳南凌漢峰下的泰山書院，以此助孫復講學。其後，任政地方的石介還曾於寶元元年（西元一〇三八年）撰寫過一部《三朝聖政錄》，並進獻給了仁宗。其撰著的目的近似於《貞觀政要》，想要以太祖、太宗、真宗之「聖政」來「為萬世法」[487]。後來推行慶曆新政的時候，富弼也曾編三朝故典，這都反映出新儒家想透過歷史書寫的手段，借對祖宗故事的編纂，進而使史書成為向當世和後世宣傳其思想的媒介。

　　在泰山定居後，孫復還曾向此時主管國子監的范仲淹寫信推薦石介和士建中，誇讚二人「能知舜禹文武周公孔子之道」[488]。這樣的舉措，不僅是為了報答石、士二人的恩情，也反映出孫復對人才由衷的欣賞，以及他並不排

---

484 劉衛東：〈論應天府書院教育的歷史地位〉，《河南大學學報（社會科學版）》2001 年 05 期。

485 [清]黃宗羲原著、全祖望補修：《宋元學案》卷二〈泰山學案〉，《黃宗羲全集》第三冊，153 頁。

486 [宋]石介：〈與士熙道書〉，《徂徠石先生文集》卷十九，189 － 190 頁。

487 [明]汪子卿：《泰山志》卷二，256 頁。

488 [宋]孫復：〈與范天章書一〉，影印本《孫明復小集》頁面二十二，《宋集珍本叢刊》第三冊，164 頁。

196

斥積極仕途的立場。孫復能寫信給仲淹，或許是因為此前范仲淹知蘇州時，想請孫復去蘇州興學的緣故，但更有可能，是兩人早已有了在學術和人際上的密切往來，儘管相關的記載並不充分，孫復在天聖年間從學於仲淹的記載也並非那麼可靠。

按照石介的說法，孫復「其道不與時合」，所以科舉入仕之途是不適合孫復的。在泰山講學的生活，反而讓這位大儒過上了怡然的生活，石介、李蘊等人都對孫復執弟子禮，范仲淹、李迪、張方平、富弼等人與孫復交友，泰山學風遂成 [489]。

《宋元學案》以〈泰山學案〉位列第二，足見其編著者對孫復的重視。在我看來，這或許是與孫復和石介、胡瑗的交遊有關 [490]，是為了展示泰山學派在宋學中的源頭地位，慶曆之際學統四起，最主要的，就是安定胡瑗，泰山孫復、石介，以及高平戚舜賓、范仲淹等，稍晚有歐陽脩、劉敞的廬陵學派。在慶曆之際，孫復是最早成氣候的新儒家大儒，也是慶曆之際對時代思潮和政治思想最具影響的大儒之一。

定居泰山的孫復除了講學，餘下時間專攻著述，尤其著重研究了《春秋》與《易》。在整個北宋，儒家士大夫最常提到的兩部經書就是《易》和《春秋》，前者既啟發了革新派士大夫通變救弊的變革思想，同時也成為不少士大夫在政治鬥爭失利、遠離中央政壇後，轉而追求自身德行的修習的思想源泉之一；而後者，毫無疑問，始終是士大夫借古諷今、批判現實的武器，這也是《春秋》的宗旨。孫復很清楚這兩點，所以石介講孫復「嘗以為盡孔子之心者《大易》，盡孔子之用者《春秋》，是二大經，聖人之極筆也，治世

---

489 [宋]石介：〈上杜副樞書〉，《徂徠石先生文集》卷十四，158 頁。

490 〈安定學案〉記載胡瑗、石介、孫復之間有在泰山同窗十年之誼，見《黃宗羲全集》第三冊 55 頁。但據徐洪興考，石介與孫復同窗十年是不可能的。見徐洪興《思想的轉型：理學發生過程研究》，327 頁。胡瑗與孫復同窗說也不可信，見陳植鍔〈胡瑗、孫復、石介同讀泰山辯〉，載《學林漫錄》第十集。但孫、石、胡三人有很深的交誼卻無疑。

之大法也，故作《易說》六十四篇，《春秋尊王發微》十二篇」[491]。《易》中記下了儒學的實戰方法和儒士的修身智慧，《春秋》則是用來批判現實、以古鑑今的，即所謂「宋人之治經學，論義理者則言《易》，論政治者則說《春秋》大義」[492]。

在這之中，孫復《春秋》學思想中的「尊王」思想為中央集權的學說進一步做出了貢獻，其與「攘夷」結合後形成的學說對當時宋朝與周邊民族政權的緊張關係有所關照，充分發揮了《春秋》經世的作用。孫復對《春秋》的解說基本統領了此後宋代的《春秋》學，正如牟潤孫所說，「北宋解《春秋》者偏重尊王，謂其事倡自孫氏，殆非過論……發明尊王攘夷之義為宋人《春秋》學之主流，餘事皆其枝節耳」[493]。而這種尊王攘夷的《春秋》學思想，也激發了宋人強烈的民族主義意識、強化了宋人重倫理的道德精神。此外，孫復也排斥佛老、講求為文要重道、宣揚儒家道統，以新儒家思想為仁宗朝的治世提供了思想理論方面的基礎，其人重視教化，重視儒家道德觀的宣講，也極大提振了慶曆之際的士風。

在其後的七年中，孫復始終在泰山講學。與之類似，孫復的同學胡瑗也在湖州開始講學。此前，和孫復一樣，胡瑗也在景祐年間收到知蘇州的范仲淹的邀請。胡瑗最終去了蘇州，並得仲淹舉薦，以白衣之身對答皇帝於崇政殿，最後步入仕途。後來，與仲淹志趣相投、也主張興學的滕宗諒在仁宗寶元年間出知湖州，旋即聘請胡瑗前去掌學，胡瑗在那裡傳道立說，成為「湖學」開山。

直到慶曆年間，朝廷興學，特別是在慶曆二年（西元一〇四二年），范仲淹、石介等人在朝廷裡為孫復、胡瑗奔走，宣揚他們的學問，說孫復是「退

---

491 [清] 黃宗羲原著、全祖望補修：《宋元學案》卷二〈泰山學案〉，《黃宗羲全集》第三冊，143 頁。
492 牟潤孫：〈兩宋春秋學之主流〉，《注史齋叢稿》，140 頁。
493 牟潤孫：〈兩宋春秋學之主流〉，《注史齋叢稿》，141 頁。

隱泰山」但「心通聖奧」[494]，宣傳孫復「非隱者也，欲仕而未得其方也」[495]。這種說法絕非空穴來風，孫復曾作詩云：「一寸丹心如見用，便為灰燼亦無辭。」[496] 於是在這一年的十一月，孫復出任國子監直講[497]，而隨著太學建成，慶曆四年（西元一○四四年）新政時期，范仲淹推舉李覯、胡瑗去太學講學[498]，由於當時胡瑗在湖州建立的教育制度相對比較完善，因而朝廷直接讓太學採用湖學規章[499]。自此，太子中允、天章閣侍講胡瑗也「管勾太學」，太學學風為之一新，太學生們皆對胡瑗尊重有加，歐陽脩就形容當時太學裡「諸生服其（胡瑗）德行，遵守規矩，日聞講誦，進德修業」[500]。而且，胡瑗的學問「獨立經義治事齋，以敦實學」[501]，也就是講專經世致用、治國安邦之學，而不是空泛的經學，這對培養士大夫參政能力幫助極大。特別是胡瑗和一套先進的教育思想，即讓自己的學生每人專攻一個方面的學問，再兼及另一個方面的學問，一主一輔，有所專精。比如學武學的，還要具體學禦寇；學水利的，還要兼學具體如何治田。在確定一個學問的大方向的前提下，在學習中理論與實踐並重，一時間培養了許多人才，當時太學裡師從胡瑗的學生太多，以致後來不得不占用旁邊的官舍，日後但凡禮部選士，胡門弟子總能占到十分之四、五[502]。由此觀之，胡瑗不僅傳播新儒學，而且能將他培養出來的有專業特長和儒家道德修養的學生送入仕途，雖然胡瑗沒有直接參與慶曆新政，但他這些做法對慶曆之際士風的提振、改良運動影響極大，對宋

---

494 [宋] 范仲淹：〈舉張問孫復狀〉，《范仲淹全集》，438 頁。

495 [宋] 歐陽脩：〈孫明復先生墓誌銘〉，《歐陽脩全集》卷三十，457 頁。

496 [宋] 孫復：〈蠟燭〉，《孫明復小集》頁面三十八，《宋集珍本叢刊》第三冊，172 頁。

497 [宋] 李燾《續資治通鑑長編》卷一百三十八，3325 頁。

498 [宋] 范仲淹：〈奏為薦李覯胡瑗充學官〉，《范仲淹全集》，615 頁。

499 [宋] 李燾《續資治通鑑長編》卷一百八十四，4461 頁。

500 [宋] 歐陽脩：〈舉留胡瑗管勾太學狀〉，《歐陽脩全集》卷一百一十，1670 頁。

501 [元] 脫脫等：《宋史》卷一百五十七，3659 頁。

502 [清] 黃宗羲原著、全祖望補修：《宋元學案》卷二〈泰山學案〉，《黃宗羲全集》第三冊，56 頁。

第三章　同道為朋：革新思潮下志同道合的人與慶曆新政

代士大夫政治的影響也不可估量。

至於孫復和石介，這兩人在國子監和太學也做出一番事業。

宋朝開國之初，只有國子監（國庠）而沒有太學，只有國子監的壞處是，國子生必須是七品以上的京朝官的子孫才有入學資格[503]，一般家庭的子孫和官階太低的官員的子孫沒機會入國子監，而國子監本身也因之而變得學生很少，幾乎從來沒有超過三十人的時候，且教學品質不高。

在宋朝人看來，這種現象正是自被視為「皆好古醇儒」的石介、孫復，於慶曆初年出任國子監直講而開始改變的。當時賈昌朝判領國子監，孫、石二人負責具體教學，兩人作為老朋友老同道，「力相贊和」，志在興學於中央。當時的史館檢討王洙，其人後來也被視作改革派士人。他在慶曆初年就建議朝廷設立聽書期限，因為當時一到每年秋天國考，就有四方之士來國子監蹭課遊學，考試一完這些人就走，剩下的國子生都是那些京朝高官的子弟，沒幾個好好學的，這樣不利於國子監發展。所以王洙建議，來遊學的學生，至少得聽夠三百天課，這下國子監學生數量大增，「未幾遂盈數千」[504]，整個國子監的教學秩序也被建立起來了。有了足夠數量的學生，才能真正開展教學。然而人多了，地方不夠，於是在慶曆四年的四月，仁宗聽從判監國子監的王拱辰、王洙、田況、余靖等人的奏請，占用國子監東邊的錫慶院，建立太學，以擴大教學用地，滿足教學需求[505]。石介和孫復聽說建了太學，

---

503 [元] 脫脫等：《宋史》卷一百五十七，3657 頁。

504 關於宋初國子監生源數量，實有爭議。《宋史‧選舉志》說「初無定員，後以二百人為額」，但這與《宋會要輯稿》中國子監生數初為七十的記載不合，不能斷定以兩百人為額的時間。何忠禮認為國子監生立額當是自元豐三年（西元一〇八〇年）編修學制後始。見氏著《宋史職官志補正（修訂本）》，108 頁。但慶曆四年三月興學詔中曾提及州縣建學以兩百人為額，如果超出兩百人，「州縣未能頓備，即且就文宣王廟或系官屋宇」。見徐松輯《宋會要輯稿‧崇儒》，82 頁。不知此處的兩百人之額和國子監生額有無關聯，或許中央與地方學校有著學制上的共同之處？也或許只是巧合。

505 [宋] 李燾《續資治通鑑長編》卷一百四十八，3589 頁。

十分興奮，都以為「教道之興也」。[506]

太學的建立是對范仲淹興學主張的響應。當時孫復在國子監主講《春秋》，他主要是教授宋代新儒學思想，還曾經被仁宗在慶曆四年的五月分接見，仁宗賜孫復五品服，並打算讓他進館閣任職，可惜被侍講楊安國反對，楊安國覺得孫復的學說跟漢唐先儒學說不同，因而不宜入館閣[507]。這實是當時宋經學（「宋學」狹義）一派在學術勢力上，還不足以取代以漢唐注疏為基的舊經學的展現。

石介則自不必說，他在太學裡仍是極力宣揚他的文學觀念。慶曆四年仁宗幸太學前數天，他曾出題給學生撰寫〈請皇帝幸國學賦〉，當時有學生在賦裡寫「今國家始建十親之宅，新封八大之王」，結果就被石介諷刺，覺得這種作品風格太過應試、內容討好官方，石介非常反感太學中那些以考取功名為目的來遊學的學生，這些學生往往迎合科舉重詞賦的特點，不重古文。石介把他們盡可能地都趕走了[508]。石介在太學裡依舊是大談時事，最終招來群謗，自請外放。

後來慶曆新政夭折，有不少人就攻擊慶曆學制，王洙設立的聽講日限制度最終被廢，再加上太學制度本身存在諸如「未嘗限以通經之歲月」、「止於拔解赴省，而未嘗別有優異之捷徑」等缺陷，太學的繁榮景象最終只能曇花一現，雖然人數減少的不多，但學風隨著慶曆新政的夭折而重新回到了老樣子。儘管一向謹言慎行的孫覺，沒有在慶曆新政夭折後立刻被貶官，但日後還是受到牽連，直到至和二年（西元一〇五五年）才重返太學，當時太學裡人人推崇胡瑗，由於學術觀點不同，加上孫復看不上胡瑗的為人，所以兩

506 [宋] 田況：《儒林公議》，《全宋筆記》第一編第五冊，95－96頁。

507 [宋] 李燾《續資治通鑑長編》卷一百四十九，3609頁。

508 [宋] 文瑩：《湘山野錄》卷中，24頁。文瑩將此事繫與「康定中」，但據陳植鍔考，此當為「慶曆中」之誤。見陳植鍔《石介事蹟著作編年》，125頁。

第三章　同道為朋：革新思潮下志同道合的人與慶曆新政

人後來貌合神離，在太學裡總是互相躲避，人們對胡瑗和孫復也有著各種評價，指出他們各有所長，以為孫復學問更好，但胡瑗的門人水準很高——「瑗治經不如復，其教養諸生過之」[509]。

　　隨著太學新制之廢，慶曆新政時期中央的興學算是失敗了。然而，從對社會和歷史的影響來看，真正有價值的興學，都是在地方的。儒家學術的傳播和發展，都是基於對基層的滲透，而中央太學的興盛只能營造一種虛假的學術繁榮，因為在宋代，儒家的道德思想本身是普及性的學問，而太學做的學問是小眾菁英的學問。宋代作為一個文治時代、一個古代思想文化和學術高度繁榮的時代，其學術建樹都是建立在一個時代整體尚文崇儒的基礎之上的。日後南宋有所謂菁英「地方化」（實際上，這現象至多只可謂出現在部分地區，不是普遍現象）、儒學發展的「鄉里化」，包括地方書院的修建、地方文人勢力的形成，都與地方興學有關的。慶曆興學的意義，一方面是開宋學之先，提供了展示給「宋初三先生」以及其他宋代新儒、傳播其思想的舞臺，慶曆之際學統四起，慶曆學術和慶曆士風一樣，有著和而不同的氣質。孫復、石介、胡瑗等人在具體問題上會有觀點分歧，但他們共同傳播的新儒學卻有著一致的特徵——拋棄漢唐注疏，對經書直抒己臆、發明經旨——這實際上也掀起了士人革舊鼎新的思潮；另一方面，儒家文化影響力的擴張，以及儒家思想踐行者中的主體所處階層的下移，為時代整體風貌的提升和士風的提振，包括後世儒學的發展，都有深遠影響。

　　特別是宋學中那種現實主義關懷——石介好議論、孫復講《春秋》、胡瑗重實學，都是為了解決現實問題。經學致用是慶曆學術的一大特點，范仲淹、歐陽脩等人的學問在也一樣「本之經術，以求實用，不空談心性」[510]。淡化儒學中那些空泛的哲學討論的部分，而讓儒學落實到指導現實治理的層

---

509 ［宋］李燾《續資治通鑑長編》卷一百八十六，4495 頁。
510 ［明］何良俊：《四友齋叢說》卷三，轉引自《歐陽脩資料彙編》，540 頁。

面，進而使受儒家教育成長起來的北宋科舉士大夫更加關注現實，使他們參與政治的熱情增強。

另外，三先生在教學上還特別注重師道，這和韓愈作〈師說〉的旨意一脈相承，這也是他們復興儒學、維護道統的表現。特別是胡瑗的湖學，對師道強調尤甚，甚至將其加入到學規中，後來也影響了太學的學規學風。

其實說到慶曆學術、范仲淹的學術交遊，還應當提到功利主義儒家的代表人物李覯。

李覯不僅是古文運動的代表人物，更是慶曆之際在對慶曆新政給予理論支持上最積極的思想家，其人也做過國子監直講。李覯的通變思想和范仲淹一樣，來自《易》。他讀《易》，悟出「救弊之術，莫大乎通變」[511]，並認為作《易》者有憂患之心，因而後人讀《易》時要掌握其中的治世之道，即「苟安而不忘危，存而不忘亡，以憂思之心，思憂患之故」[512]，這儼然是范希文「先天下之憂而憂」的翻版。李覯在評價孔孟文章時說那是「以康國濟民為意」[513]，更創造性地提出要把道德之「義」與事功之「利」結合起來，這實際上是在鼓勵士大夫出仕、建立事功，與范仲淹主張士人在恪守儒家基本道德準則的前提下，積極參與政治活動的觀點不謀而合。另外李覯反對太學生「求試而來」，既反對應試教育，並強調從中央到地方都要興學[514]，這又與范仲淹的興學思想一致。凡此種種，不勝枚舉，說李、范二人是知音，絕不為過[515]。

除了支持變革，李覯是堅決的儒家衛道士，對儒道推崇備至。他有一首〈美女篇〉詩，詩云「繁霜毒春木，花開苦不早。愚夫擇利婚，美女貧中老。

---

511 ［宋］李覯：《易論》第一，《李覯集》卷三，30 頁。

512 ［宋］李覯：《易論》第十三，《李覯集》卷三，53 頁。

513 ［宋］李覯：〈上孫寺丞書〉，《李覯集》卷二十七，311 頁。

514 ［宋］李覯：《安民策》第三，《李覯集》卷十八，178 頁。

515 李覯與范仲淹在一些問題上主張極為相近，具體可參文娟、范立舟〈李覯與范仲淹的交遊及政治思想芻論〉，載《江西社會科學》2007 年 07 期。

第三章　同道為朋：革新思潮下志同道合的人與慶曆新政

謁不冶顏色，門前車馬道。閨房有禮文，自銜誰言好。俗態競朱粉，古心慕蘋藻。所期君子恩，卒以慰枯槁」[516]。看起來好像是說女子當以青春年華獻身儒家禮士，其實含義類似曹植的「佳人慕高義，求賢良獨難」，是在講儒家高士的品節之重要。

　　身為立場堅決的儒者，李覯也反對佛、道，甚至還提出所謂「吉凶由人」，這種觀點頗有人文主義的色彩[517]。在尊儒上，李覯也推崇孔子之學，而對孔子之後儒家學說有所批判，他相信自己的解釋，這其實也是宋代新儒家解經時直抒己臆的路數。李覯並不喜歡《孟子》[518]，這與其他宋代新儒家相比似乎反常，但或許是由於孟子過於強調重義輕利所致。

　　功利主義的立場決定了李覯積極地主張經世致用，這在某種程度上類似於韋伯（Weber）所謂的「工具理性」[519]，因為相較於「義」的動機，李覯更注重政治行為「利」的目的。李覯一生寫了很多議論時事、指導政治的文章，比如〈富國策〉、〈安民策〉、〈強兵策〉，全都是把儒家經義和現實問題結合起來。實際上，在慶曆新政時期，儒家「義」和「利」這兩個派別都在為新政提供思想資源——孫復的尊王攘夷思想，以及李覯的功利主義儒家思想立足於現實，促進了士人的入世精神、政風的外向氣質的形成；而歐陽脩的朋黨論，則在士人高尚道德人格的養成上發揮提振的作用，他區分君子、小人的標準是義利之辨，君子之黨義在利先，這看似和功利主義儒家思想相衝突，但因為這兩種儒家思想各自服務於不同的層面，功利主義儒家為新政的

---

516 [宋] 李覯：〈美女篇〉，《李覯集》卷三十五，416 頁。

517 關於李覯的哲學思想，具體可詳參姜國柱《李覯評傳》。

518 [宋] 佚名：《道山清話》，趙維國整理，《全宋筆記》第二編第一冊，116 頁。

519 許倬雲認為，充斥於政府中的宋儒由於受制於中央集權體制下的防弊手段，因而無法發揮韋伯所謂以事物功效為判斷理性之依據的「工具理性」。參見氏著《我者與他者：中國歷史上的內外分際》，81 頁。這樣的說法未免太過絕對，理學中的功利主義儒家本身是想要踐行這種「工具理性」的，這些思想家對現實政治的干預成效，在某種程度上也證明了這種「工具理性」的被實踐，只是其並未成為一種明顯且主流的現象，而被人數眾多的「義」在「利」先的宋儒所做出的影響掩蓋。

現實操作提供理論依據，以義為重的儒家則推動士風改良、團結同道士人。因而它們雖同為新政的思想理論資源，卻並未發生巨大的衝突。

　　考察李覯的革新思想，會發現他是慶曆之際思想視野最開闊的思想家。身為身處社會下層的士大夫，他對社會積弊的感受是極為全面、深刻的。李覯主張進行全面的革新，而非僅僅解決當下的問題，他非常希望儒家對理想社會的想像可以實現，因而他對范仲淹的期望是能目光長遠地開展更深入和全面的改革，建立儒家的理想社會。而事實上，范仲淹的改革也確實不是僅僅解決「當下」。

　　今人常說慶曆新政產生的原因是仁宗朝的內憂外患，又說范仲淹改革的核心是吏治，還讚譽范仲淹的革新。這種說法其實毫無邏輯。范仲淹改革若只是吏治改革，那何談解決外患呢？實際上，北宋外患的加劇僅僅只是在時間上，放大了北宋的內政問題，從而使得仁宗在士林輿論的裹挾下，轉而支持范仲淹的改革，內憂外患只是促使仁宗支持改革的動力。而范仲淹的改革，僅僅只是以仁宗時的內憂外患為藉口，本質上它依然是以士大夫為主導的一場貫徹通變救弊精神的改革，吏治改革確實占到了不小的比重，甚至可以說吏治是新政重點關注的問題。但從根本上看，慶曆新政並不是為了解決特定時期的特定現實問題而進行的改革，而是有著長遠的立意、全面的眼光。〈答手詔條陳十事〉唯一講到軍事方面的也是在講改革募兵制度，而沒有去談具體如何解決西夏的威脅[520]，這就能看出，慶曆新政立足長遠，並非著眼於北宋一時的危難，而是企圖大規模改良政治。由是，我們很難說范仲淹沒有受到李覯思想的啟發，畢竟，推行全面的政治改革，正是李覯在給范仲淹的〈寄上范參政書〉中提出的最大期盼。

---

520 實際上，後人對范仲淹對西北邊患的重視程度常有過高的猜想，從某種意義上，巡撫西北、督察軍事，這些做法有時於范仲淹而言，更像是其迴避政治風浪的幌子，而絕沒有許多人想像的那樣在仲淹心有著至高的地位，後人的誤解，往往出自對范仲淹的愛國者形象的拔高想像。

第三章　同道為朋：革新思潮下志同道合的人與慶曆新政

　　經世致用的李覯身為一位「非常儒」，他的思想資源有不少都來自《司馬法》、《六韜》等雜家、兵家著作，所以其思想中包含一種服務國家建設的實用主義色彩，他的「康國濟民」思想，內中包含著他通變救弊、獻身國家的拳拳熱情。這也正是他為范仲淹所看中的地方。

　　站在學術的角度來看，李覯其實是把慶曆學術的「超越」精神表現得最突出的人，這裡所謂的「超越」，按照劉復生先生的說法，指的是突破純學術，而追求一種「超越學術性質的更大的目的」，這個目的，就是透過經世致用，來鞏固、改善、發展宋朝的社會和政治。這正是「內聖外王」的北宋新儒家們投身現實、側重「外王」、追求儒家理想中的社會規畫的展現[521]。功利主義儒學在當時是最能夠為新政提供相對完美的理論支持的，它把士人黨爭、積極出仕和儒家由顏回身上發出的那種守節樂道的思想融合在一起，為士大夫在參政同時解決因「義」、「利」的矛盾提供了理論幫助。宋代不論是陳亮、葉適還是王安石、李覯，在這些儒家學者所謂的功利主義裡，重「利」其實是和貪財嗜利無關的，他們「興利」，只是希望現實政治的改良能夠取得功效，但為了富國強兵[522]。李覯秉持這種學說，最終成為慶曆之際最活躍的革新思想家之一。

　　慶曆興學的影響其實不完全是正面的，負面影響當然也有──范仲淹主張以學校教育作為人才培養的基礎，實際是讓學校跟科舉相連繫，把上進之路跟學校教育捆綁，不僅方便了思想專制、造成了思想統一的客觀效果，更提高了對士大夫選拔的要求，平民的上進之路被束。正因為這些負面影響，蘇軾後來才極力反對「學校貢舉之法」[523]。

　　不過，慶曆興學又確實提高了士人素養、提振了士風，它為北宋政壇培

---

521 劉復生：《北宋中期儒學復興運動》，1 － 23 頁。

522 參見周寶珠〈義利之辨對兩宋社會的影響〉，載氏著《後樂齋集》，370 － 387 頁。

523 [宋] 蘇軾：〈議學校貢舉狀〉，《蘇軾文集》卷二十五，723 － 725 頁。

養了大量的儒生型官員，企圖對舊的文吏政治做出革新，使得北宋有了一批目光更長遠、志向更遠大的士大夫來參政 [524]。更重要的是，州縣興學和太學的發展，使當時學風丕變，甚至在某種程度上，成了宋代理學勃興的開端引緒 [525]。

總覽慶曆之際的學術和思想，新儒家思想和改良政治的主張是其內核，興學運動、政治改良運動以及經學疑古運動，則是其載體與面相。儘管，狹義上的「慶曆新政」主要指政治方面的內容，慶曆興學看似也沒有政治上的改革那樣轟轟烈烈。然而，教育是一件潤物細無聲的事。政治上的「慶曆新政」最終以失敗而告終，但是慶曆學術、慶曆思想卻隨著興學運動和經學疑古運動的展開而綿延久長，不惑傳注的治學原則和經世致用的治學目的，成為慶曆之際學者的共同學術取向，這是當時「學統四起」的狀況下各家大儒治學的共同特徵 [526]。

在「宋初三先生」、李覯、范仲淹等大儒的推動下，傳統的經學形態開始變革，掀起了所謂「講道德，究經義」之風，慶曆學術在經學史上的重要意義是極易被忽略的 [527]。自周敦頤開始的道學史並非完整的道學史，沒有慶曆之際的「正學」復興與發展，日後以道學為中心的中國近世思想史將無從談起。南宋時期書院和鄉村私塾更加興盛，新儒學的傳播也更廣泛，宋學和地方儒家教育影響了整個封建中國後來的歲月。

從這個意義上來說，慶曆之際包括范仲淹在內的諸多思想家，他們的思想、學風，才是真正對後世產生深遠影響的。

---

524 中國政治史上文吏政治和儒生政治的矛盾由來已久，慶曆時期中央興學，是對儒生政治的促進。文吏重眼前利益，而儒生致力於實現余英時所為「儒家的整體規畫」，目光長遠。關於此點，詳參陳文龍〈慶曆興學三題〉，載武漢大學歷史學院主編《珞珈史苑》2011 年卷，159－176 頁。

525 劉季洪：〈范仲淹對於宋代學術之影響〉，《宋史研究集（第一輯）》，357－366 頁。

526 詳參楊世文〈宋代經學懷疑思潮研究〉，四川大學中國古代史 2005 年博士論文，導師蔡崇榜。

527 吳國武：《經術與性理──北宋儒學轉型考論》，199－206 頁。

第三章　同道為朋：革新思潮下志同道合的人與慶曆新政

第四章

人散曲未終：新政的夭亡與北宋的士大夫
精神

第四章　人散曲未終：新政的夭亡與北宋的士大夫精神

一、「天下議論相因而起」

　　慶曆之際士大夫強烈的參政意識令朝堂之上黨議、黨爭之風大起。宋人葉水心對此曾形容道，「國初宰相權重，臺諫侍從，莫敢議己。至韓琦、范仲淹，始空賢者而爭之，天下議論相因而起」[528]。在慶曆新政時期，朝堂上的爭論幾乎未曾斷絕，臺官、諫官、宰執三方勢力，爭相發言。

　　然而，即便是在所謂的革新士人群內部，針對具體問題，他們之間的分歧依然有很多。有時候，我們可以將這樣的現象反過來視作革新士人「和而不同」士風的展現，但當革新士人內部出現分歧與朝廷上黨議越來越激烈，這兩種情況相交織時，這其中所反映出的問題就不是單純的劃派閥、分集團能講清楚的了。

　　這樣的情況在慶曆三年、慶曆四年間是客觀存在的，且比較集中地表現在水洛城事件和滕子京事件中。

　　檢李燾《續資治通鑑長編》，慶曆新政時期對這兩件事的議論實在太多，而且參與對這兩個事件討論的人物，幾乎包攬了當時朝廷上所有活躍的士大夫，中央的范仲淹、歐陽脩、余靖、富弼、王拱辰等人，地方的滕子京、張亢、劉滬、尹洙、狄青等人，他們全都參與了這兩場重大的政治事件。牽扯到的勢力有御史臺、諫官、宰執團隊、邊疆將帥。所以我們看後人的記載，簡直是「亂花漸欲迷人眼」，持不同觀點者相互口誅筆伐，看得人眼花繚亂，而且其中看似有後來人所謂的革新派與保守派之爭，但是細究事理和人際，革新派內部也有主張不同的人物，而所謂的一些保守派人士，又有著一些看似極為公正的作為。這實在容易讓許多人百思不得其解。

　　想要說明為什麼歷史記載和後代一些史評、史論對我們造成的新、舊派閥分明的印象不同，這就要涉及後人的歷史書寫了。在後來的歷史發展過程

---

528 [宋] 羅大經：《鶴林玉露》丙編卷二，259頁。

中，慶曆士風、慶曆黨議，甚至范仲淹，全都成為符號。整個所謂的「仁宗盛世」之風成為官僚士大夫集團，與皇帝進行力量角逐時的輿論武器[529]，而范仲淹等人掀起的慶曆士風則成為後世宋朝士大夫黨爭時一部分士人（特別是所謂的「舊黨」）所認可的理想政治狀態。其實范仲淹本身對後世士風、文風的影響力比不上歐陽脩，但是後人都標榜范仲淹是宋學開山、儒家理想型士人的絕唱，那就是因為范仲淹和他的時代被符號化了。這種符號象徵著儒家式的完美人格、積極進取的士風、開明的政治環境、士大夫和而不同的交誼、直抒己見的朝堂風氣、主張變革的堅決立場。

北宋在慶曆之後，士大夫的參政積極性異化，和而不同的政治環境走向極端，開始了激烈的黨爭，一直蔓延到南宋，黨爭對宋代政治產生了極大的影響，這使得士大夫形成了一種絕對的二元思考。作為宋代較早的黨議、黨爭運動，慶曆新政時期種種事件的歷史表述，都被人用這種二元黨爭的思想重寫並進行了建構。這種全新的歷史解釋，固然有其所本，但它由於其本質是為了服務於後世的黨政政治，因而它將范仲淹的人格品質以及革新士人的品性絕對地符號化、完美化了，且有意刻劃了革新派和保守派的對立和分歧。在這樣的前提下，「革新派」所出現的問題被全部歸罪於「小人」、「保守派」的陷害，「革新派」內部的重重分歧都看成絕對的和而不同士風的展現。

這種解釋，顯然是迴避了革新派士人自身性格的缺陷以及言行的失誤，把失敗完全歸結於外因。由於要抬高革新派士人在歷史評價中的地位，對呂夷簡、夏竦、王拱辰等反面人物的評價也變得片面化。這種對歷史人物和時代之形象絕對化地塑造，是為了為後來的朋黨政治尋找依據。慶曆新政中革新士人群的完美人格和保守派的險惡用心是君子、小人之辨成立的前提，而這種君子、小人之辨正是用以支撐後世文人黨爭的思想輿論基礎。所以後來

---

529 詳參張林〈從平庸到仁聖 —— 兩宋政治迭變中的仁宗形象〉，中山大學中國古代史 2010 年博士論文，導師曹家齊。

第四章　人散曲未終：新政的夭亡與北宋的士大夫精神

宋代的士大夫對慶曆時期革新派士人士風政風就有追慕之情，這種追慕的情感並非完全沒有合理的依據，但不可否認，其中並非毫無二元史觀造成的片面認知的影響。

隨著南宋史學經世致用思想的加強和憂患意識的深化，慶曆時期革新士人群的士風所發揮的模範影響越來越強。透過這樣對歷史的全新解釋，宋代政治史被整理出一條朋黨政治的脈絡，這種脈絡服務於慶曆之後宋代士大夫的黨爭活動，成為「士本位」思想主導下的南宋文人積極參與黨爭的歷史憑據。為了讓這種模範的形象更完善，可以想像，很多史學家在評論慶曆黨議以及慶曆三年、慶曆四年的各種重大討論之時，都是先有明確的黨派劃分，所以他們對史事的評論，往往歸納總結於新、舊黨爭，而對水洛城事件這樣的革新士大夫內部的分歧，則美化成絕對的君子黨議、以國事為先，士大夫「和而不同」，不認為其中有絲毫的意氣之爭。特別是這一時期水洛城事件背後，范仲淹和韓琦在西北軍政上的分歧，更是被他們描繪成一種恰到好處、絕無瑕疵的君子之爭。

另外，把滕子京事件塑造成黨爭，把水洛城事件視作范仲淹、韓琦不黨的例子。這種看法，不少都是歐陽脩、蘇舜欽等文人後來在他們的政論文章和文學作品灌輸給後人的，特別是歐陽脩後來寫的〈論杜衍范仲淹等罷政事狀〉，開這種解釋之先河。革新士人在慶曆之際及其後，始終掌握著文學話語的主導權，這對後人的歷史評論影響很大，王拱辰、夏竦等人缺少向後人辯白的機會，所以後人對慶曆初年諸重大事件的印象，會不自覺地被歐陽脩等人的解釋影響，導致客觀事實的淹沒不彰。

從歷史書寫的角度解讀史料記載，能看到一些歷史迷霧中隱藏的東西，但是得出的結論到底可靠不可靠，這並不好說。上述的論述其實並不健全，只是一種思路，一種思想史上的可能。不過站在客觀立場上而言，歷史永遠

是複雜的、多面的，今人想要盡可能全面地了解慶曆新政時期士風的真實狀況，確實不能只聽范、歐、蘇等人的一面之詞。我們不僅要看到革新士人積極正面的一面，也要看到他們並不足夠正派的一面；不僅要看到他們團結的一面，也要看到他們存在分歧的一面。也就是說，只有從事件的細節中找出一些「反常」點，才能證明那些絕對化的認知並不全面。

由於水洛城事件和滕子京事件跟新政關係不大，所以對其事件的具體情況不做詳述，至於其中牽涉的討論與紛爭，也不作具體的描述，而僅僅提煉概括。

所謂水洛城事件，其實是與當時北宋的拓邊運動和宋夏戰爭有關。說起來，水洛城並不在宋夏邊境，雖然說，於宋軍而言，築城是他們在西北作戰時常用的戰術，因為這樣做既能占地又能據守。但是水洛城除了可以聚攏一些蕃兵外，對於當時最局勢緊迫的宋夏交戰而言，它的策略意義不大。李強先生曾舉曹瑋在大中祥符九年築城於南市一事，證明城水洛至少不是全無道理，因為水洛和南城都溝通秦渭，兩者地理位置相近[530]。但實際上南城之具體位置並不可考，如此推理，不太穩妥。筆者更認同曾瑞龍說，曾氏認為，水洛城不與西夏接境，只與吐蕃散戶相接，邊防壓力不大，只不過人口、資源相對較多而已，但該對區漢蕃雜居，且所謂的「秦渭通路」策略意義有限，並不能直接輔助宋軍對夏作戰。所以他把城水洛視作脫出宋夏戰爭軌道而獨立運作的拓邊運動。[531]

慶曆三年，陝西四路都部署鄭戩獲悉水洛蕃部願意內附，便讓當時在前線作戰、剛剛進城（拓邊）章川堡的靜邊寨寨主劉滬去接受水洛，結果劉滬

---

530 詳參張林〈從平庸到仁聖 —— 兩宋政治迭變中的仁宗形象〉，中山大學中國古代史 2010 年博士論文，導師曹家齊。

531 曾瑞龍：《拓邊西北：北宋中後期對夏戰爭研究》，15 − 16 頁。曾氏此書長於運用現代軍事理論、社會科學概念，但有時也有反受制於理論，有故意套用並過度解釋之嫌。

第四章 人散曲未終：新政的夭亡與北宋的士大夫精神

在進水洛城時遇到蕃部抵抗，最終宋軍戰勝，占領後旋即展開築城活動[532]。但是到了慶曆四年的一月，由於曾久在西北主持軍政的韓琦認為修築水洛城意義不大，因而朝廷詔令陝西都部署鄭戩和涇原路經略安撫使尹洙罷修水洛城。結果鄭戩不僅沒有罷修，反而派親信董士廉前去協助築城。未幾，二月分時朝廷便在歐陽脩的建議下，撤銷了陝西四路都部署的官職，復置諸路都部署和經略安撫招討使，鄭戩則改任永興軍都部署[533]。

但是鄭戩在改任後依然和韓琦相爭執，力主修水洛城有利無害，而劉滬此時的直接上級渭州知州尹洙和涇原路副都部署狄青都反對修築水洛城，由於劉滬和董士廉屢次抗拒尹洙要求罷休水洛城的命令，尹洙讓狄青以巡邊之名去斬殺二人，但狄青只把他們送進了德順軍監獄。當時朝廷派來調查此事的鹽鐵副使魚周詢已在路上，由於劉、董被捕，水洛一帶蕃部暴動，這種混亂場面恰被魚周詢看到並轉報朝廷，朝廷自然認為水洛城利於邊境安寧。故而最終的結果是渭州西路巡檢劉滬降為確山縣知縣，董士廉罰銅八斤，但實際上二人仍權主水洛，水洛城最終建成[534]。

朝廷裡對如何處理劉、董與尹、狄的矛盾曾有過激烈討論，而這場討論的深層背景，則是朝廷士大夫在邊疆政策和策略制定上的分歧。歐陽脩、余靖、孫甫等人都認為不應該窮治劉、董，他們甚至擔心對劉、董、狄的懲罰會讓人懷疑朝廷過於偏袒文臣、輕沮武臣，讓武人寒心，所以他們大多主張把兩邊都安撫下去[535]，再加上這些朝廷官員普遍畏懼蕃亂，所以他們支持修建水洛城。而宣撫陝西五路韓琦則憑藉他自己在前線累積的豐富經驗，認為修築水洛城無益於對夏作戰，只會助長邊將貪功的風氣，且即便要築水洛

---

532 [宋] 李燾：《續資治通鑑長編》卷一百四十四，3486 頁。
533 [宋] 李燾：《續資治通鑑長編》卷一百四十六，3542 頁。
534 [宋] 李燾：《續資治通鑑長編》卷一百四十六，3542 頁。
535 [宋] 李燾：《續資治通鑑長編》卷一百四十八，3575 － 3578 頁。

城，至少也要等到宋夏戰事結束，不然對物力是一種浪費[536]。兩派人的說辭各有其理，從客觀上講，韓琦的說法更符合實際情況，但由於朝廷官員不能及時了解情況，所以他們只能本著保守的想法，盡可能避免蕃亂，這其實也有其道理。

已故宋史學者曾瑞龍對水洛城事件曾有高論。他指出，水洛城事件作為一場拓邊運動，與慶曆之際儒家理想主義所主張的反戰思想是不匹配的。然而，范仲淹、歐陽脩、余靖、孫甫等人之所以會支持水洛城的修建，主要是因為他們身在中央，宋朝的中央指揮體系，並不能使他們很好地了解邊情，導致他們只能接受劉滬造成的既成事實。透過考察劉滬的家世背景，曾氏指出，劉滬身為沒落勛貴，他之所以積極修建水洛城，是希望透過拓邊的方式重新成為顯貴，並以邊功來維護將門顯赫的社會地位。而劉滬的同黨董士廉，身為關中豪俠，由於常規的途徑不能夠使之發達，因而豪俠群體就總是希望透過積極參與邊政，來實現自我價值。

劉滬在朝廷不了解邊疆事務的情況下，對中央朝廷營造了一種離開了在蕃部中聲威極高的劉滬，便無法很好地控制邊境的印象，這實際上並非事實，但卻是范仲淹等人以其掌握的訊息而唯一可以認定的[537]。

從這樣的角度了解水洛城事件，會發現它本身與慶曆黨議關係不大，它完全是豪俠的立功願望、邊臣的意見分歧、緊張的邊疆狀況這三者交織催生的產物。與慶曆士風關聯大的，是對水洛城事件的廷議。

一般的說法為了論證水洛城事件是革新士人內部和而不同的展現，往往會強調兩部分內容。其一，韓琦與范仲淹都是革新派人物，他們的分歧，建立在對邊疆情況的了解差異和對邊疆政策的不同主張之上。韓琦一向主張對夏保持攻勢，而築城則是范仲淹當年主政西北時，所堅持的積極防禦戰術。

---

536 ［宋］李燾：《續資治通鑑長編》卷一百四十九，3604－3608頁。

537 ［宋］李燾：《續資治通鑑長編》卷一百四十九，3604－3608頁。

第四章　人散曲未終：新政的夭亡與北宋的士大夫精神

兩人策略思想不同。其二，考量人際，鄭戩其實是范仲淹的連襟，而劉滬之兄右正言劉渙，在仁宗朝曾和范仲淹一同參與了明道二年由孔道輔領頭的阻攔仁宗廢后的運動[538]，同時也曾是在天聖年間[539] 因力勸劉后還政仁宗而被貶的大臣，按說早就是仲淹的同道。不過，尹洙卻也是范仲淹的好友，景祐年間就被視為范仲淹的同黨，所以不存在范仲淹偏袒哪一方。正因為上述兩點，這時候朝堂的廷議就完全是君子「和而不同」之爭了。

只不過，原本純粹的國事之爭，後來因為王拱辰所器重的御史李京對韓琦的詰難、對尹洙的苛責而走上異化的道路。當時人普遍認為尹洙和韓琦站在同一陣線，尹洙雖然向四路招討司上書辯白過，並慨嘆「韓公、鄭公與某行之皆一也，何必分彼此」[540]，但這種辯白很難不沒有欲蓋彌彰的感覺。因而御史臺對尹洙的抨擊，很容易被人視作是在藉以攻擊韓琦。

水洛城廷議以水洛城的築成為拐點，此後朝廷的輿論一邊倒向范仲淹、歐陽脩等人，韓琦被視作觀點錯誤的一方，這本身就足以令韓琦處於緊張的境地，而御史臺官員想要由尹洙罪及韓琦，則徹底把韓琦推向不得不遠離政治中心的尷尬地步。慶曆五年韓琦自請罷樞密副使時曾「不自安」[541]，這種惶恐而又無奈的情緒，多少都與水洛城廷議中韓琦受到的委屈有關。

前面的解釋是比較傳統的說法，把御史臺的指責看作是朋黨之爭的一部分，把仲淹、韓琦兩派人的矛盾看作絕對的和而不同。然而這裡面實際存在三個問題：

第一，政治立場與姻親關係、人物的過往經歷儘管連繫密切，但並不一

---

538 [宋] 李燾：《續資治通鑑長編》卷一百一十三，2648 頁。

539 關於此事，《長編》係於明道二年十一月戊寅條，然據顧吉辰考，該事發生於天聖九年。見顧吉辰〈北宋奉使邈川唃廝囉政權使者劉渙事蹟編年〉，載《西藏研究》1988 年 01 期。

540 [宋] 尹洙：〈與四路招討司幕府李諷田裴元積中書二首〉，《河南先生文集》卷九頁面三—四，舒大剛主編《宋集珍本叢刊》第三冊，385 頁。

541 [宋] 李燾：《續資治通鑑長編》卷一百五十五，3759 頁。

定有著絕對性的關聯，范仲淹、韓琦等「同道」士大夫更多是以他們共同的儒家理想來維繫關係，而非單純的人際交情。鄭戩是李昌齡的女婿，所以跟仲淹是連襟不假[542]，可他和呂夷簡也是親家，同時，尹洙、余靖、鄭戩還是同於天聖二年中進士的同年[543]，按說同年關係在宋代官場上影響是很大的，文人因同年之誼而結黨是屢見不鮮的事。劉渙的哥哥曾是仲淹同道，可王拱辰也曾和仲淹共進退。魚周詢是王拱辰的下屬，但他的調查結果卻符合范仲淹等人的主張。這一切就好比歐陽脩是胥偃的女婿，但跟胥偃卻政見完全不同，以往學界論及宋代政治史，特別是黨爭政治，多注重考察人物的「關係」，如平田茂樹、何冠環、祁琛雲等，都有類似研究。但實際上，同年、姻親、同鄉等本就屬於基本的人際關係，它們固然會影響士大夫的立場選擇，但這種影響卻並無常態。一些學者，常是先關注士人立場的異同，再注意他們間的關係，然後反言有「某種關係」便必使士人有相對應的立場，這實屬意識先行。既然「關係」關非影響士人關係的決定性因素，今人的考察，就應關注「關係」對士人立場的影響程度，而斷不可以偏概全。

第二，兩方爭執不僅有意見之爭，也有意氣之爭。尹洙個人是存在性格瑕疵的，由於他總是「黑白太明」，導致當時對他的議論有很多[544]。尹洙對鄭戩有過於激烈的指責，這表現在他在討論水洛城的諸多札子裡，對鄭戩用了不敬的稱謂，甚至人身攻擊。而水洛城事件之後，董士廉進京控告尹洙在西北時借公錢謀私[545]，這很難說沒有報復的意味。因而，水洛城事件中的各種

---

542 [宋] 吳曾：《能改齋漫錄》卷一八，《全宋筆記》第五編第四冊，231 頁。

543 李強在《北宋慶曆士風與文學研究》136 頁，說董士廉和尹洙是同年，但由於李強沒有標明此條出處，筆者檢閱手頭資料，似也未發現有相關記載，只從天聖二年進士名單中發現有一人名為「朱士廉」。故筆者對李強所說存疑。關於天聖二年貢舉名單，參見龔延明、祖慧《宋登科記考》卷四，123 － 130 頁。

544 [宋] 范仲淹：〈祭尹師魯舍人文〉，《范仲淹全集》，277 頁。

545 [元] 脫脫等：《宋史》卷二百九十五，9837 頁。

第四章　人散曲未終：新政的夭亡與北宋的士大夫精神

紛爭並非都出於公心，也有出於私心或者意氣之爭的。這顯然並不合乎和而不同的士風。

第三，尹洙在當時對歐陽脩等人極度失望，說他們是和而不同、有分歧卻未傷感情，這未免摻雜了太多今人主觀推斷的成分。尹洙曾在寫給歐陽脩的信裡講他自己並不在意水洛城之爭的利害，「人人各異見，不必深究」，令他傷心的是自己被太多人誤解，特別是與自己關係很好、曾跟自己學習古文的歐陽脩，他慨嘆「永叔尚爾，況他人耶？」[546] 可見當時兩人分歧對其交誼的破壞之深。恐怕這種交情的損傷，不是和而不同的政見之爭能做到的。鄭戩主張修城，除了為公，或許也有他偏執的性格有關，史書說他「憑氣近俠，用刑峻深，士民多怨之」[547]。總之，鄭戩做事也有意氣在內。

所以，慶曆之際革新士人群中和而不同、銳意進取、以公為先的士風只是一個相對的概念，甚至在更多時候，它是後代文人在想像中美化出的一個事物。這一點在滕子京事件中也有展現。

慶曆三年到四年，身為地方官的滕子京反覆出現在中央的廷議中。由於陝西四路都部署鄭戩和監察御史梁堅，檢舉滕子京、張亢任職涇州時亂花公使錢[548]，因而在這一年裡，對滕子京、張亢用公使錢這件事的性質以及解決辦法的討論，成為中央士大夫們津津樂道的話題。范仲淹和韓琦力主滕子京無罪，范仲淹不僅弄清了所謂的濫用公使錢，其實都是用在了邊政中該用的地方，而且仲淹還對仁宗講，像滕子京這樣用公使錢安撫蕃部、犒勞軍士之類的做法，在前線實在太普遍了，名將狄青、种世衡等人都有這樣的做法，甚至范仲淹、韓琦在西北的時候也經常這樣做，如果要治滕子京的罪，

---

546 ［宋］尹洙：〈答諫官歐陽舍人城水洛書一首〉，《河南先生文集》卷九頁面十，《宋集珍本叢刊》第三冊，388 頁。

547 ［元］脫脫等：《宋史》卷二百九十二，9768 頁。

548 ［宋］李燾：《續資治通鑑長編》卷一百四十三。3456 頁。

那就把大家都治罪吧！[549] 大有挾眾自恃的架勢。而王拱辰也態度堅決，在慶曆四年二月，他上書仁宗表示，如果不嚴懲滕子京，仁宗將失去獎懲天下的威信，如果仁宗覺得他說不對，那麼「臣明日更不敢入朝，乞賜責降一小郡」[550]。范、王激烈的爭論，意氣摻雜了不少，不然不會都以自己的仕運相賭。這種意氣之爭是士風中的不良因素。況乎仔細品味范仲淹和王拱辰各自的言行，范仲淹過於激烈的表態，很難不讓人由他和滕子京私交甚好而聯想到他對子京的庇護中夾帶私情，而王拱辰的言論，除了看起來太苛峻以外，他和李京所做的事看起來也只是御史臺臺官恪盡職守的行為，且他們是就事言事。一些人後來從朋黨二元思考出發，認為王拱辰要求窮治滕子京是為了攻擊革新派士人，但這只是一種誅心之論，因為同在此事上主張窮治滕宗諒並與范仲淹相爭[551]的杜衍，就總被人視作是公而忘私，這顯然是後人拿著雙重標準在評論歷史，今人找不到任何直接證據，證明王拱辰有藉治滕宗諒而殃及范仲淹的意圖，因而，倒不如說王拱辰是最為保守的勢力，他是為了維護祖宗之法裡「立綱紀」的部分。

史載，滕子京在知慶州任上享受著極其奢侈的饋食，人情怨憤，被王拱辰彈劾，朝廷派人來查，滕子京趕緊燒掉帳簿以毀滅證據[552]。由此可見滕子京在地方上有作風汙點是毋庸置疑的。

不過具體到公使錢的使用上，就不好說了。僅就這件事情而言，假若范仲淹對滕子京的辯護確實夾帶私情，那麼這樣的事情則鮮明地反映了政治的複雜性，因而其似乎並不足以令後世士人引為模範，所以後人似乎很少願意這樣猜想，而是想透過論證滕子京用公使錢的合理性，來極力維護范仲淹的

549 [宋] 范仲淹：〈奏雪滕子京張亢〉，《范仲淹全集》，626 — 629 頁。

550 [宋] 李燾：《續資治通鑑長編》卷一百四十六，3538 頁。

551 [宋] 曾鞏：〈雜識二首〉，《曾鞏集》卷五十二，718 頁。

552 [宋] 安燾：〈王拱辰墓誌〉，墓誌見洛陽地區文物工作隊〈北宋王拱辰墓及墓誌〉一文，載《中原文物》1985 年 04 期。

第四章　人散曲未終：新政的夭亡與北宋的士大夫精神

光輝形象，可惜滕子京做法的合理性與范仲淹在辯護中是否夾帶私情似乎並沒有必然連繫。相反，直到新政後期，仲淹為避政治風浪而以參知政事宣撫河東之時，他都不忘為滕子京撇清罪責，反而說明仲淹對子京有過於曖昧的態度。這樣的分析頗有顛覆性，實際上對今人認識范仲淹時的「去標籤化」有很大幫助，而且從范仲淹對滕子京的袒護中就能看到慶曆士風的異化。慢慢地，君子朋黨中摻雜進了人際私情的成分，士人政治由國事為先、朋黨而議向意氣為先、朋黨而爭過渡的趨勢顯露得更為明顯。

不過，范仲淹對滕子京的袒護裡，似乎還有另一種思想在發揮作用。即儒家政治中的溫和特質。傳統儒家講由家政及國政，所以主張法不必密。儒家並不反對社會發展、變革，但是它非常介意發展中的不和諧。范仲淹維護滕子京、寬釋劉滬，背後都有儒家這種求「和」的思想作為支撐。只不過這種求「和」的思想，相較於祖宗之法的一味保守苟且，增添了以不阻礙政治社會發展的條件。

由此看來，王拱辰要懲治滕子京是為了履行自己的職責，范仲淹為滕子京辯護雖有可能摻雜私情，但主要還與儒家的處世原則有關。因而，范仲淹、王拱辰、杜衍以辭官相賭的背後，是士大夫為事其道、行其志而仕的展現，是勇進退、事儒道的君子做派[553]。

總覽水洛城事件和滕子京事件，他們一方面反映了慶曆新政時期士人高昂的參政情緒、和而不同的議政原則。但同時，士風的異化也初現端倪，意氣用事和徇私情的現象摻雜其間。在客觀上，這兩件事的發生就其中牽涉人員的初衷本身而言，或許與黨爭無關，但是從歐陽脩以及後來其他一些士人的認知來看，不乏有人以二元朋黨的思想來認定這算是保守派與革新派的交鋒。在這種意識的任用下，再加上這兩件事的爭議所造成的客觀效果，以御

---

553 這種風氣展現在宋代士大夫諸多辭官行為中，具體詳參王德毅〈宋代士大夫的辭官風氣〉，載《宋史研究集（第三十五輯）》，蘭臺出版社 2005 年 7 月版，1－26 頁。

史臺勢力為代表的保守勢力，和革新士大夫社群間的矛盾確實被激化了。這標誌著慶曆新政遇到了很大的危機，這種危機並非來自對新政內容的挑戰，而是新政的執行者在政壇的地位及在士林的聲望被動搖。

二、「當世已不容」

北宋時期，臺諫在有些時候也對皇權進行批判，但就其設立的初衷而言，還是為了幫助皇權牽制相權。宋初政治保守，為了讓官僚隊伍能保持一種相對穩定、和諧的狀態，臺諫勢力對宰執的批判空間是極為有限的。但是到了仁宗朝，士大夫自覺運動的展開促成了朝堂上一種士人爭鳴的狀態，臺諫的勢力逐步增強，成為對宰執強有力的批判方[554]。

正是在這樣的背景下，慶曆新政中的革新士大夫受到了臺官的批評。具體牽涉的事件，便是北宋歷史上著名的奏邸之獄。事情發生在慶曆四年的秋末，進奏院的蘇舜欽、王洙、王益柔以及右班殿直劉巽等人趁著節日喜慶的時候，用公家賣廢紙換來的錢大宴賓客，而且招攬妓樂。王益柔在席間醉後，還高唱了一首〈傲歌〉，歌云「醉臥北極遣帝扶，周公孔子驅為奴」，結果被王拱辰獲悉[555]。王拱辰的消息是從李定處得來的。李定是晏殊的外甥，本想參加這場名士聚會，託梅堯臣去跟蘇舜欽說情，結果蘇舜欽傲慢地拒絕了李定，李定因此懷恨於心[556]。於是在王拱辰的指使下，御史臺的魚周詢、

---

554 詳參賈玉英《宋代監察制度》，155－160頁。賈玉英在提到宋初臺諫對宰執限制有限的現象時，僅僅歸結於宋初相權的膨脹，沒有提及祖宗之法中「召和氣」思想的影響。另，賈玉英認為仁宗時期的政治，呈現出的是臺諫與宰執相矛盾相衝突的特徵，可從景祐年間高若訥與歐陽脩、余靖之爭，以及慶曆年間御史中丞王拱辰對奏邸名士、諫官的打擊可以看出，這一時期所謂的「臺諫合流」現象似乎並不明確，特別是慶曆新政時期，臺、諫立場分化非常明確。所以，慶曆新政時期宰執所受到的批評，不宜視作整個臺諫系統整體對宰執的批判，儘管宰執一向是臺諫習慣批評的對象，但慶曆時期的諫官勢力基本上屬於宰執的擁護者。

555 ［宋］李燾：《續資治通鑑長編》卷一百五十三，3715－3716頁。

556 ［宋］王明清：《揮麈前錄》卷四，《全宋筆記》第六編第一冊，42頁。

第四章　人散曲未終：新政的夭亡與北宋的士大夫精神

劉元瑜等人旋即上奏仁宗，彈劾與會名士公款私用。王拱辰亦親自進言，說「燕會小過，不足治，其如放言狂率，詆玩先聖，實為害教，宜薄懲之」[557]。最終時任集賢校理、監進奏院的蘇舜欽和右班殿直劉巽「坐自盜除名」，直接被從官員隊伍開除。對此，王拱辰曾高興地說「吾一舉網盡矣」[558]。而對精於史學的王益柔，臺官們也都指責他大逆不道，認為其罪當誅。好在最後有韓琦為他辯護，韓琦對仁宗講，王益柔的話就是一時胡語，那些抓著他這點小事不放，卻不關心西北戰事的言官才居心叵測，仁宗醒悟，沒有殺王益柔[559]。最後，史館檢討王洙因此事被降知濠州，集賢校理王益柔被降監復州稅，其他還有很多人都受到不同程度的懲罰[560]。

由於蘇舜欽是杜衍的女婿，他和王益柔也都是范仲淹當初舉薦的。所以後人一般抓住這一點，認為這是以王拱辰為代表的保守派借事對革新派的攻擊，而他們主要的攻擊對象，是范仲淹和杜衍。蘇舜欽自己也這麼認為，慶曆八年他寫信給文彥博的時候就講「昨因宴會，遂被廢逐，即日榜舟東走，潛伏於江湖之上……始者，御史府與杜少師、范南陽有語言之隙，其勢相軋，內不自平，遂煽造詭說，上惑天聽」。但是筆者在前文對滕子京事件、水洛城事件的解讀中已經指出了，這或許又是觀念先行的二元黨政思想在作祟，這種思想普遍存在於當時事件的受害方 —— 也就是韓琦、歐陽脩等革新派士人，以及許多受歐陽脩等說辭影響的後人的腦海中，把一切問題的根本原因都歸於絕對化的黨爭，他們的歷史書寫受到他們觀念的影響。以往談及宋人對本朝的歷史書寫，多數學者都能考慮到所謂的「本朝史觀」，但實際上，士人的歷史書寫中滲透著相當數量的「個性」，這種對歷史的「書寫」和

---

557 [宋] 安燾：〈王拱辰墓誌〉，墓誌見洛陽地區文物工作隊〈北宋王拱辰墓及墓誌〉一文，載《中原文物》1985 年 04 期。

558 [元] 脫脫等：《宋史》卷四百四十二，13079 頁。

559 [宋] 韓忠彥：《忠獻韓魏王家傳》卷四頁面三，舒大剛主編《宋集珍本叢刊》第六冊，641 頁。

560 [宋] 李燾：《續資治通鑑長編》卷一百五十三，3715 頁。

「話語」所反映的不僅是官方意識形態，或者一定時代裡社會的整體認知，還有很多觀念，人們對之的認同程度並沒有後人想像的那麼普遍，反而只是代表著個別人或特定人群的想法。李強指出，這種二元朋黨思想指導下的歷史解讀，糾其源頭，大多是其慶曆新政後革新士人如蘇舜欽、歐陽脩等自己的表述，帶有很強的主觀偏見，且在范仲淹薦舉蘇舜欽、王益柔的奏章裡，曾明確寫道王拱辰也曾薦舉蘇舜欽[561]，李強據此認為，王拱辰身為蘇舜欽的舉主，其彈劾蘇舜欽很可能造成自己因失舉坐貶，在這種情況下他依然彈劾蘇舜欽，可見其做法非為黨爭，而是恪盡職守的表現[562]。李強的說法有其道理，可惜缺少確鑿證據證明王拱辰在彈劾蘇舜欽等人時，曾有過這樣的利弊權衡。

其實，奏邸之獄在客觀上所造成的革新派被打擊、保守派占據輿論高點的現象固然不可否認，但仔細整理跟王拱辰一同彈劾進奏院名士的大臣，會發現身為革新派的張方平，以及對新政態度曖昧、沒有明確反對的，甚至可能是幕後支持者的晏殊也都對蘇舜欽等的做法持否定或「不可否」[563]的態度，特別是章得象跟晏殊的這個「不可否」——這之中多少包含有同情之無奈，反映了新政的宰執團隊也承認王拱辰等的彈劾是合情理的。

由此可以得出，在奏邸之獄上，身為宰相的晏殊、章得象和臺官站在了統一戰線上，黨爭造成的分歧，並不足以讓一心為公、重法明理的北宋士大夫在是非如此明顯的事情上，做出有違道德的事。奏邸之獄，絕非蘇舜欽所謂的冤獄，而是宋代士人以公為先之士風的展現，其中貫徹著「先天下之憂而憂」的精神。當然，從王拱辰「吾一舉網盡矣」的慨嘆也可以看出，王拱辰並非沒有摻雜絲毫的個人情感，畢竟他和他領導的御史臺在慶曆新政開始

---

561 [宋]范仲淹：〈再奏乞召試前所舉館職王益柔章岷蘇舜欽等〉，《范仲淹全集》，621頁。

562 李強：《北宋慶曆士風與文學研究》，162－163頁。

563 [元]脫脫等：《宋史》卷二八六，9634頁。

第四章　人散曲未終：新政的夭亡與北宋的士大夫精神

之初（具體是慶曆三年的十一月）曾被歐陽脩猛烈地批評過[564]，王拱辰或許因之而對作風張揚的年輕諫官們有不滿。但是他的發難也是藉由蘇舜欽等人違法才發起的，所以只能說年輕新進諫官勢力的狂妄，剛好給了他狹私的機會，但就其處置奏邸之獄這一事件本身來看，應該說王拱辰等人還是公事公辦，秉公執言。

或許是出於看到王拱辰請求「薄責」，而仁宗最終卻「厚責」的情況，或許是由於受「唐宋變革」論的影響而過度著眼於皇權加強的趨勢。總之，李強對進奏院事件做出了異於前人的解釋，他認為朝廷對奏邸名士的處罰背後有著皇權意志的影響。從皇權與士權關係的角度來考量奏邸之獄的歷史意義，在某種程度上可以得出，這件事是皇權對過度寬鬆、開放、自由的士權的一次收束、打壓。宋代專制皇權所能容忍的士風的自由程度是有限的，慶曆之際文學發展，文人的驕浮之氣甚囂塵上，士風開明，士大夫議政論政的自由度提高，文人精神的自由程度超出了專制皇權的容忍限度，專制皇權正是借奏邸事件為事端，來打壓過度自由的文人精神[565]。

李強透過考察皇權和士權的關係，來評議慶曆之際的重大政治事件，這無疑是一種「大歷史」視野的展現，其主要是宏觀審視。這樣的視角並非沒有其道理，但是我覺得，其或許有把奏邸之獄的政治意義過度拔高之嫌，顯然是受「唐宋變革」論（其中強調宋代是中國古代君主獨裁制的開端）的影響太大。仁宗的做法固然並不完全同於王拱辰「薄責」的主張，但這完全可以是因為仁宗想以嚴懲來立法度，提醒文人不能太驕縱，僅僅是針對現實的問題，不見得就有皇權、士權之爭的背景。李強的說法從邏輯上而言毫無問題，但是關注皇權、士權關係這種解釋思路略有模式化的意味，將政治史解讀從現實抽離，其實跟二元黨爭的思想一樣，或許都存在過於「架空」的

---

564 [宋] 李燾：《續資治通鑑長編》卷一百四十五，3494 頁。
565 李強：《北宋慶曆士風與文學研究》，173 頁。

自我發揮。他的說法幾可謂完全成立，但如果著眼於事件對具體的現實政治的推動，則這樣的解釋只能說是一種「潛在的可能」。或許，將這種關注皇權、士權關係的解讀思路，用諸慶曆新政失敗之因的宏觀探索，更為合適，甚至可以說，權勢關係的變動是在分析慶曆新政整體影響時，不得不涉及的話題。但僅僅針對奏邸之獄這一具體政治史事件的解讀，還是僅僅止於文人驕薄以致引來禍患這樣的層面為好。

相較之，劉子健先生的解讀就比較務實，他認為仁宗是不喜歡這些奏邸名士有才學卻不穩重的性格，覺得他們輕浮，所以希望改換一批純樸持重者上位 [566]。其實進一步想，德才兼備者向來難求，仁宗的做法或許可看作一種對才士勢力和德士勢力的平衡。

所以，奏邸之獄最宜被視作一件文人因狂放而被治罪的事件，只不過恰好這批狂放的文人，大多是革新派士大夫或者與革新派走的近的名士。其實這樣的巧合本非偶然，它是革新派自身屬性所導致的必然結果，范仲淹的新政除了提振道統，他改良選官制度，目的就是為了為官僚隊伍增入年輕、進取的有才之士。年輕人本就缺少政治上的老練；文士和儒生的屬性又使他們喜歡參政、議政，特別是文學渲染情感，使年輕諫官漸成浮薄之風；開放的社會環境令他們不拘小節……種種條件糅合在一起，這些容易招惹是非、意氣風發但政治情商不高的年輕人注定只會存在於革新派中，也必然會由於自身舉止的放縱而被人抓住把柄。

《風月堂詩話》中記載蘇舜欽曾作詩云「惜哉秬阮放，當世已不容」，或有寫詩自況之意。蘇舜欽的感嘆其實也是有些道理的，文士離不開政治，純粹的放蕩只是文人失意時的消磨和自我放逐，當他們身上「士」的屬性需要被明晰的時候，政治不會容忍他們的輕浮。由此連繫石介寫的〈慶曆聖德

---

566 [美] 劉子健：〈梅堯臣「碧雲騢」與慶曆黨爭中的士風〉，載氏著《兩宋史研究彙編》，115 頁。

第四章　人散曲未終：新政的夭亡與北宋的士大夫精神

頌〉，那也是文士輕狂的表現。蘇舜欽的悲劇說明了這個時代的一種價值取向，士人並非不允許發言，但浮浪的大話總易招來禍患。果然，沒多久，石介也就栽了跟頭。

過去提到慶曆新政時期的改革派、保守派之爭，大多是如對奏邸之獄的傳統解讀一樣，由於保守派的行為目的缺少直接、可信的記載，後人在評價時多依賴於主觀判斷，因而其中有太多學者個人發揮的成分，雖然那些論斷可以從事件的客觀效果中，找到一定的支撐基礎，但是仍難免存在過度解釋的嫌疑。真正能算作是保守派有明確的攻擊革新派的意志的事件，大抵只有夏竦陷害石介一事了。

當時石介寫信給富弼，讓富弼等宰執要向伊尹、周公學習，所謂「行伊、周之事」。夏竦在此前早就因石介對自己的批判懷恨在心，而且他因為自己不得志，所以還一直想扳倒富弼[567]。夏竦讓女奴偷偷臨摹石介的字體，把「行伊、周之事」改為「行伊、霍之事」，以此作為石介、富弼想學伊尹囚太甲、霍光廢昌邑王而立漢宣帝這種事的證據，認為他們圖謀廢宋仁宗並另立新君。仁宗看後當然不信，這個皇帝年紀雖不大，但老成持重，大是大非還是能看得一清二白的。可是，正由於懷恨在心的夏竦所製造出的這個事端，一時間社會上輿論譁然，范仲淹和富弼都很惶恐，想躲避政治風浪，於是在范仲淹的一再請求下，仁宗於慶曆四年六月任命仲淹為河北、陝西路宣撫使[568]。到了八月，富弼也出於避讒謗的考慮，外出巡撫河東[569]。

到頭來還是對新政積怨最深的夏竦，給了范仲淹、富弼等人致命一擊，范、富二人當初曾預料到石介可能會對新政帶來禍患，果不其然。夏竦為了扳倒革新派，玩弄的權術很是陰毒。所以後來宋人中有一部分對王拱辰的評

---

567 [元] 脫脫等：《宋史》卷三百一十三，10253 頁。
568 [宋] 李燾：《續資治通鑑長編》卷一百五十，3636－3637 頁。
569 [宋] 李燾：《續資治通鑑長編》卷一百五十一，3674－3675 頁。

價，還不乏模稜兩可的態度，但對夏竦的人品，幾乎沒有人稱讚。雖然當時人大多對王拱辰窮追猛打奏邸名士的事多有所薄，但畢竟王拱辰跟革新士人間還曾有共倡興修太學等合作，王拱辰的言行公大於私，而夏竦則反之，他對石介的報復實在是將自己的狹隘心胸顯露無遺。

　　外出宣撫，實際已經宣告了新政的終結，離開朝廷，士論就再難為范仲淹、富弼等人所掌控了，更別談維持新法。此時的范仲淹已經五十六歲了，晏殊五十四歲，富弼四十一歲，石介四十歲，歐陽脩三十八歲，韓琦三十七歲，蘇舜欽三十七歲。范仲淹是這裡面年紀偏大的士大夫了，他老了，精力充沛的黃金年齡已經度過了，當輿論與誹謗如潮水般鋪天蓋地而來時，他也感到無所適從，感到困頓無力。西北邊事固然是仲淹所關心的，但這在過去並沒能成為仲淹離開中央的理由，此時他打著宣撫西北的旗號遠離是非之地，除了自感力不從心外，恐怕更多地促成他自請外放的是他對輿論的畏懼，先天下之憂而憂的他透支了太多精力，他實在經受不住推行新政以來甚囂塵上的謗毀了——「（范仲淹）以天下為己任，遂與富弼日夜謀慮，興致太平。然規摹闊大，論者以為難行……任子恩薄，磨勘法密，僥倖者不便；於是謗毀浸盛，而朋黨之論，滋不可解。然仲淹、弼守所議弗變」[570]。

　　弔詭的是，總覽范仲淹的仕途起落，每一次似乎都是士林輿論在發揮著作用。特別是慶曆新政時期，他任參政、罷參政，都是士林輿論造成的。這一點南宋思想家葉水心特別提到過，他說自從韓琦、范仲淹當政以來，臺諫議事的風氣漸開，「然韓、范既以此取勝，及其自得用，臺諫侍從方襲其跡，朝廷每立一事，則是非蜂起，譁然不安」[571]。當宰執之初，范仲淹、韓琦等人是憑藉「士望所屬」上臺執政，但上臺後又有不少人開始批評他們，所以等到范仲淹巡撫陝西時，人們對他的態度變成了「謗毀浸盛」。

---

570 ［宋］李燾：《續資治通鑑長編》卷一百五十，3637 頁。
571 ［宋］羅大經：《鶴林玉露》丙編卷二，259 頁。

第四章　人散曲未終：新政的夭亡與北宋的士大夫精神

　　在我看來，以范仲淹為代表的革新士人群，確實是被輿論抬上政壇中央的，當時士林都期待他們能有所變革，范仲淹本人的起復其實本就是士權取得相對勝利的產物，是士林呼聲左右帝王意志的結果。但是上臺之後的范仲淹、富弼等人，之所以沒在能得到士林的廣泛支持，除了新政自身觸碰到的既得利益者太多，力度和節奏讓許多人不適應外，似乎還因為他們沒有遵守之前宋代士林普遍存在的「方未達時，好指陳時事，及被進用則不然」的潛規則[572]，所以又被所謂的「小人」——實則是反感范仲淹等人的新政以及激進做派的士大夫——趕下了臺。這之中或許本身就存在著士林在士風過渡期的矛盾性格——他們讓仲淹上臺是希望新政，可當新政真的來了，他們又對之持保留態度。這是士風從消極轉向積極的過渡時期特有的現象，大家還不太能接受新事物的強烈衝擊，所以雖然歡迎新政，但又對大幅度的變革有些不能適應。最典型的例子，就是外官們普遍不能適應磨勘法的變革，一下讓很多人失去了鑽空子的機會，他們對新政積怨隨之而生。夏竦、王拱辰等人，只是因為剛好跟革新士人有私人仇怨、意氣之爭，因而很自然地成為或被後人當作反新政士大夫的代表。他們的作為，有個人情感因素摻雜其間，但不可否認，其行為出現的背後有不少反對派士人的「共同意志」在發揮作用。

　　但是，真正動搖范仲淹等人的輿論支持的，或許還真不是所謂的保守派。當革新士人的和而不同異化為驕浮議政之氣甚囂塵上時，原來堅定支持新政的開明士大夫也開始對范仲淹有所批評。蘇舜欽在慶曆四年五月[573]給范仲淹的信中就表達了對新政成效的不滿，按照蘇舜欽的說法，當時已經有「議論之眾」在傳范仲淹「因循姑息，不肯建明大事」、「教訓醫工，更改磨勘，復職田，定贖刑之類，皆非當今至切之務。譬如倒懸者饋之以食，餒者

---

572 [元] 脫脫等：《宋史》卷三百三十，10620 頁。
573 [元] 脫脫等：《宋史》卷三百三十，10620 頁。

飲之以漿，徒益人之忿耳」[574]。總體來看，蘇舜欽指出的，是當時人普遍覺得改革沒有立竿見影，沒有抓住當時最緊迫的邊患為題著重解決，因而略讓人失望。此時在一些人眼中，范仲淹似乎有了轉變，變得「不銳於當年」，變得「有高世之名，未見為高世之事」。

　　諸葛憶兵藉由蘇舜欽的書信，從范仲淹同仁宗的關係入手，嘗試對新政的夭折做出解釋，他指出，「蘇舜欽書信能夠說明如下問題：第一，慶曆新政確實沒有產生多大政治效果，沒有帶來多少治理國家的實際效果；第二，這是朝野的普遍共識，不是政敵的惡意誹謗；第三，堅決支持范仲淹的官員們也逐漸失望」[575]。諸葛氏的分析單就文獻釋讀上來看，並沒有問題。但筆者竊以為，蘇舜欽的主觀認知，並不能客觀反映當時實際的情況。慶曆新政固然在政治上是一場失敗的改革，但這不代表改革派自身就會有這樣的認知，諸葛憶兵所述二、三條其實值得商榷。蘇舜欽此文後附七條改革意見，其建議的大方向基本和范仲淹在慶曆三年提出的十條綱領相一致，這說明此時改革派堅持政改的立場未變。蘇舜欽的表達或可作激憤之語來理解，他對范仲淹還沒有完全喪失信心，如果真得失望，他就沒必要再致信范仲淹了。甚至今人還可以懷疑，蘇舜欽講的這些坊間傳聞，搞不好都是為了激勵范仲淹而編造的。朝野對新政的失望是「共識」嗎？至少僅憑蘇舜欽一封信是不能證明的。范仲淹人格魅力影響了整個時代的士風，這從蘇舜欽文中所述士林對范仲淹的期待和對改革的支持能夠看出，所以僅僅因為政治局勢的不明朗，就喪失對范仲淹的推崇，這顯然不能從常理說通，也與蘇舜欽致信范仲淹提供建議這一行為背後所反映的蘇舜欽的個人意識不相合。

　　但是不能否認的是，蘇舜欽的心中確實表露出了對新政不夠滿意的情緒，改革士大夫們沒有否定范仲淹在改革，但卻不滿於改革未能立竿見影、

---

574 [宋] 蘇舜欽：〈上范公參政書〉，《蘇舜欽集》卷第十，118 頁。
575 諸葛憶兵：《范仲淹研究》，159 頁。

第四章　人散曲未終：新政的夭亡與北宋的士大夫精神

不滿於范仲淹對邊患的輕視。這種不滿情緒，成為最後顛覆了輿論局勢的關鍵性力量。實際上，早在慶曆四年的六月四日，李覯就曾在給范仲淹的信中講到了新政「成也士論，敗也士論」的可能。李覯說，當他看到新政團隊上臺後，內心是有喜有憂的。「喜者何？謂冀明公立天下之功；憂者何？謂恐明公失天下之名。夫以明哲之性，樹剛中之德，裁量古今，愍測衰敝。昔者言之而不得行之，誠無可奈何。今在行之之位矣，蓋當築邦家之基，天不足為高，地不足為牢。此所謂冀明公立天下之功也。然塞孟津者，非捧土可足；治膏肓者，非苦口不宜。遺闕之原，豈是眇小？若曰患更張之難，以因循為便，揚湯止沸，日甚一日，則士林稱頌不復得如司諫待制時矣。此所謂恐明公失天下之名也……嗟乎！人壽幾何？時不可失，無嗜眼前之爵祿，而忘身後之刺譏也。覯才不適時，體復多病，非有望於仕進者也。所願草茅之下，復見太平，瞑目黃泉，蔑遺恨矣」[576]。李覯在書信中表達了自己對新政寄予的厚望，同時一再強調，如果新政被人視作是「因循為便，揚湯止沸，日甚一日」，那麼范仲淹注定將失去士林所給予他的輿論支持，新政夭折便也就將是可想而知的事。結果蘇舜欽的表態就應驗了李覯的先見。

　　一部分開明士大夫對改革缺乏耐心，這好比晚清的革命黨，他們都主張激進的變革，要大刀闊斧、立竿見影，受不了溫和改良那不乾脆的樣子。這種想法普遍存在於年紀較輕的改革派士大夫中，成為當時的一種思想潮流。其實范仲淹在「擇官長」時的做派都夠峻刻了，不然也不會引起富弼的擔憂。但在一些更為激進的士大夫那裡，這只能被視作揚湯止沸的小打小鬧。保守派和一些支持變革卻又受不了驟變、劇變的士大夫對新政阻力太大，支持改革的士大夫對新政的速度和力度又要求得太急、太強。這都是導致范仲淹對改革失去信心，或者說感到心灰意冷、無可奈何的原因。在本書前文中

---

576 [宋] 李覯：〈寄上范參政書〉，《李覯集》卷第二十七，315－316 頁。

已有交代，范仲淹的改革本身只是以當下的現實為引子，本身有著更全面的考慮、更長遠的規畫。但是這種遠見並不易為常人所理解和認同，改革派士人中有不少都主張先解決當下，甚至他們認為只解決當下的問題（主要是邊患和財政緊張）就好 —— 從某種程度上講，新政的夭折正與宋夏關係的緩和有關，西夏對宋稱臣使得一些目光短淺的士大夫從積極革新重新轉回保守，改革的任務在很多人眼裡不再如過去那般迫切，於是支持新政的呼聲旋即弱了很多。

慶曆新政並非誕生於北宋積弊最嚴重的時期，如果沒宋夏戰爭的壓力，那種強烈的緊迫感和憂患意識，或許只存在於一部分士大夫的意識中，儘管這一部分有先見之明的士大夫，無疑具有較強的政治影響力和社會影響力，但那種極為強烈的緊迫感並不存在於更廣大的社會基礎中，甚至在所謂的革新派士人那裡，救弊也並非在每個人那裡都如他們自己想像的那麼堅定，加之並非所有革新士人都保持有跟仲淹一樣的思想水準和長遠目光。這種士大夫間眼界、認知的差異令范仲淹的新政無論怎樣都難逃苛責，士大夫們對改革與否以及改革的程度缺少充分的共識，這也正是范仲淹的無奈之處。

范仲淹早就慨嘆過「事有先後，而革弊於久安，非朝夕可也」[577]。范仲淹布的局太大，短時間看不出成效，可這卻為他引來謗毀，他明明想做那麼多也做了那麼多，可到頭來蘇舜欽還說「今朝廷之患，患在執政大臣不肯主事」[578]。由此再看范仲淹在慶曆四年上半年多次提出的想外出巡邊的請求，這之中多少有賭氣的意味，既然沒有人理解他，那他不如專注邊事，遠離汴梁的是非。於是自從范仲淹於六月去了陝西，新政便基本陷入了僵局。

八月富弼出巡後不久，集賢校理余靖改官右諫議大夫，為回謝契丹使。右正言歐陽脩也在當月被任命為河北都轉運按察使，歐陽脩曾以諫官在外不

---

577 [宋]歐陽脩：〈資政殿學士戶部侍郎文正范公神道碑銘並序〉，《歐陽脩全集》卷二十一，335頁。
578 [宋]蘇舜欽：〈上范公參政書〉，《蘇舜欽集》卷第十，124頁。

第四章　人散曲未終：新政的夭亡與北宋的士大夫精神

便風聞言事為由，想拒絕外放河北，但被仁宗以「不可以中外為辭」駁回[579]。九月，平章事兼樞密使晏殊被罷，後改任潁州知州。參知政事賈昌朝改任樞密使，知青州陳執中任參知政事[580]。十一月，奏邸名士先後被處理。諫官孫甫、蔡襄因認為陳執中剛愎不學，因而與仁宗發生爭論，十月時蔡襄改知福州，而此時孫甫還在契丹出使，等到慶曆五年正月他回來，旋即被任為知鄧州。

同是在慶曆五年正月，范仲淹被罷參政，改知邠州，富弼被罷樞密，知鄆州。杜衍也因與陳執中鬧矛盾，被指為在任上「彰朋比之風」而被罷，改知兗州[581]。需要注意的是，杜衍之罷似未與奏邸之獄有關，由是見得，所謂進奏院獄乃是假治蘇舜欽之機以牽連杜衍的說法，缺少充分的證據。

其實自從范仲淹、富弼二人外出巡撫，朝廷中對他們的謗毀之聲便隨之而起，新政也被阻止。當時唯一還能為范、富二人做出點辯護的，就是樞密使杜衍，但這已經不能改變大局。在外放的日子裡，范仲淹上過很多奏章，但幾乎只言邊事，或許他只是想以此讓仁宗不要忘記自己的苦勞、不要忘記自己的熱心。仁宗在新政後期其實依然保持著對范仲淹等人的信任，慶曆四年四月時宦官藍元震曾趁著歐陽脩、范仲淹等深陷朋黨的指責而向仁宗進言，指責范仲淹、歐陽脩、余靖、尹洙、蔡襄等人朋黨，一共黨同了五六十人，這些人將在兩三年內「布滿要路」、「誤朝迷國」，只要有人反對他們，他們就能輕易「挾恨報仇」。當時仁宗卻並不相信藍元震的話[582]。但是，所謂「三人言成虎」，當心灰意冷的范仲淹在十一月上表乞罷政事、知邠州時，仁宗卻在眾人的極力謗毀下動搖了意志，打算批准。當時已快七十歲的宰相章得象阻攔了仁宗，他並非要為仲淹說好話，相反，他是認為范仲淹士望

---

579 [宋] 李燾：《續資治通鑑長編》卷一百五十一，3676 － 3684 頁。

580 [宋] 李燾：《續資治通鑑長編》卷一百五十二，699 － 3704 頁。

581 [宋] 李燾：《續資治通鑑長編》卷一百五十四，3735 － 3741 頁。

582 [宋] 李燾：《續資治通鑑長編》卷一百四十八，3582 頁。

很高，一旦罷免，仁宗會被指為輕黜賢臣。不如先不允許，如果仲淹對此上謝表，則說明他請辭政事不過是挾君自邀的把戲。結果范仲淹果然上了謝表 [583]，這或許本不過是仲淹對仁宗禮節性的回應，但此時在仁宗看來，仲淹的用心已變得險惡。

章得象一直是隱藏得很深的反對派，這或許也可理解作他老成持重的表現，「為人厚重」[584] 的他不肯輕易發言，靜觀其變。其實他對新政保留甚至反對的態度並非不能預見。新政中有一條是讓宰臣分領政務，所謂「事有利害者，並從輔臣予奪。事體大者，二府僉議奏裁」。當時參知政事范仲淹領刑法，參知政事賈昌朝領農事。但是章得象就此明確反對范仲淹的主張 [585]。這也是章得象在慶曆新政推行過程中，唯一一次明確對新政表態。章得象曾對張方平講過他對新政的評價：「得像每見小兒跳躑戲劇，不可訶止，俟其牴觸牆壁自退耳。方銳於跳躑時，其勢難遏也。」[586] 改革派多是年輕人這點並非沒有道理，但揣度章得象的語氣，大有倚老賣老的味道，對新政很是輕蔑。後來富弼被罷樞密，章得象的意志也是發揮了作用的。

除了章得象，在慶曆新政時期的其他宰執中，晏殊發揮的作用也很值得玩味。這一時期晏殊在朝廷上發言並不多，看起來跟章得象一樣內斂沉默。但是，《宋史》有載，「殊平居好賢，當世知名之士，如范仲淹、孔道輔皆出其門。及為相，益務進賢材，而仲淹與韓琦、富弼皆進用，至於臺閣，多一時之賢。帝亦奮然有意，欲因群材以更治，而小人權幸皆不便」[587]。也就是說，在元朝史官看來，晏殊儼然是當時朝廷上大量士大夫的伯樂。如果說整個改革派士大夫群其形成中摻雜著人際的因素，那麼，這些人際鏈共同的端

583 ［宋］李燾：《續資治通鑑長編》卷一百五十四，3740 頁。
584 ［宋］蘇轍：《龍川別志》卷上，81 頁。
585 ［宋］李燾：《續資治通鑑長編》卷一百五十一，3673 頁。
586 ［宋］邵博：《邵氏聞見後錄》卷二十，《全宋筆記》第四編第六冊，140 頁。
587 ［元］脫脫等：《宋史》卷三百一十一，10197 頁。

第四章　人散曲未終：新政的夭亡與北宋的士大夫精神

點，必然是時任宰執的晏殊。更何況，晏殊本是仁宗做太子時的東宮舊臣，當年仁宗還是太子時，晏殊就因在東宮做官「謹厚」、「誠實」而廣為人所稱讚[588]，他能為宰執，本就是仁宗器重他的表現。晏殊與范仲淹交往的日子很長，當年兩人在應天書院就共事過，年紀相仿又互為知己。

有學者以慶曆二年富弼對仁宗講「晏殊奸邪，黨呂夷簡以欺陛下」[589] 一事，來論證晏殊與革新派士大夫並非同道。但須知富弼此語乃是就宋遼關係事宜而論，與新政並無關聯，況這完全可能是富弼一時情緒激動的激進之語，並不代表他冷靜時的想法。而富弼在仕途之路上沒少被晏殊提拔卻是不爭的事實。由此可知，晏殊雖然在具體政務的參與過程中出場不多，但他在宰執之位上，本身對新政就是一種維護。不過，前文已提到，劉子健先生曾認為不論是個人、地域還是社會的因素都不是構成新政派士人「黨同」的決定因素，決定因素只有儒家理想主義這一點[590]。然而，晏殊身為北宋文壇的領袖之一，他與范仲淹等人的深厚交情，本身就說明了其思想貼近儒家理想主義的特徵，況乎晏殊本來就曾一度是北宋的士林領袖，其對儒家理想主義的支持態度毋庸置疑，只不過圓滑、老於世故的他並不如歐陽脩那樣說得明白、激烈罷了。其實史料中並非沒有對晏殊支持新政的記載，只是很簡略，如蘇轍說「富鄭公自西都留守入參知政事……乞多置諫官，以廣主聽。……而晏公深為之助」[591]。可見晏殊在推舉諫官人才上多有貢獻。

《宋史》對章、晏二人曾有類比，「得像渾厚有容，殊喜薦拔人物，樂善不倦，方之諸人，殊其最優乎！」[592] 言之甚善。章得象雖然對新政，特別是新政中文士們的躁浮之氣很是不滿，但大多時候都隱忍不發。晏殊的愛才之

---

588 [宋] 江少虞：《宋朝事實類苑》卷第七，74 頁。
589 [宋] 邵伯溫：《邵氏聞見錄》卷九，90 頁。
590 [美] 劉子健：〈宋初改革家：范仲淹〉，載費正清編《中國的思想與制度》，113 頁。
591 [宋] 蘇轍：《龍川別志》卷上，82 頁。
592 [元] 脫脫等：《宋史》卷三百一十一，10206 頁。

心，令他籠絡了眾多賢士，這種同道士大夫的團聚，成為新政展開的前提。因而總體來說，章、晏雖然在新政中表現不多，卻也並非如後世一些史家所論，晏、章二人造成了負面的作用，只不過他們或許有些老於世故的官僚做派，不肯像范仲淹、富弼這樣直接表露政見、參與到政治風浪中去。

在范仲淹巡撫陝西的途中，他曾再次遇見呂夷簡 —— 這位對仲淹這一生的仕途和思想影響都很大的前朝老臣。在慶曆新政時期，與改革派士人作對的主要是夏竦等人，有些人以為呂夷簡是王拱辰、夏竦等人的幕後支持者，這實在是毫無依據的臆測，僅僅憑據了呂夷簡賞識過王拱辰這一點。可范仲淹對反對派中的一些士人在此前也有過稱許，這種只看人際不看實際的解讀，似乎已經成為解讀宋代黨爭政治的慣性解釋。就算此時的范仲淹與呂夷簡還未有過明確的和解行為，但一個是失勢參政、一個是前朝宰相，恩仇俱泯，唯有士人間惺惺相惜之感，且范仲淹後來其實對呂夷簡的評論態度是比較溫和的，他在主持新政前能被委以主持西北軍政的重任，呂夷簡也是出過力的。

蘇轍對范、呂二人此次在鄭州相見著筆甚多，這件事的前因後果是仲淹的同道好友兼學生張方平告訴蘇轍的，蘇轍記載「范文正公篤於忠亮，雖喜功名，而不為朋黨。早歲排呂許公，勇於立事，其徒因之，矯厲過直，公亦不喜也。自越州還朝，出鎮西事，恐許公不為之地，無以成功，乃為書自咎，解仇而去。其後以參知政事安撫陝西，許公既老，居鄭，相遇於途。文正身歷中書，知事之難，唯有過悔之語，於是許公欣然相與語終日。許公問：『何為亟去朝廷？』文正言：『欲經制西事耳。』許公曰：『經制西事，莫如在朝廷之便。』文正為之愕然」[593]。

應當說，范、呂晚年解仇在一定程度上乃是不爭的事實，一方面，呂夷簡確實有不可抹殺的功績，以及他在政治上確實十分老成；另一方面，歷經

---

593 [宋] 蘇轍：《龍川別志》卷上，83 頁。

第四章　人散曲未終：新政的夭亡與北宋的士大夫精神

宦海沉浮後的范仲淹已經成熟許多，他對他當年略有些撈名逐利的激進做派也有了反思。范仲淹即便在內心對與呂夷簡結仇的事沒有完全釋然，兩人在公事層面，應當說已緩和了關係。後世對范、呂解仇多有異見，但事實上，此事當是歷史上的無解公案。後人那些所謂的異見，往往是基於對兩人評價的先驗立場。譬如歐陽脩後來在范仲淹墓的神道碑碑文中有意強調范、呂解仇，實際上其背後有著歐陽脩後來反思早年支持革新過於激進的思想背景，因而他一改過去對呂夷簡的過激批評，而對呂夷簡和范仲淹在評價上皆持平和態度。

范仲淹的愕然是因為他意識到呂夷簡話裡潛藏的提醒——離開朝廷，就很難推行新法了。同年九月，呂夷簡就去世了，仁宗知信後感慨地說「安有憂公忘身如夷簡者」[594]。呂夷簡雖然是個保守主義的士大夫，雖然曾在主政時因私心而排斥異見者，但不可否認，這個累計執政幾十餘年的士大夫，以他的鞠躬盡瘁為自己在身後迎來了尊嚴。對呂夷簡當年做宰執的不易，范仲淹此時亦已是感同身受，此時的仲淹對這位與他亦敵亦師亦友的士大夫，更多的是寬容與尊敬，就像他在十一月給呂夷簡的祭文中所寫的那樣，「嗚呼！富貴之位，進退唯艱。君臣之際，始終尤難。……得公遺書，適在邊土。就哭不逮，追想無窮。心存目斷，千里悲風」[595]。他對呂夷簡的理解和同情，同時也是對自己遭遇的慨嘆。

慶曆四年九月，賈昌朝任樞密使，陳執中任參知政事[596]。十一月，仁宗下詔云：「朕聞至治之世，元、凱共朝，不為朋黨，君明臣哲，垂榮無極，何其德之盛也。朕昃食屬志，庶幾古治，而承平之弊，澆競相蒙，人務交遊，家為激訐，更相附離，以沽聲譽，至或陰招賄賂，陽托薦賢。又按察將命者，恣為苛刻，構織罪端，奏鞫縱橫，以重多辟。至於屬文之人，類亡體

---

594 [宋] 李燾：《續資治通鑑長編》卷一百五十二，3698 頁。

595 [宋] 范仲淹：〈祭呂相公文〉，《范仲淹全集》，270－271 頁。

596 [宋] 李燾：《續資治通鑑長編》卷一百五十二，3704 頁。

要，詆斥前聖，放肆異言，以訕上為能，以行怪為美。自今委中書、門下、御史臺采察以聞。」[597] 仁宗的詔書沒有點名，但幾乎對改革派士人的問題都做了批評，屬文之人詆斥前聖，無疑是在說奏邸名士的事。而仁宗對朋黨的批評，更說明了范仲淹等人「得君行道」的失敗。

仁宗讓御史臺調查這些事，更顯出其是有針對性地想要整治改革派。發此詔時，仲淹尚未被罷相，但新政之亡已昭然若是。

慶曆五年一月，出使契丹歸來的諫官孫甫因與陳執中結怨，被外放知鄧州。右正言錢明逸為了迎合章得象，上書說富弼等人「更張綱紀，紛擾國經，凡所推薦，多挾朋黨，心所愛者盡意主張，不附己者力加排斥，傾朝共畏」，又說范仲淹先前請知邠州是做姿態以自固。在錢明逸的煽風點火下，范仲淹被罷參政，知邠州；富弼被罷樞密，知鄆州。後來在范、富二人離朝期間維持新政的杜衍也被罷相，知兗州。賈昌朝旋即平章事，在當年范仲淹任開封府尹時與仲淹結怨的右諫議大夫吳育任樞密副使，章得象推薦的宋庠也出任參知政事，改革派的主要士大夫盡數被外放[598]。接到外放旨令的范仲淹表示自己「不以毀譽累其心，不以榮辱更其守」[599]，旋即到地方就職。三月，韓琦為范仲淹、富弼辯護卻未得仁宗回應，董士廉又在朝廷告他，韓琦自感不安，請求外放，後被罷樞密副使並改知揚州[600]。四月，「在中書八年，畏遠名勢，宗黨親戚，一切抑而不進」的章得象因常年「無所建明」，在士論壓力下自請罷相，仁宗不得已而從之[601]。慶曆五年，夏竦以同平章事判大名府，次年入相，因與陳執中不合而改任樞密使，封英國公，「性素貪」、「喜離間僚屬」、「待家人亦不誠」的他被當時人「以奸邪目之」，後於皇佑二年

---

597 [宋] 李燾：《續資治通鑑長編》卷一百五十三，3718 頁。
598 [宋] 李燾：《續資治通鑑長編》卷一百五十四，3741 － 3742 頁。
599 [宋] 范仲淹：〈邠州謝上表〉，《范仲淹全集》，416 頁。
600 [宋] 王稱：《東都事略》卷第六十九，571 － 572 頁。
601 [宋] 李燾：《續資治通鑑長編》卷一百五十五，3769 頁。

第四章　人散曲未終：新政的夭亡與北宋的士大夫精神

去世，享年六十七歲 [602]。

　　在諸臣被外放後，改革派中的核心士大夫裡，留在朝廷的只剩下余靖、歐陽脩。余靖曾發表一些對新政的異議，如慶曆四年十一月時他就曾批評新政中的「知貢舉」條；慶曆五年二月時，他對恩蔭法也有議論，不過此時他的發言更多集中在邊事和宋遼關係上。但就因為他因為前後三次出使契丹，學會了一些契丹語，曾為契丹皇帝用契丹語作詩，結果被監察御史劉元瑜舉報，最終在慶曆五年五月被外放知吉州 [603]。劉元瑜是臺官，他對范仲淹等人一向不滿，仲淹剛被罷參政，他就上書攻擊新政中的磨勘法「長奔競，非所以養士廉恥也」，又指責改革派諫官「薦延輕薄……扇為朋比」 [604]，此人很是會迎合章得象、陳執中，又曾為夏竦鳴不平，其立場不言而喻。

　　至於歐陽脩，在范、富兩府被罷後也曾多次言事，但大多換來「疏入不報」的尷尬結果，這說明仁宗對他亦失去信任。慶曆五年三月的奏疏是歐陽脩對新政人物品評最完整的作品，對整個新政的歷程也有回顧。在那篇奏疏中，歐陽脩極力為改革派士人辯護，以致不惜再次直言朋黨問題，他講「昔年仲淹初以忠信讜論聞於中外，天下賢士爭相稱慕，當時奸臣誣作朋黨，猶難辨明。自近日陛下擢此數人，並在兩府，察其臨事，可以辨也。蓋衍為人清審而謹守規矩，仲淹則恢廓自信而不疑，琦則純正而質直，弼則明敏而果銳。四人為性，既各不同，雖皆歸於盡忠，而其所見各異，故於議事，多不相從。至如杜衍欲深罪滕宗諒，仲淹力爭而寬之。仲淹謂契丹必攻河東，請急修邊備，富弼料九事，力言契丹必不來。至如尹洙，亦號仲淹之黨，及爭水洛城事，韓琦則是尹洙而非劉滬，仲淹則是劉滬而非尹洙。此數事尤彰著，陛下素已知者。此四人者，可謂至公之賢也。平日閒居，則相稱美之不

602　[宋] 王稱：《東都事略》卷第五十四，426 頁。

603　[宋] 李燾：《續資治通鑑長編》卷一百五十五，3772 頁。

604　[宋] 李燾：《續資治通鑑長編》卷一百五十四，3744 頁。

暇，為國議事，則公言廷諍而不私。以此而言，臣見杜衍等真得漢史所謂『忠臣有不和之節』，而小人讒為朋黨，可謂誣矣」[605]。可惜這篇情感慷慨的奏疏，依然沒能換來仁宗的回應，反而讓更多人指責歐陽脩是范仲淹等人的朋黨[606]。

後來歐陽脩的外甥女張氏因失行繫獄，錢明逸遂藉以牽連歐陽脩，導致其在慶曆五年八月被貶知滁州[607]。在滁州太守任上，歐陽脩致力於發展民生，還留下了千古名篇〈醉翁亭記〉，其文中有豁達之情亦有憂世之心，可謂一種相對超越的境界，似不再為仕途榮辱所累，但又依舊心懷實現儒家「治道」的理想。

知渭州尹洙也曾為范仲淹等人辯護，就在仁宗頒布反對朋黨之詔書的當月，尹洙上疏言事，直抒自己認為仁宗當初擢拔范仲淹、歐陽脩等人是選賢用能的英明之舉，但「慶陛下得賢而任之，所慮者任之而不能終爾」。並表示自己願為歐陽脩等人擔責，保證他們沒有朋黨[608]。後來因為他挪用公使錢的緣故，一再被貶官，於慶曆七年病逝在均州[609]酒稅監任上，享年四十七歲[610]。滕子京因為被王拱辰接連彈劾，先是在仲淹的保護下降知虢州，後知岳州，又改知蘇州，未幾便去世[611]。

國子監直講石介因富弼等人的失勢而被多人所誹謗，徂徠不自安，請出，通判濮州。在慶曆五年七月病逝於徂徠山下家中，享年四十一歲[612]。石介死後，夏竦依然對他懷恨在心、念念不忘，以致打算打開石介在兗州的棺

605 [宋] 歐陽脩：〈論杜衍范仲淹等罷政事狀〉，《歐陽脩全集》卷一百七，1626－1627頁。

606 [宋] 李燾：《續資治通鑑長編》卷一百五十五，3763－3766頁。

607 [宋] 王稱：《東都事略》卷第七十二，599頁。

608 [宋] 李燾：《續資治通鑑長編》卷一百五十三，3718－3719頁。

609 《湘山野錄》作「筠州」，但據程應鏐考，當依《宋史》作「均州」。見《程應鏐史學文存》204頁。

610 [元] 脫脫等：《宋史》卷五十四，9837頁。

611 [元] 脫脫等：《宋史》卷三百三十，10038頁。

612 陳植鍔：《石介事蹟著作編年》，126－128頁。

木來驗屍，幸逢杜衍知兗州，力為保明，方才免去這樁荒唐事[613]。石介本是兗州奉符人，太和年間，他的墓崩壞，大家重新埋葬他的骸骨，發現其骸骨「與常人無異，獨其心如合兩手，已化為石」[614]。令人驚駭。石介是慶曆之際一個非常張揚的思想家，他有他偏激的一面，但他或許是那個時代對儒家「道理」信奉得最堅定的士大夫之一。

他一生受過太多委屈，但石介向來是一副從不言棄的樣子，他對「道理」的熱忱實在感人。

在范仲淹最後歷職地方的歲月裡，他改善民生、發展教育、做實事、重小事。因而廣受百姓愛戴。他沒有再向中央的權力發起過爭奪，這或許是一種氣力被消磨盡後的無奈之舉，但更可能的，是一種思想的轉變。此時的他跟景祐黨爭後被貶地方的他，定然有著不一樣的感受，那時他累積士望，還希望成為宰執一展抱負，如今的他則已經知道了為宰執的不易，因而或許會更珍惜在地方上為百姓做實事的機會。晚年的他或許可以看作是放棄了「得君行道」的，雖然依然會感謝君主的恩情、勸諫仁宗要行仁政，但那種言語裡的態度，完全是一副不再屬意於政治中心的樣子了。但他卻始終沒有放棄他追求終生的儒家治世理想，正如他於皇祐四年五月二十日，以六十三歲之齡病逝於徐州[615]——這個他初來世時最先到達的地方——後富弼為他作的墓誌銘中所寫的那樣，「始卒志於道，不為祿仕出也」[616]。

仲淹去世後，富弼、韓琦、歐陽脩等生前至交都撰文悼念，當年他在應天書院時的學生張方平則透過追念他和范仲淹的交往，表達自己的哀思——「某早歲之幸，辱公周旋；鄉閭相從，日接燕閒。洎登禁闥，嘗從內班；昨

---

613 陳植鍔：《石介事蹟著作編年》，126－128頁。

614 [金] 元好問：《夷堅續志》卷一，15頁。

615 [宋] 樓鑰：《范文正公年譜》，《范仲淹全集》，910頁。

616 [宋] 富弼：〈范文正公仲淹墓誌銘〉，《范仲淹全集》，824頁。

麾武林，復踵於賢。朋好之篤，晚乃益堅；論議相直，中無間然。江干交臂，俯仰二年；何言此別，遂成終天」[617]。這段話中不僅強調了仲淹的政治作為，更著重寫了仲淹能賞識人才並以自身正氣影響他人，這種影響的意義顯然比其政治建樹的意義更長遠。

范仲淹去世了，他雖非完人，卻也在歷史長河中僥倖得一時之士望，終得一世之芳名。任何歷史人物，即便做出多少現實的功績，但那些作為的影響都是有時效性的，超過期限，便俱往矣。范仲淹主持慶曆新政固然是一項影響深遠的作為，但他對後世影響更大的，則是他的思想、文學主張以及他提倡的士節、士風。范仲淹一生「先天下之憂而憂，後天下之樂而樂」，本著「救斯文之薄」的理想，弘揚古文、改良政治、提振士風、倡導興學。儘管他的一生大多是在仕途上的，他最輝煌的時候也是他與君主關係最親密的時候，但毋庸置疑，他一生更信奉他自己喜愛的儒家道理，他並非貪戀仕途，只是希望憑藉入仕來實現儒家治道。正如他自己在寫於臨逝前的〈遺表〉中所說 ——「伏念臣生而遂孤，少乃從學。游心儒術，決知聖道之可行；結綬仕途，不信賤官之能屈」[618]。

三、「自知其不可行」

慶曆新政夭折了，按理說本書的寫作在接下來就應該著筆於對范仲淹、慶曆新政、慶曆士風做出一個整體的評價。但是，在做這樣的評價之前，任何研究慶曆新政及革新士人群的學者都會遇到一個棘手的問題，這個問題也是學界長期以來難以迴避的問題，即慶曆新政與王安石變法間的關係問題。

在這個大問題之下，其實包含了兩個子問題：第一，王安石變法從范仲

---

617 [宋] 蘇頌：〈代張端明祭范資政〉，《蘇魏公文集》卷七十，1063 頁。
618 [宋] 范仲淹：〈遺表〉，《范仲淹全集》，426 頁。

第四章　人散曲未終：新政的夭亡與北宋的士大夫精神

淹的新政那裡如何繼承與發展，汲取了哪些思想資源和實踐經驗，又有哪些不同；第二，如何解釋慶曆新政中大部分積極改革的士大夫們，在王安石變法時大多發生了主張上的轉變這一現象，也就是如何解釋韓琦、歐陽脩他們反對熙寧變法的態度和行為。第一個問題其實很好回答，甚至可以說，它其實就是人們在評價慶曆新政的歷史影響時所要涉及的一部分，看看慶曆新政為後來宋朝的改革者留下了怎樣的經驗財富。關鍵是第二個問題，它直接關係到後人對慶曆新政中的革新士人群的評價。

先談第一個問題。王安石變法對慶曆新政繼承很多，比如說慶曆新政中的勸農政策後來演化成了王安石的「農田水利法」，王安石對貢舉的改革也是重策論，熙寧時期對太學也有整頓。但總體來說，王安石新法在政策上對慶曆新政的繼承，大多只是繼承了范仲淹等人所關注的問題，實際的政策上是有不同程度的變更、補充、發展的。所以王安石更多繼承的是一種變法思想。余英時指出，王安石的變革思想是繼承自慶曆士人的，即孫復、歐陽脩所謂儒道之「體」（或「本」）與「用」（或「末」）之別。前者即儒家之道德禮樂，是歷世不變的；後者即現實之刑政，是要因時而變的。所以王安石以經學為其創制新法的學術依據[619]。熙寧變法也旨在實現儒家治道，並且以新儒學為思想資源。王安石就曾寫《周官新義》作為新法的思想支持，而范仲淹、李覯等人早就對周禮中所繪之治世推崇備至。實際上，北宋時期萌發的新思想，大多都是附著在實現儒道秩序的主線上的，「重建秩序是儒學的主線。古文運動、王氏『新學』和道學都莫能自外。秩序的觀念雖然有越來越擴大的傾向，但建立秩序必自政治（『治天下』或『治道』）始，則以上三派並無基本分歧」[620]。王安石對孟子和韓愈的推崇，跟不少此前的宋代新儒家士大夫也是保持一致的，正如其詩云「欲傳道義心尚在，強學文章力已窮。

---

619 余英時：《朱熹的歷史世界》，409 頁。
620 余英時：《朱熹的歷史世界》47 頁。

他日若能窺孟子，終生何敢望韓公」[621]。

　　弔詭的是，王安石新政的反對派對范仲淹也推崇備至。司馬光身為舊黨領袖，對范仲淹就大加讚譽，儘管他們沒有直接的交往，但在司馬光的文章裡，對范仲淹的敬仰之情卻表露得很明顯──「范公大賢，其言固無所苟，今其銘（指范仲淹為田錫作的墓誌）曰：『嗚呼田公，天下之正人也。』雖復使他人竭其慕仰之心，頌公之美，累千萬言，能有過於此乎？……范公恨不得見田公，則田公果何如人哉？」[622] 這種現象本身說明，所謂的新黨、舊黨，他們其實共享一條底線，即踐行儒道，實現儒家政治。范仲淹倡導的積極政治的士風是他們共同的資源，范仲淹提倡的儒道理想是他們共同的追求，只是在具體方法和細節的認知上，王安石和司馬光有不同，但絕對的立場對立是不存在，這又是需要後人破除二元黨爭史觀的地方。

　　以往在闡述慶曆新政跟王安石變法的關係時，除了強調後者的變革意識對前者有承繼關係，再者就是講熙寧變法比慶曆新政關注點更全面，但我以為只能說王安石在慶曆新政中一些側重不多的地方，比如經濟方面，著力更多，但這種關注點是因時而變的，並不存在後者對前者政改關注點的批判。兩場改革都是涉及點較為全面的改革，同為士大夫通變救弊思想和政治主體意識作用下的產物。

　　關於熙寧變法時期富弼、韓琦、張方平等人在對待新法的態度上趨於保守的現象，這將是筆者在本節要作以重點解釋的話題。對這一問題，傳統的解釋是將富、韓等人的態度轉變，視作其被封建官僚主義腐化的表現。「在宋仁宗慶曆年間，富弼與范仲淹、韓琦都是改革派，而受到保守派的排擠，離開朝廷外任。十年之後，富弼和韓琦先後回朝任宰相，卻被保守的官場磨

621　［宋］王安石：〈奉酬永叔見贈〉，《臨川先生文集》卷第二十二，264 頁。
622　［宋］司馬光：〈書田諫議碑陰〉，《司馬光集》卷七十九，1607 頁。

第四章　人散曲未終：新政的夭亡與北宋的士大夫精神

光了鋒芒，依舊安常習故，不思變革」[623]。「原來支持慶曆新政的大部分官僚，已經喪失銳氣，日漸變得保守起來。富弼、韓琦、歐陽脩諸人復官之後，除了空喊『更張』外，實際改革的事情再也不願去做了」[624]。而對於這種現象產生的原因，一般認為與當時兩派人爭執焦點有關，即「牽涉到地主階級內部各階層之間，財產和權力再分配的問題」，這「也是以王安石為首的變法派和以司馬光、韓琦、富弼等人為首的保守派進行鬥爭的一個重要焦點」[625]。另外，有學者從士風演變的角度，認為北宋中期的韓琦、富弼等人在當時顯現的隨緣自適的士風，表現出了他們入世意志的淡化，而這種淡化的出現和北宋反覆起落的黨政運動有關[626]。

　　這種提法基本都是建立在對王安石變法持肯定態度的前提條件下的，而且，這種說法預設了王安石和新政的反對者間，必然存在根本性的立場對立，既然王安石是進取的，那反對新法的富弼、韓琦就必然是保守的；既然王安石是積極向上的，那反對者就必然是腐化保守的。可這樣的二元思考實在好沒道理，受制於階級鬥爭思維的慣性，彷彿不是「朋友」就只能是「敵人」。曾經有學者從新法實際影響的角度，來了解韓琦對王安石變法的反對態度，認為王安石變法觸動了太多下層民眾的利益，跟王安石最初的改革設想不同，從而引起韓琦反對[627]。這種說法是突破性的，但似乎仍局限於對個體士大夫認知的發掘，筆者更想從宏觀的角度，特別是和慶曆新政連繫起來，來論述富弼、韓琦等人緣何發生了主張上的轉變。

　　實際上，最早還是宋人塑造了這種兩派人相互對立的論調，「我朝善守格例者，無若李沆、王旦、王曾、呂夷簡、富弼、韓琦、司馬光、呂公著之

---

623 王曾瑜：《宋朝軍制初探（增訂本）》，532 頁。

624 周寶珠、陳振主編：《宋史》，133 頁。

625 鄧廣銘：《北宋政治改革家王安石》，《鄧廣銘全集》第七卷，84 頁。

626 郭學信：《北宋士風演變的歷史考察》，183 頁。

627 郭文佳、彭學寶：〈從慶曆新政和王安石變法看韓琦〉，載《殷都學刊》2000 年 03 期。

為相，破格例者無若王安石、章子厚、蔡京、王黼、秦會之之為相。考其成效，驗其用人，則破格例者誠不若用格例者為愈也」[628]。但這種劃分是否真的完全合理呢？

仔細考察富弼、韓琦這些人的主張，從慶曆之際到熙寧年間，他們的言論有著表相上的差別，可其主張也有著本質上的一致——即他們始終堅持社會需要改良、宋朝需要更富強，同時，他們堅持的儒家治道理想沒變。

原先支持慶曆新政的士大夫中的大部分，他們所改變的，是對改革程度、速度的態度，而不是對改良社會這件事本身的態度。且以往的解釋裡摻雜了過度的以黨爭角度來思考問題的意識，可實際上韓琦等人卻始終在模糊朋黨立場之分，在堅持儒家治道理想這一大原則之下，他們更希望能就事論事。韓琦自己就說，「琦唯義是從，不知有黨也」[629]。

這種義在利先的價值觀，在某種程度上正是王安石與他們發生衝突的原因，因為王安石是一個典型的功利主義儒者，他曾說「利以和義，善用之，堯、舜之道也」[630]，可見其尤為強調利對義的作用。王安石對義利之辨的認知基本，就是蘇洵所謂「利在則義存，利亡則義喪」[631]。王安石提倡的功利主義和變法思想完全是出於提振國力，而在初衷上與享受驕奢物質生活並無關聯，熙寧變法時期，士大夫間的義利之辨也很是激烈，這場論辯並非局限於思想領域，功利主義被更多地運用到富國強兵的變法實踐中，「具體實踐和檢驗了中唐以來的事功思想」，這場具有明顯社會性的義利之辨因其強烈的現實關懷，而在一定程度上解放了宋代士大夫的人性，還促進了商品經濟發展，是「唐宋社會變革的必然產物」[632]。

---

628 [宋]呂中：《宋大事記講義》卷第六，135 頁

629 [宋]強至：《忠獻韓魏王遺事》頁面六，《宋集珍本叢刊》第六冊，687 頁。

630 [明]陳邦瞻：《宋史紀事本末》卷三七，328 頁。

631 [宋]蘇洵：〈利者義之和論〉，《嘉祐集箋注》卷第九，278 頁。

632 林文勛《唐宋社會變革論綱》，284－302 頁。

第四章　人散曲未終：新政的夭亡與北宋的士大夫精神

可惜的是，理學家似乎並不能很好地理解王安石的思想。以往對王安石功利主義的誤解正是來自於南宋理學家，南宋理學家對王安石功利主義的誤會是由於「他們只承認義對利的制約作用，而不承認物質的利對義的決定性作用」[633]，但可惜的是韓琦等人受部分宋代新儒家思想影響，他們也是主張義在利先的，所以他們寧可犧牲快速獲得利益的機會，也要恪守孔孟的義利觀。王安石雖然是新儒家，但它是功利主義儒家，跟韓琦等人不同。儘管屬於功利主義儒家的李覯當年支持過慶曆新政，甚至還可能以其思想間接影響了新政，但這跟韓琦、富弼等人堅決的純儒立場卻沒有必然關聯，且對慶曆新政時期影響更大的是「宋初三先生」，而宋初三先生雖然強調實學，可他們對儒家道德的強調也是空前的，石介就是典型的例子。

其實，從對「長樂翁」馮道的評價也能窺見士大夫的價值觀念。王安石跟司馬光有著鮮明的分歧。王安石認為馮道「能屈伸以安人，如諸佛菩薩之行」[634]。司馬光則完全繼承了歐陽脩的學說，在其主編的《資治通鑑》中，在議及馮道時云：「正女不從二夫，忠臣不事二君。……道之為相，歷五朝、八姓，若逆旅之視過客，朝為仇敵，暮為君臣，易面變辭，曾無愧怍。大節如此，雖有小善，庸足稱乎！」[635] 兩種評價各有其理，今人但需由此看出他們思想之異同，雖然他們都有著儒家的基本價值觀，但在對具體行為的看法上，王安石顯然是功利主義的，更注重馮道作為的具體影響。而司馬光重「義」，重行為的性質而非結果。

王安石太過激進的追逐事功，把通變救弊思潮的現實影響發揮到了極致。從一個方面講，這恰好放大了他所具備的那種北宋開明士大夫身上的共

---

633 周寶珠〈義利之辨對兩宋社會的影響〉，載《後樂齋集》，370－387頁。

634 [宋] 魏泰：《東軒筆錄》卷九，《全宋筆記》第二編第八冊，65頁。

635 [宋] 司馬光：《資治通鑑》卷二百九十一，9511－9512頁。

性，比如王安石講「臣之不可犯上」是建立在「君之可愛」的基礎上的[636]，他所主張的與君主進行有條件合作的觀點，以及士大夫政治主體意識，也正是慶曆新政中范仲淹等人所主張的，再比如王安石之所以變法，是因為他在他的理想中認定「世間存在著一個社會運作所必需的系統」[637]，這和宋儒「道理最大」、范仲淹等人的以「斯文」為己任是共通的，因為他們都認為「儒家的整體規畫」是凌駕於其他目標之上的最高理想和原則。

但是從另一個角度講，分歧也由此誕生。這之中又分為兩點：

其一，王安石太過於注重「得君行道」了。有宋人呂中曾記載下秦檜一定要宋高宗對他有堅定不移且唯一的信任後，才提出宋金合議之主張，呂中拿這件事和王安石對宋神宗變法信心的考驗相類比，評論說「邪正雖不同，而要君則一也」[638]。王安石雖然也曾拒絕過宋英宗的邀請，但那顯然只是由於他認為英宗並不符合他實現儒家治道理想的標準，而非他認為不得君也能行道。而范仲淹、歐陽脩他們在文學、地方興學等方面都找到了「行道」的其他途徑，王安石則只知道把教育當作統一士人意志，讓士林齊心支持新法的途徑，他「權源在君」的意識太過強烈，所以只考慮跟什麼樣的君主合作，而不反思「得君行道」這一途徑本身的合理性。

其二，范仲淹、富弼、張方平等人對慶曆新政在一些方面的激進行為有所反思，而他們非功利主義的思想背景，也能幫助他們反思過度激進的錯誤，范仲淹後來對呂夷簡抱有同情之理解也是有這樣的思想背景的。但是王安石太激進了，王安石變法也有新儒家的思想背景，但其務實特徵顯然更突出，功利主義儒家的思想背景又讓他難以意識到過度激進的危害，他甚至放棄了慶曆新政時范仲淹等人經常拿來作輿論工具的「祖宗之法」的旗號，開

---

636 [宋]王安石：〈非禮之禮〉，《臨川先生文集》卷六十七，713頁。
637 [美]包弼德：《歷史上的理學（修訂版）》，65頁。
638 [宋]呂中：《類編皇朝中興大事記講義》卷之九，583頁。

第四章　人散曲未終：新政的夭亡與北宋的士大夫精神

誠布公地跟「祖宗之法」叫板。或許正是因為這種過度激進，導致他和原先支持慶曆革新的士人群有了分歧。

南宋人曾經說出過一段耐人尋味的話，「仁宗皇帝之時，祖宗之法誠有弊處，但當補緝，不可變更。當時大臣如呂夷簡之徒，持之甚堅。范仲淹等初不然之，議論不合，遂攻夷簡，仲淹坐此遷謫。其後夷簡知仲淹之賢，卒擢用之，及仲淹執政，猶欲伸前志，久之，自知其不可行，遂已」[639]，李裕民先生對之說道「這說明范仲淹自己也已看到大變並不現實，也就不再堅持。此論范仲淹變法，甚是」[640]。李先生的解讀或許稍有過度，畢竟此處范仲淹的「自知其不可行」是發生於景祐黨爭以後，如果此時范仲淹就已看到大變不現實，恐怕日後的慶曆新政就不會出現了。但從某種程度上可以說明，范仲淹在其政治活動中始終有著一種對自我的批判和反思，這種批判與反思所針對的是他的一些極端作為，比如為了累積士望而對保守派士大夫苛責太過，再比如推行新政時「黑白太明」。據王瑞來先生考，范仲淹在慶曆新政失敗後曾寫過一封信給葉清臣，那封信的內容就是范仲淹在反思慶曆新政時「黑白太明」以及過度黨爭的失誤[641]。

在仁宗朝，富弼總是給人一副積極邊務的樣子。但是神宗朝時，他卻講「陛下臨御未久，當布德行惠。願且二十年口不言兵，亦不宜重賞邊功」、「阜安宇內為先」[642]。他雖然反對積極邊事，但是依舊強調人君要「布德行惠」，可見其終極政治理想沒變，但他之所以轉變了對邊政的態度，在一方面，固然可以看作是政術的因時而變，畢竟顯而易見，神宗朝時宋廷面對的內政積弊，相比仁宗朝政府面臨的積弊而言，不論在數量還是在程度上都更

---

639 [宋] 李心傳：《建炎以來繫年要錄》卷七十九，1487 頁。

640 李裕民：〈范仲淹變法新論〉，《宋史考論》，17 頁。

641 王瑞來：〈導致慶曆新政失敗的一個因素 —— 讀范仲淹致葉清臣信〉，載《學術月刊》1990 年 09 期。

642 [宋] 徐自明：《宋宰輔編年錄》卷七，380 頁。

加嚴峻。實際上北宋的問題一直都以內政，特別是內政中的財政最嚴重，邊患難防在一定程度上也是由於財政，只不過宋代的財政問題並非缺少財富，而且財富支配使用不當。宋代士人對宋朝的財政問題大多是認知膚淺的，但他們後來在嚴峻的現實壓力下，確實因產生了一種對內政積弊的焦慮，而讓他們在關注對象上更側重「內」——內政的修復、內心的修養。

但從另一方面看，更重要的是，此時對「道學輔人主」的強調也更強烈，儒家之道強調法不必密的穩態，因為儒者「立朝事君」的前提往往是「和睦親族」，對親族自然法不求密，儒道本身是反對極端的，所以富弼評論王安石講的「天變不足畏，祖宗不足法，人言不足恤」時說「人君所畏唯天，若不畏天，何事不可為者！」[643]，是看到了王安石的新法很可能讓儒學（「天變」）喪失對皇權的相對制約力。

不過從另一個角度講，王安石的「三不變」也可能是為擴大他自己的相權而提出的。為了提高決策力，王安石在熙寧變法時設置了制置三司條例司，這在客觀上造成了中央，特別是主政者的高度集權，是范仲淹「黑白太明」以及「擇官長」時，雷厲風行的專斷主義傾向的加劇延伸，造成了相權過度膨脹。客觀上講，在王安石構想的變法中，相權在某種程度成為皇權之下的另一種專制勢力，雖然在大多時候宰相仍能踐行士林的意志，但士林的意見向來不統一，宰相個人專斷只能激化王安石和異見者的矛盾——所以王安石後來才要在教育中貫徹新法思想，目的就是統一士林思想，這種專制傾向破壞了士大夫政治和而不同的原則，自然被富弼等人抵制。

但是從更多的言論看，王安石似乎對儒家治道的推崇更多，余英時謂其有「回向三代」之理想，這種理想是凌駕於他的一切行為之上的，只不過在他看來由於「權源在君」，所以以實現儒道為目標的變法必然要借助皇權。王

---

643 [元] 脫脫等：《宋史》卷三百一十三，10255 頁。

第四章　人散曲未終：新政的夭亡與北宋的士大夫精神

安石重儒道甚於重皇權，這在某種程度上更說明了其「三不變」思想在提出之初，從王安石自己的初衷來看，只是為相權膨脹張目，因為相權是其自身親自推行儒家政治的保證，而非助長皇權。退一步講，即便王安石沒有為相權張目的想法，他提出「天變不足畏」的說法，也不足以顛覆他以儒道理想之實現作為最高追求的形象。

　　王安石的思想有時似處於一種矛盾的狀態，范仲淹也是這樣，仲淹「舉官長」的時候雷屬風行，但在處理晁仲約時卻顯得圓滑。實際上，人的思想處於一種矛盾狀態才是常態的，很多人不能認知到這一點，彷彿總想把一個歷史人物對各個問題的思想「大一統」，太絕對的立場判定，除了方便人們在進行歷史敘事和評價時能更模式化一點，本身毫無客觀性可言，把人的思想一元化，所得出的結論很容易是偽命題。所以，儘管王安石有的時候顯得貌似支持皇權，但毋庸置疑，進行儒道實踐才是王安石思想的主流。

　　在熙寧之際黨爭鮮明的歷史表象下，其實藏著很多不「黨」的士大夫，比如張方平。張方平身為當年慶曆新政的支持者，在熙寧變法時也轉而抨擊王安石，按說這種主張跟司馬光等舊黨是一致的。但是早在宋英宗治平四年（西元一〇六七年），也就是王安石變法之前，司馬光就連上兩札批判張方平，說張方平「不協眾望」[644]、「文章之外，更無所長。奸邪貪狠，眾所周知」[645]。范仲淹的兒子范純仁在熙寧年間跟王安石、司馬光也都有過爭執。由此看來，北宋中後期鮮明的不「黨」人士也有很多，類似於張方平的政治選擇，實際上是國事為先意識的展現。這種意識或許也來自於慶曆新政時期改革派和而不同的士風。也就是說，所謂對王安石新法支持與否，很大程度上並不針對士人積極參政的意識，反對派反對的是具體新法，而非反對昂揚的士風、通變救弊的精神以及對改革之必要性的認知。即便是司馬光，他也

---

644 [宋] 司馬光：〈張方平第二札子〉，《司馬光集》卷三十八，870 頁。

645 [宋] 司馬光：〈張方平第一札子〉，《司馬光集》卷三十八，869 頁。

依舊主張「得君行道」，只不過司馬光稱作「國之治亂，盡在人君」[646]，所以他在政治上也並非絕對的消極主義者。

反對派反對的，只是王安石變法的激進色彩以及過度的黨爭意識，王安石太重事功，做派又太刻峻。這實際上可以連繫慶曆新政以及慶曆新政之後范仲淹、歐陽脩等人的反思。

范仲淹的慶曆新政雖然在設計上是需要漸進、長期推行才能達到效果的，但在實際操作中，范仲淹也有冒進的錯誤，比如「擇官長」的時候就曾因貶罷官員過於專斷嚴厲，而被富弼批評。范仲淹晚年可以說從根本上反思了這個問題，反思了他的過度激進和「黑白太明」，所以他在堅持積極政治之士風以及實現儒家治道之理想的條件下，基本上放棄了對相對保守主義的反對。這除了反映在他的〈與省主葉內翰書〉中，還展現在他和呂夷簡的和解上，歐陽脩曾經在為范仲淹撰寫的神道碑銘中講范、呂和好，但因為范仲淹的形象在後來被抽象化，所以後人總是帶著對范仲淹的崇敬之情，而認為他不會和呂夷簡和解，紛紛指責歐陽脩在亂說，直到張方平對蘇轍講了事情的真相，蘇轍才把前因後果記了下來[647]。甚至，范仲淹的後人還在神道碑上刮去了歐陽脩的相關語句，以致引起歐陽脩不悅，甚至對別人講「〈范公碑〉，為其子弟擅於石本改動文字，令人恨之。」[648] 王瑞來先生透過對范呂解仇公案的研究，指出了歐陽脩在其所作神道碑銘中寫下的「及呂公復相，公亦再起被用。於是二公歡然相約，戮力平賊。天下之人皆以此多之」等句背後反映的思想，即歐陽脩在慶曆新政後也反思了原先改革中的過度激進、過度黨爭之弊，他有意強調范、呂和好，就是想緩和愈演愈烈的黨爭之風[649]。筆者

---

646 [宋] 司馬光：《稽古錄》卷十六，649 頁。

647 [宋] 蘇轍：《龍川志略》卷上，83 頁。

648 [宋] 邵博：《邵氏聞見後錄》卷二十一，《全宋筆記》第四編第六冊，146 頁。

649 王瑞來：〈范呂解仇公案再探討〉，載《歷史研究》2013 年第 1 期。

第四章　人散曲未終：新政的夭亡與北宋的士大夫精神

以為，由此可以推想，歐陽脩後來甚至可能是超越了朋黨意識的，他覺得他們當年意氣用事的黨爭太過分、對呂夷簡的老成持重缺少同情之理解，且在經歷宦海沉浮後，他也意識到漸進改良比突擊改革或許更實際。韓琦的反思則展現在他後來對人講，「務容小人，善惡黑白不太分，故小人忌之亦少。如富、范、歐、尹常欲分君子小人，故小人忌怨日至，朋黨亦起及其極」[650]，他對黨爭和偏激態度之危害也有了認知。

所以，慶曆新政失敗後的范仲淹、歐陽脩、韓琦等人，在某種程度上，對皇權和中央改革在一定程度上喪失了信心，他們似乎不再希冀以激進改革來配合儒家整體規畫的實現，不再打算依靠強權，而是溫和改良、覺民行道、治理地方、興學傳道。從慶曆新政到熙寧變法，這期間宋代新儒學運動始終是發展的，歐陽脩、張方平、韓琦等表面上看起來發生了程度不一的思想轉向，但其實他們的終極追求沒改變，只是實現追求的路徑因時而變。年輕時，他們都曾是激進的改革者，仰仗士林的聲望，想得君行道。後來，他們不是轉向對文學話語權的搶奪，就是投身具體的建設。儒家的整體規畫作為慶曆新政時期改革派士人的奮鬥目標，始終沒有改變，覺民行道的思想不一定只到明代才產生，把士大夫的「轉向內在」圈定在南宋，更是忽視了北宋士人種種對現實問題作出的「轉向內在」的反應。

其實這種態度轉變背後的思想，很早就是潛藏在范仲淹等人思想世界中的因子（仲淹一生精研《易》、廣交佛道隱逸之士），且這種「行道」思想或許才更符合傳統儒家理想的要求。而富弼、歐陽脩等人的思想世界，或多或少受到佛道思想或者其他志趣（如歐陽脩喜愛文學）影響，在慶曆新政時期已潛藏著「轉向內在」的因子，新政的夭折給了他們警示，他們轉而以士風提振和溫和改良，作為自己政治生命所追求的目標，改變了靠強制力來改革

---

650 [宋]強至：《忠獻韓魏王遺事》頁面六，《宋集珍本叢刊》第六冊，687 頁。

的儒法家思維，變成真正意義的純儒，他們的儒生色彩變得更加明顯、濃烈。而儒家政治本來就是圓潤包容的，因為治國只是修身、齊家的延伸，齊家則強調包容、寬容，法不必苛密。

　　不過，對於富弼等人在宋神宗年間表露出的這種對相對保守主義的寬容，甚至認同的態度，不宜作出過度的解釋。即認為他們放棄了入世精神，這顯然和他們在當時堅持儒道治世理想的底線不合。在有些時候，士大夫是會有一些消極頹唐的言論，譬如歐陽脩慨嘆「國恩未報，而身已先衰；世徒可畏，而命亦多蹇」[651]，但這種消極情緒沒有成為他們思想意識的主流，不然他們應該顯得更加沉默，而非整日哀嘆，哀嘆就說明還想有作為，沉默才是放棄。況且歐陽脩致力文學、排斥佛道，這也是一種行儒道，又談何灰心喪氣消極避世了呢？范仲淹雖然廣交佛道，但是，並非有著所謂以空無精神消解人生愁悶的想法，很多時候，佛道給予儒家士大夫的更多是一種清高自持的心態，使他們不汲汲於仕途，余英時指出唐宋之際的佛教，在一定程度上還出現了所謂的「入世轉向」，特別是禪宗。所以，把富弼、范仲淹等人反對過激改革的行為和士人入世精神的消退連繫在一起，算得上是一種過度解釋。

　　可話說回來，思想轉向後的歐陽脩、范仲淹、韓琦等人的主張和宋初以「防」為核心、注重召和氣的祖宗之法有沒有區別呢？有。宋初祖宗之法造就的是消極保守的士風，它缺少足夠的改良社會的目的，而僅僅是為了維持社會秩序的穩定；而王安石變法時的歐陽脩、富弼、韓琦，他們著眼的是發展文治、提振士風，他們保守的主張並非出於得過且過的心態，而是他們認為先求穩、再漸變，這是更佳的改良政治的手段。所以，慶曆新政是新士大夫社群與消極士風決裂的象徵性政治事件，而神宗時韓琦、歐陽脩、張方平等人看似反對新法，實則跟王安石是有共性的，他們都致力於改變社會、推

---

651 [宋] 歐陽脩：〈青州謝上表〉，《歐陽脩全集》卷九十四，1401 － 1402 頁。

動發展。但慶曆初年反對新政的保守士人，比如夏竦、王拱辰，他們似乎缺少足夠的改良社會的信念，因而與范仲淹、歐陽脩的激進形成鮮明對比。在王安石變法之初，本來新、舊黨的人物都是支持變革的，所以從某種程度而言，熙寧黨爭爭的是要不要激進變革，慶曆黨議則爭的是要不要變革。

　　這便是慶曆新政與熙寧變法的異同關係了。

四、政治、權勢與「風」

　　在本節，筆者想著重討論三個問題：慶曆新政的失敗原因、慶曆新政與皇權士權之爭的關係（現實關懷）以及慶曆新政的歷史影響。這三個問題，分別對應了政治、權勢與「風」這三個話題。解決這三個問題，對於我們從宏觀角度了解慶曆新政，有著非同一般的意義，可以使我們發現一些為傳統的解釋與評價所忽略的部分。

　　談及慶曆新政夭折的原因，鄧廣銘先生以為，新政的失敗是因為范仲淹、歐陽脩等人觸碰了宋朝禁絕大臣朋黨的家法[652]；陳振、周寶珠還把新政失敗的原因歸結到反對派的破壞上[653]；漆俠認為，地主階級內部兩種政治力量的無從妥協，以及仁宗對改革派的猜忌造成新政失敗[654]；朱瑞熙把改革的夭折歸結於其威脅到了貴族和高官的既得利益[655]；虞雲國先生認為革新派不避朋黨之嫌的做派，使得宋仁宗在消解黨爭局面時優先考慮逐走君子黨，因為小人並不承認自己結黨，解決起來更為麻煩[656]；王瑞來則依據范仲淹在皇佑元年（西元一〇四九年）致葉清臣信中的內容，認為新政亡於「黑白太

652 鄧廣銘：〈宋朝的家法和北宋的政治改革運動〉，《鄧廣銘全集》第七卷，295 頁。
653 周寶珠、陳振編：《宋史》，132 頁。
654 漆俠：〈范仲淹集團與慶曆新政 ── 讀歐陽脩〈朋黨論〉書後〉，載《漆俠全集》第九卷，234 頁。
655 朱瑞熙：〈新興的官僚地主階級的首次改革嘗試 ── 北宋慶曆新政〉，載《浙江學刊》，2014 年 01 期。
656 虞雲國：《細說宋朝》，157 頁。

明」，且范仲淹晚年對之有所反思[657]；李華瑞則認為改革在觸及舊有既得利益者的利益上程度太高，且黨爭最後又異化成權力之爭[658]；陳榮照除了支持反對派對新政有破壞的說法，還頗具見識地指出了改革派自身存在缺點，即范仲淹缺少對封建政治之本質的認知，陳氏指出，新政的核心是吏治改革，這無疑是寄希望於這種「清流澄源」的改革能自上而下推行，可正因此，這種改革不會是徹底的，甚至是注定失敗的[659]；諸葛憶兵和陳榮照看法相近，諸葛氏認為，新政是在「人治」下，企圖改變「人治」帶來的弊端，除了浪費士大夫的政治熱情，由於與社會根本性制度相衝突，因而變革官僚階層的目標必然失敗[660]；郭文佳認為在主觀上新政的制定和推行過於急躁、缺少調查成果的支持。客觀上宋代社會當時還尚有一定的穩定性，守舊勢力過於強大[661]；何忠禮則較為全面地指出了新政失敗的四個問題，「改革派操之過急，新政有些措置失當」、「改革派損害了大貴族、大官僚的利益，更使一些貪官汙吏不滿」、「宋仁宗態度的轉變」、「新政內容有很大的局限性」[662]。

綜合上述，這些對新政失敗之因的總結，大體上無非是談到三個方面，第一點是宋仁宗對新政發生了態度上的轉變，第二點則是過度黨爭的現象對新政造成了負面影響，第三點是革新威脅到的既得利益者太多。此處須知保守派並不都是舊有既得利益者，譬如王拱辰就有著新派科舉士人的身分背景。

對仁宗態度的強調，基本上是基於持此論者對宋代皇權發展狀況的認知，這些學者潛在地認同宋代皇權膨脹壓制士權，但筆者在本書中已有論述，慶曆新政的產生乃是士林輿論造成的結果，仁宗的決擇雖然也很關鍵，

657 王瑞來：〈導致慶曆新政失敗的一個因素 —— 讀范仲淹致葉清臣信〉，載《學術月刊》1990 年 09 期。
658 李華瑞：〈兩宋改革的特點及其歷史作用〉，載《宋史論集》，103 － 116 頁。
659 陳榮照：《范仲淹研究》，156 頁。
660 諸葛憶兵：《范仲淹研究》，154 頁。
661 郭文佳：〈也談慶曆新政失敗的原因〉，載《黃淮學刊（社會科學版）》1995 年 04 期。
662 何忠禮：《宋代政治史》，154 － 158 頁。

第四章　人散曲未終：新政的夭亡與北宋的士大夫精神

但並不是決定性因素，事實上，沒有士林呼聲帶來的壓力，仁宗可能很難主動去推行一場類似規模的改革。即便有邊患的壓力，即便現實積弊已經有所暴露，但是這些也只是有輔助的作用，至多促成一場旨在解決一時的表面問題的改革，並不能從根本上導致一場立足長遠、布局全面的改革的產生。

而強調黨爭現象的危害，則承襲自明末清初士林的反思，這種著眼於黨爭之禍的思路實際跟清初王夫之等人的看法一致，但明清之際的士人之所以強調黨爭的禍害，是由於他們自身經歷了明季黨爭，深感清談誤國，所以他們的評價裡包含了太多個人的悲痛情緒，他們對黨爭的批判是不理性的。

至於說新政觸動的既得利益者太多，則自宋代起就有這樣的言論，甚至南宋劉克莊在其〈輪對札子〉中就認為新政夭折的主要原因是「議減任子」[663]，觸動了坐享恩蔭之福的舊派政治勢力。

由此看來，上述說法固然皆有其合理性，但大多是唱了很久的老調，缺少新意。且從這些總結可以看出，以往對慶曆新政夭折的歸因往往集中於外因上，不論是宏觀上政治勢力間的牴觸，還是微觀上一些特定事件和人物的作用，其實論述得很詳盡了，無須贅言。這些總結所缺少的，是對改革派自身問題的分析，陳榮照儘管提到了這點，但筆者並不能認同慶曆新政只是吏治改革，進而更不能認同范仲淹只寄希望於自上而下的改革，范仲淹的改革有著長遠且全面的規畫，他興學、改良士風，這都是在為從下而上改革而努力，且過度強調君主意志對新政產生的作用，甚至將之歸結為決定性的作用，顯然和本書的相關說法不同。

關於改革派內部的問題，筆者以為這之中主要有兩點，其一是士人黨爭意識的問題，其二是士人性格做派的問題。

關於黨爭，筆者在前文已多有論述，若要作以總結性概括，則筆者認

---

663 [宋] 劉克莊：〈輪對札子〉，《劉克莊集箋校》卷五十一，2543 頁。

為，范仲淹等人是有朋黨之實，但拒朋黨之名；朋黨現象雖然存在，但在慶曆新政時，其對現實政治的負面影響卻很有限，不足以被歸結為新政夭折的主要原因；真正成為改革派士人之缺陷的，是他們的黨爭意識，但這種意識由於在現實中的實踐很有限，故而影響也沒有一些人說得那麼大。

別看歐陽脩為朋黨現象做辯護，他本身並不接受世人對他與仲淹等人朋黨的評論，所以才和梅堯臣說「朋黨，蓋當世俗見指，吾徒寧有黨耶？」[664]。韓琦在口頭上也不承認朋黨的客觀存在，王拱辰來勸他倒戈，說「須是躍出黨中」，結果韓琦卻說「琦唯義所從，不知有黨也」[665]。實際上對於當時人而言，朋黨之實並無人關心，好比「祖宗之法」到底如何並沒人深究，反而只是將它變成了任誰都打得起的一面招牌一樣，當時人最關心的只是有無朋黨的名分。宋人田況對此就說，「君子小人各以匯舉，蓋聲應景附，自然之理也。近世並立於朝，以道德相勸摩，為眾所者，皆指之為黨」[666]。當時被眾人所嫉妒的名節高尚之士，很容易就被指為朋黨，「朋黨」的劃定並不具有嚴肅性，而是完全看評論者的態度。在表面上，歐陽脩和范仲淹拒絕承認此類名分問題，可現實中他們的行為或多或少摻雜黨爭意識的成分，他們有朋黨之實。不論是范仲淹講「方以類聚，物以群分。自古以來，邪正在朝，未嘗不各為一黨」，還是歐陽脩作〈朋黨論〉，潛臺詞都是在講，一定程度上任人要看黨性。這就使得在他們以公為先、心憂天下、和而不同的作為下，有著一些存在道德瑕疵的行為，比如范仲淹對滕子京的包庇，再比如梅堯臣被范仲淹壓制。過去的評價集中討論黨爭現象之害，似乎不自覺地有歸罪於所謂的小人黨的傾向，可是站在客觀的立場上，應當了解黨爭意識亦是存在於改革派士人的思想中的，這是他們自身存在的問題。

---

664 [宋] 歐陽脩：〈與梅聖俞四十六通〉之十二，《歐陽脩全集》卷一百四十九，2450 頁。

665 [宋] 強至：《忠獻韓魏王遺事》頁面六，《宋集珍本叢刊》第六冊，687 頁。

666 [宋] 田況：《儒林公議》，《全宋筆記》第一編第五冊，106 頁。

第四章　人散曲未終：新政的夭亡與北宋的士大夫精神

但是，從本書前文的論述也可以看出，慶曆新政中很多政治事件的黨爭色彩，其實是後來的史學家附會出來的。學者王汎森先生曾援引清代劉咸炘的學說，指出唐宋以降的史學漸趨嚴整化，「史目」的固定使得撰史者總是有意將歷史事件、人物向已有的史目中去，這固然方便於史家的記述與分析，卻使得對人物、事件的評價變得狹隘且程序化，不再能展現劉咸炘所謂的世象的「風」勢[667]。後人受到宋人黨爭思想影響，形成二元黨爭史觀，有意把一些本來並不明顯與黨爭有關的歷史事件，強行解釋為黨爭的產物，導致了對新政夭折緣由錯誤的分析，誇大了黨爭現象的危害。

仁宗時期的黨爭現象或許並非嚴重到足以干擾政治發展的主流，特別是慶曆之際的黨議不像宋朝後來的黨爭那樣，有著鮮明的權力之爭的色彩，慶曆之際的黨議為公的色彩濃於為私的色彩。而改革派的黨爭意識也是相對而言的存在，開放性和包容性是當時所謂的各政治派閥所共同具備的特性，沒有絕對的君子黨和小人黨。相反，慶曆黨議更多展現出的是和而不同的高尚士風。在改革派士人的黨爭意識中，和他們黨爭的另一派有時並非一個固定的群體，而更有可能只是具體問題中個別的反對者。但是這種對象並不明確的、模糊的黨爭意識，確實在客觀上干擾了士大夫的理性，所以其負面影響並不能被否認，但也不宜說得太大，口頭之爭的激烈和實踐中受其影響的程度是兩回事。

竊以為，在黨爭異化為權力之爭、意氣之爭的趨勢還不夠明顯的慶曆之際，其實黨爭現象的負面作用對政治的影響並不大，它只是一種士人張揚做派的產物，甚至還有一些學者認為慶曆之際是有黨議無黨爭的。今人不應為明末清初的士論所惑，王夫之等人對黨爭誤國的深切感受，令他們在解讀宋朝歷史時放大了黨爭的影響，並不理性。宋代時極少數指責范仲淹等人黨爭誤事的言論，往往也有著特殊的語境，譬如王安石曾說范仲淹一派「結游士

---

667 王汎森：《執拗的低音：對一些歷史思考方式的反思》，183 頁。

以為黨助，甚壞風俗」[668]，可這或許不過是一時的激憤之語，不僅不合乎王安石對范仲淹的一貫評價，而且或與還帶很強的目的性 —— 王瑞來曾指出，處於變法與反變法鬥爭中的王安石之所以這樣說，是意在激發神宗對反變法派的不滿[669]。

綜上，朋黨的名分更多時候只是輿論相爭時的工具，由於慶曆新政時期的黨爭更多是為公事而爭，而非純粹極端的權力之爭，所以黨爭現象的負面影響或許並無後人說的那麼大。但就在這有限的黨爭現象中，范仲淹等人在黨爭意識的影響下也確實做出了一些不恰當的行為，這些行為會讓反對者抓住把柄，所以這種黨爭意識對理性的侵蝕成為改革派的內在問題。

至於士人性格做派的問題，則在本書前文中已有分散論述，石介的偏執、范仲淹的徇私情、歐陽脩對朋黨話題的過激態度、奏邸名士的驕浮放浪……這些改革派士人在性格或做派上的瑕疵往往能引出事端，並為新政夭折埋下伏筆。後人常常忽略或淡化這一點，實際是順應了對范仲淹形象和評價趨於符號化和完美化的潮流，但今人已經超脫了古人的時代，再延續古人那種對改革派士人片面的評價，無甚意義。

實際上，以往的學者在解釋慶曆新政失敗的原因時總是有一種焦慮，彷彿總想要找出新政夭折的最主要原因，但筆者認為，儘管新政夭折是諸多因素作用的結果，且對於導致慶曆新政夭折的多方面因素，今人提及的基本上已經很全面。但那些因素中並沒有所謂的主要、次要之分，新政夭折在某種程度上是偶然事件。仁宗對朋黨的包容性態度的轉變、士論導向的變化、西北戰事的緩和等因素的產生都沒有絕對的必然性，更沒有預設的目的，所以不存在誰為主導。若非要言及新政夭亡的必然性，則至多可談及慶曆之際的

---

668 [宋] 李燾：《續資治通鑑長編》卷二百七十五，6732 頁。
669 王瑞來：〈宋代士大夫主流精神論 —— 以范仲淹為中心的考察〉，載姜錫東、李華瑞主編《宋史研究論叢（第 6 輯）》。

第四章　人散曲未終：新政的夭亡與北宋的士大夫精神

內政之弊，在現實中和在革新派士大夫的語境中或許存在一定差異，即慶曆之際並非宋朝內政之弊發展至最嚴重的時候，這個社會雖有通變救弊的思潮，但在多數人的意識中，對變革的緊迫感不夠強，因而慶曆新政缺少足夠的社會基礎。但畢竟當時推行新政也是得到士林的高度認可的，所以說因為內政之弊不夠嚴重以致革新時機不成熟，也略牽強。

第二個話題，需要談到慶曆新政時期皇權與士權的關係問題。

宋代相權、士權、皇權的關係實在是一個剪不斷、理還亂的問題。

學界關於這一問題的學術史，李華瑞有如下表述，「錢穆〈論宋代的相權〉關於宋初加強中央集權、分割削弱相權的論點，自一九四二年發表以後，為學界大多數學者所認同。這一論點一直相仍到一九六〇年代後期，港、臺學者開始提出異議，而中國學者大致到一九八〇年代中後期才關注這個問題。宋代宰相的職權是受到削弱還是得到加強，研究者中有削弱論與加強論之分。到一九九〇年代中期，士大夫研究漸次成為宋史研究中的熱點問題後，皇權與相權消長再次受到關注，而且討論的重點由制度與實際執行角度轉向為『皇帝與士大夫共治天下』這一命題張目，相權消弱的觀點基本被否定，形成兩種觀點：一是皇權、相權都得到加強，二是相權強化」[670]。

以上表述實際上也有不盡善之處。宋代相權問題，除了存在制度設計和實際執行狀況的區別，其實削弱說和加強說還存在對相權定義的分歧。以及在探討皇權、相權之強弱時所選參考係不同的問題。另外，張禕曾頗有新意地指出，相權加強說從政治運作的實際情況入手考察宋代相權、皇權之「強弱」，這和錢穆等人所謂之「強弱」意義不同，錢穆「透過中樞設官分職新格局作出的『強弱』評價，其實是與此前的朝代（如漢唐）相比較而言的」，而王瑞來、張其凡等學者所謂的「強弱」，「則只能反映宰相機構在宋代中樞權

---

670 李華瑞：〈改革開放以來宋史研究若干熱點問題述評〉，載氏著《視野、社會、人物》，74－75頁。

力結構中居於相對優勢地位」[671]，這或為一說。而包弼德則對概念的含義糾察得更細緻，他認為，在談論唐宋變遷後專制主義的發展狀況時，要區分兩種專制主義，一種是「皇帝對他的官僚有任意支配的權力」，另一種是「政府對人民有任意支配的權力」[672]。

身為較早認同宋代相權加強說的學者，王瑞來就曾提出，相權「不僅是指宰相一個人的權力，而是指以宰相為首包括諸多副相在內的一個執政集團的權力」。此外，王瑞來還強調了要區分「君主的主觀意圖和政治舞臺上的客觀事實」。他主要認為「在不斷與皇權抗爭中，宋代的相權總的看比以往任何一個朝代都重要。有宋三百年的政治舞臺，基本上是由這群掌握實權的宰輔導演的，而皇帝在多數情況下，不過是一個任人擺布的尊貴的偶像而已」，伴隨著「作為集體領導的相權的強化」和「皇權的象徵化」，宋代呈現相權大於皇權的局面[673]。王瑞來近年來對自己的過往說法也有增補，他提出真宗以後宋代進入了一種並不排斥皇權的「宰輔專政制」，並造成了宋代黨爭與權相的累出不窮[674]。但王說的問題在於，誠然宋代相權對皇權有制衡，但宰執的任免依舊決定在皇帝手中，且王瑞來太過注重唐宋皇權、相權的縱向比較，而缺少對僅就宋代而言的皇權、相權之關係的橫向比較。有鑑於此，張邦煒對王瑞來的說法提出了修正，指出在縱向上，宋代的皇權和相權比前代都有所加強，而從橫向來看，宋代依然是皇權最大，只不過士人以群體的力量在某種程度可以制約皇權[675]。置言之，士權想要獲得相對皇權的絕對超越，是不可能的。

結合宋代「士大夫政治」的特徵，張其凡又談到，「身為士大夫中地位最

---

671 張禕：〈制詔敕札與北宋的政令頒行〉，北京大學歷史學系 2009 年中國古代史博士論文，導師鄧小南。

672 [美] 包弼德：《歷史上的理學（修訂版）》，105 頁。

673 王瑞來：〈論宋代相權〉，載《歷史研究》1985 年第 2 期。

674 王瑞來：《宰相故事：士大夫政治下的權力場》，13 頁。

675 張邦煒：〈論宋代的皇權和相權〉，《宋代政治文化史論》，1－21 頁。

第四章　人散曲未終：新政的夭亡與北宋的士大夫精神

高的宰相，可說是士大夫的最高政治代表，其權力與皇權是相輔相成的」，並認為這正可以印證文彥博所說宋代「為與士大夫治天下，非與百姓治天下也」[676]。此外，錢穆、楊果等人所持的宋代相權削弱說，通常只是關注了北宋初年的相權，認為樞密使、三司使瓜分了同平章事和參知政事的軍事權與財政權，且臺諫也制約了相權。對此張其凡認為，「參政分權、樞密分權、三司分權、監察分權」其實「無異是說助手與具體主管部門，可以分去宰相的總理之權，其之不能成立，不言而喻」[677]。從制度實施的角度看，三司使在元豐五年就被歸入戶部[678]，而宋代歷史上也不乏樞密使被宰相兼任的現象。比如文天祥就在德祐二年被任命以右丞相兼樞密使[679]，北宋慶曆年間迫於外交緊張和內政弊端的壓力，宋仁宗就實行了宰相兼樞密使的制度，慶曆三年推行新政時，平章事章得象就兼樞密使[680]。到了南宋寧宗時期，由宰相兼樞密使甚至成了朝廷定制。且即便宰相和樞密使不是一人，也不代表就必然會互相牽制。比如慶曆新政時的樞密副使富弼和參知政事范仲淹，他們在革新問題上有著同樣的政治主張，雖然由於專制國家的官僚體制，本身造成了某種政黨式的作用，所以革新派不可視作政黨，但當時的齊力革新的「兩府」完全可以視作同一政治派閥，因而樞密使和三司使在宋代並未始終造成削弱相權的效果。

更何況，如果將目光放到五代，五代時期樞密院制度曾一度有「取代三省制平章事系統的趨勢」，而到了宋初，樞密院職權反而呈現重歸中書的狀態，後周末期的樞密院雖然仍執行著中書的職務，但顯然已不嚴重，因而蘇基朗提出，宋初「所謂相權之分割更應是削樞密之權，以實中書之任」，

---

676 [宋] 李燾：《續資治通鑑長編》卷二二一，5370 頁。
677 張其凡：〈「皇帝與士大夫共治天下」試析〉，《宋代政治軍事論稿》，197－222 頁。
678 龔延明：《宋朝官制辭典》，114 頁。
679 [元] 脫脫等：《宋史》卷四百一十八，12536 頁。
680 [宋] 李燾：《續資治通鑑長編》卷一百四十，3359 頁。

宋初二府之制,「毋寧是重建中書宰相制度的開始,而非其分割與削弱的肇端」[681]。

綜上,我們可以大概看到,宋代的相權並非如錢穆等人,僅僅依據宋代前期制度設置而得出的相權被削弱的說法,從大歷史的縱向視野來看,相權在宋代確實是加強了,並最終導致了宋代「士大夫政治」的局面,但是也正因為宋代皇帝要「與士大夫共治天下」,所以宰相本身跟皇權又有所合作,宰相能夠凝聚士林的力量,士權可以制約皇權,甚至要求皇權,但不能超越皇權。

在宋代士人心中,民本與君心都是極為重要的,但是對這兩者的推崇顯然有著一定程度的矛盾。比如石介說過「善為天下者,不視其治亂,視民而已矣。民者,國之根本也」[682],蘇轍也講「王道之本始於民之自喜,而成於民之相愛」[683],但范純仁卻說「國之本在君」[684]。這種矛盾始終存在,且始終以君心為更重。朱熹是理學家,可是他在南宋儒家中算尊君較為堅決的,這主要與他「得君行道」的思想有關,也就是南宋呂中在評論王安石時所說的「要君」。「兩宋儒哲,由修身立心之體驗,深覺主政者一念關係轉移之重,故其論常以此為先,即其經世之學,亦每不離乎正君也」[685]。在民與君之間更重民本思想,實際是跟儒學思想本身關聯更密切的。置言之,在一定程度上,民本與君心間的選擇,本質是尊崇「道理」與服從皇權間的選擇。

之所以說「一定程度」,是因為在「得君行道」、「道學輔人主」的情況下,皇權是被寄希望於成為「道理」的實踐工具的。所以宋代很多士人有著雙重志向,正如謝良佐所說,「為學,必以聖人為之則。志在天下,必在以

---

681 蘇基朗:《唐宋法制史研究》,4－21頁。

682 [宋]石介:〈根本〉,《全宋文》卷六百三十,第29冊,346頁。

683 [宋]蘇轍:《進策五道》之〈民政上〉第一道,《欒城集》卷之九,1669頁。

684 [清]黃宗羲原著、全祖望補修:《宋元學案》卷三〈高平學案〉,《黃宗羲全集》第三冊,197頁。

685 宋晞:〈宋代學術與宋儒精神〉,《宋史研究論叢(第五輯)》,28頁。

第四章　人散曲未終：新政的夭亡與北宋的士大夫精神

宰相事業自期」[686]。這裡面多少包含了更崇「道理」的士在皇權之強勢面前的無奈心情。

在慶曆新政，像石介那樣的民本思想同樣存在於范仲淹、歐陽脩等人身上，重民本過於重君心，展現著他們在一定程度上對超越皇權的渴望。這種渴望，或許還被范仲淹的成功執政所激勵，因為慶曆新政的發生在本質上就是士權要求了皇權，於仁宗而言，現實積弊的暴露只是反證士林呼聲的合理，並非是其推行新政的決定性因素。仁宗選擇范仲淹，也是士林呼聲讓皇權相對妥協。但是，慶曆之際士人所犯下的錯誤在於，他們似乎將他們自覺意識的高漲，和士權具備了絕對超越皇權的能力這兩件事畫上了等號，慶曆士風張揚到足夠誇張，范仲淹、歐陽脩對「朋黨」的正面肯定，在客觀上正造成了挾士權以威脅皇權的效果。

毋庸置疑，慶曆新政中的士人或有意、或無意，總之其言行是有企圖讓士權超越皇權的，但最終的結果仍是士權被敏感的皇權重新壓制。然而，這種努力也為士權換得了前所未有的空間，有了這種空間，才有了北宋士人日後在政壇、文壇上進取的作為和多樣的表現。

第三點，談慶曆新政的歷史影響。這一點，筆者在緒論中已經有所提及。在我看來，把影響最好劃分為「實」和「虛」兩個部分。

其中「實」的部分只需略談就好，因為前文已有許多論述。所謂「實」，其實就是對具體的現實問題的影響，慶曆新政除了對王安石變法有啟發和示範影響外，還開啟了黨爭政治、改良了政風與士風、推動宋學發展、為西北邊境危情的緩和和吏治的澄清做了努力、為民生改良做了貢獻、改進了宋代的官員選任與考核制度、發展了宋代的教育事業等等。雖然說〈答手詔條陳十事〉的不少新法後來都被廢除，但是也有不少被保留，或者被發展、被完

---

686 [清]黃宗羲原著、全祖望補修：《宋元學案》卷二十四〈上蔡學案〉，《黃宗羲全集》第四冊，171頁。

善[687]。慶曆新政是打破了五代、宋初以來「穩態政治」的一場改革，此處講的「穩態政治」，並非指沒有政權交替的動盪或者民變、兵變頻發的現象，只是指在具體的政治操作上，宋初繼承了不少舊有的制度設置、治理方式、治理思想，宋初祖宗之法裡「召和氣」又甚於「立綱紀」，那是一種少變革、重維穩的政治。而慶曆新政率先對這種政治有所突破，所以其中涉及的新政、新法自然被後世繼承很多。

到了南宋，黨爭之風與變革思潮依然存在，這很難說跟慶曆新政無關。當然，此時不論是慶曆、嘉祐之世還是元祐之世，都被符號化、抽象化甚至是片面化了，所以或許有人會覺得南宋政治受北宋政治的影響微乎其微。其實在筆者看來，最好還是不宜完全斷絕南北宋政治間的連繫，或者說，任何的時代，在更多的時候都是轉「形」多於轉「型」。或許是出於某種焦慮感，今天的史學研究尤其偏愛談論所謂的時代間的「變革」（「斷裂」）或「連續」（「繼承」），但是，不論「變革」還是「連續」，都必然不是絕對化的，也不該拿著這樣的說辭以偏概全，甚至最後發展為以「變革」或「連續」作為一種解讀模式來套用歷史。譬如宋高宗曾有「最愛元祐」一語，由於元祐常被比附作嘉祐之世的復行，所以曹家齊先生就認為南宋人有效仿北宋仁宗朝政治的意圖[688]。且不論政治上由「舊黨」主導的元祐之世跟「世之名士常患法之不變」的嘉祐之世，到底是否有著完全相同的氣質，因為這裡面很可能包含著南宋人對北宋政治在認知上的多樣性，以及南宋人歷史解讀的目的性。

單就曹家齊先生這種觀點反映的思路來看，他強調某種程度上兩宋間政治的繼承性。但是方誠峰則指出，「愛元祐」完全存在於新的歷史背景中，並

687　參見朱瑞熙〈范仲淹「慶曆新政」行廢考實〉，載《學術月刊》1990 年 02 期；方健《范仲淹評傳》，222 － 262 頁。

688　曹家齊：〈「愛元祐」與「尊嘉祐」── 對南宋政治指歸的一點考察〉，載《宋史研究叢稿》，271 － 284 頁。

第四章　人散曲未終：新政的夭亡與北宋的士大夫精神

非對北宋中晚期新舊之爭的繼續，他自認這種看法更強調兩宋間斷裂性[689]。方氏認為自己的說法對曹氏的說法是一種補充，但是，談論所謂的連續性、斷裂性，意義到底有多大？反正這種「斷裂性」顯然不會是普遍適用的，正如本書所述，至少在思想史上的某些領域，南、北宋間有著連續，士人「內聖外王」的意識是一貫的。所以，具體問題還是要具體分析，筆者儘管認為曹先生和方先生的說法都各有其理，但作為一種對研究思路的反思，筆者並不贊同把從具體問題中總結出的現象抽象與拔高，具體問題具體分析，慶曆新政帶來的積極士風以及一些新政政策，在南宋也有被繼承和發展，作為宋學的發源，慶曆之際的宋代新儒學對南宋人思想，更是有著揮之不去的深刻影響。

討論完現實層面「實」的部分，筆者更希望讀者能更加關注到「虛」的部分。在談這一部分之前，筆者要先引入「風」這樣一個史學概念。眾所周知，每個時代都有每個時代的特性，或者說是氣質。特性雖然不能普適於社會的各個方面，但卻是對一些現象有著一定歸納總結性的概念。王汎森指出，在清代學者劉咸炘的學問中，「風」是一個極其特別的概念，少數事物慢慢由弱勢變強，又去觸動多數事物，最終形成一種「風勢」[690]。時代的氣質與特性或許就是附著、展現在這種「風」之上的，所謂士「風」、學「風」、政「風」，其實都是在描繪這種氣質或者特性。

在慶曆新政時期，政治上的「風」是政治文化交替，多背景的新士人（核心是科舉士人）所倡導的新政治文化取代了舊的世族政治文化，新的政治文化不斷發展，形成「風勢」；士人間流行的「風」是好論世，「寧鳴而死，不默而生」的他們憑藉著自己對通變救弊的熱情，積極參與到政治建言中，士風提振的趨勢是一種「風勢」；學術之「風」是重經世，直抒胸臆、不惑傳注的經學指導現實政治，經學的致用化趨向是一種「風勢」；文學之「風」是

---

689 方誠峰：〈補釋宋高宗「最愛元祐」〉，載《清華大學學報（哲學社會科學版）》2014 年 02 期。

690 王汎森：《執拗的低音：對一些歷史思考方式的反思》，175 – 178 頁。

「道」在「文」先，讓文學寫作在本質上成為一種道德實踐，「文」傳「道」的功能不斷被強化，這是一種「風勢」。

上述談及的皆是具體方面的「風」，而從整體來看，當時的社會之「風」則是推崇變革，同時又有著相對的包容與開明。包容作為時代的氣質，成為士人和而不同、各抒己見的基礎和保障。宋人范祖禹曾說，「仁宗皇帝在位四十二年，豐功聖德固不可得而名言，所可見者，其事有五：畏天、愛民、奉宗廟、好學、聽諫。仁宗能行此五者於天下，所以為仁也」[691]。這之中前三者營造出了一種溫和的社會環境，而統治者的好學、納諫，則極大激勵著士人的參政熱情、帶來了政治的相對開明之風。顧炎武對這一點說得更詳盡，他說「宋自仁宗在位四十餘年，雖所用或非人，而風俗淳厚，好尚端方，論世之士，謂之君子道長」[692]。雖然說朝堂上的大臣各有其政治主張，有的見識卓遠，有的保守冥頑，但是，包容性的世風最終還是營造出了「君子道長」的局面。

實際上，談到「君子道長」，就不得不談到，伴隨著慶曆之際的政治，士人的分流在加劇，不僅僅是參與政治的士大夫內部立場分歧的顯露，從更大的層面上，整個宋代的士大夫社群出現了偏重於道德改良的士人，與偏重於政治變革的士人的鮮明分化，即劉子健先生所謂的在儒家固有的「才」與「德」的矛盾的背景下，儒家官僚體制所始終存在的「道德改良派」和「機構改革派」的衝突[693]。

不過筆者以為這個跟「義利之辨」連繫起來更為貼切，且筆者並不認同劉子健先生提出的這種分化誕生於兩宋之際的主張，其在北宋就已經顯露出這樣的趨勢，而這種分流在南宋也不過是相對而言的，宋代幾乎沒有出現過

---

691 [宋] 范祖禹：〈上哲宗乞法仁宗五事〉，載趙汝愚編《宋朝諸臣奏議》卷一二，108 頁。
692 [清] 顧炎武：《日知錄》卷十三，[清] 黃汝成《日知錄集釋》，592 頁。
693 [美] 劉子健：《中國轉向內在：兩宋之際的文化轉向》，152 頁。

第四章　人散曲未終：新政的夭亡與北宋的士大夫精神

毫不涉及政治的宋學家，或者毫不涉及新儒學的士大夫官僚。總之，宋代士大夫最終出現了相對外向型與相對內向型的分化，他們精神世界的混沌局面漸漸消散。但是從另一個角度而言，這種角色分化讓宋代士人對自我的社會責任有了更明確的認知，而這種角色和社會責任的選擇，往往是士人自覺的行為。所以，不論是對於在中下階層中更為活躍的思想家，還是對於相對而言在上層社會更為活躍的政治家，他們在這種士人分流的趨勢中都找到了自我歸屬，他們對自我使命的認同狀態，凌駕於他們對其他事物的接受狀態之上。換言之，參與政治的士大夫固然要相對地服從於體制施加的壓力和皇權的要求，但士權與皇權的合作在宋代是有條件的，一旦他們發現自己無法借助皇權達成自己的政治理想，他們會選擇遠離皇權——譬如范仲淹所謂「便為良醫」、歐陽脩做六一居士、林逋的隱逸等等，甚至他們還有可能放棄與皇權合作——王安石屢次拒絕宋仁宗、宋英宗的任命在某種程度上正說明了這一點；而對於學者型士大夫而言，他們的學術也是要表達他們自己的思想，慶曆之際的李覯、石介等人並沒有迎合舊政治的喜好，他們講學傳道，都是在傳播摻雜著他們個人理念和主張的學說。

綜上，毋庸置疑，無論是追求儒家「治道」的實現，還是追求經學的突破創新，這些做法都是鮮明的個人行為、個人主張。連繫前文對慶曆之際皇權、士權關係的討論，宋代的皇權固然始終是至高的，但皇權在宋代受到的衝擊，較諸中國歷史上其他士人自覺意識高漲的時期，或許是最大的。這種衝擊，根本上來源於士人在追求對皇權的「絕對超越」失敗後，客觀上獲得了「相對超越」——造成這一局面的，雖然有皇權主動妥協（崇文尊士）的因素，但更大程度上是由於士人自己的努力。

德國思想家馬克斯·韋伯（Max Weber）曾經說過，人是尋求意義的動物，又被懸掛在自己編織的意義之網之上。紀爾茲（Geertz）在《文化的解

釋》（The interpretation of cultures）中沿用了這種說法，並提出，文化作為一種符號化概念，恰恰就屬於這種所謂的意義之網[694]。在中國古代，多數士大夫身為儒家思想的實踐者，他們的意義之網即是儒道「斯文」，儒家價值觀作為一種主流文化，塑造出了多數士大夫對理想社會的儒家式想像。

北宋慶曆初期以范仲淹、歐陽脩為代表的新士大夫群體，便是這種儒家式理想社會堅定不移的擁護者，「救斯文之薄」成為他們所要尋求的意義，為了實現「斯文」的復興，他們推行政改、改良經學、倡導古文、提振士風。慶曆新政前後的士風、政風、學風就是北宋士大夫們為自己編織的意義之網，他們從這種對意義的追尋裡獲得振奮的情感，又在這種情感的激勵下，堅持遙望和守護著他們心中的儒家式「治道」理想。范仲淹、歐陽脩等人是活躍的政治參與者不假，但誠如劉子健先生所說，他們更是儒家理想主義者[695]。儘管在那樣一個專制體制無法改變的時代裡，他們並沒能完全成長為韋伯所謂的真正的「職業政治家」[696]，但在當時「和而不同」的激昂士風裡，我們仍能看到那個時代相對寬容的氣質，更可以看到知識人的自信。這種士風世相的出現，正是慶曆新政推動的。筆者之所以在寫慶曆新政時反覆強調士大夫精神的嬗變，其實是表達一種現實關懷。慶曆新政作為一場政治改革，儘管有著不少可圈可點實處，可它最終還是失敗的。可筆者要強調它功不在此，慶曆新政真正的公用就在於改善人心、振勵士風。

較諸西方能服務於君主之外的權力的職業政客，封建時代具有個體自覺意識和傳承儒家道統之責任感的士大夫們，似乎也並非只服務於皇權，在相對開明的時代，他們更多地服務於自己的理想，只不過傳統的觀念大大束縛了他們可以實現理想的途徑，「得君行道」成為他們不得不選擇的主流。然

694 [美] 克里弗德‧紀爾茲：《文化的解釋》，5 頁。
695 [美] 劉子健：〈宋初改革家：范仲淹〉，載費正清編《中國的思想與制度》，128 頁。
696 [德] 馬克斯‧韋伯：〈以政治為業〉，載氏著《學術與政治》，61 頁。

第四章　人散曲未終：新政的夭亡與北宋的士大夫精神

而，文學的發展、學術的創新、新士風的出現、興學運動的開展……這些都是士人在「得君行道」之外為實現理想而做出的努力。實際上，不論是宋代士大夫對透過經筵來成為帝王師的爭取（儘管最後以失敗告終），還是士權的不斷增強，抑或是「道學輔人主」口號的提出，它們都展現著宋代士大夫以儒家的價值標準，凌駕於皇權利益之上的企圖。這種企圖只是部分地成功了，每一位宋代皇帝都不同程度地接受了儒生的教化，但卻沒有從根本上改變皇權至高的地位。這種士權發展的局限性當是不刊之論，所以今日一些人所謂儒家中有民主憲政的思想，這實在是不足採信的說法。

宋代之所以是中國古代士大夫的黃金時代，不僅是客觀條件造就的，更是士大夫們自己爭取來的，他們思想世界中有著政治主體意識的覺醒，人格自主意識也漸漸活躍。宋代士大夫不論是參政還是治學抑或進行文學寫作，他們心中承載的更多地都是對「道」與「斯文」的推崇與追求，他們客觀上難以逃脫被專制的命運，但他們中確實有一部分人做到了相對的「心有天遊」。范仲淹「不為良相，便為良醫」的志向就說明，他並不希冀只透過仕途、與皇權合作來實現自己所尊崇的儒家「治道」理想。到了南宋後期，科舉腐敗、士風敗壞，但仍然有不少像葉適那樣的士大夫堅守自我信仰的學術思想，不迎合國家權力的趣味[697]。就像趙匡胤當年問趙普「天下何物最大？」時趙普回答的那樣——在宋代一部分士人心裡，「道理最大」[698]。他們推崇「道理」、追求「斯文」，表露出的是這些宋代士人高度的自我主體意識，這是他們在不可改變的文化條件下自我選擇的信仰與志向。

范仲淹最為此類士人的代表，他的一生基本都是以自我理想為引導的一生，他在他的仕宦生涯中，就「完全按照自己確立的歷史意識行事」[699]。

---

697 王德毅：〈宋代的科舉與士風〉，載《廈門大學學報（哲學社會科學版）》，2005 年 06 期。

698 [宋] 沈括：〈續筆談〉，《全宋筆記》第二編第三冊，356 頁。

699 羅炳良：〈范仲淹歷史意識初探〉，載氏著《宋史瞥識》，109 頁。

　　因而可以講，宋代有一大批開明士人實在太想活出自我、想活出一個儒者的價值了，正如范仲淹所謂「不以毀譽累其心，不以榮辱更其守」[700]。他們甚至為了那種相對的自由而不惜以一種過度激烈的、挑戰皇權的危險姿態（譬如奏邸之獄中王益柔歌〈傲歌〉「醉臥北極遣帝扶，周公孔子驅為奴」），來換取相對適宜的君臣關係。統治者的克制姿態（優待士人）和士大夫在皇權容忍限度內的自由之風相融合，達到了一種和諧，皇帝與士大夫得以共治天下，即孔子所描述的理想君臣關係 ——「君使臣以禮，臣事君以忠」。此處的「忠」，在范仲淹等人心中並非愚忠，而是做事正直的意思[701]。這樣的解釋或許並不一定準確，設若理解的意思並非孔子原意，那麼范仲淹等人這種執拗的將錯就錯，也是一種理想主義的作為了。

　　不得不承認，在有限的範圍內、在客觀上無法避免皇權對社會的相對干預的條件下，包括范仲淹、歐陽脩等在內的一大批與之有著相似志向和氣節的士大夫，也確實透過自己的努力盡可能地活得自由了一點，不論是政治權利上的相對自由，還是思想上的相對自由。他們的人生態度，大抵就像范仲淹感慨的那樣 ——

　　「一身從無中來，卻歸無中去。誰是親疏？誰能主宰？既無奈何，即放心逍遙，任委來往」[702]。

---

700 [宋] 范仲淹：〈邠州謝上表〉，《范仲淹全集》，416 頁。
701 王瑞來：〈「將錯就錯」：宋代士大夫「原道」略說 —— 以范仲淹的君臣關係論為中心的考察〉，載《學術月刊》2009 年 04 期。
702《范文正公尺牘》卷上，《范仲淹全集》，650 頁。

第四章　人散曲未終：新政的夭亡與北宋的士大夫精神

尾聲

波峰浪谷 —— 近世清流的命運

尾聲　波峰浪谷—近世清流的命運

　　唐代清流文化的興起，是中國社會由中世向近世轉變的時期裡一個重要的現象，與內藤湖南、宮崎市定等人的「唐宋變革」論以及陳寅恪的說法不同，陸揚指出，這種具備對寒士的包容性的世族政治文化，並未隨著白馬驛事件以及李唐的滅亡而不復存在，而是在五代到北宋仁宗朝之前的時間裡，繼續作為相對而言的主流政治文化而存在[703]。筆者以為，這種地位的保持或許正是憑藉其對寒士的妥協姿態，但也正是由於這種包容性，最終使得具有多元背景的寒士新貴顛覆了舊的世族政治文化，並透過在從中唐到宋初這一時期裡對政治、思想、學術等多方面進行漸進變革的方式，在宋仁宗朝開始建立起新的文化傳統。

　　這種新文化在仁宗朝之後仍有著長期發展的過程，然而其後的宋朝政治與學術文化，大多都只是在仁宗朝革新的基礎上進行補充、完善。作為一個社會轉變的關鍵性時期，慶曆新政前後政治、文學和思想領域革新意識的迸發，為這一時期塑造出了一種迥然於此前社會的風貌。因而在後來的宋朝士人的意識裡，有不少都因對慶曆新政前後甚至是整個仁宗朝的士風、政風、文風、學風滿懷追慕之情，而產生了一種對之過度美化的想像。這雖然在一方面與宋朝不同時期的政治局勢有關[704]，仁宗盛世與慶曆士風更多時候是作為符號化的輿論工具存在的；但在另一方面，這種被美化的想像的存在，也當和慶曆之際宋代新儒學精神、積極進取士大夫風貌等因素的歷史影響有關，其在客觀上也證明了慶曆新政前後，以銳意進取的姿態出現在歷史舞臺上的新進士大夫們，在事功與立言上取得的成就，這些成就更加適宜於新時代的社會背景。

703　陸揚：〈唐代的清流文化 —— 一個現象的概述〉，載《田余慶先生九十華誕頌壽論文集》，545 — 567 頁。

704　關於「仁宗盛世」在宋代的歷史書寫史，參見張林〈從平庸到仁聖 —— 兩宋政治迭變中的仁宗形象〉，中山大學中國古代史 2010 年博士論文，導師曹家齊。

　　然而，不論是推翻世族政治、反對保守主義的士風還是超越漢唐經學而發展出直抒己意的新經學，透過參與「同治天下」來實現儒家價值觀下的社會想像的目標，始終貫穿於宋代士大夫發展主流政治文化的歷程中。「救斯文之薄」是宋代具有自覺意識的士大夫在參與政治活動時共同持有的追求。儘管這之中存在有具體方法和手段上的分歧，但正如余英時先生所說，「回向三代」是宋儒從存在之初就既定的目標，慶曆與熙寧的變法就是在這種價值觀指導下的對「治道」實踐的嘗試[705]。

　　宋代士大夫政治的漸趨成熟是發生在北宋中期及其後，需要說明的是，不論是在本節，還是在整個全書，「士風」和「士大夫政治」都只是一個籠統、宏觀甚至略有些模糊的概念。對於前者，正如張邦煒先生所述，「力主北宋士風極壞者有之，稱頌北宋士風甚美者亦有之。然而這類通論性的論斷難免欠周延，長達一百六十多年的北宋時期，不同階段士風有別，乃至迥異」[706]。

　　筆者所描述的「士風」，在某種程度上只能算作小眾群體中的士風，但筆者選擇的是士風之主體，往往是這個時代最活躍、最具影響力的士人群，譬如慶曆新政中的范仲淹、歐陽脩等人，這是筆者需要承認的；對於後者，具體考察「士大夫政治」在北宋的不同時期的狀況，會發現皇權與相權都有著複雜多樣的關係。比如宋神宗熙寧改制時期，中書門下的事權更大；而到了神宗元豐改制時期，政務裁決更傾向於君主獨斷，宰相群體看起來更多展現出分權制衡的特徵[707]。不過總體來說，士大夫政治作為宋朝政治的重要特

705　余英時：〈綜述中國思想史上的四次突破〉，載氏著《中國文化史通釋》，18 頁。

706　張邦煒：〈論北宋晚期的士風〉，載氏著《宋代政治文化史論》，206 頁。

707　詳參方誠峰〈走出新舊：北宋哲宗朝政治史研究（1086 － 1100）〉，北京大學 2009 年中國古代史博士論文，導師鄧小南。研究宋代士權、相權的狀況，籠統與細緻似乎都各有其理。往往一有人說北宋相權呈增強趨勢，就有人會以細緻具體到每一年間的相權、皇權勢力強弱狀況來反駁。其中哲宗朝因為有官制改革，所以被拿來舉例尤其多。但是細節是否會影響人們對宏觀上總體趨勢的判定

徵，它的存在在某種程度還是能夠說明宋代士權有著相對增強這一整體趨勢，儘管皇權的增強在這一時期也與之相伴。

從士大夫政治漸趨成熟的北宋中葉開始，漸漸出現了半世襲的士大夫家族把持朝政的局面，美國漢學家郝若貝（Robert Hartwell）將這些士人說成是「菁英」[708]。

這種現象的出現，似乎可以說明在身分制的貴族階層消失之後，憑進士起家的家族對政治的影響力在增強，中舉士人透過婚姻、政治結盟、援引師友、投資產業（如范仲淹置田千畝建立義莊）等方式來累積資源，從而為自身家族謀取福利。這些透過科舉翻身的士人又在家境改善的前提下，透過對家族子弟的培養，來利用蔭補制度的保障以及人際網的積極作用，最終推動家族勢力穩定、持續的發展，在科舉社會中出現了所謂的名門望族[709]。這種家族的崛起並不意味著門閥士族的捲土重來，一方面，較諸門閥背景所帶來的福利，科舉制的選拔性，使得由之得來的福利缺少穩定延續的保障，藉由婚姻、同年等社會關係架設的利益關係和互助關係也並不一定穩固，恩蔭的福利也小於過去門閥背景帶來的好處，近世科舉社會中的名門望族的福利和過去門閥士族的福利，在特點上有著顯著的區別；另一方面，它其實只是士人對儒家社會秩序重建的副產品，晚唐世族的衰落使得這些傳統社會中的宗族的秩序和譜系被破壞，北宋儒學復興旨在敦正禮義，於是自仁宗時范仲淹、歐陽脩等人起，興修族譜，恢復族制。這種宗族結構和意識的復興，本

呢？顯然會。相權、士權保持總體加強趨勢的過程中，難免有一時的低迴婉轉。所以討論這一話題其實是相當令人矛盾的，史學研究需要宏觀概述，也需要細緻考察。宏觀視角用來掌握大事物的整體氣質，微觀視角用來展現細節潛移默化的變動。對視角的選擇，當結合問題的具體情況。數量有限的對細節的考察，不足以干擾對整體的籠統概述。

708　[美] 郝若貝：〈750 － 1550 年期間中國的人口、政治和社會變遷〉，《中國史研究動態》1986 年第 9 期。

709　黃寬重：《宋代的家族與社會》，236 － 237 頁。

身並沒有什麼明確政治目的，僅僅只是一種對儒制的恢復[710]。而且，有學者認為，宋代的「宗族」其實是「家族」，唐代的門閥士族實際上才指的是真正的宗族，「家族」和「宗族」是不同的概念，前者比後者規模要小，「宋代的族居僅僅是同姓聚居的村落，而同姓中的各個直系家族則相對獨立」[711]，因而相應的，「家族」不必然總是具備「宗族」、「世族」那種鮮明的政治追求。

歷史進入南宋，在學術思想上，南宋理學出現了轉向內在的趨勢，更強調人的內省意識。政治上，從十一世紀開始士大夫對權力的分享程度在下降[712]。

經濟上，南宋的土地兼併，致使中下階層的士大夫沒有足夠的經濟基礎建立起改革派閥。所以看起來，儘管南宋高宗、孝宗也有不同程度的改革，賈似道還變革土地制度，但實際成效都不大，甚至在一些時候還造成的負面作用。在這些情況的作用下，士大夫在中央的作為空間大為縮小，因而韓明士（Robert Hymes）又在郝若貝的基礎上，提出了所謂南宋菁英「地方化」的說法，他認為南宋時期的地方菁英勢力，最終取代了中央政府的勢力（公權力）而在一些領域服務於地方，士大夫菁英放棄了對中央政治權力的追求，轉而鞏固其在地方上的權力基礎，以爭取社會資源來獲取政治資本[713]。韓明士為此寫作了一本專著，成為「南宋菁英地方化」一說的代表著作 ——《Statesmen and Gentlemen: The Elite of Fu-Chou Chiang-Hsi, in Northern and Southern Sung》。但是已經有學者指出，這種說法是以偏概全的，菁英「地方化」應該只存在於部分地區，而且很多時候只是一些個案，所謂的「地方化」了的士人，大多並沒有放棄對中央政治的興趣，並不

---

710 龔鵬程：《江西詩社宗派研究》，93 — 94 頁。

711 羅炳良：〈宗法制度與宋代社會〉，載氏著《宋史瞥識》，65 頁。

712 [美] 劉子健：《中國轉向內在：兩宋之際的文化轉向》，152 頁。

713 柳立言：〈何謂「唐宋變革」〉，《宋代的家庭和法律》，3 — 42 頁。

尾聲　波峰浪谷——近世清流的命運

合理[714]。南宋的時候，朱熹、葉適、陳亮等士大夫都主動對中央提出過改革的主張，余英時就對南宋士大夫積極參與中央政治的狀況做過許多描述，所以儘管南宋政治派閥的形成環境比北宋嚴峻，但士大夫或者說「菁英」，對中央政治的熱情並未減少。不過筆者以為，誠然南宋士人整體而言並不存在所謂對中央朝政心灰意冷的現象，但今人也不得不承認，隨著這些熱心政治的士大夫在中央參政時的接連受挫，他們轉而與地方士人結合的趨勢確實是越來越明確的。這種地方士人政治影響力的增強，或許和新儒學向鄉里滲透[715]的趨勢也有著一定的關係，且「重鄉里」本身就是儒家實踐中的基本原則。梁庚堯提出，在宋代新儒學所強調的新家族制序中，特別強調了士人對家族的經濟責任[716]。筆者以為，這在客觀上進一步促使士人把目光由中央轉向自己家族所處的地方。許倬雲曾將宋代的君權比作權力「我者」，而以掌握基層的地方社會力作為權力「他者」。他認為作為行使權力「他者」的主體，地方縉紳始終代表著正統的思想。這種具有壟斷性的思想，即是宋代作為思想「我者」的儒家[717]。這實在是一個卓識，因為其明確指出了儒家思想這一宋代地方士人的價值觀核心，在某種程度上，這也是參與清議、黨爭的宋代士大夫所共同持有的基本思想資源。實際上，在理學家那裡，設立家族的初衷

---

714 包偉民：〈菁英們「地方化」了嗎？〉，載榮新江主編《唐研究》第十一卷，653－670 頁。

715 此處需要對近世儒學的發展是向鄉里滲透這一說法略作說明。葛兆光曾提出儒學發展經歷了制度化、常識化、風俗化（世俗化）的過程，筆者所述的儒學向基層社會組織滲透的階段，對應的即是葛氏所謂的儒學風俗化階段。但是筆者並不主張使用「風俗化」這一簡單描述，說近世儒學的發展特點是向鄉里滲透，一方面是為了展現一種動態發展的趨勢，另一方面，也是最主要的一點，即風俗化的儒學其實是淺薄化的、不完整的儒學，儒學在最基層的普通百姓那裡，僅僅是簡單變成了形式化的習俗，在一些情況下，儒學本身承載的一些社會理想和精神追求，已經在其向鄉里滲透的過程中被過濾掉了。在中國的近世，真正的儒學其向基層滲透的趨勢僅僅止於最基層的士，即比一般地方鄉紳在名望、地位上還稍低一些的儒家知識分子中，在這些基層的士以下的人，所受到的儒學就是不完整的、形式化的儒學了。在整個近世，鄉紳和基層士人才是繼承儒學的主要群體，那些接受了風俗化儒學的普通百姓，並未真正具備儒者的基本素養。

716 梁庚堯：《宋代經濟社會史論集》，412－413 頁。

717 許倬云：《我者與他者：中國歷史上的內外分際》，81－83 頁。

在某種程度上就是為了方便理學道德的實踐，當時的家族親屬間大多關係和諧、有教育和救濟上的互助，和其他與自身有共同理想的家族一齊為物質和精神生活的改善而努力，這本身就是一個按照宋代理學原則規劃出來的，地方鄉約和書院廣泛建立的背景是理學，企圖透過讓士人信奉道學從而改革家族，進而變革地方社會。宋元之際地方士人社群勢力的發展，與理學的發展關聯是極為密切的[718]。在地方士人活躍的時期，是理學在鼓勵他們「把自己視為政治與公共生活的一分子」[719]，在部分理學的論述中，並不認為一個強大君主是必需的，雖然會存在士人與皇帝的合作，但士人的尊君是在君能按照理學的要求，來維護士人社群的利益這一前提下。

在所謂的菁英「地方化」的說法中，盤踞地方的家族勢力在一定程度上成為阻礙社會流動的勢力，這和世族政治在客觀上造成的作用相一致。然而，地方家族抑制社會流動的說法，本身存在諸多不能盡善之處，黃寬重先生從家族內部的變化入手，聲稱用個案研究的方式會得出與此不同的結論[720]。周揚波則從士紳結社的繁榮程度著眼，指出在南宋時期，北宋時週期性控制朝政的半世襲菁英家族作為集團，已經退出了中央的政治舞臺，因而南宋社會存在著空前繁榮的高頻率社會流動。在這種社會流動下，士紳的結社變得十分活躍[721]。筆者以為，士紳結社繁榮只是清議出現的表象之一，畢竟，清議的源頭就是鄉議，地方士人勢力對政治影響力的增強，必然帶來鄉議影響力的擴大。置言之，士人因志、因言、因道、因地域、因學統等而朋黨的行為，目的還是為了左右政治。不論這種情況出現在中央還是地方，它都能透過士人意志匯聚形成的力量，而產生重大的政治影響力。而鄉議、清

718 詳參包弼德《歷史上的理學（修訂版）》，198－223 頁。
719 [美] 包弼德：《歷史上的理學（修訂版）》，105 頁。
720 黃寬重：《宋代的家族與社會》，243 頁。
721 周揚波：《宋代士紳結社研究》，210 頁。

尾聲　波峰浪谷——近世清流的命運

議正是這種意志重要的表達方式。正如范仲淹的上臺是由士林呼籲的結果一樣，「天子以仲淹士望所屬，……及夷簡罷，召還倚以為治」[722]。在皇權可以接受的範圍內，清議的輿論導向中所反映的「士望」，相對而言，對現實政治有著比皇帝意志更大、更直接的影響力。這種影響力誠然在以前的中國歷史中亦不乏見，但在科舉制備完善、世族政治消失的宋代，士人清議時政的氛圍顯然更濃、程度顯然更強烈。且由於道不同、立場不同，清議與士大夫黨爭密不可分，由清議帶來的流品之分，更是促成了異見士人群的分化。

　　如此說來，伴隨著自覺意識的高漲和相對開明之士風的形成，宋代的士大夫越來越像廣義上的「清流」了，這倒是暗合了朱熹評論北宋名士時所謂的那些人「多分流品」[723]。

　　實際上，唐代的清流文化中，本身也就存在著士人清議和黨爭的內容，晚唐時期朋黨之風大興，白馬驛事件也與士人朋黨有關。其之所以有著特殊性，是因為唐代的清流文化有著世族政治與科舉政治相交替的社會背景，清流文化作用於唐、五代的清流身上，從而在某種程度上，間接地參與了這一歷史轉折的過渡，其被冠之以「唐代的」，就是強調這種特殊的時代屬性，而其本身由於包含有清議與黨爭的特徵，因而從相對廣泛的角度而言，其和歷史上其他時期的清流文化、清議文化有著共通性。於是乎，我們大概可以看到一個關於近世清流文化開端的模糊輪廓了，宋代的士人中後來也漸漸形成了一種清流文化，只不過它和唐代清流文化有著截然不同的歷史背景，但共同之處在於它們都存在清議與黨爭。

　　之所以強調宋代清議、清流文化的概念是模糊的，主要是因為這種文化本身極具開放性，具體到發展這種文化的主體，「清流」往往不僅指一個政治群體，其在更多時候指代的是一個文化群體。同為「清流」，可以有著不同

---

722 [宋] 李燾：《續資治通鑑長編》卷一百五十，3637 頁。
723 [宋] 黎靖德編：《朱子語類》卷一百二十九，3088 頁。

的政治立場，卻一般沒有不信奉儒家價值觀的 —— 這種共同價值觀的存在，不僅讓歷史上不同時期的清流從大歷史視角上看起來有著精神上的呼應，也構成了清流文化的基本特徵。

另外，清流文化之所以是一個模糊籠統的概念，是因為其載體（大抵等同於士大夫正直的建言）在不同時期的稱謂略有不同，有「黨議」、「清議」、「清流」等多種稱謂，且從現象來看，有時候清議相對較多而黨爭相對較少，有時候清議相對較少而黨爭相對較多。

王維江指出，在戰國時形成的「清」、「濁」自取的思想成為清流文化的雛形[724]，其後，清流文化始終頻繁地出現於動盪之世或內政疲敝之時，士人因責任感而積極參政、議政建言，結果被扣上「黨議」的名頭，譬如東漢黨錮名士們的活動以及太學生運動。到了魏晉時期，出現了所謂的清談，王維江認為魏晉清談「偏離了儒家軌道」，這或許因為王氏看到了是佛、道思想對儒家正統地位的衝擊。但是，實不宜因此全盤否定魏晉清談的積極影響，作為中國思想史上一個重要的突破時期的

特有現象，其和魏晉時期士人個體自覺、獨立精神萌發的歷史背景密不可分[725]，這也就是魏晉清談給人清議色彩濃於黨爭色彩的印象之原因了，魏晉風度更多是個人主義的，但它又毋庸置疑地改良著士風，獨立精神激發著士大夫參政的熱情，因為他們更執著於對自我理想的實現。唐代的清流自不必說，宋代的清議多強調言論的正確性，所謂的清流，主要也都是「以興起斯文為己任」的正面士人，對儒家道統的尊奉成為這一時期清議與清流的鮮明特點。然而，宋代黨議、黨爭之風的甚囂塵上又使得清人將宋代之亡，歸結於這種清議意識下的朋黨之爭，清談被清儒等同於朋黨，「清談誤國」的呼聲很多。近世的清流，在明清之際更多參與的是黨爭活動，這種過度黨爭

724 王維江：〈誰是「清流」？ —— 晚清「清流」稱謂考〉，載《史林》2005 年 03 期。

725 余英時：〈綜述中國思想史上的四次突破〉，載氏著《中國文化史通釋》，13 頁。

在清初受到了反思，並一度造成了統治者對清議的嚴厲打壓，直到嘉、道之後，西學東漸、國門漸開，士人為儒道之盛衰、國運之興亡而憂心忡忡，清流作為對一部分有著特殊主張的士人的稱謂，才重新返回了歷史的舞臺。

弔詭的是，晚清時期的倭仁、李鴻藻，以及甲午戰爭之前的翁同龢等清流派，似乎和宋代投身於黨議、黨爭且力主革新、通變救弊的儒家士人有著明顯的氣質上的差異。晚清的清流在更多時候被指作是酸腐的頑固保守派，對洋務和西學有著很深的牴觸，恪守於理學的窠臼。本來被樸學所衝擊，以致幾乎喪失知識界絕對主流地位的理學[726]，在晚清時期發生了短暫而強烈的迴光返照，傳統的宋學在咸、同時期有所復興，理學變成了保守主義思潮的內在。身為後人，對之能產生的疑惑便是，同為清流、同樣接受了宋代新儒學的教育，為什麼從唐宋到晚清，士大夫的主張便從激進轉向了保守。這中間必然存在著某種思想史的變動或關聯，而要弄清這之中的緣由，便需要關注近世的清流史。

所謂「近世」，實際還是「唐宋變革」論中的用詞。內藤湖南在西元一九二〇年代提出中國的君主獨裁自宋開始[727]。至於對這一說法的具體詮釋，則正如包弼德所說，「宋代標誌著獨裁的增加，這在內藤對唐宋轉型的闡釋中是核心內容，因為它解釋了為什麼中國事實上沒有實現現代化。宋代以後中華帝國體制的獨裁，解釋了為什麼進步的社會、經濟和文化變化沒有持續按照一種走向現代性的方式發展」[728]。從客觀上看，誰也不能否認宋代存在著專制主義的政治，但內藤氏的目的論其實是與常識不符的，從宏觀的歷史趨勢來看，封建時代中國政治的特點雖然確實是皇權不斷加強，但君主

726 [清]昭槤：《嘯亭雜錄》卷十：「黠者詬詈正人，以文己過，迂者株守考訂，訾議宋儒，遂將濂、洛、關、閩之書束之高閣，無讀之者。」317頁。

727 [日]內藤湖南：〈概括的唐宋時代觀〉，載《日本學者研究中國史論著選譯（第一卷）》，10頁。

728 [美]包弼德：〈唐宋轉型的反思——以思想的變化為主〉，載劉東主編《中國學術（第三輯）》，71頁。

專制說已指出中國的君主專制制度早在秦代就被確立，中古的門閥政治也只是皇權政治的變態，且最終回歸到了皇權政治[729]。因而，儘管「近世」一詞是筆者以及一些宋史學者在論著中常用的詞彙，但從這個詞彙中隱含的說法或許並不完全客觀。筆者對「近世」一詞的使用，更多是單純用作一個時間概念，包含的範圍是宋以後的中國封建專制史，如果一定要為政治史意義上這個時間開端的確立尋找原因，那麼其固然與世族政治的崩潰有關，但筆者的本意並非認同內藤氏所謂宋代是中國君主獨裁之開端時期的說法，而是想強調科舉制的完善改變了中國政治和知識階層的樣貌，又和宋代的士大夫政治相互影響、相互配合，從而開啟了中國歷史的新時期。

宋代黨議開啟的積極士風擴大於王安石變法時期，黨爭的日趨激烈，令儒者的「得君行道」成為一種影響力極大的思潮。即便到了南宋，出現部分士人之影響力更多局限於地方的情況，士人因國事而黨亦屢見不鮮，只要有儒家士人參與黨爭，那必然就會有清流現象。所以，宋代作為近世清流史的源頭，它所承載的，是一種革新意識與進取精神。但是為什麼到了晚清，倭仁、李鴻藻這些清流變得這麼保守？筆者以為，這裡面必然存在一個淘汰的過程和一個轉型的過程。

淘汰的過程或許始於南宋，特別是宋元之際。南宋的時候，土地兼併現象的惡化迫使士人的力量有了一定程度的分散，士大夫對基層建設的過度關注其實有利也有弊，對於中央集權制政權而言，這在某種程度上不利於中央行政力的鞏固。南宋政權的這種特性，不僅成為造成其滅亡的社會原因之一，而且還造成了宋遺民的分化。由於士人與地方關聯的加強，使得他們對中央政權的歸屬感下降。尊君思想雖然是儒家的基本思想，但這並不意味著所尊之君是可以不變的，為了保護地方的勢力，士人完全可能放棄對舊政

---

729 田余慶：《東晉門閥政治》，324－331頁。

尾聲　波峰浪谷──近世清流的命運

權的依附。蕭啟慶先生曾指出，宋遺民中的現實主義者在元初有不少都放棄了原先持有的抗節，在宋元之際短短將近二十年間，遺民大多都轉變成了貳臣，他們以「中原不改漢衣冠」以及「得君行道」等說法為名號，很快就投身到了在新朝的仕途中[730]。這些貳臣的作為，實際上開啟了一種清流文化轉向妥協的趨勢。而與之相對，宋遺民中的菁英士人在宋元之際有不少都變成了南宋的殉節者，戴仁柱認為這是由他們的價值觀所決定的，菁英們不見得真的就多留戀宋廷，而是他們有著太過強烈的歷史主體意識，太注重自己在歷史中道德完美的形象，以致把英雄主義的獻身理想化，殉節者以獻身故國當作了捍衛絕對的儒道斯文的方式，從而維護自己的尊嚴[731]。這種集體性殉節對這個漢人儒家的中下階級士大夫社群而言是一種打擊，不過從思想史角度看，他們也帶走了過度曲高和寡的儒家精神。近世在理學主導下的儒家思想的發展，其實在某種程度上是一個不斷妥協的過程，妥協多了，就出現了轉型。

　　除了從這種思想自身發展狀況的角度，來論述這種思想轉變的存在，其實還可以透過對比開端與結果的方法，來了解宋代理學在後來的歷史進程中的異化。從晚清的倭仁來看，他被視為晚清保守思想的原型。李細珠透過提出「近代中國保守思想」的概念，指出倭仁等人過度維護傳統文化而牴觸西方文化的思想本質上，是對西學東漸的一種抗拒性回應，而同時李細珠在其著作中還強調了倭仁思想的基礎是理學，似乎這種保守主義正是來自於理學[732]。然而，理學本身就與北宋積極政治的改革派士大夫的思想資源──「新傳統主義儒家」──有著關聯，北宋「二程」實際上是只強調哲學理論領域的改革，而作為更大範圍的概念，「宋學」本質上是發源於多數的宋代

730 蕭啟慶：〈宋元之際的遺民與貳臣〉，載氏著《內北國而外中國：蒙元史研究》，144 − 157 頁。

731 [美] 戴仁柱：《十三世紀中國政治與文化危機》，248 頁。

732 詳參李細珠《晚清保守思想的原型 ── 倭仁研究》。

積極性士大夫。從唐宋到晚清，同樣是名義上操持著理學價值觀的人，卻有著截然相反的立場，這足以讓人聯想到某種思想轉變的存在，至於發生思想轉變的時間點在哪，理學「轉向內在」的南宋固然是一個重要時期，可宋、元、明或許才是更為重要的。當然，從宋到明之間，到底要如何進行歷史分期，這恐怕又是一個難題。李新峰在其〈論元明之間的變革〉一文中有過探討，但他主張的是元明變革說。而葛兆光在其〈「唐宋」抑或「宋明」——文化史和思想史研究視域變化的意義〉一文中則更傾向於宋元明過渡說。

清流轉型或許也始於南宋，因為此時開始與清流文化相伴的是理學，南宋的理學強調人的內省意識，劉子健對這一點研究很多。這其實就誘發了妥協思潮之萌動。葛兆光就此提出，應該把近世思想史研究的重心，從唐宋對比轉移到對宋明連續性的研究，他認為宋明之間存在從「創造性思想」到「妥協性思想」的轉變，存在一個「思想與文化的制度化、世俗化、常識化過程」，到明前期，士人出現了明顯的對理學的崇拜[733]。

這之中談到的宋代以來思想狀態的變化，其實強調的就是儒學向鄉里普及的過程，理學在社會上的受眾不斷擴大。但李新峰針對「制度化」這一點提出了異議，他認為在葛兆光列舉的那些崇尚理學的國家行為中，士大夫更多表現的是對國家的屈服而非對理學的崇拜，所謂的「三化」，也只是偶然實現的變革，且李氏認為理學思想傳播的動力，主要是思想自身的活力，而非國家意志[734]。筆者以為從「創造性思想」到「妥協性思想」的轉變是客觀存在的，但李新峰對葛兆光的修正也是恰當的。葛兆光過度強調行政力量對理學發展的影響，筆者發現這和包弼德強調的「明初的社會政策，以立法的方式，在全國範圍內強制推行理學關於建立自我督導社會的理念」的說法如出

---

733 葛兆光：〈「唐宋」抑或「宋明」——文化史和思想史研究視域變化的意義〉，載《歷史研究》2004年01期。

734 李新峰：〈論元明之間的變革〉，載《古代文明》2010年04期。

尾聲　波峰浪谷—近世清流的命運

一轍，也即所謂「明初政府把理學的方案制度化」[735]。但是李新峰就指出，在看到思想轉變的同時，更要注意到思想本身的內在能量，國家意志有限的影響力，往往也能夠受到社會思潮的干涉，思想史的進程或許是受到外在因素干擾最多的，可同時也是自主性最鮮明的。

　　清流文化的轉變到明前期並沒有結束，在整個明代，完成了從學理的保守到現實操作的保守的過渡。之所以這種完成發生在明代而不是在這之前，是因為理學在南宋的影響遠沒有今人想像的那麼大，而在蒙元時期，儘管按張帆先生的說法，朱子學比陸學要北傳得更快，並最終取得了官方意識形態的地位[736]，但元朝畢竟只是曇花一現的王朝，且元代科舉對政治生活的影響是極其有限的，所以元朝時理學和科舉的結合，在某種程度上並沒有太大的歷史意義，這和明朝時期士大夫政治參與活動的強化對比鮮明。妥協性理學在鄉里的普及到明代基本完成後，可以看到清議活動在社會的擴大以及參與主體的身分下移。

　　京都學派的宮崎市定主張明朝對元有著繼承性，他認為在明初朱元璋營造的政治高壓下，所造成的統治集團和知識階層的對立只是暫時的，遷都北京標誌著明朝最終還是繼承了元的格局，成為一個外向型王朝[737]。實際上蒙元雖符合威特福格爾（Wittfogel）講的「征服王朝」，但明朝卻是保守的，即便朱棣遷都北京，也只是天子「巡」邊，不存在向外擴張的趨勢。明朝的保守氣質在客觀上影響著士林對「內」、對「下」的關注程度。明中期之後學社、文社、政治派閥的接連湧現，都是清流文化在湧動的表象，這種文學、學術活動和政治的緊密關聯，在中國歷史上屢見不鮮，等到了晚清，詩界革

---

735 [美] 包弼德：《歷史上的理學（修訂版）》，225 － 227 頁。

736 張帆：〈關於元代陸學的北傳〉，載北京大學中國古代史研究中心編《鄧廣銘教授百年誕辰紀念論文集》，中華書局 2008 年 11 月版。

737 該說轉引自李新峰〈論元明之間的變革〉，宮崎氏日文原文為〈洪武から永樂へ：初期明朝政權の性格〉。

命派跟洋務運動就關係密切，兩者都是對極端保守主義者（不論是政治還是文學上的）持反對態度的。這就是清流文化的包容性特點了，它不太具備細緻的衡量標準，或者說，至少在筆者這裡，它只是一種歷史的「勢」、一種感性的感覺，廣義上只要存在正直知識人出於維護儒學道統的責任感而議論朝政或黨爭，就可以說清流文化在發揮著作用。明末地方書院教育的繁榮加劇了士人的議政風氣，書院在某種程度上成為議政場所，講會遊學風氣的盛行，讓那個時代的言論生態呈現出浮躁的狀況。明中後期之所以是中國歷史上少見的黨爭極為激烈的一個歷史時期，和此時清流文化的驕浮氣質有關。

　　明清之際清流對自身道統優越感的強調本身是一種心理安慰，這種現象同樣存在於宋代士人身上，儒家道統的確立讓士大夫感受到自己是先進文化的持有者，從而消解一部分因受到異族威脅而產生的焦慮情緒。對經學和道統的強調，讓原本有著獨立精神的士林在清代遇到了一種危險，即「被王權話語收編」。這種危險對今人理解晚清清流的主張，意義很大。該說是楊念群在其《何處是江南？》一書中提出的。楊念群先生的史學研究有著長於「解釋」的特點，儘管這種「解釋」不論在實證上還是概念運用上，都難免會有不夠嚴謹之處，實證的問題已有學者論述，概念使用上，譬如他在該書中對「文質之辨」進行解釋時，似將「文」、「質」概念的含義範圍說得太大。不過，楊念群先生有著很強的史學批判、反思的意識，他認為對士林的研究應該規避「過於自戀地把中國士階層看作是超越現實的自足性存在」，其言若黃鐘大呂，對筆者在進行自我反思時幫助很大，其實有時候一些學者過度強調「士」的超越性，說不定有意識形態過度干涉學術的背景，至少筆者在閱讀一些有類似特徵的著作時，雖然多懷崇敬之心，但引用其說時也不得不小心翼翼，生怕把某些歷史現象的發展程度說得過度。當然，楊先生也並不認同把清代政治看作絕對的對士人自由精神的打壓，這和本書提到的宋代皇權對

尾聲　波峰浪谷──近世清流的命運

士大夫自由精神存在容忍限度的說法異曲同工。不過，筆者以為宋代士人的自由空間比清代還是大了許多的，所以筆者在解釋慶曆新政時，基本上持范仲淹等人具有「相對超越性」的觀點，之所以強調「相對」，是因為史書的記載，可以明確地讓我們看出士林意志對仁宗的選擇造成了影響，但是士林沒有完全自發的推動改革，而是借助皇權，則也可以說士林與君主存在著難以分開的合作關係。

在楊念群看來，清代帝王由於集「治統」和「道統」於一身，所以和以往一些專制君主不同，清代君主能夠透過確立經學的主流解釋，來干涉甚至改造士大夫的思想。「士林不但無法教化帝王，而且清朝君主自身已形成一系『帝王經學』，對儒家經典的理解也有自己的一套邏輯，一旦擁有此項功能，它就會緩慢卻堅韌地消解士林中對『道』的尊奉和理解。如果我們仍一廂情願地確信士林對『道』的持守仍具備超然的性質，甚至迷信『道』具有某種道德貞潔性，就會離歷史的真相越來越遠」[738]。清朝士林的精神在清中前期「帝王經學」的衝擊下走向了衰敗，這也可看作清議被壓制後清流文化的異化。

由此我們可以看到，從宋代到清代，基本上整個近世的清流文化，在向鄉里普及和抵抗皇權、抑制侵蝕的過程中，不可避免地被迫妥協，小眾菁英的純儒學隨著南宋部分士人的殉節，以及鄉里對儒學通俗化的需求而變得不再純粹。這之中陽明學「知行合一」的思想也還發揮著作用，王守仁對「覺民行道」和儒道實踐的強調，在某種意義上使得儒學在向鄉里傳播的過程中，服務於現實需求的傾向獲得了道統的支撐，加劇了這種思想的妥協性異化。清代皇權又透過發展「帝王經學」這種間接迂迴的方式干擾士人的意志，最終造成了清流群體在晚清呈現出一種保守意識很強的狀態。

---

738 楊念群：《何處是江南？：清朝正統觀的確立與士林精神世界的變異》，396 頁。

　　清代清流的保守主義色彩是時代性的，作為共性，「引儒學的大義爭天下之是非」的特徵沒有變，也正因為此，清流之名，很多時候具備的是一種存在包容性的象徵意義，而非辨識意義。不同才情、見識、志節、經歷的士大夫因都有「引儒學的大義爭天下之是非」的經歷而聚在一起，「為傳統中國的言路重造出最後一派聲光與尊嚴」[739]。背景的多樣是晚清時代的清流異乎於宋明清流的地方，「清流」可以是自謂也可以是他稱，可以是褒義的也可以是貶義的，這個群體並非絕對意義上綱領鮮明的政治派閥[740]，而是多元背景的、共同有著維護道統之責任感的儒家士人的集合。

　　可惜的是，這些看起來有擔當、有志氣的士大夫，囿於儒學自身的局限，在處理涉西交往和對待洋務時，往往有著一種「尊王攘夷」的主張。他們清議的內容，往往也是「攘夷」。理學義理和儒家道德始終束縛著他們的思想，這些也是不能為功利主義的實踐家所認同的。所以在近代的變局中，不僅有著過度追求事功的極端功利主義，還有對「清議的道德憂憤」的忽視與碾壓[741]。楊國強先生本是以這種清流不得不接受事功主義的無奈，來解釋張之洞身為清流，何以在後來轉而支持洋務，楊先生對晚清的清流似乎有著一種同情。但是在筆者看來，類似翁同龢那種在甲午戰敗後轉而支持維新的清流，他們對洋務在認知上的轉變還是較為真實的，畢竟客觀事實脅迫他們不得不妥協，且轉變後的清流並非完全被動接受洋務的發展，有一些甚至是主動參與到洋務運動中去。光緒帝后來主動支持維新，這從某種程度上講，也說明其放棄了過去清流們灌輸給他的立場。不要因為對人物在一般印象上的清、濁流之分就把這種屬性標籤絕對化，一個人的交往圈永遠是多元的，他的主張也往往多元，越是共性條件少，概念所能包容的範圍就越大，而清

739 楊國強：《晚清的士人與世相》，154 頁。

740 王維江：〈誰是「清流」？ —— 晚清「清流」稱謂考〉，載《史林》2005 年 03 期。

741 楊國強：《晚清的士人與世相》，191 頁。

尾聲　波峰浪谷—近世清流的命運

流恰就是一個包容性極強的概念，所以這裡面的人在甲午後出現親洋務者，並不離奇，只要他們依然還認同儒家、依然還以儒生自居、依然還作為儒家士大夫而參政議政，他們就還可算清流。翁同龢就一直不是完全的頑固派，蕭公權先生在其《翁同龢與戊戌維新》中，就反覆強調他是一個溫和改革論者。我以為，「改革者」是時代賦予他的角色，「溫和」則是儒家保守主義給予他的氣質。張之洞也是集「清流」與「洋務派」於一身的士大夫，他在修鐵路、建工廠等事上甚是積極，但在其〈保存國粹疏〉又有講「存國粹」是「息亂源」的根本方法，這時候實際上說明儒家清流的開明度已經達到了極限，即便到了大時代轉變的時刻，儒家思想也束縛得他們只能溫和改良，作為他們思想根本的儒道斯文難以被動搖，這種思想本質上的保守主義色彩，使他們注定不能始終保持思想認知的先進性。在宋代，這種溫和無疑是正確的，因為那時候面對的只是封建制度的內部改革，而到了清末民初，則是天翻地覆的變革，此時保守主義色彩濃厚的溫和改良已不再是最佳選擇了。

儒家本位的清流文化，最後還是因其失去了經世致用的實用性功能，幾近被時代淘汰，不論是那些泥古空談的好名清流，還是附會理學的酸腐清流，亦或者乾脆出於對洋務派得勢之嫉恨而力主儒家禮教的清流，都沒能在新的變局中成為時代風潮真正的主宰者。這不僅因為他們的道統、儒術在歷史的發展中受到了各種因素影響而異化，儒學本身也就不具備在近代亂世中救世的能力。

從十世紀科舉制趨於完善到十一世紀宋學興起，再到二十世紀初新文化運動打出徹底摧毀封建儒學的旗號，這期間清流思想的具體內涵變換多次，不過有一點核心性內容沒變，就是追求儒家式禮制社會。哪怕這種道統是被帝王經學異化了的，哪怕清流尊奉儒學的行為在客觀上和皇權的要求有關，從地方鄉評到中央清議，「儒家天下」的普世秩序始終是近世清流在他們的

活動中所要堅決維護的。這一點曾經讓他們「先進」，讓他們看起來足夠進取和求新；也在最終讓他們「落後」，讓他們看起來腐化保守，甚至是冥頑不靈。

　　甲午戰敗之後清流的轉型，其實是清流士人最後的迴光返照，所謂的支持洋務、支持維新，骨子裡都不願意放棄儒家道統對社會的根本性支配。此後，五四風雷起，新文化成為主流，清流們或轉型，或被淘汰。從波峰變為浪谷，最後浪花散盡。並不是清流本身對自我社群之原則的信念有了動搖，晚清的清流依然有不少是志節清高的，可當時這種志節最多只能換得後人的同情與憐憫，封建儒道及其部分倫理觀所支配的處世原則，本身到了該被淘汰的時候，因而清流的退場乃是遲早的事。新的知識分子在近代的動盪中被推上歷史舞臺，在西學進步思想的影響下，他們受到了民主、自由思想的啟蒙，不再恪守傳統，而是致力於讓不斷進行現代化發展的中國，最終能具備真正意義上的現代性。

尾聲 波峰浪谷—近世清流的命運

附錄 1：
晚唐至宋初社會歷史大背景與慶曆新政

附錄 1：晚唐至宋初社會歷史大背景與慶曆新政

　　中國的歷史發展到宋代，儒家士大夫已經逐漸成為主導國家政治的重要群體之一。過去在一些傳統史家筆下，這是他們不願言明的事，出於對社會菁英論的排斥，他們在主觀上往往一味將史學研究的關注點集中於勞動大眾，這其實是失於偏頗的。肯定士大夫為政治發展做出的貢獻，與承認一般勞動大眾對社會發展的進步作用這兩點並不矛盾，今天研究宋朝的政治史，首先就要正視士大夫社群對這一時期歷史發展產生的重大影響。

　　到了宋代，中國的士大夫社群有了煥然一新的面貌。宋代文化的特點是「自由的思想與懷疑創新的開拓精神」[742]，在這樣一種文化影響下的時代，也必然會給士大夫社群一個充足的發展空間。正如何忠禮先生所說：「在重文政策的實施下，使宋代成為秦漢以降中國封建社會裡士人地位最高的時期」[743]。余英時先生說：「宋代不但是『士』最能自由舒展的時代，而且也是儒家的理想和價值在歷史上發揮了實際影響的時代。」[744] 宋人自己也說：「國朝待遇士大夫甚厚，皆前代所無。」[745] 其實何止前無古人，宋代禮遇士人、開放言論，在中國的專制時代更是後無來者。西方啟蒙運動時期的思想家伏爾泰（Voltaire），在稱讚當時英國人所享有的自由權利時就列舉過一條：「你又獲得保證，當你一夢初醒，你有權發表你的一切想法。」伏爾泰盛讚這種權利是「很大、很幸福、超乎許多國家的特權」[746]。從某種意義上講，當時宋代的士大夫中就有一部分人在很大程度上獲得了這樣的權利，這怎能不讓後來元明清的封建士大夫豔羨。

　　相較於元、明、清三代普遍存在的對士大夫的打壓、脅迫和利用，宋代在整體上的那種開放言論、善待知識分子的風氣在專制時代可謂是較為先進

---

742 繆鉞：〈宋代文化淺議〉，《繆鉞全集》第一卷，428 頁。

743 何忠禮：〈略論北宋前期的制度革新〉，《浙江社會科學》2011 年第 3 期。

744 余英時：《朱熹的歷史世界：宋代士大夫政治文化的研究》，289 頁。

745 [宋] 王栐：《燕翼詒謀錄》卷五，46 頁。

746 [法] 伏爾泰：《哲學通信》，47 頁。

的，所以有人就形容宋代有著「專制中的自由」[747]。特別是明末文人，如王夫之、黃宗羲，就十分嚮往宋太祖對士大夫禮遇之「盛德」。按說這並不符合一般人對宋太祖的印象，歷史上的宋太祖對士大夫的禮遇遠不及之後的宋代君王，他的文治政策更多是出於治國考慮，而非真的擺脫了自身的武人視角、放下了那種不自覺地對士大夫的輕視。然而如果結合明代統治者對士大夫的暴政，甚至是以奴僕視之，就能理解明末開明士人對宋代文治推崇備至的緣由了[748]。

　　既然士大夫成為宋代政治舞臺生非常重要的角色，那麼我們就需要特別說明對「士大夫」的界定。這其實是一個相對模糊的概念，說他們是儒家知識分子中的相對出色者應當是沒有問題的，但如果將他們界定為社會菁英[749]便無疑是縮小了它的範圍，因為歷史上廣義的「士大夫」中有民也有官，這一社群橫跨不止一個階層（特別要指出士大夫不完全是地主階級）[750]，再加上這一社群並非始終都完全對歷史進程做出著正面的貢獻。因而具體而言，「士大夫可以作為研究宋朝社會文化教育層次的一個名詞，但要作為一個階級的觀念，只怕是不妥當的」[751]。

---

747 [日] 溝口雄三、[日] 池田知久、[日] 小島毅：《中國思想史》，東京大學出版會，2007 年 9 月版。轉引自葛兆光《且借紙遁：讀書日記選 1994 － 2001》，253 頁。

748 關於這點，可詳參趙園《明清之際士大夫研究》，5 － 6 頁。

749 [美] 包弼德：《斯文：唐宋思想的轉型》，書中寫道，「作為『士』，他們是菁英群體的分子，而不是『庶』或『民』中的成員」。除此以外，今天一些人在確定「士」的概念時似自覺或不自覺地將之模糊化、簡單化處理，其中用尤以用其他概念代換的現象居多。

750 馬克斯‧韋伯提出，中國除了有接受官職的士，還存在四處周遊的「處士」階層，部分的士持有拒絕入仕的原則。這一自由且流動的士階層，「乃是當時哲學派別的形成與對立的擔綱者」。但同時韋伯還指出，中國的士人存在一種團結，「由於感覺自身為同構型的中國文化之唯一擔綱者而結合起來」。把兩點看法結合來看，可得出「士」乃是一個外在趨於大同、內在可以細化的群體，不單純等同於官僚，其組成具有複雜性。載氏著《中國的宗教》，170 － 171 頁。

751 王曾瑜：〈宋代社會結構〉，《涒埃編》，155 － 182 頁。「士大夫階級」一詞，經常被學人用到，很難說這樣的表述完全不能成立，但這種表述所適用的對象的範圍，是否就如同許多人運用這一詞彙時所想像的那麼廣闊、士大夫能不能就用現代意義上的「菁英」來簡單替換，這更是值得商榷甚至質

附錄 1：晚唐至宋初社會歷史大背景與慶曆新政

　　不過就我的感受而言，越向近世發展，「士大夫」這一稱謂中「官僚」的含義就越來越淡化，這一稱謂的包容性越來越強。在戰國秦漢時期，「士大夫」這個稱謂是和社會等級有關的，但到宋代及其後，似乎「士大夫」慢慢傾向於和「士」邊界相同。因為近世有很多在野的士人對政治仍發揮著巨大的影響，士人於在朝和在野這兩種身分狀態間的轉換也越來越隨意，不能因為一個士大夫捨官而去便視其為純粹的文人，有官職的士人並不見得一定有較大的政治影響力，有時一個留名後世的藝術家卻會在官僚隊伍中有著一個閒職。「士大夫」這一概念不論是在界定還是在使用上都越來越含糊。

　　在本書中，筆者承認士大夫在客觀上並非士人的全部，但仍將在本書中把「士大夫」作為一較為廣泛的概念，其是知識階層、知識社群的另稱，即包括了地方菁英、中央菁英，也包括未入仕的知識人，只不過在科舉制完善的背景下，較諸宋代之前的士大夫，宋代許多士大夫所具備的由「民」而「士」的身分轉變顯得尤為突出。之所以要採用廣義，一方面是因為宋代社會的發展不單單由在朝官僚推動，在野士林對社會發展的影響也不可小覷；另一方面，廣義的「士大夫」是為人接受的更為普遍的概念。不過，在很多時候「士大夫」又不得不被筆者用來專門指代士大夫官僚，所以更多時候對詞義的辨析還是要看具體語境 —— 不論是在解讀文獻時還是閱讀今人著作時。

　　隨著儒家知識分子的「自覺意識」或者說「政治主體意識」的不斷高漲，士人文化開始轉型，宋代社會開始有意識地扭轉五代時期崇武抑文的風氣，去繼承在中晚唐以來的清流文化的庇護下，以文為核心的新士大夫文化傳

疑的。漆俠先生把「士大夫」等同於「地主階級」，朱瑞熙先生曾指出非身分性的官僚地主是宋代地主階級的主體，王曾瑜先生提出民戶中的部分知識分子後來成了官戶的中堅。

這些說法實際上也都可以再商榷，這一問題的學術史，可參看李天石、陳振《宋遼金史研究概述》，177 - 178 頁。社會是流動的，歷史觀和語言表述體系也是在變化的，「士大夫」和「地主階級」此兩者間到底是屬於兩套不同的語言表述系統，還是存在包含與被包含的關係，都可以延伸探討。不過，設若史家對部分知識分子「地主階級」身分的認定背後包含有意識形態因素主導的階級批判思想，實不可取。

統。這是一股伴隨著士族社會的衰落而逐漸增強的並不明朗的潛流，從某種程度上講，它對寒士主導的政治文化有著極強的包容性。它被世族政治最後的餘暉遮掩，卻又被出身庶族士大夫（核心是庶族科舉士大夫）漸漸增強的政治實力推湧向上。唐代的清流文化本是以對寒士的包容為妥協，而希冀讓舊政治文化傳統延續生命的文化，然而，正是這種妥協，給予了剛剛萌芽的新政治文化生存空間，最終讓後者在北宋仁宗朝形成不可逆轉的取代舊政治文化之勢。

　　宋代是中國歷史上一個十分重要的時期，思想界情況冗雜，佛、道、儒相互競爭，其中仍然是以儒為主流。在儒學主導下，宋代的政治意識形態存在著一種人文精神，其伴隨著為了抵抗佛、道衝擊而掀起的儒學復興運動[752]。這裡的佛、道衝擊，一方面是儒家思想在主流知識分子的精神世界中的獨尊地位被衝擊；另一方面則是在具體的哲學闡釋層面，佛、道思想在一些問題上發原始儒學所未發，或者漢唐儒學由於其自身的問題而在一些哲學話題上已不能較佛、道對知識分子有更強的說服力。譬如史懷哲（Schweitzer）所指出的例子，先秦儒學在關於世界觀的一些問題上並沒有言明，而是認為道理自在文獻之中，這容易使人們不能準確掌握孔、孟將道德

---

[752] 陳弱水認為不應提「儒學復興」，而應稱作「儒家復興」。他主要是針對中唐以來思想運動的情況來定義的。他說「安史之亂後的儒家復興還有一個特色，就是，它基本上是士人群中意識層面的變化，整體而言，相對散漫，尤其在初期，不是個有核心主旨的思潮。這是我以『儒家復興』—— 而非『儒學復興』—— 來稱呼這個變化的原因」。參見《唐代文士與中國思想的轉型》，3 頁。
　但筆者以為，宋代儒家在思想界的運動，稱作「儒學復興」並不為過，從中唐到宋初，是從「儒家復興」到「儒學復興」演化的過程，這種思想運動越來越有著更為明確的主旨。且陳弱水自己在〈文學與文化 —— 論中唐思想變化的一條線索〉一文中就將他所論述的士人思想的變化所存在的時間範圍劃定為「唐代安史之亂（西元七六六至八六三年）到九世紀中葉之間」。這裡為了統一行文，全書都將把唐宋儒家思想的發展、革新運動統稱為「儒學復興」。
　另外，余英時提到宋代出現了儒教的「入世轉向」，且其首先集中在治道，他一開始研究唐宋的思想變革就是關心「新禪宗的『入世轉向』宋代『道學』所代表的新儒學倫理」。參見余英時〈我與中國思想史研究〉，載彭國翔編《中國情懷：余英時散文集》，393 頁。這種佛教的「入世轉向」應當也造成了激勵士大夫參與政治的影響，但這依然不能否認佛教對儒學的地位產生了衝擊。

習俗等同於自然準則的觀點，而僅僅以為他們強調對善惡的辨明，這種不夠直白的表述，使得知識分子在接觸到和孔孟倫理學一樣是一種「關於存在的本質的基本理論」的佛家行為準則時，很容易動搖其內心原本豎立的儒家的權威形象[753]。

針對上述問題，宋儒展開了新儒學運動。需要說明的是，這場運動最大的特點便是宋代士人積極的主動意識，宋代新儒家士人的這種「以天下為己任」、致力於重建社會秩序的抱負，被余英時拔高為一種宗教精神，余英時認為宋代新儒家所關心的民生問題、道德問題近似於歐洲喀爾文教所關注的普遍性的宗教道德問題[754]。這種拔高或許值得商榷，但其所注意到的問題卻是極有價值的。宋儒有「先覺」的意識，也就是一種自我反省。且不論他們打著怎樣的旗號，包括所謂的復興「古文」，不惑漢唐經學之傳注，其實並非真的完全復古，在客觀上他們其實正創造著一種全新的文化，只不過這種創新的過程裡有著很複雜的情況。龔鵬程對此有所總結，他指出，宋儒在創新的同時，「也有著對傳統的重新解釋與選擇性繼承」，它與當時社會結構的變化有關，且宋代新儒家所復之「古」，乃是他們價值選擇的產物，而非客觀的歷史事實[755]。宋代新儒學的這種複雜性展現出其是對前代思想、文化的批判吸取和創新，因而有著進步性和鮮明的宋學個性。事實上，新儒學對政治本身有著強烈的現實主義批判、革新精神，正如胡適所說，「道學起於政府的反對黨」[756]，新儒學的思想背景和范仲淹等人的變革主張本身就是相輔相成的。

北宋新儒學運動的主流是對漢代以來儒學神學化發展的反動，倡導反對漢唐注疏與讖緯學，直抒己意。其萌芽於中唐。到了宋初，在學術上影響巨

---

753 [德] 阿爾伯特・史懷哲：《中國思想史》，87 頁。
754 余英時：《中國近世宗教倫理與商人精神》，74 — 84 頁。
755 龔鵬程：《唐代思潮》，375 — 376 頁。
756 胡適：《胡適日記全集》第五冊，25 頁。

大的士人，其思想普遍如恭三先生所述，是「以儒家為本位而又對佛道兩家兼容並包」[757]。直到慶曆之際，范仲淹、歐陽脩等才正式主張發揚純粹的儒學。這場運動尊奉韓愈的「原道」思想，反對漢儒雜糅陰陽五行的神學化儒家，強調人文主義，近似於歐洲由中古向近代的轉型過程中打破神學的運動，所以陳來說宋代新儒學運動是「亞近代的理性化」運動[758]。這場運動和唐宋之際的古文運動以及禪宗的世俗化運動並行，同時還附帶起了「孟子升格運動」以及新《春秋》學運動。

很多時候，朱熹「存天理，滅人欲」的思想常常被拿來和歐洲中世紀神學壓制人性的現象作類比，可實際上此兩者完全不同——中世紀天主教的神學，是以神斷人，而朱熹的「滅人欲」並沒有神學基礎，他是以「理」斷人，而這個「理」，不是神的旨意，而是儒家思想的要求。朱熹要求人們遵守原始儒家的禮教，同時還認可正當的人欲，他講的「理」，沒有宗教性。更重要的是，北宋新儒學運動對原始儒家學說的強調，在主觀上本是為了增強士人身為政治參與者的角色意識，是為了申明道義、提振士風，至於後世所謂宋代儒學使人臣僕化，恐怕至多只能稱作客觀效果，並非范仲淹等宋儒的初衷，也不是以他們的眼光所能預料的。更何況，今人一味用「存天理，滅人欲」等口號化的教條說辭來幫宋代新儒學「貼標籤」，這本身就只會造成片面狹隘的認知，這種認知全然不足取。

受到一些傳統史學說法的影響，今人對宋代道學和新儒家的錯誤認知甚多，甚至夾雜一些階級偏見，正如徐復觀先生所說，「最奇怪的是，以宋明理學家的『即事窮理』、『在事上磨練』的『躬行實踐』，而居然有許多人說他們是『玄虛』，說他們是『陽儒陰釋』，以他們的強調『去私慾』，並為窮苦人眾呼號，因而想解決土地問題，卻說他們是代表地主階級，以他們的提倡

---

757 鄧廣銘：〈北宋的學風（未完成稿）〉，《鄧廣銘全集》第七卷，441 頁。
758 陳來：《宋明理學》，11 頁。

附錄 1：晚唐至宋初社會歷史大背景與慶曆新政

人物平等而普遍共有的天理，因而想達到人物一體的有機體的人文世界，卻說他們是封建主義。這種知識分子在權勢下的墮落，正反映出我們民族在專制下的墮落」[759]。徐先生的話發人深思，其中提到的坊間流行的對宋儒的諸多偏見，也未作為本書對宋代新儒學的基本認知。

關於宋代儒家與神祕主義的關係，許倬雲有過一個描述，他說「宋代的回頭，不是神聖的出現。宋代儒家思想重點，不具有神聖性格的轉變，只是普世帝國國家本身的轉變與解體。……宋儒有神祕的經驗，靠每個人直接和天命的接觸與體會，要從看得見的禮法與律法上找出『道』和『理』。……宋人神祕經驗的根本，不在荀子，在孟子。孟子的神祕經驗，一方面要把自己變成先聖先賢、載道之人，……另一方面，他的浩然之氣通達天地。宋人從孟子得到的神祕經驗，再加上受到佛家、道家的影響，認為個人就是山岳、天地，就是日星、宇宙」[760]。這種個人主體意識的覺醒，是中唐以來對漢代儒學接受陰陽學、強調「天」的現象的批判造就的。到了北宋，道學家普遍批判儒家的神學化，正是這種思想轉型的展現。

儘管有著神祕色彩的學說，依然支配著這個時代知識界的許多方面，然而，許多具有領袖身分的士大夫，卻大多以批判的態度對之。比如歐陽脩，在批判儒家神學化方面就立場鮮明。北宋士人用原始的儒家倫理道德，不僅來規範自己，還去要求君王，以此消抵漢代以來把君權和神權相連繫的思維，而用士人的價值觀來規範皇帝。小島毅對之有一段很好的總結，他說，「直到宋真宗為止的神聖王權論失去市場，哲人王成為時代的要求。科舉官僚們希望自己的上司不是高高在上的君臨下界的君王，而是一個與自己具有相同的人間本性、服從相同的倫理規範、遵守相同的行動準則的君王」[761]。

---

759 徐復觀：〈程朱異同：平鋪的人文世界和貫通的人文世界〉，載《中國思想史論集續篇》，409 頁。
760 許倬云：《知識分子：歷史與未來》，82－84 頁。
761 [日] 小島毅：《中國思想與宗教的奔流：宋朝》，197 頁。

這種現象，可謂是專制時代對君權認知的一大進步。需要說明的是，此處的「哲人王」概念似乎更適合於西方思想中理想社會的執政者形象，「內聖外王」固然是南宋理學家們對理想君主的要求，但實際上其也僅僅停留在要求的層面而已，中國的專制君王不可能達到這樣的要求。

總體而言，宋代已有不少士大夫不再徒勞地只「究天人之際」，而是更多地關注現實，並且產生了個體和士大夫社群的自覺，這將推動宋代士人社群在政治行為和理論方面的變革。「從神文到人文，從天命說到王者仁政說，這是唐宋之際思想變革的一大面相。從政治和思想意義上說，可能其重要性遠遠大於所謂文人價值從文到理的轉變」[762]。

士人覺醒、關注現實，使得他們有了更多施展理想的想法。然而，任何成就不僅需要主觀意願，還需要客觀環境的配合。宋代，正是這樣一個能讓士大夫一展身手的時代，蘇軾曾說宋代「大道之行，士貴其身。維人求我，匪我求人」[763]，那種身為士大夫的喜悅自豪之情溢於言表。宋代士人生逢其時。

誠然宋太祖趙匡胤是行伍出身，但整個宋代卻是一個文治的時代。特別是在北宋的中前期，也即大致是十世紀後期到十一世紀前期，宋代士林所關注的最核心的政治問題就是「王朝的生存與士恢復其政治領袖的地位」[764]。一方面，國家興亡是古代知識分子關注的傳統話題；另一方面，士林自身的地位和社會評價也成為儒家知識分子所關注的焦點。人們開始重新注重對士人身分的確認，用儒家的忠義道德作為衡量士人身分的標準，並將五代時期那些違背和破壞了這種儒家道德秩序和政治倫理的人物，樹立為反面典型，其中最著名的代表，就是在五代政壇上長期屹立不倒的長樂翁馮道[765]。

---

762 孫英剛：《神文時代：讖緯、術數與中古政治研究》，6頁。

763 [宋]蘇軾：〈張文定公墓誌銘〉，《蘇軾文集》卷十四，458頁。

764 [美]包弼德：《斯文：唐宋思想的轉型》，155頁。

765 宋代對馮道的評價本身也不是單一的，北宋前期出於社會仍然受到五代菁英文化的價值觀的影響的緣故，也由於官僚階層的很多人如范質、陶穀，和馮道一樣也曾仕宦於多朝，因而人們對馮道並不

附錄 1：晚唐至宋初社會歷史大背景與慶曆新政

　　事實上，宋代文治的出現，特別是士林「自貴」意識的產生，並不乏統治者的推動。傅樂成曾說，宋代士大夫自尊的產生，是在民族意識、儒家思想和科舉制度發展到極致的時代背景下，由科舉制度和文人政治造成的[766]，而科舉制的繁榮與文人政治的出現，都與宋代君主的言行有關。宋代統治者鑒於五代時期兵亂不斷，因而「以文抑武」，積極「與士大夫治天下」，形成了一種以士大夫為主體的官僚政治，在這一政治背景下，「皇帝不再擔當主角，而是成了配角。皇帝或許可以罷免作為個人的官員，卻無力與士大夫階層全體相對抗」[767]。

　　具體到祖、宗之時，宋太祖就曾勒石誓不殺士大夫及上書言事者[768]，極大地激勵了士人社群。王夫之對此就曾說道：「自太祖勒不殺士大夫之誓以詔子孫，終宋之世，文臣無歐刀之辟。……宋之初興，豈有自貴之士使太祖不

採取完全否定的態度。比如吳處厚在《青箱雜記》卷二就曾列舉了一些馮道堅持基本的儒家觀念的言論，認為在惡劣政治條件下，馮道也還保留有一定的處世原則。從仁宗朝開始，對馮道的批判越來越激烈，儘管其後仍不乏少數如王安石、蘇轍等人對馮道持肯定態度，但對馮道的負面評價漸成宋代的主流思想趨勢卻毋庸置疑。這一點可詳參陳曉瑩〈歷史與符號之間 —— 試論兩宋對馮道的研究〉、路育松〈從對馮道的評價看北宋氣節觀念的嬗變〉。

皇祐三年（西元一〇五一年），仁宗曾說馮道「無可旌之節」，其後歐陽脩、司馬光等人也對馮道大加批判，這反映了宋代步入中期後，統治階層和士大夫社群對馮道的主流認知。特別是歐陽脩在氏著《五代史記》中對馮道進行了激烈的抨擊，這是他出於想要改變舊有道德渙散局面的目的。

馮道在二十世紀的史學研究當中一直是廣受爭議的人物，向來不乏學者為他翻案。很多人從五代亂世的政治大背景出發，對他的政治選擇做以寬容地理解，可惜這樣的解釋未免過於簡單化。再譬如筆者讀到的嚴修〈重新審視馮道〉一文，說馮道有「清廉」、「愛民」、「團結」、「謙讓」、「睿智」、「能幹」、「果斷」等優點，足以見馮道是「好人長期蒙受冤屈」。然而這樣情緒化的評價實際上價值不高，多是在重複李贄等人的論調，且史學研究本身的目的並不是人生價值觀探討，對歷史人物操行的評價，可以是眾說紛紜的，任何的價值尺度都可以存在。對馮道的研究，重點還是要關注他背後所反映的政治文化以及對於他的歷史書寫。

766　傅樂成：〈唐型文化與宋型文化〉，《漢唐史論集》，372 － 373 頁。

767　王瑞來：〈走向象徵化的皇權〉，載朱瑞熙、王曾瑜、姜錫東、戴建國主編《宋史研究論文集》。

768　一般認為，北宋不殺士大夫和言事官一點是毋庸置疑的，不過它可能只是一條不成文的祖宗家法，因為學界對最早見於曹勛於建炎元年轉述的徽宗之言中的「太祖誓碑」一事的真實性，向來眾說紛紜。關於這一問題的學術史，可參李華瑞〈改革開放以來宋史研究若干熱點問題述評〉，《視野、社會、人物 —— 宋史、西夏史研究論文稿》，44 － 91 頁；劉浦江〈祖宗之法：再論宋太祖誓約及誓碑〉，載《文史》2010 年 03 期。

得而賤者感其護惜之情乎？夷考自唐僖、懿以後，迄於宋初，⋯⋯士之賤，於此而極。則因其賤而賤之，未為不愜也。惡其賤，而激之使貴，必有所懲而後知改，抑御世之權也。然而太祖之於此，意念深矣。」[769] 另外，宋太祖在建國後為了防止藩鎮作亂和「陳橋兵變」的再現，進行了以確立三衙統兵體制為代表的人事調整和改革，被動箝制藩鎮與武將的勢力，同時還用主動的方式，提出「今之武臣欲盡令讀書」，以此來令禁軍諸將在主觀上不願意反叛[770]，避免叛亂發生。這一舉措也反映了宋太祖推崇讀書、以文治國的主張。

實際上，具體到太祖提倡讀書的細節上，後人就可以發現，宋太祖強調的讀書主要是讀經史，因而其目的不單單是培養官員的人文素養，更重要的是為了克服文吏政治的弊端（這點從太祖敦促長於吏道而寡於學術的趙普讀書可看出），是為了建立文治社會，把舊的軍將改造成「明了尊卑名分、自覺維護治國秩序的將佐官僚」，他講「宰相須用讀書人」，或許更多強調的是對讀書人的「用」，而此時宋朝需要「用」的，正是能重建斯文的儒生[771]。

其實在某種程度上，正是由於宋太祖對儒生的重視甚於文吏，才有了後來慶曆興學時的中央興學，對士人灌輸以經術的教育，由文吏政治改向儒生政治。不過，理性審視宋太祖的一些做法，會發現他雖然有親近文士的意向，但在實際的做法中，他對純粹的讀書人的賞拔遠沒有他自己「喊口號」喊得那麼響亮，他和文士們的關係更沒有後來的一些宋朝士大夫想像的那麼親近，宋太祖始終和讀書人保持有一些距離。

到了宋太宗時期，統治者更加注重對文士的選拔，趙光義曾說：「朕欲博求俊彥於科場中，非敢望拔十得五，止得一二，亦可為致治之具矣。」[772] 宋

---

769 ［清］王夫之：《宋論》卷一，6 頁。
770 范學輝：〈釋宋太祖「今之武臣欲盡令讀書」〉，載《西北師範大學學報（社會科學版）》2006 年第 4 期。
771 鄧小南：《祖宗之法：北宋前期政治述略》，149－184 頁。
772 ［元］脫脫等：《宋史》卷一百八，3607 頁。

附錄 1：晚唐至宋初社會歷史大背景與慶曆新政

太宗為了表現他個人在治國方略上的重文抑武，更是將開封皇宮的後殿——「講武殿」更名為「崇政殿」。趙光義治國重視各家思想方略，身為政權建立初期的執政者，他還崇尚以黃老之術治國[773]，由於宋太宗在執政前期廣興兵事卻屢屢戰敗，因而他後來形成了一種反動情緒，從欲以窮兵黷武來建功立業轉變為重視文治[774]。他在執政時博采士林提出的其他各種意見，足見其對以文治國方略的重視。另外隨著科舉制度在宋朝的完善，進士的錄取人數也大大提升，王禹偁在建議真宗「艱貢舉」時就曾說，宋太宗朝錄取了將近一萬名進士[775]。

真宗就更不用說了，坊間廣為流傳的「書中自有千鐘粟，書中自有黃金屋，書中自有顏如玉」便出自真宗的〈勸學詩〉，其主張文治、鼓勵讀書的想法昭然若示。

隨著儒士社群「自貴」意識的萌發和統治者文治方略的施行，北宋士人在政治參與方面變得更為積極主動。士大夫自謂「天下治亂係宰相，君德成就責經筵」[776]，士大夫們主動把治理天下和教育君主的任務攬了過來。真宗朝時，朝廷一直奉行「祖宗之法具在，……務行故事，慎所改作」[777]的保守政治，而在宋仁宗朝，士大夫積極於政治的意識，隨著社會矛盾激化所帶來的一系列問題的加劇而越來越明顯，士大夫社群也隨著他們自身對政治事務參與度的提高而有所發展。這一點最突出的表現就是宋代相權的加強[778]，特

---

773 《續資治通鑑長編》卷三十四載，宋太宗曾說：「清淨致治，黃老之深旨也。夫萬務自有為以至於無為，無為之道，朕當力行之。」758 頁。翦伯贊主編《中國史綱要》，講兩宋主流哲學思想是理學，這其實是失實的。理學先河始於仁宗朝宋初三先生。北宋前四十年一直是以黃老治國。詳參張其凡〈呂端與宋初的黃老思想〉，《宋代政治軍事論稿》，281 － 290 頁。

774 李華瑞：〈論宋初的統治思想〉，《宋史論集》，1 － 32 頁。

775 [元] 脫脫等：《宋史》卷二九三，7976 頁。

776 [宋] 程頤：〈論經筵第三札子〉，《二程集》，540 頁。

777 [宋] 歐陽脩：〈太尉文正王公神道碑銘〉，《歐陽脩詩文集校箋》，626 頁。

778 王瑞來〈論宋代相權〉一文，較早提出了宋代相權增強的觀點，修正了錢穆〈論宋代相權〉一文，僅

別是在真宗時期，由於傳統社會的宗法關係，令士大夫減少了對皇位正統性的關注，因而士大夫往往更關心政治活動中的權力問題，最終形成了一種「以宰相為主的執政集團，在中央政治運作中的決策型態」，置言之，後來的宋代政治被推向了「宰輔專政的軌道」[779]。

「相」是士林的代表，準確地說，是當政的士大夫的代表，相權加強無疑提高了士林對政治決策的影響力。實際上，除了「相」個人，士林整體的紳權也有所加強，宋代士紳積極參與會社，其規模與頻率較前代大有提升。而且，宋代新興的鄉約會社，較諸唐代，其目標不僅指向會社內部，而是開始關心士紳社群以外的群體的事，「表現出士紳開始具備超越自身利益，關注鄉里公益的情懷」。在實際行政過程中，紳權也得以與國家權力結合，對行政產生更大影響。這種隨著知識階層的規模擴大、流動性增強所帶來的會社活躍、紳權影響力增強的現象，恰恰就反映著「宋代士紳階層自我組織的需求和能力」，是士大夫政治力量崛起的顯現[780]。

由於宋代祖宗之法的核心是一種保守政治[781]，所以北宋在歷經三朝之後，表面繁華下積貧積弱的社會現實已經顯而易見，在真宗朝社會穩定的表象下，實則存在著行政機制的故障、民族關係出現危機、貧富分化日益嚴重這三大問題，表露出當時社會矛盾正在不斷發展激化，人禍不斷，就連天

僅從制度設置層面片面得出的宋代相權被削弱的說法。張邦煒〈論宋代的皇權和相權〉在王瑞來觀點的基礎上，提出了宋代皇權和相權都有所增強的觀點，這一觀點更為完善合理，「宋代的皇權和相權之所以都有所加強，在很大程度上是由於當時的士大夫階層個體力量既小，群體力量又大。……我們既贊同宋代的政治是士大夫政治，又認為宋代的政治是皇權政治，兩者豈不牴牾。其實，前者是指宋代國家政權的根本性質，是以士大夫階層為主的封建地主階級專政，屬於國體範疇；後者則是指當時國家政權的構成形式是君主專制，屬於政體範疇。君主專制的政體取決於並展現著封建地主階級專制這一國體，兩者不是非此即彼、相互排斥，而是亦此亦彼、基本適應」。

779 王瑞來：《宰相故事：士大夫政治下的權力場》，12－13頁。

780 本段參考周揚波《宋代士紳結社研究》，208－212頁。

781 張其凡曾將宋代政治思想的發展分為三個階段，其中宋仁宗以前便是第一階段，其特點是以黃老之術治國，政治上休養生息，力求社會穩定，其實就是實行一種保守政治。詳參〈試論宋代政治思想的發展〉一文，《宋代政治軍事論稿》，19－33頁。

附錄 1：晚唐至宋初社會歷史大背景與慶曆新政

災，也往往不乏人為的因素（例如整個宋代對社會危害最大的自然災害——水災——有時甚至是由於統治者的政治考量而人為造就的），這都是政治保守、專制強化造成的。特別是在吏治弊端重重、西北邊患不斷這兩個問題上。同時，宋代財政也出現危機，所謂「夫當仁宗四十二年，號為本朝至平極盛之世，而財用始大乏，天下之論擾擾，皆以財為慮也」[782]。

不過總體來講，此時北宋所面臨的嚴峻局面和往後政權所面臨的危局相比，相對而言顯得並不嚴重。因而，出於預見到國家當前所面臨政治、軍事和經濟危機將在未來變得越來越嚴重的現實[783]，一種希望革新、期盼改革者出現的輿論漸漸興起，正如韋伯所說，「這種對於國家『正確的』內政不斷關注的取向，對於導致封建時期的知識階層產生一種影響深遠而又實際的、政治的合理主義，具有決定性的影響。與後世僵硬的傳統主義相反的是，史書經常會揭露出士人是果敢的改革者」[784]。

仁宗朝的士大夫因其憂患意識而開始積極投身政治，新士大夫群體以昂揚的姿態打破了北宋前三朝因循守舊的政風、士風。此前，真宗時就施行「不用浮薄新進喜事之人」[785]，此處所謂的「喜事之人」，就是通變救弊意識高漲的新士大夫，由於北宋初年「不興利」，所以壓制這種有功利主義色彩的士風，不任用在參政上過於積極主動的士大夫。這種局面在仁宗朝時被改變，在革新思潮出現的同時，士大夫間也因對國事的看法不同，而開始有意識地結黨，儘管有時「朋黨」的名分只是被當作反對者進行輿論攻擊時的武器，而並不被實際中已經結黨的士人所承認，但客觀上講，此時的士大夫的確開始因國事而產生黨議。

---

782 [宋] 葉適：《水心別集》卷十一〈財總論二〉，772 頁。
783 關於此點，詳參李裕民〈范仲淹變法新論〉，《宋史考論》，13－17 頁。
784 [德] 馬克斯·韋伯：《中國的宗教》，168 頁。
785 [元] 脫脫等：《宋史》卷二百八十二，9538 頁。

　　考察北宋士人朋黨的起始點，按照王夫之所說，當是仁宗景祐親政時期，范仲淹等人與呂夷簡（西元九七九至一〇四四年）一派的各自的朋黨[786]，沈松勤先生進一步指出，應該把慶曆黨議看作明道廢后之爭、景祐范呂之爭的延續，認為慶曆新政中臺諫「以『文字』排擊政敵，根除異黨勢力的『過薄』之舉」，與仁宗廢后之爭和景祐黨爭中臺諫養成的特殊心理有關[787]。沈先生所述，特別是對於慶曆新政和明道廢后之爭兩事中，所反映的臺諫風氣之連繫的論述，固然有其道理。但在筆者看來，景祐時期的黨議、黨爭更宜視作一場大規模的黨議、黨爭運動的前奏，因為當時范仲淹一黨還不成氣候，與之作對的似乎也主要是呂夷簡一人，至多再加上胥偃等為數不多的幾個想攀附夷簡的大臣罷了。就算宋仁宗年間范仲淹主持慶曆新政時的黨議、黨爭，不是宋代黨議、黨爭的開始，然而毋庸置疑，慶曆新政是宋代黨議、黨爭的第一個高潮。這場改革雖然持續時間不長、規模也有限，但是突出地展現了北宋士大夫政治的特點。特別是范仲淹、歐陽脩等人提出統治者「當退小人之偽朋，用君子之真朋，則天下治矣」[788]，大張旗鼓地掀起了北宋朝堂上的黨議、黨爭之風，將北宋士大夫政治推上了一個更高的發展程度。宋代的士大夫固然有利己的一面 —— 為個人、為家族、為士大夫社群。然而，之所以「『以天下為己任』可以視為宋代『士』的一種集體意識，並不是極少數理想特別高遠的士大夫所獨有；它也表現在不同層次與方式方面，更非動輒便提升到秩序全面重建的高度」[789]，那就是因為宋代的士大夫具備著「超越一己實際利害的理想層面」[790]。北宋的黨議、黨爭，那種朝堂上瀰漫出的士大夫對北宋政治走向的強烈關心，便是這一點的有力展現。

---

786 [清] 王夫之：《宋論》卷四，86 頁。
787 沈松勤：《北宋文人與黨爭》，124 － 125 頁。
788 [宋] 歐陽脩：〈朋黨論〉，《歐陽脩全集》卷十七，297 頁。
789 余英時：《朱熹的歷史世界》，218 頁。
790 余英時：《朱熹的歷史世界》，219 頁。

附錄 1：晚唐至宋初社會歷史大背景與慶曆新政

我們甚至也可以因此而說，慶曆新政是北宋政治改革歷程中，最展現士大夫精神的一場新政，沒有慶曆士風對後世的深遠影響，熙寧變法、元祐更化等都將失去出現的可能。所謂士風，即士大夫的精神狀態、思想文化意識及其行為活動中的價值取向，士風影響士大夫的行為。

因此我們可以看到，北宋後來的新黨、舊黨之爭乃是君子與君子、士大夫與士大夫的相爭，僅僅是因大家政見不同所致，從出發點來看，雙方都是為了維護政權發展的利益，並都堅持積極政治的原則，也就是說，慶曆新政之後的宋代的科舉士大夫，雖然在具體政見上會有分歧，但身為國家的共同治理者，他們有一種超越朋黨之爭的、更大的、共同的群體意識，來維繫著他們，使宋代士大夫社群成為一個有著共同理想和價值觀的整體，使他們有一個「大同」的國家立場；而慶曆新政是君子、小人之爭，一面是范仲淹推行吏治改革鐵面無私、手段幹練，一面是反對派指責新政黨人朋黨作亂，是在為士大夫社群的「大同」掃清障礙。

實質上，慶曆新政的改革觸及的是舊官僚階層的利益，推翻的是保守的舊政治文化。這種文化的載體不是固定不變的，所謂「舊官僚階層」、「保守派」等稱謂都只是相對的概念，本書中採用這樣的概念來進行論述時，也並不將之視作對士人社群絕對的劃分。上世紀時漆俠先生曾以「集團」來稱謂范仲淹領導下的革新士人群[791]，這固然是考慮到了這其中各士大夫其主張的共性以及存在的人際關聯，然而不可否認，過於絕對地幫慶曆之際的士大夫劃分派別，會讓人造成片面的認知，比如說王拱辰是保守黨，可他也曾經與范仲淹有過共進退的經歷，他的很多做法也是符合慶曆之際高尚的士風的。慶曆之際的黨議中有著和而不同的風氣。所謂的朋黨並沒有固定的、穩定的連繫。美國漢學家曾提出唐宋士人的社會身分經歷了門閥士人 —— 文

---

791 漆俠：〈范仲淹集團與慶曆新政 —— 讀歐陽脩〈朋黨論〉書後〉，《漆俠全集》第九卷，215 － 235 頁。

官 —— 地方菁英的轉變，貫穿始終的是士人在地域、家族、科考、婚姻等方面的連繫，對士人政治立場的影響。地方菁英代表地方利益，門閥士人會考慮家族利益，文官考慮的利益則複雜些。然而，地方利益的邊界性，決定了所謂的地方菁英在涉及一些與地方無關的中央決策時，能保持相對客觀的立場，文官所牽涉的社會關係對其政治立場的影響也並不穩固。因而，研究北宋朋黨、黨爭，不應該秉持「關係決定」論，那是對歷史問題的簡化處理。集團或者派別、派閥的劃分固然利於我們理解和論述這一時期的政治紛爭，但恪守界限的劃分，而不把所謂的集團、派別視作具有一定開放性的群體，是會在閱讀文獻時為一些與「集團」標籤不合的記載所困惑的。而且「和而不同」的士風，會讓所謂的「集團」在組織上看起來並非有著鮮明的目的性和統一性，就此，張希清先生就曾指出，「稱之為一個新興的士大夫群體或政治派別更好些」[792]。總之，從古至今儘管人們總是以黨議、黨爭、朋黨等說法來概述士大夫在對待某一或一類事件時，持相近態度且可能存在互相聲援的現象。

但是絕對封閉而統一的朋黨是不存在的，特別是在宋代，這些所謂的「黨」大多邊際模糊，幾乎沒有固定的組織和統一的行動，且更多時候只是存在於政治人物相互的口誅筆伐中，其實體的存在並不一定真實。

不過，近來學界在談及中國歷史上的朋黨問題時，有一種說法，雖然正確地指出了古代的朋黨並不具有近現代政黨的性質，但又認為古代的朋黨本身不具有政治影響力，常常只是學術團體，其對政治的影響只是指責別人朋黨的人的虛構。比如明史學者樊樹志先生在論及東林黨時，就曾撰文數篇指出，東林黨並非政治團體，而是「一支重整道德的十字軍」，且應當稱當時東林書院諸人的活動為「東林運動」[793]。但樊先生的論據多是東林書院諸人的

---

792 張希清：〈「以天下為己任」—— 范仲淹為政之道研究之一〉，《范仲淹研究文集（五）》，56 頁。
793 樊樹志：《明史講稿》，454 − 490 頁。

附錄 1：晚唐至宋初社會歷史大背景與慶曆新政

表述，這些表述大致可分為兩類，一類是顧憲成、高攀龍等人對東林書院宗旨和教學內容的介紹，一類是他們在被指控為朋黨後的自我辯解。我以為前者不可盡信，因為人的說法常常和做法不同，且儒學中有很多內容涉及政治實踐，論學會談及政治，即便主觀上無意談論政治，也不能防止他人認為東林人有議政。至於後者，有時過度的辯解正說明被指控的事情有存在的可能。由此看來，對於古人論及朋黨的內容，不能古人說什麼，今人就信什麼。治宋史也是同理，需具體分析不同人物在事件中的行為、立場，關注其中的差別，特別是導致同一立場表現的不同因素的差別。另外，樊先生認為朋黨不具有現代政黨性質，便沒有了政治參與，這未免矯枉過正。儒家講君子「群而不黨」，可見「群」異於「黨」，然而不參與政治的「黨」不就是「群」嗎？「黨」之特性便在於參與政治。總之，士人的朋黨行為很難用現代概念來比附解釋。對於范仲淹、歐陽脩等人的朋黨，我們有必要承認其政治參與。

慶曆之際是政治文化和士人士風的轉型期，革新士人在個別情況下也有意氣用事的時候，而所謂的保守士人，有時也會是開明政治文化的支持者。況乎君子小人之辨，本身可以看作是歐陽脩、范仲淹等人的過激言論，雖然其背後有著合理的政治文化背景，但同時也存在著不理性的意氣用事，慶曆新政時期的「君子」、「小人」不見得就真是君子或小人，更何況慶曆新政雖然夭折，革新士人及其所代表的政治文化，在日後的歷史中卻取得了勝利，歐陽脩等在「君子小人之辨」中的言辭甚囂塵上，後來漸漸成為輿論的主流，這或許對為歐陽脩、蘇舜欽等所指責的「保守派」士大夫來說，是一種委屈。

舊官僚們身為以往政治生態中的受益者，他們身上所展現的是宋初消極政治的文化，同時，從身為新政反對者的夏竦有門第出身[794]這一點也可看

---

[794]《宋史》卷二八三載，「夏竦，字子喬，江州德安人。父承皓，太平興國初，上〈平晉策〉，補右侍禁，隸大名府。契丹內寇，承皓由間道發兵，夜與契丹遇，力戰死之，贈崇儀使，錄竦為潤州丹陽縣主簿」。9571 頁。《歸田錄》卷一：「夏英公父官於河北，景德間，契丹內犯，遂沒於陣。」不僅

出，這種門第出身的背景實際上展現了消極保守派承接了唐、五代的主流政治文化[795]，甚至或還可以說夏竦的出身決定了他會成為北方集團舊政治文化[796] 勢力的代表。而范仲淹、歐陽脩等人身為士人文化轉型後新崛起的士大夫社群，不少都出身寒門、受過民間疾苦，以科舉出身[797]，這是宋代時期文化傳承者身分下移的表現。仁宗慶曆時期的這場新政，打破了中唐以來逐漸興起，並在五代時期取得主導地位的清流文化的包容性，以歐陽脩等人為代

要注意夏竦出身中等官僚家庭，與范仲淹、歐陽脩等出身寒門或低級官僚家庭的背景不同，還要注意到夏竦是恩蔭入仕，這在某種程度上或許就是使他日後反對新政的原因之一，因為仲淹等的新政中一大重要內容即是削減恩蔭。另外，出身河北武人家庭，承接的是還是五代北方武人集團的藩鎮文化，所以如果他對南方文人士大夫以及科舉推動形成的、以寒門主導的新政治文化有偏見，是很能夠讓人理解的。

795 考察從唐到五代再到宋代政治文化的轉型，寒素出身、以科舉進階、崇尚「文學」的士大夫所代表的政治文化，無疑在宋代最為明顯和繁盛，特別是從仁宗朝開始展現得最為突出，但它逐漸形成的過程，很難讓人不猜想它從唐中後期就已經開始。晚唐五代是流品名士最後以主流姿態活躍在政治中心的時期，然而，在晚唐權貴把持貢舉的局面下，依然存在孤進寒俊衝擊權貴的趨勢（參見吳宗國《唐代科舉制度研究》，252 － 253 頁），且衣冠名士對政權的依附過甚，亦促成其所代表的門閥政治文化的衰落，對此，毛漢光曾用數理統計的辦法論證了士族門閥政治變遷的漸進性、長期性。從北宋仁宗朝時期的歐陽脩、范仲淹等人開始，他們儘管多少繼承了一點清流文化的資源，畢竟這種衣冠名士主導的清流文化存在著對寒門才俊的包容性。然而，歐陽脩等來自不同群體的新興士大夫更多地做的是對清流文化、對舊主流政治文化進行批判，這種道德譴責的產生，反映的是由思想觀念的轉向所導致的政治文化的改變。

796 晚唐五代是藩鎮政治、武人政治，核心政治力量集中在北方。而到了宋代，正如陸游在〈論選用西北士大夫札子〉所說，「天聖以前，選用人才，多取北人，寇準持之尤力，故南方士大夫沉抑者多。仁宗皇帝照知其弊，公聽並視，兼收博采，無南北之異。於是范仲淹起於吳，歐陽脩起於楚，蔡襄起於閩，杜衍起於會稽，余靖起於嶺南，皆為一時名臣……及紹聖、崇寧間，取南人更多，而北方士大夫復有沉抑之嘆」。（《渭南文集》第三卷，《陸游集》，1994 頁）從仁宗慶曆年間開始，新士風是隨著南方士大夫大量登上政治舞臺而出現的。在文治政策主導下，宋代政治文化漸漸放棄了北方傳統，而形成了南方政治文化。慶曆時期是重南思想的萌芽的標誌時期，黃寬重說，「北宋初期是江南人才的孕育期，……慶曆以來，江南興起，人才迭出足與北人爭勝，熙寧變法即顯示南北士人政見之差異」。見氏著《宋代的家族與社會》，240 頁。當時功利主義儒家的代表學者李覯在〈寄上富樞密書〉有論，李氏提出「當今天下根本在江淮」，批評過去「議者多輕東南」。該文是慶曆初年標誌南方政治文化崛起的典型文章之一。見《李覯集》卷二十七，317 頁。

797 儘管宋代不允許僧道、吏人應舉，但宋代科舉基本上還是可謂取消門第限制的，特別是較隋而言唐「工商雜類」能夠應舉，而且試卷實施封彌、謄錄，制度公平完善，這才真正是大開了方便、公平之門。詳參張希清等《宋朝典制》，188 － 190 頁。此外還可參何忠禮〈貧富無定勢：宋代科舉制度下的社會流動〉，載《學術月刊》2012 年 1 月。

附錄 1：晚唐至宋初社會歷史大背景與慶曆新政

表的新型士大夫與以唐代清流文化、宋初保守主義「祖宗之法」為表象的舊政治文化傳統發生了割裂，從而基本擺脫了晚唐五代政治文化之遺韻，真正開啟了天水一朝的新風。

眾所周知，隋唐是中國歷史上一個非常重要的時期。傅斯年曾說，「中國之國體一造於秦，二造於隋，三造於元。……唐完隋業，宋又為唐之清白化，……唐代為民族文化之大混合，亦為中國社會階級之大轉變」。他敏銳地捕捉到，「隋唐帝室出身雜胡」導致了隋唐統治者在疆域統一後具備一種「政治結合力」，從而使得中國歷史上的一次轉變成功完成，改變了社會上「貴賤之倫」錯亂的現象，透過在選官制度上以諸科考試，代替了魏晉的九品官人法，進而實現「漸少以閥閱登庸」[798]。

儘管在科舉制誕生後，唐代取士仍然是以門閥為主導，但是從中唐以來，逐漸出現了重「文學」的「清流文化」，進士科改變了魏晉的「士庶之辨」，清、濁流的劃分不再依據郡望，而由是否有進士科的出身這一標準重新劃分，當然，並不能說這一時期選拔官員絕對完全不受郡望因素的影響，但這一時期確實潛藏著「士庶合流」的暗流[799]，「清流文化」當是這種暗流推動下的產物。

當時之所以會出現這種情況，與人才選拔制度方面摒棄重門第的思想有關，是重「文學」、「德望」這一新思想觀念的出現促成了社會轉型。所謂「德望」，按照陸揚的說法，就是張九齡強調的「踐臺閣，掌綸誥」，是以「詞學」立言，是強調特殊的文學履歷[800]。這種現象反映了一種潛伏於世族政

---

798 傅斯年 1931 年 10 月致陳寅恪書札，抄件，殘。載王汎森、潘光哲、吳政上主編《傅斯年遺札》第 192，280 − 281 頁。

799 關於此點，胡如雷先生有極其精彩的論述，對筆者啟發頗大。詳參其〈門閥士族興衰的根本原因及士族在隋唐的地位和作用〉一文，《隋唐五代社會經濟史論稿》，283 − 323 頁。

800 陸揚：〈唐代的清流文化 —— 一個現象的概述〉，《田余慶先生九十華誕頌壽論文集》，550 頁。關於張九齡阻攔玄宗任用牛仙客一事，這說明了「文詞」取代「門閥」，貴族政治走向衰落。

治下的新政治文化的趨勢，唐代的清流文化是世族政治文化和新政治文化間過渡的產物，在宋仁宗之後，宋人就自謂「今世用人，大率以文詞進」[801]，范仲淹也講「臣世專儒素，遭逢盛時，以文藝登科」[802]。

可見宋代到此時是基本摒棄了世族政治的傳統，文詞出身的寒士所形成的政治文化，已經強化到足以衝擊甚至取代舊的世族政治文化，以及作為過渡品的唐代清流文化。在寒士社群成為政治主導力量之一後，宋代拋棄了初期繼承五代政治文化遺韻的狀況，轉而步入了真正以「文」取士的時代。特別是宋代科舉發達，不僅錄取進士數量增加，舉人的數目也大大提升，北宋末期舉人占到了成年男子總數（約占總人口的百分之二十，即約兩千萬人）的百分之零點一五[803]，中等知識分子階層實力大大增強，知識階層規模擴大，這也推動了士大夫主體意識的覺醒和政治影響力的提升。甚至還有人提出，正是在宋代越來越嚴苛的科舉制度，最終斷送了貴族門閥政治復辟的可能[804]。

不過，有一點需要特別指出。以往的宋史研究，過度關注士大夫社群的地位抬升、結構變化，忽視了對皇權的關注。完善科舉、擢拔寒士，不僅有利於士大夫，同時也有利於君主加強權威、實現權力一元化。中古的門閥政治、貴族制政治對皇權的膨脹產生了不小的抑制作用，宋代超越舊的門閥政治的體制，從底層擢拔寒士，實際上是以此來衝擊舊的門閥世族、舊政治集團。

---

801 [宋]蔡襄：〈國論要目〉，《蔡襄集》卷二十二，384頁。

802 [宋]范仲淹：〈讓觀察使第一表〉，《范仲淹全集》，403頁。

803 [美]賈志揚：《宋代科舉》，54頁。

804 由於宋代科舉的糊名、謄錄制度，隔絕了考官和舉子聯合作弊的可能，過去科舉所謂的「行卷」就失去了意義。何懷宏依據賈志揚的相關研究，提出宋代科舉漸漸成為「最淡化個人與其家族關係的一種制度」，他指出，科舉制到宋代所出現「人格淡化、面對天子、取士途徑趨一、考試內容趨一」的發展，使得科舉選士變得盡量客觀，造成一種選官制度上的決定性轉變，斷絕了貴族門第社會復辟的可能。見氏著《選舉社會及其終結——秦漢至晚清歷史的一種社會學闡釋》，99頁。

附錄 1：晚唐至宋初社會歷史大背景與慶曆新政

　　需要說明的是，上述說法絕不是落入了日本學者所謂宋代開啟了中國君主獨裁這一說法的窠臼。認為擢拔寒士是出於為君主專制服務的目的，很難說不是一種誅心之論，只能說在客觀上、在一定程度上造成了這樣的效果，但說這是君主在主觀上有意為之，顯然沒有依據。且在實際上，宋代的士大夫並不能都被視作所謂的「寄生官僚」。

　　更重要的是，宋代之前的門閥政治時代，實際上也是以君主專制為主導，世族的威脅並不代表就能推翻秦代以來的君主專制制度。且真要論君主獨裁的成熟，實際上應該上溯金元才對。日本漢學的「宋代近世說」忽視了元代對中國專制主義政治的影響，它著眼於明代君主專制的高度加強，上溯後認為宋代是獨裁加強的開端。然而在元史研究中，都會強調元代的專制皇權是較前朝少所約束的，元代是中國專制社會後期的一個巨大轉折點，它影響了「明乃至以後中國封建社會的發展的全貌與趨勢」[805]，金元是沒有完全漢化、保留有民族特權的王朝，存在著專制主義皇權的高度復興與繁榮，與之相比，唐、宋只是皇權發展的階段，故不宜稱中國歷史自宋始呈現君權加強、相權衰弱的特徵。一切正如姚大力所說，「兩宋時期曾經相當有力的臣下制衡君主權威的制度性安排和慣行體例，在元代卻被終止或受到很大削弱。……滲透到元代君臣關係之間的主奴觀念，雖然沒有在明代君臣關係中留下直接的痕跡，但是，過去時代長期形成的『共治』觀念的淡化和約束君權的傳統程序的削弱，……為朱元璋在明初大幅度地強化專制主義君權，掃清了唐、宋兩朝的君主們所無法克服的來自中原傳統的制度化障礙」[806]。

　　在慶曆新政中，改革派和保守派反覆爭奪仁宗的支持，可以看出皇權在此時的重要影響力。然而，總覽宋代，科舉士大夫並沒有完全淪為君主的政治打手，他們覺醒了的主體意識使得他們形成了新的政治集團，儘管士大夫

---

805 周良霄、顧菊英：《元史》，466 頁。

806 姚大力：〈論蒙元王朝的皇權〉，《蒙元制度與政治文化》，192 － 194 頁。

社群內部存在政見不同而導致的不同派別，但總體而言，科舉出身的士大夫們也至多是「和而不同」，他們有一定的透過形成新政治勢力，在皇權下取得自主權利的意識。宋代統治者確立的專制體制，並沒有造成預想中的那種作用，相反，「宋代建立的這個專制體制的成熟模式，有著制衡矛盾的張力，即把專制政體的成熟階段必然產生的對立面 —— 民主的因素，長久地妥善安置在體制的內部」[807]。實際上，不僅僅是制度，宋代統治者其個人也常常會包容一定限度的民主，以「開明專制」來確保政權穩固。

宋代「取士不問家世」[808] 使得以范仲淹為代表的這樣一群寒士，能充分鑒於他們個人在社會下層時對弊政的負面危害的深刻感受，去倡導積極政治，這些新興士大夫更加希望能通變救弊、濟世澤民，要改變此前「士」消極的社會性格[809]。

考察慶曆新政的改革目標，儘管表面上其中心是進行吏治改革，整個改革的綱領性文件 ——〈答手詔條陳十事〉也重點關注宋代的吏治問題。但追根溯源，直接的現實危機只是革新士人用來加強仁宗的緊迫感的工具，作為一場士大夫社群合力通變救弊的政治運動，其本質目標乃是范仲淹作於天聖三年（西元一〇二五年）的〈奏上時務書〉中所提到的「救斯文之薄」，即進行通盤的內政改革，立足長遠，布局宏大。在這樣一種關於儒家價值觀下的社會想像的目標之下，具體的改革政策則針對性極強地指向了世族政治的傳統和保守主義的「祖宗之法」，慶曆新政的十條改革中五條關乎吏治，而在吏治改革中對選官制度的改革目的就是為了完善科舉取士、打擊世族政治；對官員管理制度的完善，特別是對磨勘法的改革，則旨在扭轉「祖宗之法」下士風頹靡的狀況。

---

807 王水照、朱剛：《蘇軾評傳》，15 頁。

808 [宋] 鄭樵：《通志二十略》，1 頁。

809 詳參余英時《朱熹的歷史世界》，209 － 229 頁。

附錄 1：晚唐至宋初社會歷史大背景與慶曆新政

　　儘管慶曆新政以失敗告終，但它所留下的文化遺產卻相當豐厚，正所謂「從此以後，宋代的士大夫們超越政治上、學術上的立場差異，一直以慶曆為模範」[810]。正是這樣一場改革，扭轉了消極政治的士風，開啟了北宋的君子黨爭，同時還使得「政制上則言官的發言權提高」[811]。范仲淹等人之所以致力於改良士風，目的是維護專制體制下有限度的民主，因為「宋代政治中的民主氣氛根本是由『士氣』撐托的」[812]。

　　除此以外，那種「以天下為己任」的公共責任感，以及慶曆新政所建立起來的積極政治的士大夫社群，與統治者在政治上相互合作的關係，也幾乎貫徹、影響了整個北宋，成為北宋政治的重要特點。特別是在對熙寧變法的影響上，范仲淹與王安石有很多相似的主張，南宋呂中就曾將兩人政改思想細緻地比較，發現相似之處很多，呂中講「范仲淹之於慶曆，亦猶王安石之於熙寧也。……今觀仲淹所言『窮則變，變則通』，即安石變法之言也；其言『兵久不用，則武備不堅』，即安石強兵之說也；其言『士未曾教則賢才不充』，即安石所謂『教之非其道』之說也，其言『中外奢侈則國用無度』，即安石所謂『理財大抵無法』之說也；其言『百姓困窮則天下無恩』，即安石所謂『優恤農民』之說也；其言『人主納遠大之謀久而成王道，納淺末之議久而成亂政』，即安石『欲法堯、舜而不法太宗』之說也；其言『刑法之吏言絲髮之重輕，錢穀之司舉錙銖之利病，則往往謂之急務響應而行，或有言政教之源流，議風俗之厚薄，陳聖賢之事業，論文武之得失，則往往謂之迂說』，即安石所謂『人君出而親事，不過有司之細故，未嘗如古之有為之君學，士大夫討論先王之法以措天下』之說也」[813]。足見范仲淹所倡導的士大

---

810 [日] 小島毅：《中國思想與宗教的奔流：宋朝》，82 頁。

811 [美] 劉子健：《歐陽脩的治學與從政》，190 頁。

812 王水照、朱剛：《蘇軾評傳》，19 頁。

813 [宋] 呂中：《類編皇朝大事記講義》卷九，193 － 194 頁。

夫精神及慶曆新政所展現的政治思想對後世巨大的影響，為整個北宋樹立了建設儒家秩序、抬升士風的目標。

其實，不論慶曆新政還是後來王安石主持的熙寧變法，總體而言都是立足長遠、著眼全面的改革。兩者雖然側重點有不同 —— 前者重吏治而後者重財政，卻都是為了整治時弊、謀求興治，因而他們所展現的精神是一致的，今人將這種精神總結為「通變救弊、志在當世」[814]八個字。

從上文我們可以進一步意識到，身為慶曆新政這樣一場有著深遠意義的政治改革的主持者，充當了新士大夫社群領袖的范仲淹，應該發揮了十分巨大的士風引領影響，而事實也確實如此。所以，在考察整個慶曆新政的來龍去脈、背景影響之時，范仲淹都將成為被重點關注的核心人物。

提振士林積極參政的風貌，為整個宋代士大夫樹立了以天下為己任、先憂後樂的公共責任意識，強調儒家士人個人道德和品行的完善，還帶頭將個人因出身寒門卻能步入仕途而產生的報恩感，昇華到「為一個朝廷盡忠盡力，為這個朝廷所代表的國家的最高利益 —— 長治久安而盡心竭慮」[815]……范仲淹這些作為都推動了士大夫精神朝著良性、積極的方向發展。正如朱熹所說，「本朝唯范文正公振作士大夫之功為多」，「至范文正時便大厲名節，振作士氣，故振作士大夫之功為多」[816]。實際上，范仲淹更大程度上是成為宋代乃至宋以後整個儒家士大夫的一個人格典範，所以在其去世後韓琦曾評價他「前不愧於古人，後可師於來哲」[817]。而到了明代，李卓吾也說「范公何嘗死也。宋亡，范公終不亡耳」[818]，足以證明文正公浩然的人格精神對後

---

814 沈松勤：《北宋文人與黨爭》，1 頁。

815 王瑞來：〈宋代士大夫主流精神論 —— 以范仲淹為中心的考察〉，載姜錫東、李華瑞主編《宋史研究論叢（第 6 輯）》。

816 [宋] 黎德靖編《朱子語類》卷一百二十九，3086 頁。

817 [宋] 司馬光：〈代韓魏公祭范文正公文〉，《范仲淹全集》，1244 頁。

818 [明] 李贄：《史綱評要》卷二十九，804 頁。

附錄 1：晚唐至宋初社會歷史大背景與慶曆新政

世影響深遠。因而也難怪如張邦煒先生所述，後世一些從總體上將宋代士大夫生態比作「糞土」的學者，也不得不承認范仲淹是開在「糞土」上的為數不多的「鮮花」[819]。

范仲淹在新政時期的作為對後世影響，其實也大抵等同於慶曆新政對後世的影響，除了具體到現實問題層面的意義，范仲淹振勵士風，不僅為自己立德立言，實質上也推動著仁宗朝的儒學復興。儘管綜觀宋史，主流意識形態對非儒家思想的高度包容性「與儒學復興同步反向，越來越萎縮」[820]，看起來這似乎是阻礙了社會思想的多元發展，但這種治國思想的趨同狀態從國家治理角度而言，對北宋政治造成的積極影響卻不可否認，儒家治國之道促進了北宋政治的良性發展。從這一點上說，慶曆新政依舊有著難以磨滅的影響力。

需要說明的是，范仲淹主持慶曆新政，表面的目的就是實現儒家式的政治理想，或者說，是要實現儒家式人間理想，而在實現過程中則要以儒家式政治秩序的建立為始。余英時曾提出「儒家的整體規畫」的概念，即儒家價值觀下的社會想像。余氏認同張載說的「朝廷以道學政術為二事，此正自古之可憂者」[821]，他在〈「抽離」、「回轉」與「內聖外王」—— 答劉述先先生〉一文中，主張在研究宋明理學的時候不把理學單獨從社會、政治條件中抽離出來，不要把理學、道學從儒學中抽離出來，並認為宋代新儒學（Neo-Confucian）的復興正是「儒家的整體規畫」的再次活躍，北宋士人的政治革新運動，正是按照傳統儒家「得君行道」的思路在努力實現「儒家的整體規畫」[822]，是要「回向三代」、復興儒學。

819　張邦煒：〈君子歟？糞土歟？—— 關於宋代士大夫問題的一些再思考〉，《人文雜誌》2013年第7期，82 − 88頁。

820　姜鵬：《北宋經筵與宋學的興起》，49頁。

821　[宋] 張載：〈答范巽之書〉，《張載集》，349頁。

822　余英時：〈從政治生態看宋明兩型理學的異同〉，《中國文化史通釋》，24 − 49頁。本書中多次用到余英時先生「儒家的整體規畫」這一概念，特此說明。

　　實際上，結合余英時個人在宋代思想史研究上的治學取向，我們可以認為，他所強調的，正是錢穆所謂宋代新儒家的「政事治平之學」。錢穆曾在總結宋代學術時道，宋代新儒學有三個方面，「一曰政事治平之學，一曰經史博古之學，一曰文章子集之學。宋儒為學，實乃兼經史子集四部之學而並包為一。若衡量之以漢唐儒之舊繩尺，若不免於博雜。又好創新說，競標己見。然其要則歸於明儒道以尊孔，撥亂世以返治」[823]。

　　這段話裡強調了宋代新儒學的致用性，錢穆認為漢唐儒者多有「昇平世」的心情，這和宋儒生於遼、夏與宋對峙的時代背景迥然不同，宋儒生於亂世，所以對經義多做新釋，意在推動革新、於亂世治平。也就是說，在宋代新儒學裡，「政事治平之學」最為關鍵，而以往的宋代思想史、哲學史研究，往往是架空的，純粹探討哲學觀點，這實際上是輕重倒置。今人研究慶曆新政與宋代新儒學，需具備關注儒家士大夫政治活動的意識。

　　范仲淹及北宋科舉出身、積極革新的士大夫們用輿論，使得本來在內外交困的現實條件下就有了一定的革新想法的宋仁宗，支持推行一場以內政改良為核心的改革，即所謂「得君」，這是范仲淹「行道」的重要基礎。但實際上在改革的過程中，蘇舜欽等改革派青年士人就已經指出，整場改革在現實政治層面的革新效果並不顯著。這正是范仲淹「慶曆新政」的特別之處，他的「十條綱領」全部都是針對內政、制度，可見他打著拯救時弊的旗號，其實抱負宏大、立足長遠，他要改革士風，這種設計並不足夠貼近緊迫的現實問題，這不是一個符合「外向」這一北宋時代特徵的設計，而是關注士人和社會的風氣、關注「內聖」、復興「斯文」[824]。這種思想取向的存在貫穿仲淹

823　錢穆：《朱子新學案》第一冊，14 頁。

824　此處斯文是范仲淹所謂「斯文」，即儒家式秩序。但陳弱水認為，「斯文」一詞含有教化性意味的用法並不突出，很多時候只指文章。參見《唐代文士與中國思想的轉型》48 頁。此處「斯文」取儒家秩序意，亦即陳弱水所述包弼德對「斯文」的理解 ——「既成的文化傳統」。

附錄 1：晚唐至宋初社會歷史大背景與慶曆新政

一生，仲淹年輕時立志「不為良相則為良醫」，廣交道、釋、隱者，後來對激進的改革「自知其不可行」，這都展現著他思想世界中潛在的一種消極心態。這種「消極」是相對於在仕途順風順水的條件下，形成的積極心態而言的，實際在某種程度上就表現為從重立功轉到重立言，是在保有現實關懷的思想基礎上「轉向內在」，本質還是在積極實現「儒家的整體規畫」，只是在一定程度上對「得君」這一傳統儒家強調的「行道」的前提條件，產生了一定的懷疑情緒，或者說對之有所放棄。

這並不代表著范仲淹個人有著矛盾的思想，而是他以「得君行道」為先，在遇到困境後轉而重視皇權之下士人的生活和思想狀況，范仲淹曾經寫文讚美東漢隱士嚴光「雲山蒼蒼，江水泱泱。先生之風，山高水長」[825]，似乎內中包含有一種消極情緒，然從另一個角度講，這或許正表現著「先天下之憂而憂，後天下之樂而樂」的心理基礎，范仲淹投身政治，是有著一定的自我約束的，即一定要服務於儒家理想、「儒家的整體規畫」，而不是一味苟且順從現實境遇。

范仲淹並不是在任何時候都只依靠君主的皇權來從上而下地進行改革，而是在中央推行政改的同時透過興辦教育、傳播思想、提振士風來掀起一場自下而上的改革，著重改良了北宋的內在精神，「內聖外王」。在某種程度上，這幾乎就是余英時總結的王陽明「覺民行道」的意識，只不過，從某種程度上講，范仲淹在客觀上更像是無意識地（或意識混沌地）處於「覺民行道」的狀態中，受封建儒家思想束縛的他，並沒有完全脫離為皇權服務的意識而成長為職業政治家；而王陽明則在主觀上了解到「覺民行道」的必要性，當然，此「道」亦是封建儒道，不存在導向現代政治的因素。

實際上，北宋一直有著朝堂與學堂之分，朝堂上，士大夫積極向人君進

---

825 [宋] 范仲淹：〈桐廬郡嚴先生祠堂記〉，《范仲淹全集》，191 頁。

言，北宋經筵旨在讓人君自覺接受士林的政治理念和理想，即所謂儒者「以道學輔人主」[826]；而在學堂上，「慶曆興學」和宋學家們在民間的傳道行為就是「覺民行道」，在某種程度上也是仕途失意後新儒學士大夫們「轉向內在」的展現。

所以，劉子健先生的名著《中國轉向內在》，講南、北宋間存在明顯的由「外向」轉為「內向」的思想變革，指出「十一世紀是文化在菁英中傳播的時代。它開闢新的方向，開啟新的、充滿希望的道路，樂觀而生機勃發。與之相比，在十二世紀，菁英文化將注意力轉向鞏固自身地位和在整個社會中擴展其影響。它變得前所未有的懷舊和內省，態度溫和，語氣審慎，有時甚至是悲觀。一句話，北宋的特徵是外向的，而南宋卻在本質上趨向於內斂」[827]。

然而，這裡的「外向」與「內斂」，至多只能算是相對的概念，而且似乎並非有著明確的轉型的時間點。今人可以看到，「轉向內在」的儒家依然是入世的，沒有放棄參與現實政治的理想。宋代儒學復興承自中唐，身為唐代儒家復興的領袖之一的韓愈，就主張將儒家士大夫內心性理的修練，當作入世參政的精神基礎[828]。這種理念影響著宋代士人，整個宋代的「道學」[829]，

---

826 [宋] 程頤：〈上太皇太后書〉，《二程集》，542 頁。

827 [美] 劉子健：《中國轉向內在：兩宋之際的文化轉向》，9 - 10 頁。

828 陳弱水：《唐代文士與中國思想的轉型》，94 頁。

829 關於「理學」、「道學」、「性理之學」幾個概念，歷來有所爭論。陳植鍔在《北宋文化史述論》中說「理、欲問題，本是性情之辨這一傳統題目的延伸和再起，而所謂理學，實質上也就是性學，或者說性學的延續，並沒有什麼特別玄乎的內容」（260 頁）。錢穆則在《朱子新學案》第一冊中提出，「北宋諸儒實已為自漢以下儒統中之新儒，而北宋之理學家，則尤當目為新儒中之新儒。今再進一步指出理學家之所以為學與其所謂為學者究何在。理學家在當時，自稱其學曰道學，又稱理學，亦可稱曰性道之學或性理之學，又可稱為心性義理之學」（18 頁）。土田健次郎在其《道學之形成》中認為，「道學」本來並非指某一派，而是儒、釋、道都可使用的一個名詞，他在宋代的「道學」的產生時認為，「因了程顥、張載、邵雍之死，他們的門弟子的一部分，被吸收到了壽命最長的程頤之周圍，由此開始形成具備系統的學派，那便是道學。程頤在『關於真正的道的學問』的意義上作為普通名詞使用的『道學』一詞，此後逐漸成為專指一個學派的固有名詞」（15 頁）。綜上述三說，我們大致可見，「道學」似乎是比「理學」更為廣泛的概念。在本書中，「道學」可以泛指北宋新儒學，取廣義的概念。

附錄 1：晚唐至宋初社會歷史大背景與慶曆新政

本質就是以韓愈所提出的「原道」思想為藍本的，也即是尊奉原始儒學本義。

北宋士人幾乎無一不對韓愈推崇備至，將其捧為復興道統的代表。一方面是推崇韓愈的古文寫作；另一方面也要繼承和發展韓愈所提出的、尚未定型的「原道」論，最終形成「道學」[830]。

儘管在思想方面，宋儒從韓愈那裡或許是受啟發多於去繼承，韓愈在文學上對宋代文人影響更大[831]。然而毋庸置疑，這種中唐以來逐漸形成的「文」的政治文化，以及道學，都是入世的，且對宋代新儒學以及士大夫政治影響深遠。

南宋對北宋思想有所承襲，只是南、北宋思想「表」、「裡」互換 —— 北宋士大夫積極政治改良和主張「得君行道」，可他們同時有一種潛在的重「內聖」、以士人覺醒帶動上層變革的想法，周敦頤、「二程」、蘇軾、王安石都曾大談「性理之學」；而南宋雖然道學昌盛、講求修養個人「性理之學」，可朱熹、陳亮等士大夫從沒放棄實現「儒家的總體規劃」的目標，他們依然積極政治，一直希望能「得君行道」，對宋孝宗期待頗高，南宋理學家只是重「內聖」甚於投身於現實政治，而非放棄了對現實政治的高度關注，錢穆說「然則於宋學中，是否亦可稱理學為內學，似亦無妨，然在理學家中則絕不認此稱」[832]。南宋理學家是絕不承認自己只重內在，外王是他們不變的追求。

實際上，兩宋之際的名臣李綱對這種內外兼修、內聖外王的士人、士風的養成標準就有過詳盡的議論，他指出了好的士人「內有所養，而見善明、用心剛者」，好的士風是「忠實、純樸、靜退」[833]。既批判了消極顧己的士

---

830 侯外廬、邱漢生、張豈之編：《宋明理學史》（上卷），31 頁。

831 北宋張耒在其〈韓愈論〉中就曾提出，「韓退之以為文人則有餘，以為知道則不足」，《張耒集》卷四十一，677 頁。

832 錢穆：《朱子新學案》第一冊，19 頁。

833 [宋] 李綱：〈用人材以激士風札子〉，《李綱全集》卷三十九，485 頁。

風，也反對了盲目激進。強調內在修養，也強調外在作為。並非一味否定外在或內在。

總的而言，今人在研究活動中，不宜在解讀歷史現象時作出過於絕對的判斷，儘管把現象標籤化、放大化似乎是一種更為方便的處理手段。

明顯的重「內」、重「外」之分在南北宋之間其實並不存在，南、北宋的道學士大夫都是致力於實現「儒家的整體規畫」的。北宋的時候，王安石是功利主義的，看起來最致力於「外」。可是反對他的人 —— 那些看起來應該被視作潛在的「轉向內在」者的士大夫 —— 也並非對現實政治缺少熱情，他們覺得王安石太激進，像法家，可他們也「絕不放棄『平天下』的目標」，他們只是「深深地奉行禮的客觀規定，……認為這是自我修養必不可少的條件」[834]。即「內聖外王」。這樣的想法同樣存在於晚年的范仲淹、歐陽脩身上，這是許多北宋士大夫的宿命。

鄧廣銘先生對兩宋士大夫「內」的修養與「外」的追求間的關係早有研究，他曾指出，「把北宋學者作為一個整體來說，他們治學的總的取向，是要『致廣大而盡精微』，也就是所謂『內聖外王之學』。當然，只有很少人能內外兼顧，既能在學以致用的實踐方面展現其治國平天下的理想和抱負，又能在學術思想和儒家哲學方面深入闡發其義蘊」[835]。這可完善劉子健說。

同時我還看到，明代王陽明對宋代新儒學也是有所繼承的，他所謂「致良知」，實際上也就是范仲淹所重視的改良士風、「救斯文之薄」，是「二程」講的「志將以斯道覺斯民」[836]，是從下往上推動革新。這是宋、明思想的延續所在，王陽明是心學人物，但骨子裡也致力於「行道」，且道學的發展過程中存在所謂「朱、陸合流」，王陽明的思想裡有理學的因素並不奇怪。

---

834 [美] 史華慈：〈儒家思想中的幾個極點〉，《宋代思想史論》，105 頁。
835 鄧廣銘：〈北宋的學風〉，《鄧廣銘全集》第七卷，441 頁。
836 [宋] 程頤：〈明道先生墓表〉，《二程集》，640 頁。

附錄 1：晚唐至宋初社會歷史大背景與慶曆新政

　　實際上，在人們的普遍印象中，王陽明對朱子學的批判較多，這種印象有一定道理，但同時也是不全面的。溝口雄三曾歸納總結道，認為「陽明學確實批判了朱子學之非平民性，擴大了面向平民的道德之學的門戶」[837]、「陽明學的興起，完成了使作為道德之學的朱子學擴及鄉村每個角落的作用」[838]。這種現象實際反映著儒學對民間思想影響之深入，而此時，不斷向民間滲透的儒教實際上就是朱子學，是朱熹的道德儒教。余英時說王陽明「覺民行道」，或許就是受了溝口雄三這種認知的影響。王陽明的「知行合一」、講學傳道，實際上正是推動了這種儒家思想受眾的下移，儒家思想實踐的主體，從儒家士大夫擴大到了士人和普通百姓、農民。王陽明或許是不自覺的，但他的思想和行動在客觀上卻有著傳承、傳播宋代新儒學的效果。

　　除了改良社會士風、整治國家弊政，慶曆新政還衍生出了「慶曆文學」，而「慶曆文學」也極大地推動了宋代的「古文運動」和儒學復興，特別是在慶曆新政中成長起來的歐陽脩，他所主張的「文」、「質」兼顧的新古文，用一種融合性和包容性，幾乎平衡了當時所有的文學勢力。他倡導古文，但未陷入太學體那種詭異的文風，而且他對西崑體有著同情之理解，在文以載道的基礎上，他認可華美辭藻對文學錦上添花的功效。這種包容的態度讓他的文學觀在後來為天下士人所接受，他把古文運動推上了最高峰，使起於景祐年間的古文在嘉祐年間獲得了極大的興盛，其間還和慶曆新政有所配合，而他自己也最終成為宋代「古文運動」的領袖人物。此後的蘇軾主要是在維持這種文學，但是蘇軾擴大了文章之「道」的範疇，把它從儒家之道延展到事物、事理之道，這其實是對以文傳道的這種文學思想的進一步推廣[839]。

　　由於這一時期的儒學復興運動是繼承自韓愈，因而時人總以韓愈為宗

---

837 [日] 溝口雄三：《中國的思想》，87 頁。
838 [日] 溝口雄三：《中國的思想》，89 頁。
839 詳參王水照主編《宋代文學通論》，197 − 199 頁。

師。其實在北宋中葉，不論是文學界還是思想界，幾乎都是韓愈「原道」學說在主導，這種思想使得政治上有了回向三代的實踐、文學上有了以「道」為先的主張、思想上提出了「救斯文之薄」的口號。但是范仲淹、歐陽脩等人倡導的北宋新古文對西崑體的批判吸收，迥然不同於韓、柳的唐代古文，韓、柳古文更講純粹，更小眾。柳宗元等人雖然也曾經寫過駢文，但那僅僅是因為駢文仍是當時文學的主流，而不宜過度解釋為柳宗元等已有駢、古中和的思想。這之中其實展現了北宋新儒學運動和古文運動的特點——它們作為對韓愈理論的擴大化實踐，必然有著改良和提升。北宋最後由歐陽脩定型的新古文，就很好地說明了這一點。

實際上，宋代的文人們普遍發現了文學話語權可以影響政治這一點，這就促使了宋代文學的繁榮中，包含著宋代散文寫作中對「道」和「質」的追求，強調文學的現實關懷性。歐陽脩的很多文學創作，都與慶曆新政及其為歐陽脩帶來的個人遭遇，有著直接或間接的關係。而「慶曆文學」作為北宋士大夫文學的代表之一，其核心價值觀更與慶曆新政對北宋士人人格的影響有著重要關聯，儘管這之中很難找到直接的因果關係，但這一時期「文學與士風更多的是出於一個共同的網狀結構中，或者說處於同一個文化生態環境中」[840]。比如石介的〈慶曆聖德頌〉，它的精神內涵就是由「有宋以來儒道實踐精神的逐步覺醒，文人朋黨理念的累積和成熟，以及文學頌美意識的發展演變」共同造就的[841]。另外，范仲淹和韓琦「追蹤宋初以來古文運動的發展軌跡，又以政治家和作家的敏銳，對古文運動的發展方向有著準確的把握」[842]，也推動了「慶曆文學」的發展，特別是他們強調了文章的思想性。

實際上，唐宋之際的文學觀發展經歷了三個時期，第一期是唐初到盛

---

840 李強：《北宋慶曆士風與文學研究》，210 頁。
841 張興武：《宋初百年文學復興的歷程》，95 頁。
842 祝尚書：《北宋古文運動發展史》，180 頁。

附錄 1：晚唐至宋初社會歷史大背景與慶曆新政

唐，此時史統影響文統；第二期是從中唐到北宋，此時文學觀念上的「文質之辨」中的「質」被演繹成儒家的「道理」，道統對文統影響極大，文學理論上的爭論由原先只停留在文學層面的「文質之辨」，變成了兼及思想領域的「文道之辨」。後來由於「文道之辨」愈演愈烈，「文」、「道」出現了鮮明的分離，宋中期以後到末期，文學對「載道」的追求，慢慢又轉變成了單純的文學審美追求，是為唐宋之際文學觀發展的第三期 [843]。筆者以為，宋古文運動的衰落，在於沒掌握好對文章政治性、致用性的程度，強烈的政治性使得文章由強調實用激化成徹底的宣傳工具，古文最終衰落。不過，慶曆之際還是這種道統影響文學的發展期，范仲淹等人正處在唐宋之際文學觀發展的第二期中，文學對「質」、「道」的要求正迎合了他們對現實的強烈關懷。正是這種現實關懷，使得「文」、「道」分離後，到了明末清初，一些捍衛儒道的士人依舊堅持著對文章之「質」的推崇，譬如黃宗羲，就曾對蘇洵〈書論〉中「忠之變而入於質，質之變而入於文，其勢便也。……人之喜文而惡質與忠者，猶水之不肯避下而就高也」的觀點做過評價，黃宗羲對「喜質而惡文」充滿同情之理解，儘管他承認「自忠而至於文者，聖王救世之事也」，但他同時也說重「質」惡「文」是可以接受的「凡人之情」[844]。可見在宋代古文運動之後，古文與新儒學相結合的精神依舊在近世後期存在，只不過那種「文」、「質」兼顧的狀況被後來的人理想化、崇高化了，變得有些遙不可及。

另外，我們還應該把五代到宋初的文學狀況，結合當時政治文化演變的背景加以論述。五代時期，隨著科舉制度的發展、衣冠名士政治影響力的減弱，士大夫身上所具備的學才與吏幹之比重發生了變化。正如前文所述，晚唐五代的清流文化具有包容性和過渡性的特點，舊的名門士人群體，以在政治秩序和文化上對科舉發跡的寒門士人的包容而自保。這一時期的清流名士

---

843 詳參羅立剛《史統、道統、文統：論唐宋時期文學觀念的轉變》，東方出版中心，2005 年 5 月版。

844 [明] 黃宗羲：〈文質〉，《黃宗羲全集》第一冊，416 頁。

如盧程、薛融等人更多表現出的是充沛的文才，或是長於空談儒學經義，而在吏幹上則有所不足。五代的亂世在客觀上創造了政治社會對吏的大量需求，從而加劇了士大夫文、吏屬性分化的趨勢，文才屬性在名門士人身上強化，吏幹則更多展現在非名門出身的官員身上。可這種偏執強化一面的做法，在某種程度上也可看作是清流名士勢力的妥協自保，至少從今人「後見之明」的眼光看，若這些名士於文才上也有所弱化，那科舉士人就會是文、吏兼備的人才，只有舊的名門士人強化自身的文士屬性，才能逼科舉士人走向一個極端，從而使得清流名士憑藉對另一極端的占據而苟延殘喘。這也就是晚唐、五代時期清流政治文化之過渡性的展現。而作為文才展現的載體，晚唐、五代時期的文學寫作在風格上呈現出一種靡麗浮華，這正是衣冠名士們對於自身之文化優越和身分高貴的彰顯，至於這一時期一些非名門出身的文士在文學追求上也趨向於靡麗浮華，正證明晚唐、五代的清流文化具有過渡性和包容性，異類的存在恰是包容的展現，同樣的文學屬性出現在不同背景的文士身上，則正是過渡時期的特點，非名門出身的文士對清流名士之文學風格的學習，也證明著五代仍是舊文化以微弱優勢占據主導地位。由於宋初官僚隊伍中有大量從後周繼承來的士大夫，因而儘管宋太祖時期科舉頻繁、宋太宗時期科舉錄取量大增，但宋初的文學在整體上還是沒有呈現新氣象，楊億等人在文學上儘管有改變的想法，但最終還是未逃出五代浮華文風的窠臼，或也可從當時社會上士人之構成背景角度加以理解。王禹偁、田錫雖然文風平實，然而卻在北宋初期未成主流。仁宗時期科舉制的完善，北宋前期培養的科舉士人群在此時崛起，士大夫隊伍的構成背景發生較大變化，新士人孕育了新主張、新思想，並以新文學的形式加以表達。范仲淹主張「文」、「質」相救、「質」在「文」先，「太學體」則獨獨著力於讓新文學發揮宣揚新儒學思想之功能，至後來有歐陽脩在嘉祐年間痛矯太學體，秉持對

附錄 1：晚唐至宋初社會歷史大背景與慶曆新政

西崑體的寬容態度，開創融合性更強且「文」、「質」分配更均衡的新文學，完成了對韓愈古文理論的擴大化實踐。所以，慶曆之際士人的文學主張也具有革新意義，和新政的革新精神相呼應。

今人但凡講到宋代士大夫政治、講到北宋變革，都會提到士人的結盟。這種結盟不僅出現在政治領域，在整體上展現著一種外向、積極氣質的北宋還一直存在著文學結盟意識[845]，這種文學結盟的形成與文人的價值觀念息息相關。古往今來的人們在談到唐宋古文運動時，常常會講到「文以載道」的文章理論，大抵也就展現在這裡，「其『道』實指本其『所學』而獨自樹立的一家之言，與『言志』恰為同義」[846]，慶曆時期文士的文章就反映著他們對現實問題、對士風道德的認知與看法。慶曆新政前後革新派文人互相唱和，例如蔡襄作〈四賢一不肖詩〉為因觸怒權相呂夷簡而被貶的范仲淹、余靖等人辯誣，該詩廣為流傳，為革新派博得了廣泛的同情，這就是文學結盟對現實政治發揮了作用。

當然，除了文學，承「《春秋》之志」的歷史書寫，也是士人藉以宣傳思想觀念的媒介。北宋中前期的修史活動和史學思想，也與當時的社會思潮和儒學運動有著千絲萬縷的連繫。士人透過對歷史的纂修，特別是對於五代歷史和北宋前三朝史事的刪排，表面上講是為了宣傳前代君王的「聖政」以資後世。實際上，在對「聖政」的判別中，士人已自覺或不自覺地向其纂修的史書中滲透了自己的價值觀。歐陽脩的《五代史記》、石介的《三朝聖政錄》等，皆是如此。

另外，「慶曆興學」也頗值得一提。范仲淹重建太學、興辦州學，大大推動了宋代教育的發展，官辦學校既講經義之學還講經世之道，擴大了知識階層，培養了士大夫人才，為社會發展提供了較之於過去更為良好的人才條

---

845 王水照：〈北宋的文學結盟與尚「統」的社會思潮〉，載《國際宋代文化研討會論文集》。

846 朱剛：《唐宋「古文運動」與士大夫文學》，41 頁。

件。范仲淹對孫復、李覯等人的扶助使得道學廣為流傳，帶動了思想界的革新，經學改良和孟子升格等運動都促進了宋代的學術進步。

結合上述，在回顧了慶曆新政發生的時代背景以及慶曆新政的性質、影響後，我們大致可以總結出：

北宋的慶曆新政作為一場以內政改革為中心的政治運動，總體而言，它涉及的問題是全面的，而非專於吏治，只是在吏治方面有所側重。它以現實問題為引，本質是布局長遠的改革，而非局促於當下。

它的產生，不僅與北宋士大夫社群自覺意識的高漲有關，積貧積弱的現實狀況對出身寒門的士大夫在政治參與方面的激勵，乃是更為直接的原因。其中特別要強調，發生在仁宗寶元、康定、慶曆年間的宋夏戰爭對於慶曆新政的產生，造成了現實層面和思想層面的直接推動作用 —— 巨大的邊患壓力加劇了政改，特別是內政改革的需求；同時也致使士大夫產生了以鞏固國家自身實力來增強對抗外患之能力的政治思想。或者說，儘管北宋在初期的宋夏戰爭中表現並不出色，但就當時的政治影響而言，宋夏戰爭更突出的意義則在於其以一種政治話語資源的形式，為當時的士大夫描述改革之必要性提供了有力的材料。

慶曆新政是被士林輿論抬起的改革運動，雖然宋仁宗的支持有著一定程度的影響，但其支持行為的本身乃是內外交困的現實壓力，以及士林呼聲的輿論壓力雙重作用的結果，且我們不能過度誇大這一時期北宋內政問題的暴露程度，宋代士大夫在文章和進言中常常會用一些情緒化的表述，或者誇大了的情況來強調個人的見解，他們以此作為一種講演手段，這使得後人在閱讀史料時，常常被他們誘導而產生罔顧邏輯的誤判。因而就慶曆新政的發生而言，拋去大多數歷史事件的發生所不可避免的偶然性，發揮了最大作用的應是士林 —— 特別是「患法之不變」且受到新儒家思想影響的士人 —— 的呼籲。相較於現實的弊政，更直接推動慶曆新政產生的是士人對產生弊政的

附錄 1：晚唐至宋初社會歷史大背景與慶曆新政

焦慮。正如李裕民先生在反駁宋代「積貧積弱」說時所論，實際上，慶曆之際北宋的弊政，遠沒有士人描繪的那般嚴重，其複雜程度也比不得王安石變法時所遇的問題，新政的產生主要源自士人的自覺，也正是因為士林支持新政的基礎，只是一種較為普遍的思想自覺，而非絕對迫切的現實窘境，因而同樣是支持新政的士人，他們對新政的節奏、手段、力度都或多或少地有著不同認知，這種深層的分歧，使得新政在開始後不久，即在一些問題上遇到部分支持新政的士大夫的異議，如富弼質疑范仲淹整頓吏治太嚴酷、蘇舜欽批評范仲淹改革缺少立竿見影的成效。這些內部的分歧比外部的壓力更致命，最終在某種程度上瓦解了支持新政的士大夫群體的向心力，從而成為導致新政中止的因素之一。

　　它的主要影響，則是改良政治（世族政治的衰落）、振作士風（對「祖宗之法」下頹靡士風的改良）、「救斯文之薄」（維護儒家道統、實現儒家式社會理想）、「覺民行道」（「宋初三先生」帶動下宋學的興起與傳播）。由於北宋在仁宗朝所面臨的危機相對而言很有限，且仲淹的改革本身就效果有限並還以失敗告終，因而慶曆新政對現實問題的解決有限，它更多的是在改良無形的東西。尤其是范仲淹在景祐黨爭後經歷了貶謫、最終被重新啟用後，變得「猶欲伸前志，久之，自知其不可行」[847]，最終在政治上並未有大作為。所以慶曆新政和范仲淹個人對後世的影響，主要集中於弘揚儒家士大夫積極正直的精神。同時，要指出，慶曆新政在某種程度上是士權高度膨脹的產物，這場改革在客觀上造成了衝擊皇權的效果，其夭折雖然與保守政治文化的反擊有關，但最終卻是以皇權壓制住了過度自由的士權為結局，但是，沒有這一次士權嘗試突破皇權，來取得政治變革自主權的實踐，後來宋代相對寬鬆的士權環境要形成恐怕不易。曹家齊先生曾撰文指出「宋代文化政策

---

847 [宋] 李心傳：《建炎以來繫年要錄》卷七十九，1487 頁。

之所以寬明，是歷史上多元文化格局及寬鬆文化政策之延續和宋朝之過分抑武，而大倡文治並與士大夫共治天下之結果」[848]，其說不盡然也，曹老師只關注了士大夫群體自身以外來源於歷史傳統、皇權、政策的因素，而忽視了諸如蘇舜欽、王洙等文人色彩極為濃厚的士大夫的出格行為，以及一些志在救弊的士大夫的呼喊對皇權造成的緊張感，儘管士大夫、文人的爭取在專制時代無一不是失敗的，甚至士大夫、文人們本來並未曾想過要打破專制、超越皇權，但「周公孔子驅為奴」的文士放蕩，卻一次次壓迫著皇帝敏感的神經，這也是范仲淹、歐陽脩、蘇舜欽等士大夫們爭取士權的意義。

它的性質，有史家說作「新興官僚地主階級的首次全面改革嘗試」[849]，但從本書的立場來看，不如稱作「新興士大夫社群企圖挽救政權危局和復興儒家道統的改革嘗試」，另外還應強調，整場新政中所活躍的政治人物，亦即「十一世紀中葉以范仲淹、歐陽脩為代表的新興政治派別，就是宋朝第一代獨立探索儒家文化價值的士大夫群」[850]，他們身上有著強烈的儒家衛道士的特徵，道統、學統與政治派閥的背景都對他們的學術主張和政治主張產生了巨大的影響。

然而，對整場慶曆新政作這樣的描述，也只是大致、粗略的。真正具體到整個新政過程中，依舊有許多問題有待解釋。縱觀整個北宋政治史的研究，慶曆新政和熙寧變法一直都是研究重點，以往在總結學術史的時候，常會說「尤其對熙寧變法（亦即王安石變法）的研究，更成為本世紀宋史研究的熱點之一，長久不衰。在研究中，學者們對慶曆新政多持肯定態度，意見一致；而對熙寧變法的看法卻眾說紛紜、莫衷一是」[851]。

---

848 曹家齊：〈宋代文化政策寬明之原因〉，《宋史研究叢稿》，249 － 250 頁。

849 朱瑞熙：〈新興的官僚地主階級的首次改革嘗試 —— 北宋慶曆新政〉，《浙江學刊》，2014 年 01 期。

850 包偉民、吳錚強：《宋朝簡史》，68 頁。

851 王曉薇：〈從慶曆新政到熙寧變法 —— 兩次變法之間的北宋政治研究〉序言，河北大學中國古代史碩士學位論文，2001 年 5 月，導師漆俠。另按：引文中提到的「本世紀」指二十世紀。

附錄 1：晚唐至宋初社會歷史大背景與慶曆新政

這樣的整理明顯反映出了以往宋史研究對慶曆新政過於簡化的認知，而且以往的宋史研究多以王安石變法為慶曆新政的擴大，以慶曆新政為王安石變法的先聲，這種認知自有其合理性，但客觀上容易導致學實際上，在本書中，筆者將指出，不論是熙寧變法中的新黨還是舊黨，他們各自都有著不同程度的，對慶曆新政時期范仲淹等人政治思想和主張的繼承，而為學界所津津樂道的富弼、張方平等人在熙寧時期的立場轉變，其實與其在慶曆新政時積極革新的主張並不矛盾，這種表面上的思想轉向實際上有著內在的關聯，其中一以貫之的是對實現儒家整體規畫的目標的追求，而富弼等人晚年的保守主義傾向，實則與儒家政治思想本身的特性有關。儒家理想政治法不求密的原則，與王安石頗具儒法家色彩的嚴厲政風相悖，以致存在溫和改良與激進改革的衝突，富弼等人對慶曆新政中擇官長、改革磨勘等政策中的儒法家傾向或許有過反思，熙寧時期他們在經歷了政治浪潮的洗禮後，一方面不再完全寄希望於得君行道（譬如歐陽脩提前退休並專事文學），另一方面，其對政治上的相對保守主義的鼓吹，實際上是其純儒色彩的彰顯，推崇溫和、漸進改良的立場迎合的是儒家政治的包容原則。這並非等同於祖宗之法下過度「召和氣」的保守政治，那是種求穩不求變的政治，而富弼等人後來主張的是求穩亦求變的政治。改良社會的信念始終存在於富弼等人的思想世界中。

綜合上述，誠然筆者並無意推翻學界以往對慶曆新政肯定的態度，但在我看來，對慶曆新政的研究仍需要更加細緻化，對其歷史意義的評價也需要有所拔高。其實在相關問題的研究上，劉子健、余英時、漆俠、張希清、王瑞來、諸葛憶兵、李強、程曉文、馬茂軍、劉興亮、郭學信[852] 等學者已有一

---

852 參見劉子健〈宋初改革家：范仲淹〉、《歐陽脩的治學與從政》，余英時《朱熹的歷史世界》，漆俠〈范仲淹集團與慶曆新政 —— 讀歐陽脩〈朋黨論〉書後〉，張希清〈「以天下為己任」 —— 范仲淹為政之道研究之一〉，王瑞來〈宋代士大夫主流精神論 —— 以范仲淹為中心的考察〉，諸葛憶兵《范仲淹研究》，李強《北宋慶曆士風與文學研究》，程曉文〈文章、學術與政治：北宋慶曆學者之文化網絡與學術觀念〉，馬茂軍《論宋初百年士風的演進》，劉興亮〈北宋士風研究〉，郭學信《北宋士風演變的

定數量的相關論著，且他們的研究往往會擴展到對整個北宋中前期士風和士大夫政治的方面上來。本書的撰寫，正是旨在於研究慶曆新政的同時，關照到這一時期士大夫社群自身的發展、士人精神的嬗變、慶曆之際文學與學術的發展、士風與政治文化的轉變，儘管我或許並沒能真的完全實現自己的寫作初衷，但人生本就是不斷修正自我的過程，至少我的目標，是想能更好地展現這樣一段士大夫精神的長歌。

歷史考察》。另外，關於范仲淹與慶曆新政的研究，也可參見朱瑞熙、程郁《宋史研究》一書 102 — 114 頁，該書名為研究綜述，實則已有不少撰者的個人見解在內。

附錄 1：晚唐至宋初社會歷史大背景與慶曆新政

附錄2：

關係、典範、歷史想像 —— 對歷史研究的若干隨想

附錄 2：關係、典範、歷史想像─對歷史研究的若干隨想

　　近讀祁琛雲《北宋科甲同年關係與士大夫朋黨政治》一書，該書從北宋士大夫對同年關係的認同、北宋同年進士間的詩文唱和與薦舉互助、北宋同年進士在價值取向上的特點等方面入手，分析了北宋士大夫科甲同年關係，對士大夫朋黨政治的影響。學界在過去對這一題目已有較多關注，但大多挖掘不深，且為文旨趣多停留在對作為構成朋黨政治的要素的士人關係的分析上。其中，何冠環《宋初朋黨與太平興國三年進士》一書頗具特色，該書將影響朋黨政治的人際關係細化到了進士同年關係的層面；徐紅《北宋初期進士研究》則詳細分析了北宋初期進士的地緣背景、社會關係對其政治聯誼、利益鏈建構的影響，曾棗莊在其《文星璀璨：嘉祐二年貢舉考論》一書中也表露過這種細化的旨趣。祁著在前人成果的基礎上，選取了作為人際關係之一的科甲同年關係，作為研究朋黨政治的切入點，透過對景祐朋黨、「慶曆同年黨」等事例的分析，探討了作為一種影響因素的士大夫科甲同年關係對北宋士大夫政治的作用。

　　另外，祁著的不同之處還在於，曾先生和何先生的思路基本都是由因尋果，從一個同年科甲榜單入手，看這個榜單上的人在一些他們共同參與的事情上的表現，而祁著則是由果尋因，祁先生透過考察一些政治事件中的參與者在社會背景上的共性，尋找其中有沒有科甲同年這個因素，若有，則進而推論科甲同年關係對事件當事人的行為選擇產生了重大影響。竊以為，苛刻地講，由因尋果的遺憾在於可以去考量、解釋的事件的範圍受到了局限，而由果尋因則容易放大次要因素的作用，以致忽略政治事件本身的獨立性、複雜性，進而容易造成過度發揮的歷史解釋。

　　在筆者看來，科甲同年關係雖然是一個更細緻的角度，但是其和其他人際關係在對政治史的影響效果方面，是互有重疊的。詩文唱和、黨議聲援、薦舉互助，這些現象也存在於其他關係對朋黨政治的影響中。因而，祁著的

這種視角選擇或許並不能算是有著某種特別的意義，至少可以講，較諸其他人際關係，士大夫科甲同年關係在對政治史的影響上，其「別樣」的程度或許並沒有祁著的作者在確立選題時想像的那麼深。祁著第六章所舉由科甲同年關係延伸出的其他關係對朋黨政治產生的諸影響，大多與科甲同年關係對朋黨政治所造成的影響相似甚至相同，這進而也印證了筆者的觀點。

就我的反思來看，對科舉同年士人間那種在文學和政治上往來頻繁的狀態的歷史書寫，不排除有時候在某種程度上受到了時代氛圍的影響。就以曾棗莊先生的《文星璀璨：嘉祐二年貢舉考論》為例，我以為，這本書的邏輯似乎是弄顛倒了。現實的情況應該是北宋中期這樣一個士風高昂、較為安定的政治、文化、社會環境成就了當時的這批士人，也使得對這批士人的歷史書寫都特別的全面、正面、詳細，所以反過來顯得嘉祐二年科舉似乎得人甚盛。這種盛，是特別情況下的歷史書寫留給後人的印象而已，不一定就是歷史真實，嘉祐二年科舉不見得有曾先生考察出的那般特別，只是因為這批人後來在一個特別的、優越的環境中嶄露頭角，對他們的歷史書寫在內容上才顯得特別。

掩卷撫思，我對祁著的選題還產生了不少天馬行空的想法。

古來士人相「朋」是一種常見的現象。至於「朋」而為「黨」，則是一個不確定事件，其實關鍵在於相「朋」的士人要對現實政治有較高的參與度。宋代是中國古代士大夫政治高度繁盛的時代，士大夫由「朋」而「黨」在這一時期尤為頻繁，漆俠先生的〈范仲淹集團與慶曆新政 —— 讀歐陽脩〈朋黨論〉書後〉一文就選取了慶曆之際范仲淹等人的朋黨及其掀起的政治運動作為範例，闡釋了北宋士大夫朋黨干政的現象，漆先生的這篇文章，也成為以士大夫朋黨為關注點，研究宋代政治史的代表之作。

士大夫朋黨的形成，常常是因為某種人際關係。同年之誼、姻戚之情等

附錄 2：關係、典範、歷史想像—對歷史研究的若干隨想

都是造成這種紛繁複雜關係的因素。在常見的敘述中，人們常常會把某種人際關係對政治的影響想像得太大、太絕對、太固定，這其實並不太合適。正如我在本書中所述，「以往學界論及宋代政治，特別是論及士大夫黨爭政治，多注重考察人物的『關係』，……但實際上，同年、姻親、同鄉等本就屬基本的人際關係，它們固然會影響士大夫的立場選擇，但這種影響卻並無常態」。若說商周至戰國的政治社會裡，人與人之間的關係對人的政治立場還影響很大，那麼自戰國以來，隨著官僚制的確立，不論是政府還是民間的政治社會，都漸漸從氏族血緣的關係網上脫離，人與人之間即便是親戚關係，他們各自的政治立場也與他們間的人際關係不絕對相關，更遑論非血緣關係的同年之誼，其在通常情況下是不可能對士人的立場造成決定性作用的。

漆俠先生特意強調要以「集團」來指稱范仲淹、歐陽脩等政治主張相近的士大夫所組成的社群，然而這種稱謂，在學界對其後的中國古代政治史的敘述中，似乎逐漸發生了一種變化。在明代政治史的敘述中，學人大多以「黨」來稱呼士大夫結盟；在清代政治史的敘述裡，士大夫聯盟的形態、程度、狀況紛繁複雜，以致研究清史的學人大多放棄了「集團」的稱謂，甚至連「朋黨」也很少提及，而是針對具體的政治史現象作出具體的解釋，其對士人政治利益關係的表述更細緻。

由此看來，距今越遠的歷史，往往更容易讓學人在政治史、政治文化史研究中，歸納總結出所謂的政治人物間形成的「集團」。譬如中古政治史方面就有陳寅恪的「關隴貴族集團」說等，秦漢之際的政治史研究有李開元的「碭泗楚人集團」說等。在我看來，這些概括的說法，即便其本身在闡釋已知記載中的歷史方面，可稱得上是極為精妙，但其也可能只是不全面的歷史書寫和傳世文獻記載所帶給學人的一種假象，畢竟流傳越久，文獻往往損失越大，相對簡單的文獻狀況雖然便於學人總結歷史特徵、進行歷史想像，但也使得這些通論和想像變得更加難以印證。

　　影響士大夫行為選擇的因素必然不會是單一的，歷史時空的複雜多樣，決定了即便是同一個士大夫，其做出每一次決擇的背景也總是缺少常態，而其中的核心影響因素，大多時候也斷不會是人際關係這樣膚淺的事物。誠然，因循人際本就是人之常情，然而理智的經驗卻很少能讓人相信士大夫在政治上的重大決擇，並非主要由士大夫的主觀意願和志向決定。在很多時候，人際關係對士大夫的政治行為所造成作用的，應只是強化其已有看法和決定。偏執地認為人際關係的親近就有極大可能，或者必然造成士大夫在政治立場、價值取向和政治行為上的趨同，並進而形成利益共同體，這種觀點，緣何會在以往的中國古代政治史研究中常常出現呢？

　　學術的不謀而合，背後常常有某些複雜的思想理路為背景。在我看來，這種現象的背後表現出的，大抵是史學研究中對歷史規律的探索。正是有了這種「某一人際 —— 某一政治立場」的關係對應，才方便了政治史研究者以這樣的關係來類推其他的政治史現象，這種類推的可行性，能使學人感受到其對歷史的掌握感變得更加真實。同時，這種對「集團」、「人際 —— 政治立場」的歸納總結，也讓學人更方便地把複雜的歷史現象，凝鍊成表述起來更簡易的概念，進而有助於使學人更為流暢地進行宏觀的歷史表述、減少宏觀論述時的「枝蔓」。

　　從縱向的歷史時空來看，史學自萌發之初至今，就一大部分學人的主觀動機而言，他們的研究中都包含有掌握歷史規律、總結歷史經驗，並以此類推未來社會歷史發展的追求，這種致力於讓史學變得經世致用的旨趣，使他們希望能夠在歷史研究中總結出便於讓他們去類推歷史的方法論和解釋典範。透過對士大夫間的人際關係的考察，來類推或者印證士大夫在政治立場上的聯合，這種研究，本身也是一種模式化的史學研究典範，而且這種典範是由閱讀史料時的經驗的累積和對經驗的反覆表述建立並鞏固的 —— 史料中大量的對政治主張相近的士人間的姻親、同年等關係的敘述，使得學人在閱

附錄 2：關係、典範、歷史想像—對歷史研究的若干隨想

讀史料時會形成一種判斷上的經驗，而不同學人在各自著作中對這種經驗的反覆表述和運用，則加強了這種經驗的流傳和被使用的頻率。這種經驗化的判斷模式最終因其為學人廣泛地認同、運用，進而就成為一種通行的解釋典範。

由此看來，典範的出現，與史料的狀況是有關聯的。正是由於史料在敘述和被採用的過程中，將某種歷史現象凸顯了出來，這一段歷史才變得具有特點。

用今天的學術眼光來看，傳世至今的中古史史料中常會特別地凸顯一些歷史特徵，這種現象緣何會產生呢？文獻記載的歷史本身都是片面的歷史，儘管今人常想當然地認為史料中出現頻率高的現象，應當在當時的歷史中較為普遍地存在著，但實際上，這種邏輯至多只能被視作是一種有一定合理性的想像，有時一些時期、一些方面的史料，因為佚失太過嚴重，因而殘存文獻所反映的「普遍現象」是不一定可靠的。正如越靠近現代，歷史的特點越難總結一樣，對以往歷史特點的歸納總結，常常來自於文獻對歷史不全面的敘述，和學人對文獻不全面的採用。採用文獻的不全面，有時並不全是由於學人在主觀認知上存在問題，而是由於存世文獻記載本身的不全面以及史料的佚失。一些史料因為佚失或者被歷史書寫者有意無意地篡改，其可資史學研究的價值被大大降低，正因為此，學人在運用現存文獻時才會產生不全面的認知，且很多時候，這種認知上的先天缺陷是無法為研究者所自覺的。

晚清史、近代史的史料繁多，使得學人難以歸納總結出涵蓋面較廣的特徵和研究典範。費正清的「衝擊 —— 反應」理論，雖然是一套曾長期被海內、外中國近代史學界奉為圭臬的研究典範，但如今隨著近代史研究的細化、一些區域社會史研究的個案衝擊以及人們對舊史觀的反思，這種典範也受到了不少質疑。因而，拋開意識形態領域的干預，相對而言，純粹的中國近代史研究是一塊較為瑣碎的研究領域。這一切，反過來說明了史料的流

傳本身具有篩漏歷史的作用，近代史由於距今時間較短，與其相關的史料尚未經過大量的篩漏，因而才使得對這一段歷史的記載顯得紛繁複雜、線索難尋。

　　儘管史料的狀況本身會受到史學家的影響，但對更多的史料而言，其研究價值的降低常常是一些偶然事件或者非學術目的的行為造就的。就精簡史料的留存而言，假使由歷史學家操作，在其不考慮為了著書立說而刻意隱藏、消抹對立史料的情況下，其對文獻的刪、留應會比較平均。然而史料在流傳過程中的自然消耗，其隨機性就很大了，即便是本身在歷史時空和後世文獻記載中很普遍地存在著的現象，文獻對其的記載，也不一定能在文獻的流傳中始終保持一種原本的狀態。進而，史學家所「發現」的特徵，很可能是不同現象在文獻記載數量上不均而造成的不確定的假象，這就在客觀上使史學家面臨一種尷尬的境地。

　　除了這種客觀上的先天缺陷，歷史書寫本身就受到書寫者的主觀認知的影響，再加上學人對傳世記載的理解、利用也會有分歧，因而，文獻解讀的不確定性實在太高了。更何況，學人對史料狀況判斷的準確性也無法保證，人們至多只能推想傳世記載所聚焦的現象，在很大程度上可能就是史料中原本記載量很大的現象，但正如最豐富的歷史 —— 日常每個百姓的社會生活史 —— 在中國古代的傳統文獻中幾乎完全缺失那樣，很難說現存的文獻中沒有佚失掉某些更普遍的現象，儘管出現這種情況的可能性很低。學人幾乎沒有可能去認定其對史料佚失狀況的判斷是全面的。可偏偏典範的形成，正是來自學人所發現的數量極大的歷史的共性。有鑑於此，我進而有了一個大膽的想法，即典範大多是不可靠的。因為可能還有數量更大的現象，卻在記載和流傳的過程中被佚失了，這些被遺忘的歷史並沒能參與到典範的建立中，無法驗證典範是否可以支持這些不確定的、未知的歷史。

附錄 2：關係、典範、歷史想像─對歷史研究的若干隨想

　　更何況，從歷史的本質面貌來看，後人認為某一時期的社會或者社會中的某一方面會存在特別突出的特徵，這似乎是把歷史和社會想得太簡單了。典範的「野心」太大，其想要建立歷史的通論，卻忽略了歷史和社會本身就是極為複雜、多元的，所謂的特點，大多只存在於學人所局限的視野內。未知的歷史浩瀚無邊，這很難不讓人產生一點後現代主義的想法，即「尋求歷史的主要特徵」本身就是一個忽略了歷史、社會之多元性、複雜性的追求，學人也根本沒有條件去印證，其憑藉對存世歷史記載的主觀解釋而建立的典範，是否真的可作為歷史解釋的通論。

　　除了「某一人際 ── 某一政治立場」這種簡單的邏輯，史料引導學人建立起的典範，還可以是對象範圍更宏大的解釋體系，比如陳寅恪的「關中本位」說、「士庶之辨」，京都學派的「唐宋變革」論、宋代近世說，海外學界在研究民族史和邊疆史時用到的內亞史本位（如「新清史」），傅衣凌等學者的明清資本主義萌芽論，田余慶先生在〈說張楚〉中對秦、楚在歷史和文化上諸關聯的挖掘……凡此種種，皆是典範。典範帶給人精簡的感受，從而容易讓典範的結論和典範本身易於流傳，但這種精簡，本身源於學者對史料不全面的掌握和對不全面的史料的應用。典範意欲涵蓋的對象越廣博，往往越是容易有漏洞，即便學問高如陳寅恪，也有黃永年、岑仲勉等學人指出其關隴集團說等觀點的錯漏。儘管有學者指責黃、岑等人只破不立，然而這或許正反映著黃、岑等先生，並不認同史學應以建構貫通的歷史解釋通論為旨趣，或者說，至少黃、岑等先生對這種典範建立沒有太大的興趣。

　　好為歷史解釋建構典範，這大抵是近代以來海外漢學的學術特色，民國學人中有不少人受漢學學統，從而使得現代學術承繼了這種旨趣，當然，這或許本也就是學術發展到現代而該有的一種特色。中國傳統的文史之學，在大多時候都是針對具體的話題，進行具體的解釋，儘管並不能說中國傳統的

史論著作中缺少貫通的想法和眼光，但以往許多封建文人在縱向歷史時空中進行的興亡成敗的歷史對比，並不足以被上升到現代意義的史學典範的高度。誰都不能否認，典範是史學發展、進步的產物。但是由於人們對已佚失史料的狀況的不可知，因而即便某一史學典範很巧妙，也難以確認其不是一葉障目的管窺之見。

典範是解釋模板，典範本身不會是史實。有可能是真實的歷史的，是典範推演出的「歷史」。如果不考慮研究學術史和史學史，在歷史研究中太執著於建立史學解釋的典範，以致忘卻了建立典範本身也不過是尋求歷史真相的途徑之一，這種研究實是有買櫝還珠、捨本逐末之感。

沒有一種解釋典範能涵蓋所有歷史，史學永遠只會帶來無限趨近真相的可能。歷史的難以捉摸，正在於它有存在真相的合理性，但學人發現的真相卻永遠無法被證明其合理。這種難以證偽的特點，正是歷史學之生機的源頭。歷史學固然強調對資料掌握全面、邏輯推理的縝密，但是歷史解釋有時更像是在展現一種話語的藝術。話語、典範是已有學術經驗的結晶，但學人也不能忘記典範只是工具，而且，其並非唯一的工具。放下已有的典範，往往才能開拓新的研究。胡寶國在其悼念田余慶先生的文章裡講，田先生在晚年時就曾說，兩晉南北朝的研究也不宜總圍著門閥政治的話題展開，總圍著門閥政治的話題，反而會使人忽視其他的現象，且這種現象也會使得對門閥政治的描述被誇大、扭曲。胡寶國的〈知識至上的南朝學風〉一文，在客觀上正是對這種以門閥政治為中心話題的中古史研究趨勢的反動。

史學是一門解釋的學問，然而解釋本身有著過強的主觀性，所以歷史解釋很難避免想像的色彩。典範對歷史的過度解釋，其實就是一種對歷史的過度想像。精明的治史者，應當努力去將想像的尺度掌握得恰到好處，且不該對歷史想像寄予太高的期盼。然而，想像的感受實在太過迷人，讓學人在想像中保持克制和理性，這實在是件極為困難的事。

附錄2：關係、典範、歷史想像—對歷史研究的若干隨想

　　我進而想到了李開元先生的著作。自寫作《漢帝國的建立與劉邦集團》一書起，李先生就一直表露自己想建立一套新史學。近年來，李先生致力於創作秦漢史的歷史敘述作品，在其近作《楚亡》中，李先生提到了歷史想像的合理性問題，他指出，「在史料的空白處，合理的推測和構築，應當是逼近歷史真實的有力武器」，李先生還認為，後人在歷史敘述中構築的故事，只要其是具有邏輯真實性的想像，就具備接近歷史真相的可能。

　　這種說法看似合理，但我以為，其說似乎還有值得商討之處。史料中確實常常會出現一些關乎事件過程等方面的空白，然而，沒人能保證學人對這些空白處的歷史想像就一定是合理的，更何況古人不見得思維與今人一致，古人掌握的資訊也不見得與今人一致，今人想到的「理」，永遠不能被確定其合乎古人的「理」。置言之，「想像」作為行為，在一些情況下具有合理性，但是「想像」的內容合理與否，這是不可證的。我承認，歷史學家需要有基於史料去想像的能力，甚至無法避免想像，有時問題意識正來自於想像和實證的差異，現實對「常識」的背離。但從科學的眼光看，想像本不該成為史學研究的主流手段之一。

　　筆者還有一例，可用來說明歷史想像之難以評價。關於「燭影斧聲」一事的文獻記載，有很多可供後人想像、填補的空白處。其中有一點耐人尋味，即有學人認為趙匡胤的暴斃，可能是因為趙光義在酒中下了毒。范學輝老師在他的《宋朝開國六十年》一書中否認這種觀點，他的理由有四：趙匡胤、趙光義兄弟在「燭影斧聲」發生當夜飲酒一事僅見《續湘山野錄》；即便他們有飲酒，宮中酒食由皇宮提供，趙光義不該有下毒機會；兄弟喝酒，趙光義再謙讓也不會滴酒不沾，但他在事後卻安然無事；從兄弟聚會到太祖暴斃相隔一天多，而當時的毒藥多是劇毒急性藥，且中毒者常七竅流血，趙光義很難不露馬腳。與范學輝老師不同，虞雲國先生在《細說宋朝》中認同太祖暴斃於毒酒之說，他認為趙光義曾以毒酒害死孟昶、李煜，可見宋太宗精

於此道，且趙匡胤飲酒很節制，再加上宋皇后的反常反應，可知宋太祖是非正常死亡。關於宋太宗皇位來歷及宋太祖的死因，相關爭論很多，筆者之所以舉上述兩例，是因為這兩種說法對趙匡胤死於趙光義的毒酒的觀點，有著截然相反的看法，而兩種說法的論據，皆含有歷史想像的成分。在范老師和虞先生看來，他們的推論大抵都是有一定合理性的，但仔細推敲起來，今人並不能排除太宗有可能專門尋求到了需要一天時間才會發揮的毒藥，宋太宗慣用毒酒害人，也不足以說明其就一定會用毒酒來害趙匡胤。我並無意評判這兩種說法，只是想說明，這些看似合理的歷史想像，其實都還有延伸想像的空間，如此無休止地想像下去，最後還是會無解。誠然歷史的空白需要被歷史想像填補，但具體到對一些歷史過程的想像時，「合情合理」的推論實在可以有很多。

太寄情於歷史想像，難免會以今度古。比如日本漢學界的一些蒙古史方面的研究，其特點是從全球史的角度強調蒙古帝國的世界性，或者以歐亞本位來敘說游牧民國家的歷史。然而，這種論述具體到對成吉思汗、忽必烈的統一意識的表述上時，常常會為歷史人物賦予現代意識。忽必烈大抵是沒有歐亞本位觀念的，其對蒙古帝國的世界性也不該有認知，因為這些都是現代史學在進行歷史解釋中建構的說法，而不是歷史本身。除了蒙元史研究的此類問題外，用社會科學方法研究歷史，尺度也很難掌握，學人一不小心就會刻意地用社會科學的概念去硬套歷史，甚至是把一些現代思維當作是古人已有的想法。沉浸在典範和歷史解釋的話語中，在想像之上完善想像，這樣的史學研究，其宗旨或許已經偏離求索歷史真相的目的了。

綜上，我先對政治史研究中「某一人際 —— 某一政治立場」的研究典範進行了反思，指出這種典範有著一定的先驗性，並不可靠。進而，我又討論了史學典範本身的問題，認為史學典範是經驗化的解釋模式，學人建構典範的目標，是使典範成為一套能貫穿所有研究對象的解釋體系，但這本身可能

附錄 2：關係、典範、歷史想像—對歷史研究的若干隨想

就違背著歷史、社會本身的複雜性，有些典範可能只是學人受不完整的史料誘導，而歸納總結出的一種歷史假象。最後，我由對史學典範的討論上升到對史學研究中的歷史想像的討論，提出歷史想像需要適度，且學人並不能讓歷史想像成為學人創造新觀點的主要來源，歷史想像往往夾雜著太多的解釋者個人意識，甚至是強作人解。

但是，總的來說，筆者並無意挑戰、否定史學發展到今天所形成的種種狀況，史學典範、歷史想像在一定程度上都有其合理性。我撰述這些散漫的隨想，也並非想要參與討論「史學是否只是史料學」、「如何看待後現代主義思潮對史學的衝擊」之類的話題，而只是想透過寫下這些瑣碎的思考，來抒發一種怯懦的焦慮。我從未將史學想得多麼崇高，但有時對實證主義的史學確實會有忍不住的好感。歷史研究中有太多歷史解釋的說法和既定的模式，研究者們在建構和解構的路途上前仆後繼。失卻語言技巧的歷史解釋是生硬且缺少深度的，所以好的史學家，大多文學功底都不差。但是，在我看來，純粹才是好的史學所具有的更為珍貴的品質，沒有意識形態的摻雜，也沒有追求通論的功利心，這樣的史學，可能才是更為踏實的。當然，這些也可能只不過是我淺陋的愚見罷了，畢竟我自己也並不能總做到在歷史解釋時，不把自己的邏輯強加給古人，我也未曾做到總自覺地不把某種我自認為合理的歷史想像，當作較為可靠的歷史事實。

參考書目

參考書目

基本文獻

程樹德著，程俊英、蔣見元點校（1990）。《論語集釋》。北京：中華書局。

洪本健編（1995）。《歐陽脩資料彙編》。北京：中華書局。

司義祖整理（1962）。《宋大詔令集》，標點本。北京：中華書局。

曾棗莊、劉琳主編（2006）。《全宋文》。上海：上海辭書。

周義敢、周雷編（2007）。《梅堯臣資料彙編》。北京：中華書局。

周義敢、周雷編（2008）。《蘇舜欽資料彙編》。北京：中華書局。

［春秋］孔丘著，楊伯峻譯注（1980）。《論語》。北京：中華書局。

［漢］董仲舒著，蘇輿義證，鍾哲點校（1992）。《春秋繁露》。北京：中華書局。

［漢］鄭玄注、［唐］孔穎達疏（1990）。《禮記正義》。北京：北京大學。

［南朝宋］范曄（1965）。《後漢書》，點校本。北京：中華書局。

［唐］白居易著，顧學頡點校（1979）。《白居易集》。北京：中華書局。

［唐］韓愈著，馬其昶校注、馬茂元整理（1986）。《韓昌黎文集》。上海：上海古籍。

［唐］柳宗元（1979）。《柳宗元集》。北京：中華書局。

［五代］劉昫等（1975）。《舊唐書》，點校本。北京：中華書局。

［宋］安燾（1985）。〈王拱辰墓誌〉，載《中原文物》第 4 期。

［宋］百歲老人袁褧著，俞鋼、王彩燕整理（2008）。《楓窗小牘》卷上，《全宋筆記》第四編第五冊。河南：大象。

［宋］包拯著，楊國宜校注（1999）。《包拯集》。安徽：黃山書社。

［宋］蔡寬夫（1980）。《蔡寬夫詩話》，載郭紹虞《宋詩話輯佚》。北京：中華書局。

［宋］蔡襄著，吳以寧點校（1996）。《蔡襄集》。上海：上海古籍。

［宋］晁公武著，孫猛校證（1990）。《郡齋讀書志》。上海：上海古籍。

［宋］陳輔之（1980）。《陳輔之詩話》，載郭紹虞《宋詩話輯佚》。北京：中華書局。

［宋］陳鵠著，儲玲玲整理（2013）。《耆舊續聞》，《全宋筆記》第六編第五冊。河南：大象。

［宋］陳均著，許沛藻、金圓、顧吉辰、孫菊園點校（2006）。《皇朝編年綱目備要》。北京：中華書局。

［宋］陳亮（1974）。《陳亮集》，點校本。北京：中華書局。

［宋］陳師道著，李偉國點校（2007）。《後山叢談》。北京：中華書局。

［宋］陳振孫著，徐小蠻、顧美華點校（1987）。《直齋書錄解題》。上海：上海古籍。

［宋］程頤、程顥著，王孝魚點校（1981）。《二程集》。北京：中華書局。

［宋］范公偁著，儲玲玲整理（2013）。〈過庭錄〉，《全宋筆記》第六編第五冊。河南：大象。

［宋］范致明著，查清華、潘超群整理（2006）。〈岳陽風土記〉，《全宋筆記》第二編第七冊。河南：大象。

［宋］范仲淹著，李勇先、王蓉貴點校（2007）。《范仲淹全集》。四川：四川大學。

［宋］韓忠彥（2004）。《忠獻韓魏王家傳》，《宋集珍本叢刊》第六冊，影印本。北京：線裝書局。

［宋］洪邁著，孔繁禮整理（2012）。《容齋三筆》，《全宋筆記》第五編第六冊。河南：大象。

［宋］洪邁著，孔繁禮點校（2005）。《容齋四筆》。北京：中華書局。

［宋］江少虞（1981）。《宋朝事實類苑》，點校本。上海：上海古籍。

［宋］孔平仲著，池潔整理（2006）。《談苑》，《全宋筆記》第二編第五冊。河南：大象。

［宋］黎德靖編，王星賢點校（1986）。《朱子語類》。北京：中華書局。

［宋］李綱著，王瑞明點校（2004）。《李綱全集》。湖南：岳麓書社。

［宋］李覯著，王國軒點校（2011）。《李覯集》。北京：中華書局。

［宋］李燾著，上海師範大學古籍整理研究所、華東師範大學古籍研究所點校（2004）。《續資治通鑑長編》。北京：中華書局。

［宋］李心傳著，胡坤點校（2013）。《建炎以來繫年要錄》。北京：中華書局。

［宋］李心傳著，金園整理（2013）。《舊聞證誤》，《全宋筆記》第六編第八冊。河南：大象。

［宋］李𡌭著，燕永成校正（2013）。《皇宋十朝綱要》。北京：中華書局。

［宋］林逋著，沈幼徵校注（2012）。《林和靖集》。浙江：浙江古籍。

［宋］劉克莊著，辛更儒箋校（2011）。《劉克莊集》（《後村先生大全集》）。北京：中華書局。

［宋］劉師旦（2005）。〈宋故同州朝邑縣主簿范君墓誌銘〉，載《出土文獻研究（第七輯）》。上海：上海古籍。

［宋］柳開（2004）。《河東柳仲塗先生文集》，《宋集珍本叢刊》第一冊，影印本。北京：線裝書局。

［宋］陸游著，李劍雄、劉德權點校（1979）。《老學庵筆記》。北京：中華書局。

［宋］陸游（1976）。《陸游集》，點校本。北京：中華書局。

［宋］羅大經著，王瑞來點校（1983）。《鶴林玉露》。北京：中華書局。

［宋］呂中著，張其凡、白曉霞整理（2014）。《類編皇朝大事記講義》。上海：上海人民。

［宋］呂中著，張其凡、白曉霞整理（2014）。《類編皇朝中興大事記講義》。上海：上海人民。

［宋］馬端臨著，上海師範大學古籍研究所、華東師範大學古籍研究所點校（2011）。《文獻通考》。北京：中華書局。

參考書目

［宋］梅堯臣著，朱東潤編年校注（2006）。《梅堯臣集》。上海：上海古籍。

［宋］孟元老著，鄧之誠注（1982）。《東京夢華錄》。北京：中華書局。

［宋］歐陽脩、宋祁（1975）。《新唐書》，點校本。北京：中華書局。

［宋］歐陽脩著，李偉國點校（1981）。《歸田錄》。北京：中華書局。

［宋］歐陽脩著，李逸安點校（2001）。《歐陽脩全集》。北京：中華書局。

［宋］歐陽脩著，洪本健校箋（2009）。《歐陽脩詩文集》。上海：上海古籍。

［宋］歐陽脩（1974）。《新五代史》，點校本。北京：中華書局。

［宋］歐陽脩（2013）。〈於役志〉，載顧宏義、李文整理標校《宋代日記叢編（一）》。上海：，上海書店。

［宋］彭百川。《太平治跡統類》，影印玉玲瓏閣鈔本。

［宋］錢若水著，范學輝校注（2012）。《宋太宗皇帝實錄》。北京：中華書局。

［宋］強至（2004）。《忠獻韓魏王遺事》，《宋集珍本叢刊》第六冊，影印本。北京：線裝書局。

［宋］邵博著，夏廣興整理（2008）。《邵氏聞見後錄》，《全宋筆記》第四編第六冊。河南：大象。

［宋］邵伯溫著，李劍雄、劉德權點校（1983）。《邵氏聞見錄》。北京：中華書局。

［宋］沈括著，胡道靜校證（1987）。《夢溪筆談》。上海：上海古籍。

［宋］沈括著，胡靜宜整理（2006）。〈續筆談〉，《全宋筆記》第二編第三冊。河南：大象。

［宋］石介著，陳植鍔點校（1984）。《徂徠石先生文集》。北京：中華書局。

［宋］司馬光著，［美］王亦令點校（1987）。《稽古錄》。北京：中國友誼出版公司。

［宋］司馬光著，李文澤、霞紹暉整理（2010）。《司馬光集》。四川：四川大學。

［宋］司馬光著，鄧廣銘、張希清點校（1989）。《涑水記聞》。北京：中華書局。

［宋］司馬光（1956）。《資治通鑑》，點校本。北京：中華書局。

［宋］宋敏求著，鄭世剛整理（2003）。《春明退朝錄》，《全宋筆記》第一編第六冊。河南：大象。

［宋］蘇軾著，孔繁禮點校（1986）。《蘇軾文集》。北京：中華書局。

［宋］蘇舜欽著，傅平驤、胡問濤編年校注（1991）。《蘇舜欽集》。四川：巴蜀書社。

［宋］蘇舜欽著，沈文倬校點（2011）。《蘇舜欽集》。上海：上海古籍。

［宋］蘇頌著，王同策、管成學、顏中其等點校（1988）。《蘇魏公文集》。北京：中華書局。

［宋］蘇洵著，曾棗莊、金成禮箋注（1993）。《嘉祐集》。上海：上海古籍。

［宋］蘇轍著，俞宗憲點校（1982）。《龍川別志》。北京：中華書局。

［宋］蘇轍著，曾棗莊、馬德富點校（2009）。《欒城集》。上海：上海古籍。

［宋］孫復（2004）。《孫明復小集》，《宋集珍本叢刊》第三冊，影印本。北京：線裝書局。

［宋］孫奕著，侯體健、況正兵點校（2014）。《履齋示兒編》卷七。北京：中華書局。

［宋］田況著，儲玲玲整理（2003）。《儒林公議》，《全宋筆記》第一編第五冊。河南：大象。

［宋］田錫著，羅國威校點（2008）。《咸平集》。四川：巴蜀書社。

［宋］王安石（1959）。《臨川先生文集》，點校本。北京：中華書局。

［宋］王稱著，孫言誠、崔國光點校（2000）。《東都事略》。山東：齊魯書社。

［宋］王鞏。〈張方平行狀〉，《欽定四庫全書》集部，影印文淵閣本。

［宋］王明清著，燕永成整理（2013）。《揮塵前錄》，《全宋筆記》第六編第一冊。河南：大象。

［宋］王明清著，戴建國，趙龍整理（2013）。《玉照新志》，《全宋筆記》第六編第二冊。河南：大象。

［宋］王辟之著，呂友仁點校（1981）。《澠水燕談錄》。北京：中華書局。

［宋］王溥（1978）。《五代會要》，點校本。上海：上海古籍。

［宋］王欽若等著，周勛初等校訂（2006）。《冊府元龜》。江蘇：鳳凰。

［宋］王象之著，李勇先點校（2005）。《輿地紀勝》。四川：四川大學。

［宋］王應麟著，［清］翁元圻等注，欒保群，田松青，呂宗力點校（2008）。《困學紀聞》卷八。上海：上海古籍。

［宋］王栐著，誠剛點校（1981）。《燕翼詒謀錄》。北京：中華書局。

［宋］王禹偁（2004）。《王黃州小畜集》，《宋集珍本叢刊》第一冊，影印本。北京：線裝書局。

［宋］王銍著，朱杰人點校（1981）。《默記》。北京：中華書局。

［宋］魏泰著，燕永成整理（2006）。《東軒筆錄》，《全宋筆記》第二編第八冊。河南：大象。

［宋］文瑩著，鄭世剛點校（1984）。《續湘山野錄》。北京：中華書局。

［宋］文瑩著，楊立揚點校（1984）。《玉壺清話》。北京：中華書局。

［宋］吳曾著，劉宇整理（2012）。《能改齋漫錄》，《全宋筆記》第五編第四冊。河南：大象。

［宋］吳處厚著，李裕民點校（1985）。《青箱雜記》。北京：中華書局。

［宋］徐自明著，王瑞來校補（1986）。《宋宰輔編年錄》。北京：中華書局。

［宋］薛居正著，陳尚君新輯會證（2005）。《舊五代史》。上海：復旦大學。

［宋］楊仲良著，李之亮點校（2006）。《皇宋通鑑長編紀事本末》。黑龍江：黑龍江人民。

參考書目

［宋］楊億編，王仲犖注（2007）。《西崑酬唱集》。北京：中華書局。

［宋］葉夢得著，徐時儀整理（2006）。《石林燕語》，《全宋筆記》第二編第十冊。河南：大象。

［宋］葉適著，劉公純、王孝魚、李哲夫點校（1961）。《葉適集》。北京：中華書局。

［宋］佚名編（1992）。《錦繡萬花谷》，影印本。上海：上海辭書。

［宋］佚名著，趙維國整理（2006）。《道山清話》，《全宋筆記》第二編第一冊。河南：大象。

［宋］尹洙（2004）。《河南先生文集》，《宋集珍本叢刊》第三冊，影印本。北京：線裝書局。

［宋］余靖。《武溪集》，《欽定四庫全書》集部，影印文淵閣本。

［宋］曾鞏著，陳杏珍、晁繼周點校（1984）。《曾鞏集》。北京：中華書局。

［宋］曾鞏著，王瑞來校證（2012）。《隆平集》。北京：中華書局。

［宋］張方平。《樂全集》，《欽定四庫全書》集部，影印文淵閣本。

［宋］張耒著，李逸安、孫通海、傅信點校（1999）。《張耒集》。北京：中華書局。

［宋］張載著，章錫琛點校（1978）。《張載集》。北京：中華書局。

［宋］趙汝愚編，北京大學中國中古史研究中心校點整理（1999）。《宋朝諸臣奏議》。上海：上海古籍。

［宋］鄭樵著，王樹民點校（1995）。《通志二十略》。北京：中華書局。

［宋］周敦頤著，徐洪興導讀（2000）。《周子通書》。上海：上海古籍。

［宋］周輝著，劉永翔、許丹整理（2012）。《清波雜誌》，《全宋筆記》第五編第九冊。河南：大象。

［宋］朱熹著，嚴佐之、劉永翔主編（2010）。《三朝名臣言行錄》，《朱子全書》第十二冊。安徽：安徽教育。

［宋］朱熹著，嚴佐之、劉永翔主編（2010）。《五朝名臣言行錄》，《朱子全書》第十二冊。安徽：安徽教育。

［金］元好問著，常振國點校（1986）。《夷堅續志》。北京：中華書局。

［元］李京著，王叔武輯校（1986）。《雲南志略》。雲南：雲南民族。

［元］脫脫等（1974）。《遼史》，點校本。北京：中華書局。

［元］脫脫等（1977）。《宋史》，點校本。北京：中華書局。

［元］佚名著，王瑞來箋證（2010）。《宋季三朝政要》。北京：中華書局。

［元］佚名著，李之亮點校（2005）。《宋史全文》。黑龍江：黑龍江。

［明］陳邦瞻（1977）。《宋史紀事本末》，點校本。北京：中華書局。

［明］黃淮、楊士奇編（2012）。《歷代名臣奏議》，影印本。上海：上海古籍。

［明］黃宗羲（1985）。《黃宗羲全集》，點校本。浙江：浙江古籍。

［明］李贄（1974）。《史綱評要》，標點本。北京：中華書局。

［明］倪輅輯，［清］王崧校理，［清］胡蔚增訂，木芹會證 (1990)。《南詔野史》。雲南：雲南人民。

［清］顧炎武著，［清］黃汝成集釋，欒保群、呂宗力點校 (1990)。《日知錄》。河北：花山文藝。

［清］顧祖禹著，賀次君、施和金點校 (2005)。《讀史方輿紀要》。北京：中華書局。

［清］皮錫瑞著，周予同注釋 (1959)。《經學歷史》。北京：中華書局。

［清］王夫之著，舒士彥點校 (1964)。《宋論》。北京：中華書局。

［清］吳廣成著，龔世俊等校證 (1995)。《西夏書事》。甘肅：甘肅文化。

［清］徐松輯，苗書梅點校，王雲海審定 (2001)。《宋會要輯稿·崇儒》。河南：河南大學。

［清］徐松輯 (1957)。《宋會要輯稿》，影印本。北京：中華書局。

［清］章炳麟著，徐復詳注 (2000)。《訄書》。上海：上海古籍。

［清］章學誠著，葉瑛校注 (1985)。《文史通義》。北京：中華書局。

［清］昭槤著，何英芳點校 (1980)。《嘯亭雜錄》。北京：中華書局。

［清］趙翼著，王樹民校證 (1984)。《廿二史札記》。北京：中華書局。

今人論著

白濱 (1988)。《元昊傳》。吉林：吉林教育。

包偉民、吳錚強 (2006)。《宋朝簡史》。福建：福建人民。

包偉民、吳錚強 (2001)。〈形式的背後：兩宋勸農制度的歷史分析〉，載《浙江大學學報》1 月期。

包偉民 (2005)。〈菁英們「地方化」了嗎？〉，載鄧小南、榮新江主編《唐研究》第十一卷。北京：北京大學。

包偉民 (2011)。《宋代地方財政史研究》。北京：中國人民大學。

曹家齊 (2006)。《宋史研究叢稿》。北京：新文豐。

岑仲勉 (1957)。《府兵制度研究》。上海：上海人民。

陳峰 (2010)。《宋代軍政研究》。北京：中國社會科學。

陳峰 (2011)。《武士的悲哀：北宋崇文抑武現象透析》。北京：人民。

陳來 (2011)。《宋明理學》。北京：三聯書店。

陳榮照 (1987)。《范仲淹研究》。香港：三聯書店。

陳弱水 (2009)。《唐代文士與中國思想的轉型》。廣西：廣西師範大學。

陳弱水 (2009)。〈文學與文化─論中唐思想變化的一條線索〉，載田浩編：《文化與歷史的追索─余英時教授八秩壽慶論文集》。新北：聯經。

陳蘇鎮 (2011)。《春秋與「漢道」：兩漢政治與政治文化研究》。北京：中華書局。

參考書目

陳文龍（2012）。〈慶曆興學三題〉，載武漢大學歷史學院主編《珞珈史苑》2011 年卷。湖北：武漢大學。

陳湘琳（2012）。《歐陽脩的文學與情感世界》。上海：復旦大學。

陳曉瑩（2010）。〈歷史與符號之間—試論兩宋對馮道的研究〉，載《史學集刊》第 2 期。

陳寅恪（2009）。《唐代政治史述論稿》。北京：三聯書店。

陳振、周寶珠主編（2007）。《宋史》。北京：人民。

陳振（2003）。《宋史》。上海：上海人民。

陳植鍔（1992）。《北宋文化史述論》。北京：中國社會科學。

陳植鍔（1986）。〈從黨爭這一側面看范仲淹改革的失敗〉，載《北京大學學報（哲學社會科學版）》第 4 期。

陳植鍔（1985）。〈胡瑗、孫復、石介同讀泰山辯〉，載《學林漫錄》第十集。

陳植鍔著，周秀蓉整理（2003）。《石介事蹟著作編年》。北京：中華書局。

陳植鍔（1982）。〈試論王禹偁與宋初詩風〉，載《中國社會科學》第 2 期。

成長健、師君侯（1993）。〈從三篇〈朋黨論〉看北宋的黨爭〉，載《中國文學研究》第 2 期。

程民生（1994）。〈宋代洛陽的特點與魅力〉，載《河南大學學報（社會科學版）》第 5 期。

程曉文（2005）。〈文章、學術與政治：北宋慶曆學者之文化網絡與學術觀念〉，國立臺灣大學中國文學研究所碩士論文，導師夏長樸。

程應鏐（2010）。《程應鏐史學文存》。上海：上海人民。

鄧廣銘（2005）。《鄧廣銘全集》。河北：河北教育。

鄧小南（2010）。《朗潤學史叢稿》。北京：北京大學。

鄧小南（1993）。《宋代文官選任制度諸層面》。河北：河北教育。

鄧小南（2006）。《祖宗之法：北宋前期政治述略》。北京：三聯書店。

鄧子勉（2001）。《宋人行第考錄》。北京：中華書局。

杜建錄（1995）。《西夏與周邊民族關係史》。甘肅：甘肅文化。

杜維運（1986）。《史學方法論》。臺北：三民書局。

段玉明（2011）。《大理國史》。雲南：雲南人民。

范國強主編（2003）。《范仲淹研究文集（1900－1999）》。北京：人民。

范敬中主編（2009）。《中國范仲淹研究文集》。北京：群言。

樊樹志（2012）。《明史講稿》。北京：中華書局。

范鐵寒（1986）。〈宋代的學校教育〉，載《宋史研究集》第四輯。臺北：國立編譯館。

范學輝（2006）。〈釋宋太祖「今之武臣欲盡令讀書」〉，載《西北師大學報（社會科學版）》第 4 期。

范學輝（2015）。《宋代三衙管軍制度研究》。北京：中華書局。

方誠峰（2014）。〈補釋宋高宗「最愛元祐」〉，載《清華大學學報（哲學社會科學版）》
第 2 期。

方誠峰（2009）。〈走出新舊：北宋哲宗朝政治史研究（1086 － 1100）〉，北京大學中國
古代史博士論文，導師鄧小南。

方健（2013）。《北宋士人交遊錄》。上海：，上海書店。

方健（2011）。《范仲淹評傳》。南京：南京大學。

馮志弘（2009）。《北宋古文運動的形成》。上海：上海古籍。

傅樂成（1977）。《漢唐史論集》。新北：聯經。

葛曉音（1989）。〈北宋詩文革新的曲折歷程〉，載《中國社會科學》第 2 期。

葛兆光（2004）。〈「唐宋」抑或「宋明」─文化史和思想史研究視域變化的意義〉，載
《歷史研究》第 1 期。

葛兆光（2014）。《且借紙遁：讀書日記選 1994 － 2001》。廣西：廣西師範大學。

葛兆光（2011）。《宅茲中國：重建有關「中國」的歷史論述》。北京：中華書局。

葛兆光（2000）。《中國思想史》第二卷《七世紀至十九世紀中國的知識、思想與信
仰》。上海：復旦大學。

葛兆光（2000）。《中國思想史》第一卷《七世紀前中國的知識、思想與信仰世界》。上
海：復旦大學。

葛兆光（2006）。《古代中國的歷史、思想與宗教》。北京：，北京師範大學。

龔鵬程（1983）。《江西詩社宗派研究》。臺北：文史哲。

龔鵬程（2007）。《唐代思潮》。上海：商務印書館。

龔延明、祖慧（2005）。《宋登科記考》。江蘇：江蘇教育。

龔延明（1997）。《宋朝官制詞典》。北京：中華書局。

谷霽光（1962）。《府兵制度考釋》。上海：上海人民。

顧吉辰（1988）。〈北宋奉使邈川唃廝囉政權使者劉渙事蹟編年〉，載《西藏研究》第 1
期。

郭文佳、彭學寶（2000）。〈從慶曆新政和王安石變法看韓琦〉，載《殷都學刊》第 3 期。

郭文佳（1995）。〈也談慶曆新政失敗的原因〉，載《黃淮學刊（社會科學版）》第 4 期。

郭文佳（2009）。〈應天書院與北宋文化的發展〉，載《商丘師範學院學報》第 2 期。

郭學信（2012）。《北宋士風演變的歷史考察》。北京：中國社會科學。

何懷宏（1998）。《選舉社會及其終結─秦漢至晚清歷史的一種社會學闡釋》。北京：三
聯書店。

何寄澎（2011）。《北宋的古文運動》。上海：上海古籍。

何寄澎（2010）。《唐宋古文新探》。北京：北京大學。

何俊、范立舟（2008）。《南宋思想史》。上海：上海古籍。

何忠禮（2001）。〈論宋學的產生和衰落〉，載《福建論壇（人文社會科學版）》第 5 期。

參考書目

何忠禮（2011）。〈略論北宋前期的制度革新〉，載《浙江社會科學》第 3 期。

何忠禮（2012）。〈貧富無定勢：宋代科舉制度下的社會流動〉，載《學術月刊》第 1 期。

何忠禮（2007）。《宋代政治史》。浙江：浙江大學。

何忠禮（2013）。《宋史職官志補正（修訂本）》。北京：中華書局。

洪本健（2000）。〈論尹洙〉，載《井岡山師範學院學報（哲學社會科學）》第 3 期。

洪本健（2006）。〈慶曆士人的悲歌：論蘇舜欽的散文創作〉，載程章燦編《中國古代文學文獻學國際學術研討會論文集》。江蘇：鳳凰。

侯外廬、邱漢生、張豈之主編（1987）。《宋明理學史》（上卷）。北京：人民。

胡如雷（1996）。《隋唐五代社會經濟史論稿》。北京：三聯書店。

胡適（2004）。《胡適日記全集》，曹伯言整理。新北：聯經。

胡玉（2005）。〈宋代醫政研究〉，河北大學中國古代史碩士論文，導師汪聖鐸、劉秋根。

華春勇（2006）。〈宋代太醫局醫學教育諸問題初探〉，西北大學中國古代史碩士論文，導師陳峰。

黃純豔（2003）。《宋代海外貿易》。北京：社會科學文獻。

黃俊傑（1993）。《孟子》。臺北：東大。

黃寬重（2009）。《南宋地方武力：地方軍與民間自衛武力的探討》。北京：國家圖書館。

黃寬重（2009）。《宋代的家族與社會》。北京：國家圖書館。

賈玉英（1996）。《宋代監察制度》。河南：河南大學。

姜國柱（1996）。《李覯評傳》。南京：南京大學。

姜鵬（2013）。《北宋經筵與宋學的興起》。上海：上海古籍。

姜鵬（2013 年 8 月 5 日）。〈以思想史的方式理解〈資治通鑑〉〉，載《文匯報》。

賴瑞和（2011）。《唐代基層文官》。北京：中華書局。

雷海宗（2001）。《中國的文化中國的兵》。上海：商務印書館。

李昌憲（2007）。《中國行政區劃通史（宋西夏卷）》。上海：復旦大學。

李承貴（2007）。〈歐陽脩與佛教—兼論歐陽脩佛教觀特質及其對北宋儒學的影響〉，載《現代哲學》第 1 期。

李從昕（2000）。〈范仲淹身世、祖籍與出生時間地點考〉，載景范教育基金會統籌《范仲淹研究文集（一）》，香港：新亞洲文化基金會。

李範文（2012）。《李範文西夏學論文集》。北京：中國社會科學。

李範文主編（2005）。《西夏通史》。北京：人民。

李貴（2012）。《中唐至北宋的典範選擇與詩歌因革》。上海：復旦大學。

李華瑞（2012）。《視野、社會、人物—宋史、西夏史研究論文稿》。北京：中國社會科學。

李華瑞（2013）。〈宋朝「積弱」說再認識〉，載《文史哲》第 6 期。

李華瑞（2001）。《宋史論集》。河北：河北大學。

李華瑞（2010）。《宋夏關係史》。北京：中國人民大學。

李建軍（2008）。《宋代春秋學與宋型文化》。北京：中國社會科學。

李強（2011）。《北宋慶曆士風與文學研究》。上海：上海書店。

李強（2008）。〈政治文化視野中的宋仁宗〉，載《中華文史論壇》第 1 期。

李開元（2000）。《漢帝國的建立與劉邦集團—軍功受益階層研究》。北京：三聯書店。

李天石、陳振（1995）。《宋遼金史研究概述》。天津：天津教育。

李蔚（2009）。《西夏史》。北京：人民。

李錫厚（2006）。《遼史》。北京：人民。

李細珠（2000）。《晚清保守思想的原型—倭仁研究》。北京：社會科學文獻。

李新峰（2010）。〈論元明之間的變革〉，載《古代文明》第 4 期。

李裕民（2009）。《宋史考論》。北京：科學。

李澤厚（1998）。《論語今讀》。安徽：安徽文藝。

梁庚堯（1997）。《宋代經濟社會史論集》。臺北：允晨文化。

林干（2007）。《東胡史》。內蒙古：內蒙古人民。

林文勛（2011）。《唐宋社會變革論綱》。北京：人民。

劉復生（1991）。《北宋中期儒學復興運動》。臺北：文津。

劉復生（2004）。《宋代羈縻州「虛像」及其制度問題〉，載《中國邊疆史地研究》第 4 期。

劉季洪（1958）。〈范仲淹對於宋代學術之影響〉，載《宋史研究集（第一輯）》。臺北：國立編譯館。

劉靜貞（2014）。〈社會文化理念的政治運作—宋代母／后的政治權力與位置試探〉，載鄧小南、程民生、苗書梅主編《宋史研究論文集（2012）》。河南：河南大學。

劉連開（2001）。〈再論歐陽脩的正統論〉，載《史學史研究》第 4 期。

劉浦江（2006）。〈「五德終始」說之終結—兼論宋代以降傳統政治文化的嬗變〉，載《中國社會科學》第 2 期。

劉浦江（2010）。〈祖宗之法：再論宋太祖誓約及誓碑〉，載《文史》第 3 期。

劉衛東（2001）。〈論應天府書院教育的歷史地位〉，載《河南大學學報（社會科學版）》第 5 期。

劉咸炘著，黃曙暉編校（2007）。《劉咸炘學術論集（史學編）》。廣西：廣西師範大學。

劉興亮（2009）。〈北宋士風研究〉，西北師範大學中國古代史碩士學位論文，導師劉建麗。

劉越峰（2013）。《慶曆學術與歐陽脩散文》。上海：商務印書館。

柳立言（2008）。《宋代的家庭和法律》。上海：上海古籍。

羅志田（1998）。〈「新宋學」與民初考據史學〉，載《近代史研究》第 1 期。

參考書目

陸揚（2013）。〈論馮道的生涯—兼談唐末五代政治文化中的邊緣與核心〉，載《唐研究》第 19 卷。北京：北京大學。

陸揚（2014）。〈唐代的清流文化—一個現象的概述〉，載北京大學中國古代史中心編《田余慶先生九十華誕頌壽論文集》。北京：中華書局。

路育松（2004）。〈從對馮道的評價看北宋氣節觀念的嬗變〉，載《中國史研究》第 1 期。

羅炳良（2011）。《宋史瞥識》。北京：北京師範大學。

羅家祥（2002）。《朋黨之爭與北宋政治》。湖北：華中師範大學。

羅立剛（2005）。《史統、道統、文統：論唐宋時期文學觀念的轉變》。上海：東方。

羅禕楠（2003）。〈模式及其變遷—史學史視野中的唐宋變革問題〉，載《中國文化研究》第 2 期。

呂思勉（2005）。《白話本國史》。上海：上海古籍。

馬茂軍（2004）。〈論宋初百年士風的演進〉，載《華南師範大學學報（社會科學版）》第 4 期。

馬茂軍（2006）。〈慶曆黨議與蘇舜欽詩風的嬗變〉，載《商丘師範學院學報》第 3 期。

毛漢光（2002）。《中國中古政治史論》。上海：上海書店。

蒙文通（2006）。《中國史學史》。上海：上海人民。

苗書梅（1996）。《宋代官員選任和管理制度》。河南：河南大學。

繆鉞（2004）。《繆鉞全集》。河北：河北教育。

莫礪鋒（2005）。〈宋詩三論〉，載《廣西師範大學學報（哲學社會科學版）》，第 2 期。

牟潤孫（1987）。《注史齋叢稿》。北京：中華書局。

聶崇岐（1980）。《宋史叢考》。北京：中華書局。

寧超（1978）。〈「宋揮玉斧」辨〉，載《思想戰線》第 4 期。

彭國翔編（2012）。《中國情懷：余英時散文集》。北京：北京大學。

漆俠（2009）。《漆俠全集》。河北：河北教育。

錢穆（1980）。〈論宋代相權〉，載《宋史研究集（第一輯）》。臺北：國立編譯館。

錢穆（1998）。《秦漢史》。新北：聯經。

錢穆（1998）。《中國近三百年學術史》。新北：聯經。

錢穆（1971）。《朱子新學案》。臺北：三民書局。

邱志誠（2007）。〈錯開的花：反觀宋代皇權與相權研究及其論爭〉，載《海南大學學報（人文社會科學版）》第 5 期。

饒宗頤（1996）。《中國史學上之正統論》。上海：上海遠東。

桑兵（2011）。〈民國學人宋代研究的取向及其糾結〉，載《近代史研究》第 6 期。

沈松勤（1998）。《北宋文人與黨爭》。北京：人民。

史金波（2007）。《西夏社會》。上海：上海人民。

宋晞（1999）。《宋史研究論叢（第五輯）》。臺北：中國文化大學。

蘇基朗（1995）。《唐宋法制史研究》。香港：香港中文大學。

孫英剛（2014）。《神文時代：讖緯、術數與中古政治研究》。上海：上海古籍。

湯開建（2013）。《党項西夏史探微》。上海：商務印書館。

陶晉生（2008）。《宋遼關係史研究》。北京：中華書局。

田彩林（2013）。〈從「勸農文」看兩宋經濟社會〉，雲南大學專門史方向碩士論文，導師張錦鵬。

田余慶（2012）。《東晉門閥政治》。北京：北京大學。

田志光（2013）。《北宋宰輔政務決策與運作研究》。北京：人民。

汪榮祖（2006）。《史學九章》。北京：三聯書店。

汪聖鐸（1995）。《兩宋財政史》。北京：中華書局。

王葆玹（2008）。《西漢經學源流》。臺北：東大圖書公司。

王曾瑜（2010）。《點滴編》。河北：河北大學。

王曾瑜（2008）。《涓埃編》。河北：河北大學。

王曾瑜（2009）。《絲毫編》。河北：河北大學。

王曾瑜（2011）。《宋朝軍制初探（增訂本）》。北京：中華書局。

王德毅（2005）。〈宋代的科舉與士風〉，載《廈門大學學報（哲學社會科學版）》第 6 期。

王德毅（2005）。〈宋代士大夫的辭官風氣〉，載《宋史研究集（第三十五輯）》。臺北：蘭臺。

王汎森、潘光哲、吳政上主編（2014）。《傅斯年遺札》。北京：社會科學文獻。

王汎森（2013 年 12 月 1 日）。〈記杜希德教授〉，載《上海書評》。

王汎森（2014）。《執拗的低音：對一些歷史思考方式的反思》。北京：三聯書店。

王賡武（2013）。《華人與中國—王賡武自選集》。上海：上海人民。

王開璽（2009）。《清代外交禮儀的交涉與論爭》。北京：人民。

王麗芳（2008）。〈韓琦與慶曆新政〉，載《新國學》第七卷。四川：巴蜀書社。

王瑞來（2012）。〈「范仲淹」問世—文正的歸宗更名〉，載《文史知識》第 6 期。

王瑞來（2009）。〈「將錯就錯」：宋代士大夫「原道」略說—以范仲淹的君臣關係論為中心的考察〉，載《學術月刊》第 4 期。

王瑞來（2014 年 8 月 4 日）。〈從宋人的馮道論看歷史人物評價〉，載《文匯報》。

王瑞來（1990）。〈導致慶曆新政失敗的一個因素—讀范仲淹致葉清臣信〉，載《學術月刊》第 9 期。

王瑞來（2013）。〈范呂解仇公案再探討〉，載《歷史研究》第 1 期。

王瑞來（1985）。〈論宋代相權〉，載《歷史研究》第 2 期。

王瑞來（2005）。〈宋代士大夫主流精神論—以范仲淹為中心的考察〉，載姜錫東、李華瑞主編《宋史研究論叢（第 6 輯）》。河北：河北大學。

參考書目

王瑞來（2010）。《宰相故事：士大夫政治下的權力場》。北京：中華書局。

王瑞來（2008）。〈走向象徵化的皇權〉，載朱瑞熙、王曾瑜、姜錫東、戴建國主編《宋史研究論文集》。上海：上海人民。

王瑞明（1989）。《宋代政治史概要》。湖北：華中師範大學。

王水照主編（1997）。《宋代文學通論》。河南：河南大學。

王水照、朱剛（2004）。《蘇軾評傳》。南京：南京大學。

王水照（1991）。〈北宋的文學結盟與尚「統」的社會思潮〉，載《國際宋代文化研討會論文集》。四川：四川大學。

王維江（2005）。〈誰是「清流」？─晚清「清流」稱謂考〉，載《史林》第 3 期。

王小甫（2012）。《中國中古的族群凝聚》。北京：中華書局。

王曉薇（2001 年 5 月）。〈從慶曆新政到熙寧變法─兩次變法之間的北宋政治研究〉，河北大學中國古代史碩士學位論文，導師漆俠。

王曉薇（2006）。〈論張方平的政治改革主張與實踐─以慶曆新政前後為例的分析〉，載《貴州文史叢刊》第 1 期。

王志雙（2000 年 4 月）。〈呂夷簡與宋仁宗前期政治研究〉，河北大學中國古代史碩士學文論文，導師漆俠、高聰明。

王仲犖（2003）。《隋唐五代史》。上海：上海人民。

文娟、范立舟（2007）。〈李覯與范仲淹的交遊及政治思想芻論〉，載《江西社會科學》第 7 期。

吳國武（2009）。《經術與性理─北宋儒學轉型考論》。北京：學苑。

吳天墀（2009）。《西夏史稿》。廣西：廣西師範大學。

吳宗國（1992）。《唐代科舉制度研究》。遼寧：遼寧大學。

吳宗國主編（2004）。《中國古代官僚政治制度研究》。北京：北京大學。

蕭公權著，楊肅獻譯（2014）。《翁同龢與戊戌維新》。北京：中國人民大學。

蕭啟慶（2007）。《內北國而外中國：蒙元史研究》。北京：中華書局。

辛更儒（2014）。〈略論北宋學者的夷狄觀〉，載陳義初主編《開封與宋學─第二屆宋學國際學術研討會論文集》。上海：華東師範大學。

徐復觀（2004）。《中國思想史論集續篇》。上海：上海書店。

徐規（2003）。《王禹偁事蹟著作編年》。上海：商務印書館。

徐洪興（1996）。《思想的轉型：理學發生過程研究》。上海：上海人民。

徐紅（2009）。《北宋初期進士研究》。北京：人民。

許倬云（2010）。《我者與他者：中國歷史上的內外分際》。北京：三聯書店。

許倬云（2011）。《知識分子：歷史與未來》。廣西：廣西師範大學。

嚴修（2006）。〈重新審視馮道〉，載《復旦學報（社會科學版）》第 1 期。

閻步克（1996）。《士大夫政治演生史稿》。北京：北京大學。

楊國強（2008）。《晚清的士人與世相》。北京：三聯書店。

楊浣（2010）。《遼夏關係史》。北京：人民。

楊聯陞（2005）。《國史探微》。北京：新星。

楊念群（2010）。《何處是江南？：清朝正統觀的確立與士林精神世界的變異》。北京：三聯書店。

楊世文（2005）。〈宋代經學懷疑思潮研究〉，四川大學中國古代史博士論文，導師蔡崇榜。

姚大力（2011）。《蒙元制度與政治文化》。北京：北京大學。

尹恭弘（1983）。〈對〈試論王禹偁與宋初詩風〉的意見〉，載《中國社會科學》第 1 期。

余英時（2014）。《論天人之際：中國古代思想起源試探》。北京：中華書局。

余英時（2013）。《中國近世宗教倫理與商人精神》。新北：聯經。

余英時（2012）。《中國文化史通釋》。北京：三聯書店。

余英時（2011）。《朱熹的歷史世界：宋代士大夫政治文化的研究》。北京：三聯書店。

虞雲國（2009）。《宋代臺諫制度研究（增訂本）》。上海：，上海書店。

虞雲國（2007）。《細說宋朝》。上海：上海人民。

虞雲國（2011）。《兩宋歷史文化叢稿》。上海：上海人民。

曾瑞龍（2013）。《經略幽燕：宋遼軍事災難的策略分析》。北京：北京大學。

曾瑞龍（2013）。《拓邊西北：北宋中後期對夏戰爭研究》。北京：北京大學。

曾棗莊（2010）。〈文星璀璨的嘉祐二年貢舉〉，載《北京大學學報（哲學社會科學版）》第 1 期。

札奇斯欽（1977）。〈游牧民族軍事行動的動機〉，載《宋史研究集（第九輯）》。臺北：國立編譯館。

張邦煒（2013）。〈君子歟？冀土歟？—關於宋代士大夫問題的一些再思考〉，載《人文雜誌》第 7 期。

張邦煒（1993）。《宋代皇親與政治》。四川：四川人民。

張邦煒（2003）。《宋代婚姻家族史論》。北京：人民。

張邦煒（2005）。《宋代政治文化史論》。北京：人民。

張帆（2008）。〈關於元代陸學的北傳〉，載北京大學中國古代史研究中心編《鄧廣銘教授百年誕辰紀念論文集》。北京：中華書局。

張家駒（2010）。《張家駒史學文存》。上海：上海人民。

張林（2010）。〈從平庸到仁聖—兩宋政治迭變中的仁宗形象〉，中山大學中國古代史博士論文，導師曹家齊。

張其凡（2004）。《宋代史》。澳門：澳亞週刊。

張其凡（2009）。《宋代政治軍事論稿》。安徽：安徽人民。

張其凡（1991）。《趙普評傳》。北京：北京。

參考書目

張文昌（2012）。《制禮以教天下—唐宋禮書與國家社會》。臺北：國立臺灣大學。

張希清等（1997）。《宋朝典制》。吉林：吉林文史。

張希清、范國強主編（2009）。《范仲淹研究文集（五）》。北京：北京大學。

張希清（2010）。〈范仲淹與富弼關係考〉，載《中州學刊》第 3 期。

張希清（2009）。〈范仲淹與慶曆科舉改革〉，載張其凡、李裕民主編《徐規教授九十華誕紀念論文集》。浙江：浙江大學。

張興武（2009）。《宋初百年文學復興的歷程》。北京：中華書局。

張禕（2009）。〈制詔敕札與北宋的政令頒行〉，北京大學歷史學系中國古代史博士論文，導師鄧小南。

張義生（2012）。《宋初三先生研究》。山東：山東人民。

趙冬梅（2010）。《文武之間：北宋武選官研究》。北京：北京大學。

趙永春（2008）。〈遼人自稱「北朝」考〉，載《史學集刊》第 5 期。

趙雨樂（1994）。《唐宋變革期之軍政制度—官僚機構與等級》。臺北：文史哲。

趙園（1999）。《明清之際士大夫研究》。北京：北京大學。

鄭學檬（2003）。《中國古代經濟重心南移和唐宋江南經濟研究》。湖南：嶽麓書社。

鄭志強（2010）。〈范仲淹和宋仁宗政治關係新論〉，載《社會科學研究》第 6 期。

周寶珠（2012）。《後樂齋集》。河北：河北大學。

周劍之（2010）。〈「以天下為己任」詩風之開啟—北宋景祐三年朋黨事件中的詩歌寫作及其詩歌史意義〉，載《廣西社會科學》第 11 期。

周良霄、顧菊英（2003）。《元史》。上海：上海人民。

周淑萍（2007）。〈宋代孟子升格運動與宋代儒學轉型〉，載《史學月刊》第 8 期。

周偉洲（2006）。《唐代党項》。廣西：廣西師範大學。

周揚波（2008）。《宋代士紳結社研究》。北京：中華書局。

朱剛（2013）。《唐宋「古文運動」與士大夫文學》。上海：復旦大學。

朱剛（1997）。《唐宋四大家的道論與文學》。上海：東方。

朱瑞熙（1990）。〈范仲淹「慶曆新政」行廢考實〉，載《學術月刊》第 2 期

朱瑞熙（2014）。〈新興的官僚地主階級的首次改革嘗試—北宋慶曆新政〉，載《浙江學刊》第 1 期。

朱瑞熙（1996）。《中國政治制度通史（宋）》。北京：人民。

朱瑞熙、程郁（2006）。《宋史研究》。福建：福建人民。

朱維錚（2014 年 11 月 2 日）。〈帝制中國初期的儒術（三）〉，載《東方早報》。

朱維錚（2014 年 10 月 19 日）。〈帝制中國初期的儒術（一）〉，載《東方早報》。

朱維錚編（1996）。《周予同經學史論著選集 4（增訂版）》。上海：上海人民。

諸葛憶兵（2010）。《范仲淹研究》。北京：中國人民大學。

祝尚書（2012）。《北宋古文運動發展史》。北京：北京大學。

鄒逸麟（2009）。〈北宋黃河東北流之爭與朋黨政治〉，載張其凡、李裕民主編《徐規教授九十華誕紀念論文集》。浙江：浙江大學。

［日］竺沙雅章著，方建新譯（2006）。《宋朝的太祖和太宗—變革時期的帝王》。浙江：浙江大學。

［日］東英壽著，王振宇、李莉等譯（2013）。《復古與創新：歐陽脩散文與古文復興》。上海：上海古籍。

［日］溝口雄三著，趙士林譯（1995）。《中國的思想》。北京：中國社會科學。

［日］內藤湖南著，黃約瑟譯（1992）。〈概括的唐宋時代觀〉，載劉俊文主編《日本學者研究中國史論著選譯（第一卷）》。北京：中華書局。

［日］內藤湖南著，馬彪譯（2008）。《中國史學史》。上海：上海古籍。

［日］平田茂樹（2010）。《宋代政治結構研究》。上海：上海古籍。

［日］土田健次郎著，朱剛譯（2010）。《道學之形成》。上海：上海古籍。

［日］小島毅著，何曉毅譯（2014）。《中國思想與宗教的奔流：宋朝》。廣西：廣西師範大學。

［日］澤田勳著，王慶憲、叢曉明譯（2010）。《匈奴：古代游牧國家的興亡》。內蒙古：內蒙古人民。

［德］阿爾伯特・史懷哲著，常暄譯（2009）。《中國思想史》。北京：社會科學文獻。

［德］馬克斯・韋伯著，馮克利譯（1998）。《學術與政治》。北京：三聯書店。

［德］馬克斯・韋伯著，康樂、簡惠美譯（2004）。《中國的宗教》。廣西：廣西師範大學。

［美］巴菲爾德著，袁劍譯（2011）。《危險的邊疆：游牧帝國與中國》。江蘇：江蘇人民。

［美］包弼德著，王昌偉譯（2012）。《歷史上的理學（修訂版）》。浙江：浙江大學。

［美］包弼德著，劉寧譯（2001）。《斯文：唐宋思想的轉型》。江蘇：江蘇人民。

［美］包弼德（2000）。〈唐宋轉型的反思—以思想的變化為主〉，載劉東主編《中國學術（第三輯）》。上海：商務印書館。

［美］戴仁柱著，劉曉譯（2003）。《十三世紀中國政治與文化危機》。北京：中國廣播電視。

［美］費正清編，杜繼東譯（2010）。《中國的世界秩序：傳統中國的對外關係》。北京：中國社會科學。

［美］葛艾儒，羅立剛譯（2010）。《張載的思想（1020－1077）》。上海：上海古籍。

［美］郝若貝（1986）。〈750－1550年期間中國的人口、政治和社會變遷〉，載《中國史研究動態》第9期。

［美］賈志揚（1995）。《宋代科舉》。臺北：東大圖書公司。

參考書目

［美］克里弗德・紀爾茲著，韓莉譯（1999）。《文化的解釋》。江蘇：譯林。

［美］李懷印著，歲有生、王傳奇譯（2013）。《重構現代中國：中國歷史寫作中的想像與真實》。北京：中華書局。

［美］劉子健（1987）。《兩宋史研究彙編》。新北：聯經。

［美］劉子健（1984）。《歐陽脩的治學與從政》。北京：新文豐。

［美］劉子健（2008）。〈宋初改革家：范仲淹〉，載費正清編《中國的思想與制度》。北京：世界知識。

［美］劉子健著，趙冬梅譯（2012）。《中國轉向內在：兩宋之際的文化轉向》。江蘇：江蘇人民。

［美］芮沃壽著，常蕾譯（2009）。《中國歷史中的佛教》。北京：北京大學。

［美］田浩編（2003）。《宋代思想史論》。北京：社會科學文獻。

［美］田浩（2002）。〈從宋代思想論到近代經濟發展〉，載劉東主編《中國學術（第十輯）》。上海：商務印書館。

［美］田浩（2004）。〈評余英時的〈朱熹的歷史世界〉〉，載《世界哲學》第 4 期。

［美］田浩（2007）。〈西方學者跟中的澶淵之盟〉，載張希清主編《澶淵之盟新論》。上海：上海人民。

［法］伏爾泰著，高達觀等譯（2005）。《哲學通信》。上海：上海人民。

范仲淹與慶曆新政，一場失敗的變革：

澄清吏治 × 富國強兵 × 厲行法治，從皇帝支持到罷官貶謫，政治改革的決心與悲歌

作　　者：林嘉文

發 行 人：黃振庭

出 版 者：崧燁文化事業有限公司

發 行 者：崧燁文化事業有限公司

E-mail：sonbookservice@gmail.com

粉 絲 頁：https://www.facebook.com/
　　　　　sonbookss/

網　　址：https://sonbook.net/

地　　址：台北市中正區重慶南路一段六十一號八
　　　　　樓 815 室

Rm. 815, 8F., No.61, Sec. 1, Chongqing S. Rd.,
Zhongzheng Dist., Taipei City 100, Taiwan

電　　話：(02)2370-3310

傳　　真：(02)2388-1990

印　　刷：京峯彩色印刷有限公司（京峰數位）

律師顧問：廣華律師事務所 張珮琦律師

定　　價：480 元

發行日期：2022 年 09 月第一版

◎本書以 POD 印製

國家圖書館出版品預行編目資料

范仲淹與慶曆新政，一場失敗的變
革：澄清吏治 × 富國強兵 × 厲行
法治，從皇帝支持到罷官貶謫，政
治改革的決心與悲歌 / 林嘉文著 . --
第一版 . -- 臺北市：崧燁文化事業
有限公司 , 2022.09
　面；　公分
POD 版
ISBN 978-626-332-687-3(平裝)
1.CST: 北宋史
625.14　111013131

電子書購買

臉書